*Wolfgang Gockel*
*unter Mitarbeit von Frank Herrmann*

# Guatemala,
## Belize, Honduras und El Salvador

*Maya-Städte und Kolonialarchitektur
in Mittelamerika*

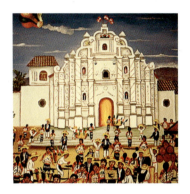

# Die wichtigsten Orte auf einen Blick

| | |
|---|---|
| Abaj Takalik (B3) . . . . 174 | Machaquilá (D5) . . . . 246 |
| Aguateca (D5) . . . . . . 253 | Metapán (E2) . . . . . . 315 |
| Altar de los Sacrificios (C5) . . . . 256 | Mixco Viejo ☆ (C3) . . . 126 |
| | Nakum (E6) . . . . . . . 228 |
| Altún Há ☆ (F7) . . . . . 88 | Naranjo (E6). . . . . . . 231 |
| Antigua Guatemala ☆☆ (C3). . . . . 129 | Nim Li Punit (F5) . . . . 101 |
| | Piedras Negras (B6). . . 258 |
| Belize City (F7) . . . . . . 95 | Puerto Barrios (F4) . . . 193 |
| Belmopan (F6). . . . . . 105 | Omoa, Fortaleza de San Fernando ☆ (G4). . . 293 |
| Caracol ☆☆ (E6) . . . . 108 | |
| Chalchuapa (D2) . . . . 315 | Quelepa (G1) . . . . . . 322 |
| Chichicastenango ☆ (C3)161 | Quezaltenango ☆ (B3) . 170 |
| Ciudad Vieja (C3). . . . 144 | Quiriguá ☆ (E4). . . . . 186 |
| Cobán (D4) . . . . . . . 183 | Río Azul ☆ (E7) . . . . . 219 |
| Comayagua ☆ (G3) . . . 296 | San Pedro Sula ☆ (G4) . 290 |
| Copán ☆☆ (E3) . . . . . 270 | San Salvador (E2). . . . 307 |
| Corozal (F8). . . . . . . . 85 | Santa Ana ☆ (E2) . . . . 314 |
| Dos Pilas ☆ (D5) . . . . 248 | Seibal ☆ (D5) . . . . . . 237 |
| El Baúl (C2) . . . . . . . 177 | Sololá ☆ (C3) . . . . . . 153 |
| El Puente (F3) . . . . . . 287 | Sonsonate ☆ (D2). . . . 320 |
| Esquipulas ☆ (E3). . . . 184 | Tamarindito (D5) . . . . 254 |
| Gracias de Lempira ☆ (F3)288 | Tazumal (D2) . . . . . . 318 |
| Guatemala, Ciudad de ☆ (C3) . . . . . . . 115 | Tegucigalpa (H2) . . . . 301 |
| | Tikal ☆☆ (E6) . . . . . . 197 |
| Guatemala, Museo Nacional de Arqueología ☆☆ . . 121 | Topoxté (E6). . . . . . . 229 |
| | Trujillo (J4). . . . . . . . 295 |
| Huehuetenango (B4) . . 167 | Uaxactún ☆ (E7) . . . . 215 |
| Iximché (C3). . . . . . . 148 | Utatlán (C3) . . . . . . . 164 |
| Cerén, Joya de ☆ (E2). . 312 | Xunantunich ☆ (E6) . . 105 |
| Lago de Atitlán ☆☆ (B3) 151 | Yaxhá ☆ (E6) . . . . . . 225 |
| Lamanai ☆☆ (F7). . . . . 93 | Zaculeu (B4). . . . . . . 167 |
| Lubaantún (F5) . . . . . 102 | Zunil ☆ (B3). . . . . . . 172 |

☆☆
*keinesfalls versäumen*

☆
*Umweg lohnt*

# *Inhalt*

## Vorbemerkungen 8

## *Land und Geschichte*

### Mittelamerika als Natur- und Lebensraum 12
Geographie und Klima 12
Flora 14
Fauna 16
Ethnien, Sprachen und Religionen 19
Von Hexern, Heilern und Priestern 26
Musik und Tanz 28
Spuren der Indígenas in der modernen Kunst 30

### Kulturhistorischer Überblick 31
Frühe Sammler und Jäger 31
Formative Phase 21
Klassische Phase 33
Nachklassische Zeit 38
Kolonialzeit 39
Befreiung und Unabhängigkeit 45
Die Zeit der Bürgerkriege 49
Zeittafel: Daten zur Kulturgeschichte 51

### Zeitrechnung und Mythos
Kalendersystem und Schrift der Maya 55
Götter und Glaubensvorstellungen der Maya 63

### Galerie bedeutender Persönlichkeiten 68

## *Reiserouten in Mittelamerika*
### Belize 82
Belize heute 83
Von Mexiko nach Belize City 85
   Corozal und Cerros 85
   Orange Walk und Noh Mul 87
   Altún Há 88
   Lamanai 93
   Belize City 95

| | |
|---|---:|
| An der Küste im Süden von Belize City | 99 |
| Nim Li Punit | 101 |
| Lubaantún | 102 |
| Belizes Barrier Reef | 104 |
| Von Belize City in Richtung Guatemala | 105 |
| Xunantunich | 105 |
| Cahal Pech | 108 |
| Caracol | 108 |

## Westliches Guatemala 112

| | |
|---|---:|
| Guatemala heute | 113 |
| Ciudad de Guatemala und das Hochland | 115 |
| Ciudad de Guatemala | 115 |
| Mixco Viejo (Mixcu) und die Pokomam | 126 |
| Antigua Guatemala | 129 |
| Exkurs: Die Geschichte der Cakchiquel | 144 |
| Iximché | 148 |
| Lago de Atitlán | 151 |
| Sololà | 153 |
| Panajachel | 154 |
| Santiago Atitlán | 154 |
| San Pedro La Laguna | 156 |
| Im Land der Quiché | 157 |
| Exkurs: Die Geschichte der Quiché | 157 |
| Chichicastenango | 161 |
| Utatlán | 164 |
| Totonicapán | 166 |
| Huehuetenango | 167 |
| Zaculeu | 167 |
| San Andrés Xecul | 168 |
| Quezaltenango | 170 |
| Zunil | 172 |
| An der Pazifikküste | 174 |
| Abaj Takalik | 174 |
| El Baúl | 177 |
| Bilbao | 180 |
| La Democracia | 181 |

## Der Osten Guatemalas 182

| | |
|---|---:|
| Alta Verapaz | 183 |
| Cobán | 183 |
| Auf dem Weg nach Puerto Barrios | 184 |
| Esquipulas | 184 |
| Quiriguá | 186 |
| Puerto Barrios und Lívingston | 193 |
| Castillo de San Felipe | 193 |
| Naj Tunich | 194 |

## Die Petén-Region 196
Tikal und Umgebung 197
Geschichte Tikals 197
Die Ruinen von Tikal 204
Uaxactún 215
Río Azul 219
El Mirador 222
Nakbé 224
An der Laguna Yaxhá 225
Yaxhá 225
Nakum 228
Topoxté 229
Naranjo 231
Am Río de la Pasión 237
Seibal 237
Machaquilá 246
Dos Pilas 248
Aguateca 253
Tamarindito 254
La Amelia 255
Altar de los Sacrificios 256
Piedras Negras 258

## Honduras 266
Honduras heute 267
Exkurs: Im Land der Chortí 269
Copán und Umgebung 270
Geschichte Copáns 270
Besichtigung der Museen und der
Ruinen 275
El Puente 287
Gracias de Lempira 288
San Manuel de Colohete 290
An der Karibikküste 290
San Pedro Sula 290
Puerto Cortés 293
Omoa 293
Trujillo 295
Im Land der Silberberge 296
Comayagua 296
Tegucigalpa 301

## El Salvador 306
El Salvador heute 307
San Salvador 307
Von San Salvador Richtung Norden 311

| | |
|---|---|
| Von San Salvador nach Westen | 312 |
| Joya de Cerén | 312 |
| Santa Ana | 314 |
| Metapán | 315 |
| Chalchuapa und Umgebung | 315 |
| Tazumal | 318 |
| Santa Leticia | 320 |
| Sonsonate | 320 |
| Cara Sucia | 321 |
| Im Osten des Landes | 322 |
| **Glossar der Fachbegriffe** | 324 |
| **Ausgewählte Literatur** | 326 |

## *Praktische Reise-Informationen*

| | |
|---|---|
| Hinweise für die Reiseplanung | 330 |
| Informationen für unterwegs | 338 |
| Nützliche Informationen von A bis Z | 363 |
| **Abbildungsnachweis** | 376 |
| **Register** | 377 |
| **Impressum** | 392 |

### Verzeichnis der Karten und Pläne

**City- und Stättenpläne:** Altun Há S. 89 • Antigua Guatemala S. 130 • Belize City S. 96 • Caracol S. 109 • Ciudad de Guatemala Klappenkarte hinten • Copán S. 276 • Dos Pilas S. 250 • El Mirador S. 223 • Iximché S. 148 • Lubaantún S. 103 • Mixco Viejo S. 126 • Naranjo S. 232 • Piedras Negras S. 259 • Quezaltenango S. 170 • Quiriguá S. 186 • San Salvador S. 308 • Seibal S. 237 • Tegucigalpa S. 302 • Tikal S. 205 • Tikal, Zentrale Akropolis S. 212 • Topoxté S. 230 • Utatlán S. 165 • Xunantunich S. 106 • Yaxhá S. 226

**Regionalkarten:** Nördliches Belize S. 85 • Südliches Belize S. 100 • Westliches Guatemala (Hochland und Pazifikküste) S. 114 • Östliches Guatemala (Verapaz und Karibikküste) S. 185 • Petén-Region S. 198 • Westliches Honduras S. 268 • El Salvador S. 312

*Copán, Honduras,
Stele C, links dahinter
die Stele B* ▷

# Vorbemerkungen

Als die Kultur der Maya im so genannten Klassikum zwischen dem 2. und dem 9. nachchristlichen Jahrhundert ihre größte Blütezeit erlebte, befand sich das Zentrum ihres Siedlungsgebietes im Länderdreieck von Südmexiko, Belize und Guatemala. Maya sprechende Indígenas stellen in diesen mittelamerikanischen Staaten sowie in den südmexikanischen Provinzen Chiapas, Tabasco und Yucatán immer noch einen großen Teil der Bevölkerung. Kulturreisen in Mittelamerika werden heute vielfach unter dem Werbeslogan *Ruta Maya*, die ›Mayaroute‹, veranstaltet. Dieser Begriff umfasst eigentlich auch das südliche Mexiko, das in diesem Buch jedoch ausgespart bleibt, da es in meinen ebenfalls bei DuMont erschienenen Kunstreiseführer ›Mexiko‹ behandelt wird.

Trotz sprachlicher und kultureller Gemeinsamkeiten (gleiche Schrift, gleiche religiöse Vorstellungen sowie ähnliche Kunst und Architektur) sind die großen Zentren der klassischen Mayakultur niemals unter einer Herrschaft vereinigt gewesen. Bis zum Eindringen der Spanier im 16. Jh. war die Herrschaft unter den Mayavölkern auf mehr oder weniger ausgedehnte Stadtstaaten, ähnlich den griechischen Poleis, verteilt, so dass man auf keinen Fall von einem Maya-Reich sprechen kann. Einen zweiten kulturellen Höhepunkt in nachklassischer Zeit wie in Yucatán hat es im südlichen Mayagebiet nicht gegeben, viele der klassischen Zentren waren zu dieser Zeit bereits aufgegeben. Im Hochland Guatemalas und El Salvadors bildeten neu eingewanderte Stämme zwischen dem 12. und 15. Jh. zwar militärisch und politisch starke Staaten mit hohen Bevölkerungszahlen, doch ihre Architektur blieb immer etwas unscheinbar.

Seit dieser Zeit sind Guatemala, El Salvador und die westlichen Teile von Honduras sehr viel dichter besiedelt als die weiter südlich gelegenen Länder Mittelamerikas. Auch die Spanier bevorzugten bei der Kolonisierung Mittelamerikas zunächst diese volkreichen und sehr fruchtbaren Regionen und vernachlässigten die mit dichtem Urwald bedeckten Regionen im Osten. Im Laufe der 300-jährigen Kolonialzeit wurden die Indígenas durch Krankheiten oder unerträgliche Zwangsarbeit stark dezimiert, während gleichzeitig die Zahl der Mischlinge (Ladinos) ständig stieg. In El Salvador wurden noch im 20. Jh. Tausende von Indígenas abgeschlachtet; in Honduras bilden sie nur noch eine in abgelegene Gebiete verdrängte Minderheit. Nur in Guatemala stellen die Maya noch heute einen großen Teil der Bevölkerung. Nach den Guerillakämpfen der letzten Jahrzehnte haben sie Selbstbewusstsein und politisches Denken neu entwickelt. Bis zur ihrer völligen politischen und gesellschaftlichen Gleichberechtigung wird es aber noch ein sehr weiter Weg sein.

*Buntes Volkstreiben auf dem Markt in Sololá* ▷

Stora Mistö, im Juni 1999
Wolfgang Gockel

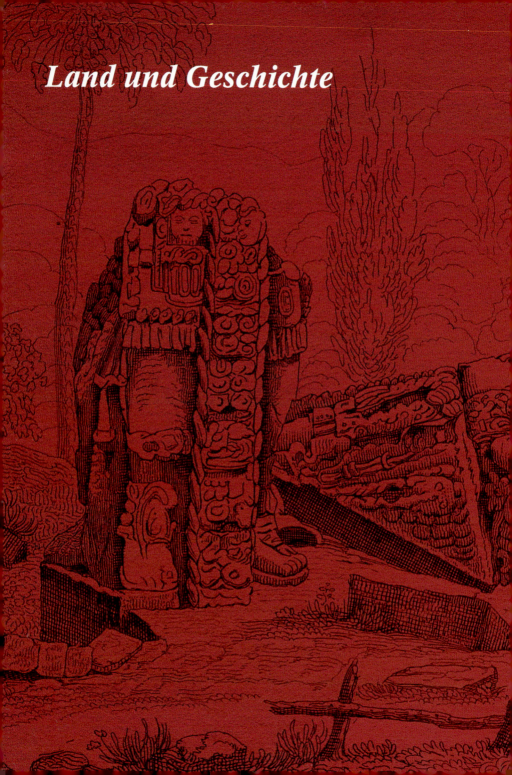

# Land und Geschichte

*Landeskundlicher Überblick*

# Mittelamerika als Natur- und Lebensraum

## Geographie und Klima

Der Teil Mittelamerikas, der zwischen dem 8. und dem 18. Grad nördlicher Breite liegt, wird von einer bis fast 4000 m hohen zentralen Gebirgskette (*Cordillera de los Cuchumatanes* in Guatemala, *Sierra Apaneca* in El Salvador) in eine nordöstliche und eine südwestliche Hälfte geteilt. Der Osten grenzt an die Karibik und liegt damit ganzjährig im Bereich der Nordost-Passatwinde, während sich im Südwesten, zum Pazifischen Ozean hin, die äquatoriale Kalmen-Zone bemerkbar macht und in diesen Landesteilen für geringere Niederschläge sorgt.

Im Westen gibt es daher zwei sehr ausgeprägte Jahreszeiten: von November bis April die Trockenzeit und von Mai bis Oktober die Regenzeit (stärkste Niederschläge im September). Im insgesamt heißeren und sehr feuchten Osten sind dagegen ganzjährig Regenfälle normal (höchste Niederschläge im Dezember). Die Niederschlagsmenge kann hier bis zu 3000 mm pro Jahr betragen, während sie im Westen nur 2000 mm erreicht. So kommt es auch, dass die größten Flüsse wie der Río Belize, der Río Motagua, der Río de la Pasión (in Mexiko: Río Usumacinta) sowie der Río Ulúa in die Karibik fließen und sich nur der Río Lempa in El Salvador als größerer Fluss in den Pazifik ergießt. Die extreme Aufheizung feuchter Luftmassen kann im Zusammenspiel mit der Erdrotation zur Bildung gefährlicher Hurrikane über der Karibik führen, die dann durch die vorherrschenden

◁ *Umgestürzte Stele C in Copán, Stich von Frederik Catherwood, 1839/41*

*Río de la Pasión, gestern wie heute eine der Hauptverkehrsadern im dichtbewachsenen Hinterland des Petén.*

*Geographie und Klima*

*Blick über den Lago de Atitlán im Hochland von Guatemala; rechts der Vulkan San Pedro, links der Toliman.*

Luftströmungen nach Westen über die Landmasse Zentralamerikas getrieben werden und dort wie im Falle des Wirbelsturms Mitch (1998) große Verheerung verursachen.

Der vor der Pazifikküste El Salvadors und Guatemalas liegende Guatemaltekische Tiefseegraben (6480 m unter N.N.) sorgt mit kaltem Wasser, über dem sich ein Teil der Luftfeuchtigkeit abregnet, für das etwas trockenere Klima auf dieser Seite des Subkontinents. In der Küstenebene *(boca costa)* wurde in vorspanischer Zeit Kakao geerntet, während der Kolonialzeit produzierte man hier hauptsächlich Indigo und im 19. Jh. Bananen. Heute werden auf den Haciendas, die wie Festungen ausgebaut sind, hauptsächlich Zuckerrohr sowie Baumwolle angebaut und Viehzucht betrieben.

Der Tiefseegraben gehört geologisch zum aufgefalteten Gebirgsrücken der Cordillera, der durch plattentektonische Prozesse entstanden ist und sich noch heute weiterentwickelt. Die dabei auftretenden Spannungen und Risse in der Erdkruste machen sich sowohl durch regelmäßige Erdbebentätigkeit als auch durch Vulkanausbrüche bemerkbar. Die Vulkane befinden sich alle in der südwestlichen Kette der Cordillera und erreichen in Guatemala Höhen von bis zu 3000 m (am Atitlán-See der San Pedro, Toliman und Atitlán, bei Antigua Vulcano de Fuego und Vulcano de Agua, sowie am Amatitlán-See der Pacaya). In El Salvador sind die sechs großen Vulkane zwar weniger hoch, aber ebenso gefährlich (der Izalco ist mit 1850 m der niedrigste, der Santa Ana mit 2250 m der höchste Vulkan).

# Landeskundlicher Überblick

*Organisierte Vulkanbesteigungen gelten als eine der Hauptattraktionen im Angebot der Tourismus-Branchen in Guatemala und El Salvador. In diesen Hochlagen wächst unter Schattenbäumen auch der beste Kaffee.*

Im Popol Vuh, dem Mythenbuch der Quiché, werden Erdbeben und Vulkaneruptionen auf die Brüder Zipacná (Doppel-Riese) und Cabracán (Erdbeben) zurückgeführt. Diese beiden ›Berge-Beweger‹ waren die Söhne des Göttervogels Vucub Caquix (7-Papagei), die von den Göttern Hunahpú und Xbalanqué getötet wurden. Die häufig verheerenden Vulkanausbrüche haben aber auch ihre positiven Seiten, denn Vulkanasche und ihre Mineralien lassen fruchtbare Böden entstehen, z. B. im Hochland und im Schwemmland entlang der Flusstäler und Meeresküsten.

Die südwestlichen steilen Gebirgszüge bestehen größtenteils aus vulkanischem Gestein, zwischen dem vereinzelt auch Andesit und Basalt zu finden sind, während die Berge im Nordosten in der Regel in der Kreidezeit aufgefaltet wurden und somit überwiegend aus Kalksandstein bestehen. Die Vorkommen der verschiedenen Steinmaterialien dürften mitverantwortlich gewesen sein für die Entwicklung und Ausprägung der mittelamerikanischen Großplastik, da harter Basalt anders bearbeitet werden muss als weicher Kalkstein.

Zwischen diesen beiden Gebirgsketten liegt in Guatemala und El Salvador eine Hochebene (zwischen 2000 und 800 m Höhe), wo noch heute die Mehrheit der Indígenas leben. Die jährlichen Durchschnittstemperaturen von 12–19° C lassen den Aufenthalt in dieser Klimazone *(terra templada)* nach einem Besuch in der pazifischen Küstenebene *(terra caliente)* – mit Temperaturen von mehr als 28° C – als wahre Wohltat erscheinen.

Der größte Teil der Landfläche des Subkontinents wird an der Ostseite von einer hügeligen Region (800 bis 1500 m Höhe) gebildet, die von tiefen Flusstälern durchbrochen wird und mit dichter tropischer Vegetation bedeckt ist. Hier liegen die Temperaturen im Jahresmittel bei 25° C, steigen aber auch oft über 35° C. Vor allem in den Flusstälern, wo früher hauptsächlich Bananen geerntet wurden, baut man heute auch Tabak, Gemüse und Kaffee an.

*Blüte der Tabakpflanze, die im Flusstal des Rio Motagua und im Hochland von Honduras angebaut wird.*

## Flora

Hohe Niederschläge und feuchtheißes Klima bieten ideale Bedingungen für die Pflanzen des subtropischen Regenwaldes (bis 1000 m Höhe), der vor allem zur Karibik hin seine ganze Artenvielfalt zeigt. Zwei Baumarten fallen durch das intensive Rot ihrer oft über die ganze Krone ausgebreiteten Blütenpracht auf. Es sind der Tulpenbaum (Spathodea campanulata, *árbol de fuente*) und der Flamboyant (Delonix regia, *árbol de fuego*). Von weitem sehen sie sehr ähnlich aus. Doch die Blüten des aus Afrika stammenden Tulpenbaums sind größer und anders geformt als die des Flamboyant, der außerdem fein gefiederte Blätter hat. Genauso auffällig ist der *rosa imperial* (Cochlospermum vitifolium) mit seinen goldgelben Blüten, in Mittelamerika unter einem halben Dutzend Namen bekannt *(rosa china, tecomasuche* usw.*)*.

*Flora*

Der heilige Baum der Maya, der *ceiba* oder *kapok* (Ceiba pentandra), besitzt einen glatten, hohen Stamm und eine sich oben kreuzartig ausbreitende Krone. An seinen mächtigen Brettwurzeln, die den Baum trotz seines geringen Wurzelwerks stabilisieren, und seinen wie Baumwolle aussehenden Samen ist er gut zu erkennen. Seine Bedeutung bei den Maya zeigt sich daran, dass sie ihn *yax che* (›erster Baum‹) nannten und in ihrer Mythologie als Weltenbaum in der Mitte der Erde betrachteten. Seine Samen wurden zermahlen mit Kakao getrunken.

Der Brotnussbaum (Artocarpus) liefert braune, essbare Samen. Sein Mayaname *ek' imix che/te* (›Brasilholz-Mais-Baum‹) ist mit seiner Verbindung zum Mais, dem Grundnahrungsmittel der Indígenas, ein eindeutiges Indiz für die besondere Rolle, die ihm in der Welt der Maya zukam. Auffällig ist auch der Kalebassenbaum (Crescentia cujete, *jícaro*), dessen große kugel- oder flaschenförmige Früchte zu schönen polierten Gefäßen verarbeitet werden. Der Mayamythos des Popol Vuh erklärt die Frucht sogar zum Haupt des Gottes Hunahpú. Die braunen Früchte des *oreja de mono* (Affenohr), wegen deren Form der Baum auch den Namen Elefantenohr-Baum (Enterolobium cyclocarpum) erhielt, kann man frisch essen. Getrocknet werden sie zu Ketten oder Schmuck verarbeitet. Die mittelamerikanische Tamarinde (Samanea saman, *algarrobo*) liefert hervorragendes Schnitzholz, das man früher für Türstürze verwendete und heute zu Möbeln verarbeitet. Dem Volksglauben nach erzeugt der rosa blühende Baum in der Nacht Regen, den Saft der Zikaden. Tatsächlich schließen sich die Blätter bei Nacht, so dass selbst die geringsten Regenfälle den Erdboden erreichen.

Mehr als 1500 Palmenarten gibt es auf der Welt. Doch nur wenige stammen aus Mittelamerika. Zu den bekanntesten zählen sicher die aus Kuba kommende Königspalme (Roystonea elata) mit ihrem hellen glatten Stamm, ein guter Bauholzlieferant, und die nahezu vollständig vom Menschen genutzte Kokospalme.

Unter den zahllosen Fruchtbäumen, die man heute auf dem Subkontinent findet, gehören viele nicht zu den heimischen Pflanzen, z. B. der Orangenbaum, der Mangobaum (Mangifera indica), die Kaffeepflanze (Coffea arabica) oder die Dattelpalme. Amerikanischen Ursprungs ist neben der Papaya (Carica papaya) auch der Sapotilloder Gummibaum (Manikara zapota, *chicozapote*). Seinen Saft *(chicle)* verwendet man für die Herstellung von Kaugummi, seine Früchte erfreuen sich bei den Einheimischen großer Beliebtheit. Heimisch sind auch *mamey* (Familie der Mango, Mammea americana, *zapote),* Avocado (Persea, Familie der Lauraceen) Banane (Musa, *plátano),* Kakao (Theobroma cacao), Cashewnuss (Anacardium occidentale) und Passionsfrucht.

In Mittelamerika gibt es über 90 Orchideenarten, 71 allein in Belize. Nur ca. 20 % sind erdgebunden, gut 80 % jedoch Epiphyten, die meist in Bäumen in über 10 m Höhe wachsen. Eine der größten Zuchtstationen für Orchideen befindet sich bei Cobán in Guatemala.

*Die riesigen Brettwurzeln des Ceiba erhöhen die Standfestigkeit des bis zu 50 m hohen Baums.*

*Ceiba, Amerikanische Feige und Mahagony können Höhen von bis zu 50 m erreichen und überragen das geschlossene Blätterdach des tropischen Regenwaldes, das von Sapodilla, Würgefeigen und anderen Bäumen in etwa 20–30 m Höhe gebildet wird. Darunter erreichen unter anderem Sempfapfel und Palmen eine Höhe von rund 10 m. Die unterste Vegetationsschicht wird von Farnen und breitblättrigen Pflanzen wie Philodendron gebildet.*

## Landeskundlicher Überblick

Im Hochland, d. h. in über 1500 m Höhe, herrscht ein gemäßigtes Klima, in dem eine ganze Reihe von Nadelbäumen gedeihen, von Einheimischen generell *cedros* (›Zedern‹) genannt. Dieser Landschafts- und Klimazone mit ihren zahllosen Blumenarten, von denen zu jeder Jahreszeit einige blühen, verdankt Guatemala seinen Beinamen ›Land des ewigen Frühlings‹. In dieser begünstigten Landschaftszone findet man in Guatemala, aber auch in El Salvador und Honduras die höchste Bevölkerungsdichte von ganz Mittelamerika.

### Fauna

Da es sich hier um einen Kunstreiseführer handelt, werden im folgenden nur einige der auffälligsten und in Kunst und Kultur symbolträchtigsten Tiere aus dem Gebiet der Ruta Maya angeführt und kurz erläutert.

Das größte und gefährlichste Landtier Mittelamerikas, der Jaguar (Felis onca, *tigre*) hat bei den Indígenas immer eine besondere Stellung innegehabt. Er wurde mit der Unterwelt in Verbindung gebracht und galt als Symbol für Kraft (ausgewachsene Tiere erreichen ein Gewicht bis 250 kg). Sein Name *balam* war ein Titel der Mayapriester und Fürsten. Das Fell seines kleineren Bruders, des Ozelots (Felis pardalis, Maya *chak bolay*), hat man oft wie Jaguarfelle als Zeichen fürstlicher Macht für Kleidung und Throndecken verwendet. Der aus derselben Familie stammende Margay (Felis wiedii, *tigrillo*) scheint sogar so etwas wie eine Hauskatze gewesen zu sein. Manchmal wurde er den Fürsten als Staatsgeschenk präsentiert, wie auf Steinmonumenten (Präklassikum) und Keramikgefäßen (Klassikum) zu sehen ist. Der etwas größere braune Jaguarundi (Felis eyra, *leoncillo*) lässt sich ebenfalls zähmen. All diese wilden Katzen sind heute selten geworden und nur noch in den abgelegenen Bergregionen von Belize und den ungestörten Urwaldgebieten des Petén zu sehen. Dort hört man ihr Gebrüll ab und an noch abends in der Nähe der Urwald-Lodges.

Schweine wie die Pekaris (Tayasu tajacu, Maya *ak, kitam* ) können – vor allem, wenn sie Blut riechen – recht aggressiv werden. Ihren spanischen Namen *jabalina* (›Speer‹) erhielten sie wegen ihrer beiden Hauer. Der große und sehr scheue Tapir (Tapirella bairdii, *danta, anteburro*, Quiché *tucumbalum*) ist ein reiner Pflanzenfresser und das Nationaltier von Belize. Im Codex Dresdensis wird der Himmelstapir Sak Bob als Zeichen des Planeten Mars abgebildet. Er wird mit Äquinoktien (Tagundnachtgleichen) in Verbindung gebracht. Dasselbe Stammorphem ist im Mayabegriff *bobat* (›Wahrsager‹) enthalten, und auch die Rüsselnase des Regengottes wird mit dem Tapir assoziiert.

Die größten Fleischlieferanten und meistgejagten Tiere dürften schon immer die Rehe (Maya *yalam keh, keh*, Quiché *mazama)* und das Rotwild gewesen sein, denen im Sonnenjahr sogar eine

*Sehen kann man die seltenen Tapire am besten im Belize Zoo an der Straße zwischen Belize City und Belmopan. Pekaris trifft man dagegen wie Nasenbären (Nasua stoor) manchmal in den Mayaruinen. Vor einigen Jahren musste eine Herde von Pekaris in Tikal ausgesiedelt werden, weil die Tiere Besucher angriffen hatten, als diese sie nicht füttern wollten.*

*Fauna*

bestimmte Jagdsaison zugeordnet wurde *(keh* heißt auch einer der *uinal-*Monate). Rehe sind sowohl im Hochland als auch im Tiefland heimisch und werden heute noch wie in klassischer Zeit mit Schlingen gefangen.

Unter den Affen sind vor allem die Brüllaffen (Alouatta palliata, *mono aullador,* Maya *baats')* und hin und wieder auch das Spinnenäffchen (Ateles geoffroyi, *chango)* in den Mayaruinen anzutreffen. Nach dem Popol Vuh sind die Affen die Nachfahren der aus Holz geschaffenen ersten Menschen, die von den Göttern verstoßen wurden, weil sie es ihren Schöpfern gegenüber an Respekt und Ehrfurcht fehlen ließen. Die affengesichtigen Götter Hun Batz (1-Affe) und Hun Chuen (1-Meister) sind nach Vorstellung der Maya für die Schreiber und Künstler zuständig.

Zu den gefährlichen bzw. giftigen Tieren gehören einige Arten der Korallenschlange (Micrurus vulvins vulvins, *coralillo,* Maya *kalam).* Man erkennt sie an ihren roten, weißen und blauen Ringen. Tödlich kann auch die Lanzenotter (Bothrops atrox) sein, die viele lokale Namen trägt, z. B. *nauyaca* oder *cola de hueso.* Die ebenfalls giftige Klapperschlange (Crotalus terrificus, Maya *ahau kan, tzak kan)* wird wegen ihrer Körperzeichnung (Rauten) und wegen ihrer Rasseln am Schwanz mit der Zeit in Verbindung gebracht, da bei jeder jährlichen Häutung eine Rassel mehr erscheint. Selbst im Kopfschmuck der Mondgöttin haben die Maya Schlangen abgebildet.

Eidechsen und große Iguanas (Ctenosaura, *garrobo)* zeigen mit ihren Mayanamen *itzam* (auch *pach,* spanisch auch *coronel)* sogar Bezüge zum obersten Gott Itzamná (›Eidechsenhaus‹).

Die auch mit einer Sonderart, der weißen Honduras-Fledermaus, vertretenen Fledermäuse *(murciélago,* Maya *sots)* sind beliebte

*Caimane liegen meist träge und reglos in der Sonne, können aber blitzschnell angreifen, zuschnappen und mit ihrer Beute wieder verschwinden.*

## Landeskundlicher Überblick

Totemtiere vieler Mayastämme, z. B. der Tzotzil, aber auch Hoheitszeichen der Cakchiquel-Fürsten und Emblem der Herrscherfamilien von Copán und Nim Li Punit. Die meisten Indígenas halten sie für Boten der Unterwelt.

Unter den Wassertieren ist neben dem Manati (Trichechus manatus, *lamatí, vaca de agua, Maya baklam, chiil, tek)*, einer fast ausgestorbenen Seekuh-Art, auch das Krokodil (Maya *ain*) hervorzuheben, ein altes Symbol für Erde und Wasser.

Vogelfedern, überall auf der Welt ein beliebtes Material für die Herstellung von Kleidung und Schmuck, sind in Mittelamerika in unglaublichen Farben zu finden. Berühmt ist der Nationalvogel Guatemalas, der Quetzalvogel (Pharomachrus mocinno). Seine langen grünen Federn durften nur von Königen bzw. den höchsten Herrschern getragen werden, was bei lediglich vier Schwanzfedern kein Wunder ist. Sein Mayaname *k'uk'* ist außerdem der Begriff für ›Feder‹, ›Ellbogen‹ und ›Nachfahre‹.

Ähnlich farbenprächtig ist der blaue Motmot (Momotus momota) mit seinen beiden langen Schwanzfedern, die wie Tennisschläger geformt sind. Verschiedene Arten von Webervögeln *(oriol)* sind ebenfalls in Mittelamerika heimisch. Am auffälligsten ist wohl der schwarze Moctezuma-Goldpendel *(péndula de oro)*, der sich mit typischen gluckernden Lauten bemerkbar macht. Seinen spanischen Namen verdankt er der Tatsache, dass er in seinem wie ein Einkaufsnetz geformten Nest zu schaukeln pflegt und goldfarbene Schulterstreifen besitzt.

*Die bunten Federn der Papageien wurden für den Kopfschmuck der Mayafürsten in klassischer Zeit verwendet.*

Der größte Vogel des Subkontinents ist der Jabiru-Storch (Familie Ciconiidae). In Belize ist er noch relativ häufig anzutreffen, während er überall sonst fast ausgestorben ist. Der große Tukan (Ramphastos sulfuratus, *tucán grande)* mit seinem riesigen bunten Schnabel ist sicher einer der auffälligsten Vögel in den Urwäldern Mittelamerikas. Papageien *(guacamayo,* Maya *mo, kota)* waren bei den Maya aufgrund ihrer bunten Federn sehr beliebt; der Begriff ›sonnengesichtiger Feuer-Ara‹ *(k'inich k'ak' mo)* diente sogar als Bezeichnung für einen Himmelsgott.

Auch die Geier, als Aasfresser eine Art ›Gesundheitspolizei‹ der Tropen, scheinen in alter Zeit eine gewisse Verehrung genossen zu haben. Im Siedlungsgebiet der Maya gibt es mehrere Arten: der Truthahngeier (Cathartes aura, *zopilote de cabeza roja)* der Königsgeier (Sarcoramphus papa, *zopilote rey,* Maya *k'uch)* und der Schwarze Geier (Coragyps atratus, *zopilote,* Maya *batab, ch'om)*. Der Mayabegriff *k'uch* bedeutet nicht nur ›Geier‹, sondern auch ›fürstliche Herrschaft‹, während man *batab* auch mit ›Dorffürst‹ übersetzen kann.

Der Truthahn, ein schon während der klassischen Zeit von den Maya als Haustier gehaltener Vogel, stammt von einer heute noch anzutreffenden, metallischbunt schillernden Wildform (Agriocharis ocellata, *guajalote brillante, pavo silvestre)* ab. Die Mayabezeichnung *k'uts* entspricht dem Begriff für den Tabak, den Adlige und

18

Priester rauchten, um die Luft von allem Bösen zu reinigen. Adler *(águila bermeja/negra)* und Falke werden im Yukatekischen *kot* genannt, ein Morphem, das auch Teil des Begriffs *ah kot k'awil* (›junger Mann‹) ist.

Unter den Eulenarten *(búho, tecolote,* Yukatekisch *xoch,* Quiché *tukur)* ist die Ikim nach Vorstellung der Maya der Verkünder von Unheil, während der Vogel Muan, der als Sperber *(gavilán)* identifiziert wird, der Bote des Regengottes ist.

Unter den Insekten findet man eine ganze Reihe für den Menschen sehr unangenehmer Vertreter. Erfreulicher und überall anzutreffen sind sicher die bunten Schmetterlinge, unter denen die großen metallisch glänzenden blauen Morphiden besonders auffallen. Zu den giftigen Spinnen gehören die Schwarze Witwe und die Taranteln, die vor allem beim Zelten sehr gefährlich werden können. Mücken, Mosquitos und Käfer gelten gemeinhin als Quälgeister des tropischen Regenwaldes, und einige von ihnen sind Überträger bedrohlicher Krankheiten. Bestimmte weibliche Mosquitos können beim Blutsaugen einen Parasiten übertragen, der beim Menschen Malaria erzeugt, während Stiche anderer Mücken zu Dengue-Fieber oder Enzephalitis führen. Chagas, ein weiteres Tropenfieber wird durch einen kleinen Nachtkäfer herbeigeführt, die sich vor allem im Schlamm und in Strohhütten wohlfühlt. Sandfliegen können eine ganze Reihe von Krankheitserregern übertragen, die unter anderem Leishmaniasis erzeugen.

## Ethnien, Sprachen und Religionen

### Ureinwohner (Indígenas, ›Indianer‹)

Die heutigen Nachfahren der präkolumbischen Bevölkerung werden in Mittelamerika als *indios* oder *indígenas* bezeichnet, wobei ersteres deutlich pejorativen Beiklang hat.

In **Guatemala** sind die meisten Stämme oder Sprachen der Indígenas (65 % der Bevölkerung) der Mayasprachfamilie zuzuordnen. Doch gibt es neben kleinen Gruppen von Pipil und Xinca auch Enklaven wie Jacalteca und Uspatán im nordwestlichen Hochland, deren Herkunft und Sprachfamilienzuordnung bis heute nicht gesichert ist.

Die 23 Mayasprachen werden in die beiden Hauptgruppen Mayaid und Quichoid unterteilt. Die meist kleinen Stämme mit mayaiden Sprachen (Lacandon, Chol, Mopan, Cholti, Chuj und Chortí) leben nördlich der Cordilleras im Petén, Verapaz und dem Tal des Motagua mit seinen Nebenflüssen.

Die volkreichen quichoiden Stämme wie die Mam, Tzutuhil, Quiché (s. S. 157), Cakchiquel (s. S. 144) und Pokoman (s. S. 126) siedeln im Hochland und an der Küste des Pazifik, deren östliche Ecke allerdings von den Pipil und Xinca bewohnt wird. Im Hochland findet man heute sehr viele Náhuatl-Ortsnamen, da zum einen die

*Landeskundlicher Überblick*

Azteken kurz vor Ankunft der spanischen Conquistadoren ihren Einfluss bis in diese Region ausgeweitet hatten und zum anderen durch die Conquista viele Indígenas aus dem Hochtal von Mexiko, etwa die Tlaxcalteken, nach Guatemala kamen und vornehmlich im zentralen Hochland angesiedelt wurden.

Mit Ausnahme der Chortí im Tal des Rio Camotán (s. S. 269) haben sich die meisten Stammesangehörigen mit mayaiden Sprachen in ihrem Lebensstil (Kleidung, Sprache und Sitten) dem Vorbild der Ladinos angeschlossen, während die quichoiden Hochlandstämme sehr viel traditionsbewusster sind.

In **Belize** sprechen alle Indígenas (etwa 10 % der Gesamtbevölkerung) Maya. Im Norden leben die hauptsächlich während der Kastenkriege (19.–20. Jh.) ins Land geflüchteten Yucateca. Im Zentrum siedeln die Mopán und im Süden die Kekchí. Letztere sind erst in der Neuzeit von Guatemala aus eingewandert, um auf den Zuckerrohrplantagen zu arbeiten. Sie werden jedoch in Belize irrtümlich nicht als Maya betrachtet.

In **Honduras** gibt es etwa 3,5–10 % Indígenas, die den Sprach- und Stammesgruppen Chortí, Lenca, Jicaque und Paya (auf den

*Cakchiquel-Bauer aus der Gegend von Sololá (links) und Quiché-Frau aus Chichicastenango*

*Cakchiquel am Gurtwebrahmen*

Inseln und ganz im Südosten) zugeordnet werden. Chortí und Lenca werden wissenschaftlich manchmal als Makro-Maya bezeichnet. Bei den Cakchiquel und Quiché nannte man sie wohl Ikomagi (›Die den Wald roden‹). Doch das Lenca zeigt wie das Xinca auch Verbindungen zum Totonakischen und wird daher zur Familie der Mizocuaven-Sprachen gerechnet.

Von den Bewohnern **El Salvadors** sind etwa 10–15 % Indígenas, die zu den Makro-Maya, den Lenca, den Jicaque oder den Náhuat sprechenden Pipil gehören. Letztere zählen nicht zu den Mayastämmen, sondern zu einer Sprachgruppe, der man auch die Azteken zurechnen muss. Náhuat unterscheidet sich vom Náhuatl der Azteken hauptsächlich dadurch, dass die Endung ›t‹ für das ›tl‹ im Aztekischen steht. *Pipil* bedeutet in Náhuatl ›die wie Kinder sprechen‹, ein Name, der den Náhuat-Sprechern von den Azteken gegeben wurde. In Mythologie und Religion der Pipil findet man sowohl Anleihen aus der Kultur der Maya als auch aus der der Azteken.

Im 16. Jh. war die Indígena-Bevölkerung des Landes von ehemals 500 000 durch Epidemien europäischer Krankheiten (z. B. Pocken) und extreme Formen der Zwangsarbeit auf etwa 10 000 Köpfe zusammengeschmolzen. Große Verluste aus den gleichen Gründen hatte die einheimische Bevölkerung auch in den anderen Ländern des Vizekönigreichs Neu-Spanien zu erleiden, doch nicht in solchem Ausmaß. So sind Choluteca – wie Mixtekisch (Mexiko) zur Macro Otoman Gruppe gehörend – sprechende Indígenas am Golf von

*Nach einem Mythos der Pipil schuf Teotl (Gott) die Gestirne und die Sonne, den Gott Tónal, durch Feuerfunken. Aus den Tränen des Gottes Teopantli, der aus dem Nichts erschien und der ›Erneuerer‹ genannt wurde, entstand der Mond, die Göttin Metzli, unter deren Licht sich Leben in der Welt entwickelte.*

## Landeskundlicher Überblick

Fonseca heute fast ausgestorben. Etwa 100 reiche Landbesitzer und Beamte wurden 1932 bei einer Rebellion im Westen des Landes von Bauern und Indígenas umgebracht. Bei der Vergeltung, La Matanza (›Das Schlachten‹) genannt, ließ General M. H. Martínez, der den Spitznamen ›der Hexer‹ hatte, im gleichen Jahr Zehntausende – auch Kinder und Frauen – massakrieren.

### Eingewanderte Bevölkerungsgruppen

In Guatemala, El Salvador und Honduras stellen die **Ladinos** den einflussreichsten Teil der Bevölkerung. Sie besitzen den größten Teil des Landes, formen die Gesellschaften und Regierungen dieser Staaten und haben in allen wichtigen Belangen das letzte Wort. Sie sprechen Spanisch, doch in ihren Adern fließt nicht nur spanisches Blut. Sie verleugnen ihre teilweise indigene Abstammung zwar nicht, lehnen die Geschichte und Kultur der Indígenas aber mehr oder weniger ab. Statt dessen betonen sie die spanisch-koloniale Tradition und Geisteshaltung und vor allem die katholische Religion. Nach den Abstammungslinien kann man drei Gruppen identifizieren: Nachfahren der *peninsulares,* den in Spanien geborenen Eroberern und Beamten, Nachfahren der *criollos,* den in der Neuen Welt geborenen Spaniern der Kolonialzeit, und *mestizos,* Mischlinge spanisch-indianischen Blutes. Die beiden ersten Gruppen bilden bis heute die Oberschicht aller Länder Mittelamerikas, während die letzte Gruppe, die Mestizen, überall den höchsten Anteil der Bevölkerung stellt. In Belize, wo sie die zweitgrößte Bevölkerungsgruppe stellen, handelt es sich bei den Ladinos meist um Nachfahren von Einwanderern, die während der Kastenkriege aus Yucatán geflüchtet sind.

In Guatemala findet man auch kleine, zahlenmäßig eher unbedeutende, wirtschaftlich aber sehr wichtige Gruppen nordamerikani-

*Bei einer Ladino-Hochzeit in Flores*

*Garífuna-Frau aus Belize*

scher oder deutscher Abstammung, deren Vertreter seit dem 19. Jh. ins Land kamen. Erstere sind auch in Honduras und El Salvador vertreten. Eine Minderheit bilden in allen drei Ländern die **Schwarzen**, Nachfahren afrikanischer Sklaven, die hauptsächlich in der Kolonialzeit von den *Hacienderos* gekauft worden sind. Mischlinge zwischen Indígenas und Schwarzen werden Zambos genannt, Mischlinge zwischen Weißen und Afrikanern sind Mulatten. In El Salvador ist ihr Anteil am geringsten, da nur 10 000 Sklaven Anfang des 17. Jh. importiert wurden, von denen die meisten während einer Rebellion 1625 umgebracht worden sind.

In Belize stellen die **Kreolen** 60% der Bevölkerung. Alle stammen von Mischlingen zwischen Schwarzen und Weißen ab und sprechen ein lokales Englisch, das manchmal schwer zu verstehen ist. Einige ihrer Vorfahren waren die ›Baymen‹, englische Freibeuter und Holzfäller, die im 17. Jh. in den Sumpfgebieten der Küste Schutz gesucht und Fuss gefasst haben.

Die Kariben waren um 1300 von Südamerika auf die Karibischen Inseln ausgewandert. Später vermischten sie sich mit entlaufenen Negersklaven, die sich Mitte des 17. Jh. von einem gekenterten Schiff auf die Inseln der Antillen gerettet haben sollen. 1796 wurden sie von den Franzosen vertrieben. Zunächst flüchteten sie mit Hilfe der Engländer auf die Insel Roatán vor der Küste von Honduras, später emigrierten sie unter der Führung von Alejo Benji aufs Festland nach Honduras, Guatemala und Südbelize (1823). Ihre Nachfahren sind die **Garífuna** (nach ihrem Dialekt werden sie auch Garinagú genannt). Die Baymen wollten sie auf Abstand halten und streuten wegen ihrer etwas exotischen religiösen Bräuche wie den *chugus* (dreitägigen Sitzungen mit Beschwörung der Ahnengeister) das Gerücht aus, sie seien Teufelsverehrer und Babyfresser.

## Landeskundlicher Überblick

Die Totengeister sollen den Lebenden bei der Bewältigung ihrer Probleme helfen. Das Fest der vergöttlichten Ahnen wird *gubida* genannt. *El gobo* ist ein anderes Fest für die Ahnen, bei dem auch getanzt wird. Zum Schutz gegen Zauberei tragen sie *Iari*-Ketten. Von den Miskito im Osten von Honduras werden sie Tamu (›Sklaven‹) genannt. Die Ehe hat für sie wenig Bedeutung, doch die Mutter-Kind-Beziehung ist sehr stark ausgeprägt. Etwa 40 000 Männer arbeiten heute in New York, getrennt von ihren Familien, denen sie allerdings Geld schicken. Ihre frankokaribische Sprache (Garinagú) wird in Mittelamerika, wo sie meist als Fischer arbeiten, mehr und mehr durch das karibische Englisch verdrängt. Der 19. November, an dem sie 1823 in Stann Creek landeten, ist nationaler Feiertag in Belize. In Honduras machen sie zusammen mit den Schwarzen 5 % der Gesamtbevölkerung aus.

Die **Rastafaris** kamen erst im 20. Jh. von Jamaica nach Belize City und Caye Caulker. Sie verehren Haile Selassie, den letzten Kaiser von Äthiopien, dessen Name vor seiner Krönung Ras Tafari war, und benutzen bei ihren Zeremonien Haschisch, um Visionen zu erhalten. Sie glauben an eine endgültige Erlösung aller Schwarzen und an ihrer Rückkehr nach Afrika. An der Haarfrisur, den Dreadlocks, sind sie bestens zu erkennen.

Zwischen 1844 und 1917 kamen ca. 42 000 **Inder** als Lohnarbeiter für die Zuckerrohrplantagen nach Belize. Viele verließen das Land wieder, als der Traum von Reichtum nicht in Erfüllung ging. Die Nachfahren der Zurückgebliebenen arbeiten heute häufig als Polizisten. Ihre Hauptsiedlungen sind Calcutta und Forest City.

In Belize fallen am meisten die **Mennoniten** auf, blonde Männer in Jeans-Latzhosen und hellhäutige Frauen in dunkler Kleidung mit großen Schutenhüten, vor allem im Straßenbild von Orange Walk, Belize City und San Ignacio. Sie sind Anhänger einer protestantischen Sekte, die nach ihrem Stifter Menno Simons (1492–1559) benannt sind, sich selbst aber auch als ›Taufgesinnte‹ bezeichnen. Die Wiedertäufer haben sich in mehrere Untergruppen aufgespalten, die seit 1811 in der Gesellschaft der allgemeinen Taufgesinnten (Amsterdam) lose zusammengefasst sind. Es gibt kein kirchliches Oberhaupt, und die Ältesten entscheiden in jedem Ort über die mehr oder weniger strikte Einhaltung der Vorschriften. In einigen Dörfern werden elektrisches Licht, Radio und moderne Fahrzeuge abgelehnt, in anderen findet man Autos und an Universitäten ausgebildete Ärzte. Mitglieder, die Ehepartner aus anderen Konfessionen wählen, werden von den Gemeinden ausgestoßen, so dass die heutigen Mennoniten in direkter Linie von Deutschen oder Holländern abstammen. Neben einem sehr antiquierten Deutsch sprechen sie meist auch Spanisch und Englisch und sind ungeheuer fleißig.

Wegen ihres absoluten Pazifismus emigrierten einige Gruppen schon früh in die Schweiz und nach Russland. Im 19. Jh. zogen viele Mitglieder dann nach Kanada und in die USA, wo sie Amish People genannt werden. Schließlich siedelte nach dem Ersten Weltkrieg eine

*Der Priester Menno gab 1536 – beeindruckt durch den Märtyrertod eines Wiedertäufers – sein Amt in der katholischen Kirche auf und lehrte danach als Wanderprediger in Norddeutschland seine neue Glaubensrichtung, die in seinem Buch ›Fundamentbuch vom rechten christlichen Glauben‹ (1556) zusammengefasst ist. Diese Lehre sucht ohne mystischen Ansatz in einer rein evangelischen Form des Christentums festzuhalten.*

## Bevölkerung

*Mennonitenfamilie bei Orange Walk (Belize)*

Gruppe aus Kanada in den Bundesstaat Chihuahua in Mexiko über. Eine große Zahl von ihnen verließ 1957, als die mexikanische Regierung ihre Privilegien beschneiden wollte, das Land. In einem wochenlangen Treck zogen die Mennoniten, teilweise mit Ochsenkarren, durch ganz Mexiko nach Belize, wo sie 1958 von der Regierung große Urwaldgebiete zur Besiedlung gestellt bekamen. Mit unglaublichem Eifer haben sie große Flächen gerodet und es als Bauern zu einem gewissen Wohlstand gebracht – trotz Konflikten mit andersgläubigen Nachbarn. Ihre sagenhafte Arbeitskraft und ihr unbegrenzter Durchhaltewille erwecken allgemeine Bewunderung, und schon mehrmals hat die Regierung von Guatemala versucht, sie mit Versprechungen in ihr Land zu locken.

Ihre Siedlungen Shipyard, Gnadenfeld und Blumenfeld liegen im Norden von Belize, Spanish Lookout im Süden. Ihre Häuser sind blitzsauber und nur karg möbliert. Eingeladene Besucher empfangen die Mennoniten sehr gastfreundlich, doch meist sind sie sehr distanziert. Ihre Erzeugnisse, vor allem die begehrten Molkereiprodukte, werden oft gemeinschaftlich gesammelt und verkauft. Das Leben der Gläubigen ist beschwerlich und bietet wenig Abwechslung. Dies führt in den Gemeinden zu einem gewissen Aderlass, denn häufig verlassen junge, intelligente Mitglieder ihre Dörfer, um in der Fremde ihr Glück zu suchen.

## Von Hexern, Heilern und Priestern

Trotz der 470 Jahre währenden christlichen Missionierung hat sich bei den meisten Indígenas ein Teil des alten Glaubens erhalten, der aber heute mit christlichen und afrikanischen Elementen vermischt ist.

Die Furcht vor dem Übersinnlichen oder Unverständlichen hat überall auf der Welt und zu allen Zeiten ängstliche Menschen nach Mitteln suchen lassen, sich vor derartigen Kräften zu schützen. Fetische, Rituale und Vermittler – Menschen mit besonderen Kräften – konnten diesen Schutz liefern. Letztere waren meist Männer, die besonders hässlich oder seit Geburt von körperlichen Mängeln gezeichnet waren, was als Mal der Götter interpretiert wurde.

Man unterscheidet heute zwischen *brujo/bruja* (›Hexer‹ bzw. ›Hexe‹), *curandero* (›Heiler‹) und Schamanen (Priester und Wahrsager). Die Bezeichnungen und Aufgaben können je nach Stamm oder Dorf leicht voneinander abweichen. In der Regel vererben sich diese Ämter oder Berufe – allerdings nicht auf den ältesten, sondern auf den am besten geeigneten Nachfahren.

**Schamanen,** zu denen bei den Quiché der Chuch Ajau, der Aj Taij und der Chinmital gehören, sind für die Auslegung von Omen, die Terminierung von Fruchtbarkeitsfesten und die Interpretation des Tzolkin (den Beginn eines 260-Tage-Jahres) zuständig. Der Chuch Ajau hat auch weltliche Funktionen. Als Priester ist er der Vermittler zwischen Göttern und Menschen. Dabei arbeitet er mit Weihrauch und Schnaps. Wie Hexer und Curanderos trägt er zu seinem persönlichen Schutz vor dem Bösen in einem Beutel rote Glücksbohnen *(tsité),* Jade- oder Quarzbrocken und oft auch alraunartige Wurzeln bei sich.

Es gibt gute und böse **Brujos** *(ajkih* und *ajitz);* sie alle arbeiten dienstags oder freitags, an den traditionellen Hexentagen. Wünscht man einem Feind Böses, wird ein Brujo beauftragt und bezahlt. Dieser benutzt meistens verschiedene pflanzliche Hilfsmittel wie ›Grüne Schlange‹, ein Stechapfel, der als Aufguss zu Blindheit führt.

Um Magenschmerzen hervorzurufen, zaubert er eine Kröte oder eine Schlange in den Magen des Opfers, von dem er zu diesem Zweck – wie in der Karibik üblich – eine Puppe anfertigt, die neben eine Kerze gelegt und mit Salz bestreut wird. Da Menschen nach Vorstellung der Indígenas ein Alter ego, ihr Totemtier, besitzen, kann der Zauber des Brujos sich auch gegen dieses Tier richten. Ikonographische Tiere der Heiligen werden auch als ihr Alter ego verstanden, so wird Hieronymus mit dem Löwen, Domenicus mit dem Hund, Markus mit dem Stier und Johannes mit dem Adler verbunden.

Um sich vor solchen Verzauberungen zu schützen, wird ein guter Brujo bezahlt, der die Zauberei auf den Verursacher oder seinen Auftraggeber zurückwirft. Ein Curandero kann die Symptome der angehexten Krankheiten behandeln. Eine leichtere Form der Verzauberung ist der ›böse Blick‹ *(mal de ojo),* der Fieber oder Durchfall

---

*›Morgenglanz‹, eine Windenart, und halluzinogene Pilze (Quiché ›xibalba okox‹ oder ›k'aizalah okox‹) sollen bei der Erzeugung von Visionen helfen; selbst die Hautsekrete einer tropischen Kröte (bufo marinus) werden als Halluzinogene verwendet. Damit kann der Hexer aber auch Irrsinn und Verfolgungswahn auslösen.*

Schlangentänzer bei den Quiché in Chichicastenango. Die Schlange gilt als magisches Tier; in der klassischen Zeit war sie ein Symbol für Visionen bei der Ahnenbeschwörung.

erzeugen kann. Kinder sind für ihn besonders anfällig, und der Glaube an dieses Phänomen erklärt auch die Abneigung gegen das Fotografiertwerden. Hexer sind ganz allgemein nicht besonders beliebt. Daher schützen sie sich, indem sie die Mär verbreiten, dass Angriffe auf Hexer mit ewiger Verdammnis bestraft werden.

**Curanderos** können bei ihrer Arbeit auf ein seit Jahrhunderten mündlich überliefertes Wissen von tierischen und pflanzlichen Heilmitteln zurückgreifen. Dies zeigt sich auch noch bei den fliegenden Medizinverkäufern, die oft auf den Märkten zur Förderung des Verkaufs moderner Medikamente oder obskurer Wässerchen – wahre Allheilmittel – mit großen Schlangen herumhantieren.

Ein echter Heiler ist sich für solche Mätzchen allerdings zu schade. Er arbeitet vor allem mit Kräutern, die nach Vorstellung der Indígenas bestimmte Krankheiten aufnehmen können. Kräuterwickel müssen daher nach dem Auflegen verbrannt oder vergraben werden, da von ihnen eine extreme Ansteckungsgefahr ausgehen soll. Basilienkraut gilt als hilfreich gegen Fieber, Öl aus dem Samen von Hibiscus abelmoschus gegen Malaria und das Gift von Schlangen, Spinnen und Skorpionen. *Hierba del cáncer*, ein Fuchsschwanzkraut, wirkt dagegen bei Krebs und Entzündungen. Bei Durchfall arbeitet man mit der gelbblühenden Leuchtenden Sammetblume (Tagetes lucida), die aber nur wirkt, wenn sie vor dem 24. Juni, dem Fest des hl. Johannes, geschnitten wurde. Denn am Johannistag soll sich angeblich der Teufel in diesen Blumen wälzen, so dass sie danach höchst gefährlich sind.

Viele der Heiler geben auch Liebeszauber aus oder leiten die Beerdigungen, bei denen der Sarg des Toten vor der Bestattung einige Mal sehr schnell im Kreis gedreht wird. Durch diese Bewegung soll der Tote die Orientierung verlieren, so dass er nicht mehr zurückkehren kann, um die Lebenden zu belästigen. Viele Heiler arbeiten mit Augendiagnose. Liegt ein Fall von Verhexung vor, soll der Leidende allerdings den vermuteten Urheber nennen, damit das Ziel des Gegenzaubers klar ist. Falls Sie anfällig für Moskitos sind, also süßes Blut haben, wirkt Hexerei besonders gut. Haben sie ein starkes Herz *(yolchichic)* oder bitteres Blut, sind sie gegen Zauberei immun.

## Musik und Tanz

Die spanischen Chronisten berichten, dass die Indígenas fast zu jeder religiösen Zeremonie musiziert, gesungen und auch getanzt haben. Viel Ursprüngliches ist heute nicht mehr erhalten, wo spanische und afrikanische Elemente in Musik und Tanz übernommen wurden.

Archäologisch lässt sich anhand von Musikinstrumenten nur wenig über die Musik aussagen. Die Originalmusik der Quiché ist tetraphonisch, d. h. die Melodien beruhen auf nur vier Tönen. Wie in anderen Kulturen auch dürften die Töne von Vogelgesängen und anderen, von Wind, Bäumen und Wasser erzeugten Naturgeräuschen abgeleitet sein. Man spielte auf verschiedenen Flöten, die aus Holz, Knochen oder Ton gefertigt wurden. Eine Schilfrohrflöte, *tsijolaj*, wird auch heute noch benutzt. Neben der Flöte war – wie heute – die Okarina aus Ton oder Stein das melodieführende Instrument. Trommeln und Pauken unterschiedlicher Größe sind ebenfalls noch in Gebrauch, und auch der fanfarenartige Caracol, das Gehäuse einer großen Meeresschnecke oder dessen Nachbildung aus Ton wird heute noch gespielt. Auch die Rasseln aus kleinen mit vielen Steinchen gefüllten Kürbissen und die mit einem Hartholzstab zum Klingen gebrachten Schildkrötenpanzer waren schon vor der Ankunft der Spanier bekannt.

Zu diesen historischen Instrumenten kommen heute von den Spaniern oder Schwarzen eingeführte Instrumente wie Oboen *(chirimia)*, Violinen, Gitarren, Harfen und Marimbas. Bis zur *conquista* (Eroberung durch die Spanier) hatte es in ganz Amerika keine Saiteninstrumente gegeben, was bis heute nicht erklärt werden kann. Während des 16. Jh. verbot die Kirche den Indígenas die Benutzung der Gitarre, da ihr Klangkörper an einen Frauenleib erinnert. Die Marimba, das Nationalinstrument Guatemalas, das sich aber in ganz Mittelamerika großer Beliebtheit erfreut, ist afrikanischen Ursprungs. Sie ähnelt einem Xylophon, doch sind unter den hölzernen Klangbrettern Kalebassen oder Holzkästen als Resonanzkörper ange-

bracht. Der typische scharrende Nebenton wird durch die über die Schallkästen gespannten Metallsaiten erzeugt. Die kleine Marimba der Indígenas hat zwei Hälften mit je 78 bzw. 59 chromatischen Schlagplatten. Diese Halbtonplatten werden von den Spielern mit zwei oder drei Kautschukklöppeln angeschlagen. Die kleinen Marimbas werden von zwei oder drei Musikern gespielt, die großen von sieben. Die Marimbaspieler arbeiten ohne Noten und verfügen über ein sehr breitgestreutes Repertoire.

*Die Marimba, eigentlich afrikanischen Ursprungs, hat während der Kolonialzeit auch bei den Indigenas Anklang gefunden. Heute gilt sie als das Nationalinstrument von Guatemala.*

Tänze der vorspanischen Mayakultur kennt man nur aus den Abbildungen auf Vasen oder Reliefs. Ganz wichtig ist sicher der Schlangentanz gewesen, der nach der Geburt eines Sohnes von den Fürsten ausgeführt wurde. Er soll von den Quiché noch im 20. Jh. mit lebenden Schlangen getanzt worden sein.

Schon in klassischer Zeit scheint man bei den Tänzen Masken getragen zu haben, aber auch dagegen hatte die spanische Krone während der Kolonialzeit ein Gesetz erlassen. Der *baile del venado* (›Hirschtanz‹), bei dem die Tänzer Hirschmasken tragen, geht wohl auf eine aztekische Tradition zurück, findet aber im Hochland Guatemalas noch heute statt. Vermutlich tanzten in vorkolumbischer Zeit nur die Männer – die Frauen dürften sie durch Klatschen und Schreien angespornt haben. Auch heute werden die meisten Tänze, die oft Stunden und Tage dauern, nur von Männern ausgeführt. Die Paartänze sind allesamt spanischen Ursprungs.

*Landeskundlicher Überblick*

## Spuren der Indígenas in der modernen Kunst

David Ordóñez, 1951 in Guatemala geboren, studierte Kunst in der Academia San Fernando in Madrid und malt in kräftigen, glänzenden Acrylfarben auf verschiedenen Untergründen Szenen aus dem Leben der Indígenas. Seine Bilder bestechen durch leicht geometrisierte Formen, starke Farbkontraste und glatte Gesichter. Der Künstler wurde in den 80er Jahren in Guatemala sehr beliebt, und seine Bilder scheinen heute fast serienmäßig hergestellt zu sein.

In der Galería von Thomas Schäfer Cruz (Panajachel) erhält man einen guten Überblick über weitere zeitgenössische Künstler in Guatemala. Angelica Bauer lebt bei den Tzutuhil, sie macht Bilderbücher und arbeitet mit alten Mayamotiven in moderner Drucktechnik. Raúl Vásquez aus Todos Santos mischt Farbe, Sand und Kunststoffkleber und malt häufig im Stil alter einheimischer Datumsglyphen. Frau Nan Cruz, Tochter einer Indígena und eines Europäers, malt realistisch und lässt Symbolik und Darstellungstechnik der Indígenas in ihre Bilder einfließen. Eine ähnliche Symbolik ist auch bei Frau Maria Eskenasy zu erkennen, deren Malstil ein bisschen an Chagall erinnert.

Thomas Schäfer Cruz baut im Augenblick ein Kunstschlösschen hoch über dem Atitlán-See, wo sich Künstler aus aller Welt für einige Zeit zum Arbeiten einmieten können. In seiner Möbelschreinerei kann je nach Wunsch mit modernen und alten Formen gearbeitet werden. Er beschäftigt hier ehemalige Guerillas, um ihnen den Rückweg in ein normales Leben zu erleichtern; denn es gibt kein staatliches Programm für solche Zwecke.

*Die allerorts angebotene naive Malerei wird größtenteils von Indígenas angefertigt.*

# Kulturhistorischer Überblick

## Frühe Jäger und Sammler

Nach bisherigen Erkenntnissen haben weder Menschenaffen noch Prähominiden auf dem amerikanischen Kontinent gelebt. Man geht daher davon aus, dass Menschen während der letzten Eiszeit (40 000– 25 000 v. Chr.) von Asien nach Amerika gewandert sind. Ihrem Jagdwild folgend, gelangten diese Jäger und Sammler über die damals noch von Eis bedeckte Beringstraße auf den amerikanischen Kontinent und drangen in zahlreichen kleinen Gruppen mit unterschiedlicher Geschwindigkeit immer weiter nach Süden vor. Um etwa 10 000 v. Chr. dürften sie auch Mittelamerika erreicht haben, als es dort wohl noch etwas kühler war, doch Mastodonten bereits ausstarben. Die in Höhlen lebenden kleinen vagabundierenden Menschengruppen lebten von der Jagd, gesammelten Früchten, Wurzeln und Kleintieren.

Im 2. vorchristlichen Jahrtausend begannen die Nachfahren dieser ersten Mittelamerikaner und Nachzügler sich im Gebiet südlich der Landenge von Tehuantepec in kleinen Siedlungen niederzulassen und ihren Lebensunterhalt durch Ackerbau sicherzustellen. Mit der Sesshaftwerdung oder ›neolithischen Revolution‹, die ein langsamer Anpassungsvorgang war, begann eine Zeitspanne von etwa 2000 Jahren, in deren Verlauf alle wichtigen Grundlagen entwickelt wurden, auf denen die spätere klassische Hochkultur der Maya aufbaute. Daher wird diese Periode der kulturellen Entwicklung ›Formative Phase‹ genannt, die man in einen frühen, mittleren und späten Abschnitt unterteilt.

## Formative Phase

Rund 1000 Jahre später hatten sich die frühen Bauern über das gesamte Gebiet der heutigen Staaten Belize, Guatemala, Honduras und El Salvador ausgebreitet. Reste ihrer Hütten und Spuren ihrer Bestattungen sind bisher im Tal von Copán, am Río de la Pasión (Seibal), im Zentral-Petén (Tikal, Río Azul usw.), im Norden von Belize, im Hochland von Guatemala und in der Küstenebene am Pazifik gefunden worden. Gesellschaftliche Unterschiede scheint es innerhalb der Siedlungen zu dieser Zeit noch nicht gegeben zu haben: Weder die Überreste der Stroh- und Holzhäuser noch die Grabbeigaben zeigen bedeutende Unterschiede, die auf eine soziale Hierarchie schließen lassen könnten.

Im mittleren Formativum ab ca. 700 v. Chr. entstanden die ersten größeren Siedlungen mit Tempeln aus Holz, Blättern und Gräsern auf großen, manchmal steinverkleideten Erdplattformen. Die Bewohner der Pazifikküste und des Hochlandes waren damals in der Regel wei-

## Kulturhistorischer Überblick

*Monumentaler Basaltkopf aus La Democracia an der Pazifikküste (ca. 500 v. Chr.). Die scheibenförmigen Augen trugen ursprünglich eine Bemalung mit Symbolen.*

ter entwickelt als die Siedler im Osten, denn frühe Großbauten und so genannte öffentliche Gebäude wurden – bis auf wenige Ausnahmen wie Nakbé und El Mirador – zuerst im Westen und erst später im Osten errichtet. Auch die ersten monolithischen Steindenkmäler fertigte man im Westen an, das Ballspiel gehörte schon als fester Bestandteil zu bestimmten, mit der Sonne verbundenen religiösen Zeremonien. Spätestens am Ende dieser Phase, um 200 v. Chr., hatte der Osten in materieller und kultureller Entwicklung aufgeholt. Auch hier errichtete man nun Monumentalbauten.

Jetzt gab es auch soziale Unterschiede unter den Bewohnern der Siedlungen. Wichtige Personen lebten in besseren und größeren Häusern, ihre Gräber wurden mit mehr und feineren Grabbeigaben ausgestattet. Im Hochland von Guatemala ließen sich Fürsten und Priester sogar mit ihren geopferten Dienern und/oder Familienmitgliedern bestatten.

Die Bewohner der Region scheinen durch Tauschhandel direkt oder indirekt miteinander in Verbindung gestanden zu haben. Ihre Keramik zeigt zwar schon kleine regionale Unterschiede, gleichzeitig jedoch noch die frühere prinzipielle Einheitlichkeit, die sicher funktional bedingt war. Gehandelt wurden – wie auch in späterer Zeit – Meersalz, Steinsalz, Jade, Kakao, Keramik, Obsidian, Muscheln und Seetiere.

Im späten Formativum (200 v. Chr. bis 200 n. Chr.) wurde eine Glyphenschrift entwickelt, die Basis für die spätere klassische Mayaschrift. Fürsten ließen um die Zeitenwende die ersten steinernen Monumente mit ihren Namen und Daten errichten. Ihr dynastisches Denken dürfte aus dem Bewusstsein heraus entstanden sein, dass die Herrscher, die gleichzeitig auch Priester waren, ihre soziale Hervorhebung einer göttlichen Abstammung oder zumindest einer engen Beziehung zu den Göttern verdankten. Im südlichen Hochland von Guatemala entwickelte sich Kaminaljuyú zum führenden Ort. Hierbei muss eine Art Landflucht stattgefunden haben: Viele kleine Siedlungen in der Umgebung wurden verlassen, weil ihre Bewohner in den Hauptort zogen. Ältere religiöse Zentren verloren ebenfalls an Bedeutung. Wahrscheinlich wurden damals auch schon begrenzte Kriege um die Vorherrschaft in bestimmten Regionen geführt. Darstellungen von Gefangenen deuten dies jedenfalls an.

*Stele 5, Abaj Takalik; Vater und Sohn rahmen die Zeitangabe*

Auch in dieser Phase scheinen die Bewohner des Westens noch einen gewissen Entwicklungsvorsprung vor den Menschen im Osten des Subkontinents gehabt zu haben, denn die frühesten Stelen mit Bildern und Namen von Herrschern hat man bisher im Hochland und an der Pazifikküste gefunden. Die ersten Belege für die Anwendung von Langzeitangaben, ab einem fiktiven Ausgangspunkt in Tagen berechneten Zeitdistanzen, stammen ebenfalls aus dem Westen Guatemalas (Abaj Takalik, Stele 2, 18 v. Chr., Stele 5 mit Daten zwischen 83 und 126 n. Chr.). Im Gegensatz dazu hat man in der Architektur zu dieser Zeit dort noch hauptsächlich mit unbearbeiteten Flussgeröll als Baumaterial gearbeitet.

*Formativum, Klassikum*

## Klassische Phase

Um 200 n. Chr., dem Beginn der klassischen Epoche (bis 900), scheinen die Bewohner der Westküste etwas ins Hintertreffen gelangt zu sein: Kaminaljuyú im Hochland und die großen Mayazentren im Osten spielten damals die führenden Rollen in der Kulturentwicklung, was sich in Zentren wie Río Azul oder El Mirador auch schon etwas früher angedeutet hatte. Jetzt etablierten sich in den großen Mayazentren die ersten Herrscher, die das heilige Bündel *k'ax* – eine Stoff- oder Lederrolle, die den heiligen Stein aus Jadeit oder anderem grünen Material enthielt – als Symbol ihrer Herrschaftsrechte betrachteten. Dieses Bündel blieb für mehr als 1000 Jahre bei den Maya das dominierende Herrschaftszeichen. Selbst im 16. Jh. wurde es noch von den Quiché verwendet. Es ist mit dem Zepter in Europa oder dem Wampum der nordamerikanischen Indianer zu vergleichen. Der Träger des Bündels konnte sicher schon damals unbedingten Gehorsam von seinen Untertanen verlangen, was vor allem in späteren historischen Texten des Klassikums immer wieder angedeutet wurde.

Zu Beginn des Klassikums scheinen im Petén Orte wie Río Azul und El Mirador ihre führende Rolle an Zentren wie Tikal und Uaxactún verloren zu haben. Dieser Wechsel dürfte vornehmlich gewaltsam in die Wege geleitet worden sein, denn viele frühe Herrscher legten Wert darauf, als ›geborene Krieger‹ bezeichnet zu werden.

Schon um 400 hatten sich in den wichtigsten Orten Dynastien etabliert, die künftig ihre von vielen Wissenschaftlern als Ortsnamen bezeichneten Geschlechternamen (Tikal, Uaxactún, Copán, Yaxhá, Seibal, Xultún, El Perú, Lamanai) in den Inschriften anführten. Nach den Vorstellungen der Maya hatte jeder Fürstensohn, der während

*Nach den Aussagen und Berichten ihrer Nachfahren etablierten sich die ersten Bündelherrscher in Tikal um 219, in Uaxactún um 250, in Yaxchilán um 280 und in Copán – obwohl bereits ab ca. 150 das bedeutendste südliche Zentrum der Maya – erst um 480. Lokale Herrscher und Fürsten, die vor 200 gelebt haben und nur in späteren Inschriften erwähnt werden, können ohne zusätzliche Erkenntnisse nicht als historische Personen angesehen werden.*

*Glyphen-Inschrift von Stele 31 aus Tikal, ca. 450 n. Chr. Niedergelegt ist die Geschichte der Tikal-Herrscher vom 6. bis zum 11. Fürsten.*

33

## Kulturhistorischer Überblick

der Herrschaftszeit seines königlichen Vaters geboren wurde, einen Anspruch als Nachfolger auf den Thron. Schwierigkeiten stellten sich ein, als es nach ca. 100 Jahren in vielen Fürstenorten eine ganze Reihe von Thronanwärtern gab. Im allgemeinen konnte man das Dilemma lösen, indem die Thronfolger, die nicht die Herrschaft in der Hauptstadt übernehmen konnten, ihre eigenen Dynastien in anderen Orten gründeten, wobei sie meist eine ortsansässige adlige Frau heirateten. So ist es zu erklären, dass die so genannte Ortshieroglyphe von Uaxactún der Glyphe von Yaxchilán und die von El Perú der von Calakmul gleicht und daß später die Herrscher von Dos Pilas den gleichen Familiennamen trugen wie die Fürsten von Tikal. Nicht immer konnte die Erbfolge auf solch friedliche Weise geregelt werden. Häufig kam es auch zu Kämpfen einzelner Thronanwärter untereinander, wie dies besonders gut im Fall von Tikal und Uaxactún um 378 belegt ist.

Das Problem wiederholte sich etwa alle 100 Jahre. So gründete ein Fürstensohn aus Yaxchilán die Dynastie von Piedras Negras (498), und der 2. Fürst von Copán scheint nach der Heirat mit einer Dame von Quiriguá über diesen Ort in Personalunion regiert zu haben. Schon bald waren die großen Herrscherfamilien durch Eheschließungen mehr oder weniger eng miteinander verwandt. Diese

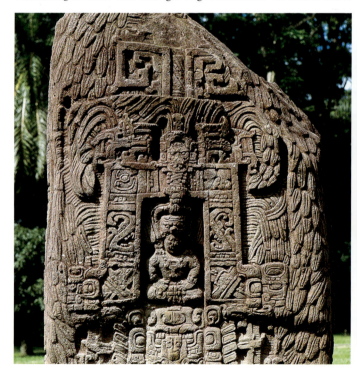

*Rückseite der Stele K aus Quiriguá (805 n. Chr.). In dem geöffneten Maul des Himmelsmonsters hockt der Vorfahre des auf der Vorderseite dargestellten Fürsten auf einem Thron in Form eines Götterkopfes.*

familiären Bande wurden auch geknüpft, wenn ein Fürstensohn – die Erbfolger führten in der Regel die Angriffskriege – einen anderen Ort eroberte, denn meist heiratete er eine Tochter aus dem besiegten Fürstenhaus. Die Kinder aus dieser Ehe konnten dann nicht nur de facto die Macht am eroberten Ort ausüben, sondern auch aus Abstammungsgründen als Herrscher auftreten. Ein Eroberungskrieg brachte also erst in der nachfolgenden Generation seine größten Früchte.

Da in den Inschriften oft Kriege und Siege erwähnt werden, aber kaum jemals größere Zahlen von Gefangenen, sind die kriegerischen Unternehmungen dieser Zeit vermutlich von kleinen Gruppen adliger Krieger, einer Art Ritterheer, durchgeführt worden. Der Führer einer besiegten Gruppe wurde in den Siegesinschriften abgebildet und schriftlich erwähnt, meist jedoch nicht mit seinem Namen, sondern nur mit seiner Abstammung, denn mit dem Verlust seiner Insignien hatte er auch seine Stellung und seinen Namen verloren. Dieser Umstand zeigt sich darin, dass die Besiegten meist nur spärlich bekleidet sind und die Sieger ihnen in die Haare greifen.

Da erfolgreiche Kriegszüge für ihren Beginn ein gutes Omen brauchten – z. B. die Stellung der Venus als Morgenstern – und in den Inschriften der Krieg als ›schwarze Zeit‹ oder ›schwarze Erde‹ bzw. ›verbrannte Erde‹ bezeichnet wird, sprechen amerikanische Wissenschaftler effekthaschend von ›Sternenkriegen‹ bei den Maya. Tatsächlich kann das Zeichen *ek'* in den Mayasprachen sowohl ›Stern‹ als auch ›schwarz‹ oder ›Priester‹ bedeuten.

*Der 11. Fürst und sein Hofstaat thronen über Kriegsgefangenen (sitzend); Stele 12 aus Piedras Negras, 795 n. Chr.*

Die familiäre Bindung der Fürstengeschlechter untereinander führte dazu, dass sich Fürsten in die Erbfolge anderer Stadtdynastien einmischten – oft sogar mit Waffengewalt, was in der heutigen Wissenschaft als ›Axt-Ereignis‹ umschrieben wird. Eine Einmischung dieser Art endete im Jahr 556 für Tikal, das in Caracol mitgemischt hatte, mit einer katastrophalen Niederlage.

Die Führer der besiegten Gegner scheinen die Möglichkeit gehabt zu haben, ihre Freiheit dadurch zurückzuerlangen, dass sie im Ballspiel gegen den Führer der Siegergruppe gewannen. Diese Sitte wird wohl auf das Ballspiel der beiden Heldenbrüder Hun Hunahpú (Geburtsdatum 1 Ahau) und Vucub Hunahpú (Geburtsdatum 7 Ahau) zurückgehen, die laut mythologischer Überlieferung im Popol Vuh in der Unterwelt Ball spielen sollten und nach gewissen Tricks der Unterweltsgötter schon vor dem Spiel geopfert wurden. Falls der Gefangene auch das Ballspiel verlor, wurde er auf jeden Fall geopfert – in einigen Fällen aber erst Jahre nach seiner militärischen Niederlage. Gefangene Thronfolger ließen sich nicht nur hervorragend als Geiseln verwenden: Die Vorführung von Besiegten bedeutete ganz offensichtlich Prestigegewinn für den Sieger.

Dieses Prestige konnte man durch die Aufstellung der Stelen auch der Öffentlichkeit ständig vor Augen halten. Zunächst stellte man die Herrscher in leichter Schrittstellung in Seitenansicht dar und legte sehr viel Wert auf die vielen symbolischen Details, die zum Schmuck der Kleidung und der Standesinsignien gehörten. Später, etwa ab 450,

*Stelen galten bei den Maya als künstliche Bäume, wegen ihrer Informationen in den Inschriften und ikonographischen Details über Vorfahren wurden sie sogar als eine Art Stammbaum angesehen.*

35

## Kulturhistorischer Überblick

*Jadeitmaske aus dem Grab eines Fürsten von Tikal; Mosaiktechnik auf Holz- und Stuckkern, 7. Jh., MNGC. Objekte aus Jadeit (Grünstein) galten wegen ihrer grünen Farbe als Zeichen für Fruchtbarkeit und Leben, als Grabbeigaben, besonders wenn sie den Toten in den Mund gelegt worden waren, können sie als Hinweis auf den Glauben an ein Leben nach dem Tode gewertet werden.*

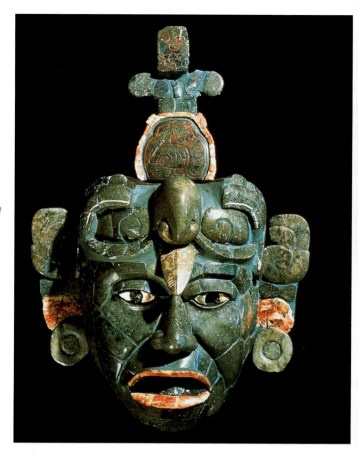

wurde diese ›Medaillensucht‹ etwas eingeschränkt und der Fürst mit Lanze oder Stab zum beliebtesten Stelenthema. Man darf aber nicht vergessen, dass es zu dieser Zeit bereits lokale Varianten und zeitlich leicht versetzte Vorlieben gab. So wurde in Tikal (Stele 4, 379) der Fürst mit Kopf und Oberkörper frontal auf einem Thron sitzend abgebildet, in Quiriguá (Mon. 26, 493) dagegen stehend im Profil, mit dem Gesicht en face und den Füßen nach außen gedreht. Um 554 ließ sich ein Fürst von Caracol frontal auf einem Thron im Lotussitz abbilden; nur sein Gesicht zeigte man im Profil. Doch trotz der Ausnahmen, bei denen es sich auch um später produzierte und zurückdatierte Monumente handeln kann, gab es eine Art Darstellungskanon, der erst später allgemein geändert wurde.

Die Steinarchitektur dieser Zeit verfügt häufig über Räume mit falschen Gewölben (Kraggewölben) und Fassadenschmuck in Form von riesigen Göttermasken aus Stein und/oder aus Stuck. Ihrer gehobenen Stellung entsprechend residierten Fürsten in geschlossenen Palastbezirken, meist erhöht auf großen Plattformen gelegen, die durch räumliche Distanz vom Rest der Gebäude die soziale Sonderstellung ihrer Benutzer ausdrückten. In den Palästen spielte sich der größte Teil des Lebens unter einem Sonnendach vor den Steingebäuden ab, genau wie bei den Hütten der Bauern. Bis auf die Thronräume wurden die Räume meist nur zum Schlafen und als Ablage für den persönlichen Besitz genutzt.

Fürsten wurden in gut ausgebauten – manchmal bunt bemalten – unterirdischen Grabkammern bestattet, häufig im Kern einer Tempelpyramide. Objekte, vor allem Schmuck, die die besondere Stellung der Herrscher anzeigten, wurden ihnen mit ins Grab gelegt, um ihnen auch im Totenreich eine ihrem Rang entsprechende Stellung zu garantieren. Die Keramik trug häufig den Namen des Herrschers. Als Grabbeigabe wurde sie rituell getötet, d. h. durchbohrt; man betrachtete sie also als symbolisches Geschirr. Auch Diener, Frauen und Krieger wurden geopfert und begleiteten ihren Herrn in den Tod. Die Grabkammern hatten meist einen kleinen Schacht oder Kanal, durch den die Seele zum Himmel aufsteigen oder bei Ahnenbeschwörungen im Maul der Visionsschlange erscheinen konnte.

Die Untertanen wurden im Prinzip ähnlich bestattet, meist in gestreckter Lage auf dem Rücken oder der Seite liegend oder mit angezogenen Beinen. Die Fötalhaltung, sicher eine Anspielung auf die Geburtshaltung, kann als Symbol für die Rückkehr zum Ursprung interpretiert werden. Die Gräber des gemeinen Volkes waren meist nichts anderes als eine flache Eintiefung im Boden, manchmal an den Seiten mit grob gebrochenen Steinen verstärkt, die mit Steinplatten oder nur mit Erde abgedeckt waren.

Um 600 ist für die Forscher das Ende der frühklassischen Zeit anzusetzen. Der Grund ist nicht zuletzt darin zu suchen, dass zwischen 600 und 650 viel weniger Stelen aufgestellt wurden. Einige Forscher glauben, das Phänomen mit dem Ende der Präsenz von Teotihuacán im Mayagebiet verbinden zu können. Keramik, Götterbilder und Symbole beweisen, dass dieser Einfluss wirklich bestanden hat. Doch dieser Rückgang oder Rückzug sollte andere Gründe gehabt haben. Zwischen 600 und 700 erschienen im Hochland von Mexiko vermehrt wilde Stämme, die viele altehrwürdige Städte überrannten oder übernahmen und dabei sicher auch so einige der ehemaligen Bewohner zur Flucht zwangen. Zu diesen Flüchtenden könnten die Xinca oder Pipil gehört haben, die später sogar bis nach Nicaragua vorgedrungen sind. Sie werden auf ihrem Marsch nach Süden für einige Unruhe gesorgt haben. Später dürfte einer der Stämme für die Einführung eines neuen Stils in der monolithischen Kunst an der Pazifikküste verantwortlich gewesen sein, der starke Beziehungen zur Golfküste andeutet und damit auf die Xinca als Urheber weist, da ihre Sprache Verbindungen zum Totonakischen dieser Region hat. Die Veränderungen und großen Umwälzungen waren wahrscheinlich auch der Grund dafür, dass die Verbindung

*Keramikbecher im Codex-Stil aus einem Grab in Tikal, 8. Jh. Der Fürst von Motul de San José befiehlt einem Untergebenen.*

von Kaminaljuyú nach Teotihuacán (Mexiko) abriss, die Stadt ihre besondere Stellung verlor und später sogar aufgegeben wurde.

Nach den bewegten Zeiten kehrte in den Mayalanden wieder die Ruhe lokaler Streitereien ein und man widmete sich erneut der Verehrung von Herrschern und Ahnen. Auf den Stelen überwiegen zunächst Darstellungen der Fürsten mit nach auswärts gedrehten Füßen, frontal abgebildetem Leib und dem Kopf im Profil. Erst etwa 100 Jahre später entwickelte man am Río Usumacinta eine Vorliebe für vollständige Profilbilder, während in Quiriguá und Copán zu der Zeit fast vollplastische Statuen angefertigt wurden.

In der spätklassischen Zeit verging kaum ein Jahr ohne Kämpfe zwischen einzelnen Fürstentümern. Nur wenige Herrscher haben es versucht und geschafft, ein größeres Gebiet für längere Zeit zu kontrollieren, wie etwa Tikal, Caracol, Naranjo, Piedras Negras und Dos Pilas. Im Petén entstanden damals die extrem steilen und von mächtigen Dachkämmen gekrönten Pyramiden und Tempel, die als typisch für die Mayakultur gelten.

## Nachklassische Zeit

Um 800–900 marschierten erneut Hochlandstämme aus Mexiko nach Süden, durch das Tal des Usumacinta bis ins Herz des Petén. Spätklassische Mayazentren wie Seibal, Altar de los Sacrificios und Toniná zeigen plötzlich Hochlandstil bei den Reliefs, und Mayadaten wurden mit fremden Daten ergänzt. Eindeutig haben sich

*Felsrelief 21 von El Baúl, heute in Santa Lucia Cozamalguapa auf der Plaza Central, ca. 9. Jh. Opferritual eines Fürsten im Rahmen einer Fruchtbarkeitszeremonie vor thronender Gottheit. Der Stil der Darstellung entspricht dem mexikanischen Hochlandstil, den Einwanderer mitbrachten. Typisches Zeichen sind z. B. die in Aufsicht abgebildeten (herausgedrehten) Füße des Fürsten.*

damals in den Mayastädten kleine Gruppen von Fremden als Oberschicht etabliert, die im Laufe der Zeit in der örtlichen Bevölkerung aufgegangen sind. Ganz ähnlich gingen schließlich im 12. Jh. auch die Quiché und ihre Bruderstämme, die Cakchiquel und Tzutuhil, vor.

Im Hochland von Guatemala legte man zwischen 800 und 1000, während der Zeit der Kriege und Einwanderungen, zahlreiche neue Zeremonialzentren und Städte bewusst auf Bergrücken und Hügelkronen als eine Art natürliche Bergfestungen an, die noch zusätzlich durch Terrassen verstärkt wurden. Diese Fluchtburgen leisteten auch noch im 12. und 13. Jh. gute Dienste, als die Quiché und ihre Stammesbrüder ins Hochland eindrangen, die später ihre eigenen Städte und Zentren in ähnlicher Lage und Form erbauten. Die Stufenpyramiden dieser Zeit sind im Hochland meist recht niedrig und wurden in der Regel von einer Cella mit einem sehr spitzen Strohdach oder einem flachen Holz-Stuck-Dach gekrönt.

*Graburne der Quiché mit Deckel in Form eines stilisierten Jaguars; 12./13. Jh., Museo Popol Vuh. Der Gefäßkörper ist als Götterkopf mit Monsterkrone gestaltet.*

Im Tiefland des Petén, wo die klassische Mayakultur ihr Ende gefunden hatte – wohl hauptsächlich weil die Adligen und Herrscher, die Träger dieser Kultur, sich gegenseitig getötet hatten bzw. von Einwanderern (Xinca, Pipil) verdrängt worden waren – ging das Leben ebenfalls weiter. Viele klassische Zentren sind auch nach dem Zusammenbruch noch von wenigen Menschen besiedelt gewesen. Es wurden jedoch keine Tempel mehr errichtet und keine Stelen mehr aufgestellt. Kleinere Zentren mit weniger beeindruckenden Gebäuden und relativ schlichten Stelen entstanden an geschützten Stellen, wie etwa Topoxté auf einer Insel im See Yaxhá. Im 13. Jh. kamen dann die noch verbliebenen Itzá, die nach dem Sieg Mayapáns aus Chichén Itzá geflüchtet waren, in den Petén zurück, wo sie laut ihrer eigenen Überlieferung schon zur klassischen Zeit gesessen hatten, und gründeten neue Städte, z. B. Tayasal im Lago Petén. Diese wurden von Fürsten, die den Titel *kan ek'* trugen, regiert und konnten sich in ihrem Kerngebiet bis Ende des 17. Jh. ihre Freiheit erhalten.

# Kolonialzeit

Kolumbus entdeckte 1502 Guanaja, eine Insel vor der heutigen honduranischen Küste. Da er wegen der großen Wassertiefe zunächst keinen Ankerplatz fand, taufte er das Land Honduras (›Tiefen‹). Cristóbal de Olid nahm die Küste 1523 für Spanien und sich selbst in Besitz. Hernán Cortés wollte seinen Leutnant zur Räson bringen und durchquerte zu diesem Zweck den ganzen Petén, um schließlich nur am Grab des vor seiner Ankunft gestorbenen Olid zu stehen. Im gleichen Jahr besiegte Pedro de Alvarado mit den spanischen und tlaxcaltekischen Truppen (Indígenas aus Mexiko) zunächst die Quiché, verbündete sich mit den Cakchiquel und vernichtete anschließend die Pipil-Hauptstadt Cuscatlán (›Land des Glücks‹). Nach Gründung der neuen Stadt Bermuda, nahe dem späteren San Salvador, kehrte

## Kulturhistorischer Überblick

Pedro de Alvarado, der Eroberer des Hochlands von Guatemala (um 1485–1541). Mit Hilfe seiner Brüder kontrollierte er in der frühen Kolonialzeit als Generalkapitän (ab 1527) die gesamten eroberten Gebiete.

er nach Guatemala zurück, besiegte die Cakchiquel und gründete bei Iximché die erste Hauptstadt Guatemalas: Santiago de Guatemala. Nur wenig später, im Jahr 1525, wurde in Honduras mit Trujillo die erste Hafenstadt an der Karibikküste gegründet. Nachdem die erste Hauptstadt während einer Rebellion zerstört worden war, plante man 1527 ein neues Santiago de Guatemala als zweite Hauptstadt, das heutige Ciudad Vieja 5 km südwestlich von Antigua.

Die Erkundung bzw. Eroberung Mittelamerikas erfolgte aber nicht nur von Norden nach Süden, sondern auch in umgekehrter Richtung. Schon 1513 hatte der Portugiese Vasco de Balboa als erster Europäer auf der Landenge von Panama den Pazifik erreicht; 1522 landeten Spanier mit vier Schiffen unter der Leitung von Andrés de Niño im Golf von Fonseca im Osten El Salvadors und eroberten dabei auch den südwestlichen Teil von Honduras.

Die Spanier rechtfertigten die *Conquista*, die Eroberung der neuen Welt, mit einer päpstlichen Bulle von 1493. Darin hatte Alexander VI. den neu entdeckten Kontinent Amerika an die Könige Portugals und Spaniens zum Zwecke der Christianisierung verschenkt. Mit der Schenkung war das Recht der Könige verknüpft, zum Schutze von konvertierungswilligen Einheimischen auch gegen deren weltliche Herrscher mit Waffengewalt vorzugehen. Ganz real ging es den meisten *Conquistadoren* aber mehr um Gewinn von Besitz und Macht als um den ›Schutz‹ christlicher Indígenas.

1535 fasste Karl V., deutscher Kaiser und König von Spanien, die beanspruchten Gebiete Mittelamerikas – einschließlich Mexikos, doch ohne Panama – zum Vizekönigreich Neu-Spanien zusammen, obwohl weite Teile damals noch frei und unabhängig waren. Erst fünf Jahre später konnten die Spanier den Fürsten Lempira, den Anführer der Indígenas von Honduras, endgültig besiegen und Comayagua gründen. Auch El Salvador und das Hochland von Guatemala waren erst 1540 fest unter spanischer Kontrolle, während die Indígenas im Petén und in Verapaz auch danach noch ihre Unabhängigkeit verbissen verteidigten.

*Kolonialzeit*

Der spanische König kontrollierte das neue Vizekönigreich mit Hilfe des *Consejo Real Supremo de las Indias*, einer Zentralbehörde, die 1524 in Spanien eingesetzt worden war. Er berief oder setzte weltliche und geistige Würdenträger und Beamte ein und bezog Abgaben, den königlichen Zehnten, aus der Kolonie, in der der Vizekönig in Ciudad de México (Mexiko City) sein oberster Repräsentant war. Das Gebiet Neu-Spaniens war in verschiedene Provinzen eingeteilt, die von Gouverneuren regiert wurden. Das Gebiet von Guatemala – noch einschließlich Chiapas, Honduras und El Salvador – wurde zur *Capitania General de Guatemala*. Als eine Art Ständevertretung gab es die *Audiencias* (Ratsversammlungen) in den Provinzstädten, wo auch die Erzbischöfe residierten.

Die erfolgreichen Conquistadoren und verdiente Untertanen wurden von der spanischen Krone zum Teil mit *caballerías*, Landschenkungen von jeweils ca. 43 ha, belohnt, mehrheitlich vergalt man geleistete Dienste aber durch die Vergabe von *encomiendas*. Dies war das Recht, Tribute auch in Form von Arbeitsleistungen von den Bewohnern bestimmter Gebiete einzufordern. Pedro de Alvarado, der größte Encomendero, setzte allein im Gebiet von Sololá ein Heer von 900 Arbeitern beim Goldschürfen und -waschen ein.

1542 erließ Karl V. auf Drängen von Bartolomé de las Casas (s. S. 74) die so genannten Neuen Gesetze *(Leyes Nuevas)* zum Schutz seiner neuen Untertanen. Mit den Gesetzen wurde die Verfügungsgewalt der Encomenderos über Tribut, Abgaben und Arbeitseinsatz der Indígenas eingeschränkt und die Grundlage geschaffen für die friedliche Christianisierung der Region *Verapaz* (›Wahrer Frieden‹) im Zentrum von Guatemala. Die bekehrten Indígenas und ihr Land, das zunächst nicht von Spaniern besiedelt werden durfte, sollten 15 Jahre später auf freiwilliger Basis ins spanische Kolonialreich eingegliedert werden.

Nachdem die zweite Hauptstadt Guatemalas von Naturgewalten zerstört worden war, wurde 1543 das dritte Santiago de Guatemala, das heutige Antigua, gegründet und zum Sitz der Audiencia de los Confines, des Obersten Gerichtshofes für das ganze Generalkapitanat Guatemala. Der Widerstand der Indígenas im Hochland war 1540 mit der Hinrichtung der letzten rebellierenden Fürsten gebrochen worden, doch flackerten immer wieder kleine lokale Aufstände auf. Die Itzá auf der Insel Tayasal im Lago Petén wurden sogar erst 1697 endgültig unterworfen.

Die spanische Krone übte politische und wirtschaftliche Kontrolle über alle eroberten Gebiete aus. Die Bewohner der Kolonien durften nur mit dem spanischen Mutterland und mit diesem auch nur über den Hafen von Sevilla handeln, alle wichtigen Entscheidungen wurden vom Vizekönig in Ciudad de México oder vom König in Spanien getroffen. Die Indígenas wurden in Dorfgemeinschaften zusammengefasst, um die Stammesbindungen aufzulösen, und den religiösen Orden unterstellt. So wurden z. B. die Dörfer der Cakchiquel von den Franziskanern und den Dominikanern kontrolliert, während die der

*Wappen der Stadt Antigua, des früheren Ciudad de los Caballeros de Guatemala: Oben der hl. Santiago, der ›Maurentöter‹ und Schutzpatron der Conquistadores; unten die drei Vulkane, in deren Schatten die ehemalige Hauptstadt liegt.*

## Kulturhistorischer Überblick

*Stich aus aus dem Buch ›Kurzgefasster Bericht von der Verwüstung der westindischen Länder‹ von Bartolomé de las Casas, in dem dieser als Fürsprecher der Indígenas in Bild und Wort die Praktiken der Conquistadoren und ihrer unmittelbaren Nachfahren anprangerte. Zwar hatte Papst Paul III. mit der Bulle von 1537 verkündet, dass die Indianer wirkliche Menschen seien, die frei über sich und ihr Eigentum entscheiden könnten. Allerdings missachteten die Eroberer die hochheiligen Worte in diesem Fall nach Kräften.*

Pipil im heutigen El Salvador größtenteils den Augustinern unterstanden. Ihr Land empfingen die Indígenas in Parzellen von 1–3 ha von der Krone als ›Geschenk‹. Die Dörfer verfügten außerdem über Gemeinschaftsland *(ejido)*, das nur für Viehzucht oder Brennholzgewinnung genutzt werden durfte. Kirchen und Klöster erhielten durch Schenkungen und Erbschaften im Laufe der Kolonialzeit immer größeren Landbesitz, obwohl die Krone mehrmals versuchte, per Gesetz die Annahme von Landschenkungen zu verbieten.

Als im Laufe der Kolonialzeit die Zahl der Indígenas durch Seuchen und Zwangsarbeit ständig abnahm – um 1600 lebten nur noch etwa 1,4 Mio. Ureinwohner in Mittelamerika (ohne Mexiko) –, musste der arbeitsintensive Kakao-Anbau von den Spaniern mangels Arbeitern aufgegeben werden und durch Viehzucht ersetzt werden. Eine profitable Viehwirtschaft erfordert aber größere Ländereien, welche die Landbesitzer sich häufig durch illegale Nutzung der Ejidos verschafften. Als im 17. Jh. die Erträge aus den Silber- und Goldminen stark zurückgegangen waren, die spanische Krone jedoch Geld brauchte, verkaufte sie die widerrechtlich genutzten Ländereien nachträglich an die spanischen Landbesitzer oder veräußerte freies Kronland. So entstanden bis zum Beginn des 18. Jh. die großen Haciendas, deren Besitzer eine Art Landadel bildeten. Sie verdienten mit dem Indigo-Anbau zwischenzeitlich (18. Jh.) sehr viel Geld, ganz besonders in El Salvador – und wurden die Vorfahren der heutigen, alles kontrollierenden, führenden Familien.

Um die Angriffe der damals immer dreister werdenden Freibeuter und Piraten abwehren zu können, errichteten oder verstärkten die

*Kolonialzeit*

Spanier eine Kette von Festungen entlang der Golfküste. Die Piraten hatten von der englischen Krone Kaperbriefe erhalten, die es ihnen erlaubten, spanische Schiffe und Städte zu überfallen und zu plündern und ihr Beutegut in England abzusetzen. Vor der Verfolgung durch spanische Kriegsschiffe suchten sie in den Sümpfen des heutigen Belize Schutz.

Dieses Gebiet, damals Dzuluinicob (›Land der Holzfäller‹) genannt, hatten die Spanier zusammen mit Uaymil (an der Laguna Bacalar) 1543–44 unter der Leitung der brutalen Brüder Melchor und Alonso Pacheco erobert. Die meisten Maya waren geflüchtet und/ oder den Hungertod gestorben. Doch der Widerstand wurde trotz der Gründung spanischer Siedlungen (als Hauptort Tipu im Süden beim heutigen San Ignacio), nicht aufgegeben. 1568 erfolgte dann unter Juan Garzón ein zweiter Eroberungszug.

Um 1597 waren die Bewohner von Tipu mit den Fürsten *(kan ek')* von Flores am Lago Petén verwandt und hatten außerdem eine familiäre Bindung nach Cozumel (1618). Ehen von Adligen sollten wohl wie in klassischer Zeit die politische Position stärken. 1619 machten die Itzá einen Rückeroberungsvorstoß am Oberlauf des Río Ucum (Sibun River). Bereits 1622 folgte der Gegenangriff von Kapitän Francisco Mirones gegen die Itzá, den man nach seinem Tod abbrach. 1638 erhoben sich die Maya von Dzuluinicob erneut gegen die Spanier. Im selben Jahr sollen auch die ersten Schmuggler und Piraten unter dem Schotten Wallis nach Belize gekommen sein. Der Pirat Diego Lucifer de los Reyes, genannt El Mulato, attackierte 1642 die Stadt Bacalar und die Küste von Belize. Danach verloren die Spanier jegliche Kontrolle über das Land. Erst 1697 unternahmen sie einen neuen Versuch, und Priester und Beamte kehrten nach Tipu zurück. Doch schon 1707 zogen sich die hispanisierten Bewohner von Tipu nach Angriffen durch entlaufene englische Sträflinge und verbündete Miskito-Indianer aus Nicaragua, Honduras und Costa Rica an den Lago Petén zurück.

Als die Frachten der spanischen Schiffe wegen rückläufiger Gold- und Silbergewinnung in der Neuen Welt weniger wertvoll wurden, und sich das Risiko von Überfällen durch die Bildung großer spanischer Konvois mit militärischem Schutz beträchtlich vergrößerte, gaben viele Piraten nach und nach die Kaperfahrten auf und verlegten sich auf den Transport von Edelhölzern, die in Belize geschlagen wurden.

Die Engländer erhielten 1763 von den Spaniern im Pariser Vertrag die Erlaubnis, in Belize Niederlassungen anzulegen und Holz zu fällen; Festungen durften sie auf spanischem Boden jedoch nicht errichten. Um dieses Verbot zu umgehen, brachten die englischen Schiffe als Ballast Erde aus England mit. Auf dem aufgeschütteten ›englischen Boden‹ wurde dann die erste Festung der Engländer und Baymen (s. S. 23) in Belize City errichtet. Als das dritte Santiago dem Erdbeben von 1773 zum Opfer gefallen war, erforderte die Gründung der neuen Hauptstadt Guatemalas die ganze Aufmerksamkeit der

## Kulturhistorischer Überblick

*Dorfkirche von Acasaguastlán im Tal des Río Motagua, Anfang 18. Jh. Stilelemente verschiedener Epochen sind in der Fassade zu einem harmonischen Ganzen vereint. Die Front ist mit ihren Säulen, Statuen und Nischen als Altar (retablo) strukturiert und trägt hochbarocke Stuckornamentik. In den Durchbrüchen im Giebel zur Aufnahme von Glocken (espadaña) und dem Fehlen von Türmen sind Anklänge an die Kirchenarchitektur des 16. Jh. zu erkennen.*

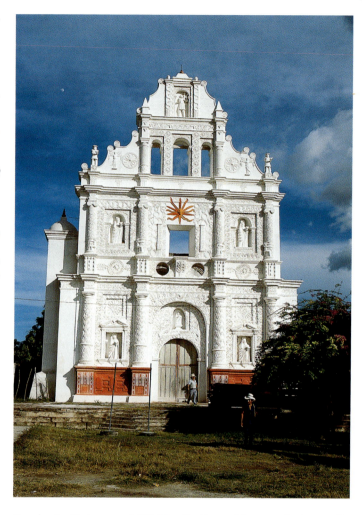

Spanier. Im Vertrag von 1786 über die Grenzziehung verlegte man die Grenze vom Río Hondo zum Río Sibun, mit der Auflage allerdings, dass die Engländer als Gegenleistung neue Straßen bauten. Da die Engländer den Vertrag nicht einhielten, griffen die Spanier sie 1798 mit 19 Schiffen an, wurden jedoch zurückgeschlagen. Das Gebiet des heutigen Belize war damit als nicht-spanische Region gefestigt, und bis heute ist der englische Einfluss in Kolonialarchitektur und Sprache geblieben.

Im Jahr 1790 wurde auch das heutige Honduras als Provinz Comayagua unter der Oberhoheit der Audiencia in Guatemala etabliert.

*Kolonialzeit, Befreiungskriege*

Die unsicheren Machtverhältnisse in Mittelamerika, vor allem in den tropischen Waldgebieten, führten dazu, dass in der Kolonialzeit nur im Hochland bemerkenswerte Architektur errichtet wurde, vor allem im 17. und 18. Jh. Beste Beispiele sind die Bauten in Antigua, deren Kloster- und Kirchenfassaden mit reichem Stuckdekor verziert sind. Die kräftigen und teilweise sehr plastischen Dekorationen sind auf ein Grundgerippe aus vorkragenden Steinen oder Ziegeln modelliert, eine Technik, die auch bei zeitgleichen Bauten in Mexiko nachzuweisen ist. Dass die gleiche Technik auch bei Mayabauten in Palenque (600–800) verwendet wurde, dürfte den späteren Anwendern wohl kaum bekannt gewesen sein.

## Befreiung und Unabhängigkeit

Schon im 18. Jh. hatten sich einzelne Stimmen in Neu-Spanien gegen die hohen spanischen Zölle und die fast unerträgliche Dominanz des Mutterlandes hören lassen. Als Napoleon 1808 nach Spanien einmarschierte und dort seinen Bruder als König einsetzte, verlangte die spanische Exilregierung sehr große Steuerzahlungen von ihren Kolonien, um Napoleon zu bekämpfen und dem abgesetzten Ferdinand VII. wieder auf den Thron zu verhelfen. Die hohen Zahlungen, die Arroganz der spanischen Regierung und das wachsende Selbstbewusstsein des Militärs in Neu-Spanien, dass durch die *fuero militar* nicht länger vor spanischen Gerichtshöfen verantwortlich war, bereiteten den Boden für den Freiheitskampf des Priesters Miguel Hidalgo in Mexiko (1810).

Diesem Vorbild folgend, erhoben sich 1811 José Maria Delgado in El Salvador und 1814 Pedro Pablo Castillo, der Bürgermeister von San Salvador, erfolglos zum Freiheitskampf. Im Anschluss an Mexikos erfolgreichen Freiheitskampf erklärte sich auch Guatemala 1821 unabhängig. Nur ein Jahr später gehörte die ehemalige Capitania General de Guatemala (mit Honduras und El Salvador) zum Reich des mexikanischen Präsidenten und späteren Kaisers Iturbide. Dieses Reich existierte zwar nur für kurze Zeit, doch seit damals ist das Gebiet von Chiapas ein Teil Mexikos.

Nach dem Sturz Iturbides 1823 trafen sich die Provinzgouverneure zu einem Kongress auf dem erstmals von der Föderation der *Provincias Unidas del Centro de América* (Vereinigte Provinzen Zentralamerikas) gesprochen wurde. Die liberalen politischen Kräfte waren gegen eine Angliederung der ehemaligen Provinz Guatemala an Mexiko, während sich die Konservativen dafür aussprachen. Mexiko erkannte 1824 diesen Staatenbund an, der eine föderative Verfassung nach dem Vorbild der USA aus der Feder J. M. Delgados annahm. Zur Zentralamerikanischen Föderation gehörten unter ihrem ersten Präsidenten Manuel José Arce (1825) Guatemala, Honduras, El Salvador, Nicaragua und Costa Rica.

## Kulturhistorischer Überblick

M. J. Arce verbot die Sklaverei und den Sklavenhandel, hielt sich aber selbst kaum an die Verfassung, so dass es bereits 1824 zu Bauernaufständen in El Salvador kam. Zwei Jahre später rebellierten Liberale in El Salvador, Honduras, Costa Rica und Nicaragua. Ihr Anführer, General Francisco Morazán, eroberte zunächst San Salvador, dann 1829 Ciudad de Guatemala und wurde 1830 Präsident der Föderation. Er ließ Klöster schließen und kirchlichen Besitz verstaatlichen, das Erziehungswesen ausbauen, Handel und Einwanderung fördern und machte San Salvador 1835 zur Hauptstadt der Föderation, die 1836 zusammen mit den USA Einspruch gegen die offizielle englische Besitznahme von Belize erhob.

Schon 1838 löste sich die Föderation auf, und die fünf Provinzen gaben sich eine eigene Regierungsform. Morazán versuchte noch bis zu einem Tode 1842 erfolglos, den Bund mit militärischer Gewalt wiederherzustellen.

*Die Zeit von 1840 bis 1870 war geprägt vom Kampf zwischen den antiklerikalen liberalen Kräften und den Konservativen, die sich die Verteidigung der Kirche und ihrer Privilegien auf die Fahne geschrieben hatten. Auch die Nachwehen der großen Idee eines geeinigten Mittelamerika machten sich in diesem Streit immer wieder bemerkbar.*

1839–65 wurde Guatemala mit diktatorischer Strenge und Macht von Rafael Carrera regiert, einem Mestizen mit dem Blut von Indígenas und Schwarzen in seinen Adern. Zunächst war der fanatische Christ Carrera, ein ehemaliger Schweinetreiber und Trommler, nur Oberbefehlshaber der Armee. Nach seinem Sieg über honduranische Truppen in der Nähe von Chiquimula wurde er mit der neuen Verfassung von 1851 zum ›Friedensstifter‹ und Präsidenten erhoben. Drei Jahre später erhielt er von der kleinen Minderheit spanischstämmiger Familien (›die großen Dreißig‹) und der Kirche die absolute Macht und die Präsidentschaft auf Lebenszeit. Diese einflussreichen Familien legen übrigens bis heute Wert darauf, im Hintergrund zu bleiben, niemals den Präsidenten zu stellen, doch wichtige Schlüsselministerien wie Wirtschaft und Inneres mit ihren Vertretern zu besetzen.

Aufstände der Liberalen in den Jahren 1862 und 1863 blieben erfolglos. Ein Pamphlet des salvadorianischen Präsidenten Gerardo Barrios reizte Carrera zum Einmarsch nach El Salvador. Mit 5000 Mann erlitt er 1863 bei Coatepeque im Feindesland eine Niederlage, konnte aber noch im selben Jahr die salvadorianischen Truppen unter General Gonzales besiegen und die Hauptstadt San Salvador belagern. Barrios floh, und Carrera setzte in El Salvador den ihm genehmen Dueñas als Präsidenten ein. Als ihm der gleiche Schachzug auch in Honduras und Nicaragua gelang, war Carrera der führende Mann in Mittelamerika.

Der liberale honduranische Präsident Cabañas hatte zuvor versucht, den Staatenbund wiederherzustellen, und auch Krieg gegen Guatemala geführt. 1855 erlitt er eine Niederlage und wurde gestürzt. Im gleichen Jahr nominierte der Söldner William Walker, ein US-Amerikaner, erfolglos Patricio Rivas als Präsident des Landes. Den Friedens- und Bündnis-Vertrag von 1856 mit Guatemala schloss General Guardiola ab, ein geborener Zambo, der wegen seiner Grausamkeit ›El Tigre‹ genannt wurde. Der nach Nicaragua geflohene Walker kehrte 1860 zurück, wurde gefangengenommen und im glei-

*Unabhängigkeit*

chen Jahr hingerichtet. Sein Gegner Guardiola fiel 1862 bei einem Militäraufstand. Ihm folgte im nächsten Jahr Vittoriano Castellanos als Präsident, 1864 schließlich mit Unterstützung R. Carreras Senator José María Medina. Medina führte 1865 eine neue Verfassung ein und wurde 1866 und 1870 wiedergewählt. Als er 1872 Guatemala – hier hatte in der Zwischenzeit der liberale General Cruz (ab 1869) General Cerna (1865) abgelöst – und El Salvador den Krieg erklärte, wurde er gestürzt, und E. Arias wurde zum neuen Präsidenten erklärt.

In Guatemala sorgte 1873–85 General Justo Rufino Barrios als Diktator für Ruhe und Ordnung. Doch den Traum eines vereinigten Mittelamerika konnte er sich nicht erfüllen. Er vertrieb die Jesuiten, die unter seinen Vorgängern sehr bevorzugt worden waren, aus dem Land, konfiszierte die Kirchengüter, schloss die Klöster und wies den Erzbischof aus dem Land. Als er 1885 – nach dem Vertrag zwischen den USA und Nicaragua über den Panamakanal – den alten Kontinentalbund wieder ausrief, war El Salvador nicht bereit, seiner Aufforderung zum Beitritt zu folgen. Barrios marschierte in El Salvador ein, wurde vernichtend geschlagen und verlor dabei sein Leben. Obwohl er auch für den Einfluss der USA in Guatemala und die Unterdrückung der Indígenas verantwortlich war, hatte Barrios mit dem Bau von Straßen, Eisenbahnen und Häfen sowie der Unterstützung des Kaffee-Anbaus den Wohlstand einer Minderheit im Land sehr gefördert.

Die Nachbarländer vermochten keine ähnlichen Fortschritte aufzuweisen. Belize wurde im Jahr 1871 zur eigenständigen Kronkolonie von England erhoben. Bereits 1807 war die Sklaverei in Belize offiziell aufgehoben worden. So waren zwischen 1847 und 1850 viele Mayas und Mestizen während der Kastenkriege in Yucatán nach Belize geflüchtet, was den hohen Anteil der spanisch sprechenden

*William Walker, ein Söldner und Befürworter der Sklaverei, versuchte durch seine Unternehmungen zwischen 1856 und 1860 in Mittelamerika Sklavenhalterstaaten zu schaffen, die während des amerikanischen Sezessionskrieges als Verbündete der Konföderierten Staaten auftreten sollten. Er wurde am 12. September 1860 in Trujillo (Honduras) standrechtlich erschossen.*

*Mitte des 19. Jh. bereiste John Lloyd Stephens mit seinem Zeichner Frederick Catherwood als offizieller Gesandter der Vereinigten Staaten Mittelamerika und besuchte u. a. die Ruinen von Quiriguá und Copán. Damals waren die Stätten noch von dichtem Urwald bedeckt; das Reisen konnte man sich aber recht bequem gestalten.*

## Kulturhistorischer Überblick

An die Zeit der Befreiungskriege erinnern die historischen Uniformen der Wachsoldaten vor dem Nationalpalast in der Hauptstadt Guatemalas.

Bevölkerung erklärt. 1853 war Belize englische Kolonie geworden, die der Verwaltung in Jamaica unterstand. Die Anbindung an Jamaica wurde jedoch 1862 aufgehoben.

Die Präsidenten von Honduras – Ponciano Leiva (ab 1874), Marco Aurelio Soto (ab 1876) und ihre Nachfolger – konnten nach der Verfassung von 1880 Tegucigalpa zur neuen Hauptstadt von Honduras erheben und damit symbolisch die koloniale Vergangenheit, die sich in Comayagua als Hauptstadt manifestierte, abstreifen. Soto hat mit seiner liberalen Revolution allerdings versucht, in Honduras die Machttriade aus Großgrundbesitz, Kirche und Militär zu zerschlagen, indem er den Kirchenbesitz konfiszierte und staatliche Schulen gründete. Er gab somit den Anstoß zu einer liberalen Gesinnung, die 1891 in der Gründung des Partido Liberal (›Liberale Partei‹) ihren Ausdruck fand. 1894 wurde der ein Jahr zuvor gewählte honduranische Präsident Vázquez von General P. Bonilla mit der Unterstützung nicaraguanischer Truppen gestürzt. Einen guten Einblick in die Zeit Sotos liefert Soltera in seinem Buch *A Lady's Ride Across Spanish Honduras* (London 1884).

In Guatemala regierte 1898–1920 der Diktator Manuel Estrada Cabrera (interessante Lektüre hierzu bietet Miguel Ángel Asturias in seinem Werk *El Señor Presidente*). Er verkaufte ab 1900 Land an die United Fruit Company, die später ganz Mittelamerika unter ihre Kontrolle brachte. Die Dollars, die mit ihr ins Land flossen, verschwanden in den Taschen weniger und wurden beim Bau üppiger Prachtbauten verschwendet. Wie sich die amerikanischen Geschäftsleute die Verhältnisse wünschten, zeigt der folgende Auszug aus dem so genannten Rolston-Brief von 1920, der von einer Entwicklungsgesellschaft an einen Rechtsanwalt in Honduras gerichtet war: »Damit unsere großen Opfer und zahlreichen Geldanlagen nicht vergeblich gemacht wurden, müssen wir möglichst viel staatliches und privates Land in unseren Besitz bringen. Wir müssen uns Privilegien, Befreiung von Steuern und Zoll sichern und uns von allen Pflichten befreien, die unsere Einnahmen und Gewinne schmälern. Wir müssen privilegierte Positionen erreichen mit dem Ziel, unsere wirtschaftlichen Interessen zu verteidigen und unsere Handelsphilosophie anderen aufzuzwingen.«

In Honduras gründeten Großgrundbesitzer und Klerus 1923 den Partido Nacional (›Nationalpartei‹), um dem Partido Liberal die Stirn bieten zu können. Präsident Arturo Araujo, der einer langen Reihe von über 40 militärischen Staatschefs *(caudillo)* 1931 als ziviler Präsident folgte, wurde schon ein Jahr später durch einen Militärputsch entmachtet.

1931–44, während der Diktatur des Generals Jorge Ubico Castañeda, konnten die USA ihren Einfluss in Guatemala noch vergrößern; die deutschstämmigen Besitzer von Kaffeeplantagen, erst im 19. Jh. ins Land geholt, wurden enteignet. Mit der Landreform von 1951–54, unter den Präsidenten Arévalo und Jacobo Arbenz Guzmán, wurde ausländischer Landbesitz verstaatlicht, gleichzeitig aber auch ein Klima der Unruhe im Land verbreitet. Diese Situation nutzte 1954 Coronel Carlos Castillo Armas mit Unterstützung der USA für seinen Militärputsch in Guatemala. Zum Dank bekamen die Amerikaner ihren verstaatlichten Besitz teilweise zurück.

In Honduras führte Präsident Villeda Morales ab 1957 zivile Reformen ein, verabschiedete eine neue Verfassung, führte Arbeitsgesetze und Sozialversicherung ein und versuchte, eine Landreform durchzusetzen. Die Neuerungen veranlassten 1963 den in den USA ausgebildeten Luftwaffenoberst Osvaldo López Arellano zu dem von seinen Gönnern erwünschten Putsch. Arellano verzögerte die Reformen, ließ radikale Vertreter der Bauernorganisationen verfolgen und legalisierte seine Herrschaft 1965 durch den Kongress.

Schon 1964 hatte Belize, seit 1871 Kronkolonie und bis 1973 noch British Honduras genannt, von Großbritannien das Selbstverwaltungsrecht erhalten. Bis zur endgültigen Unabhängigkeit sollten aber noch einige Jahre vergehen.

## Die Zeit der Bürgerkriege

In den 60er und 70er Jahren waren mehr als 300 000 Salvadoreños als Gastarbeiter nach Honduras gekommen und hatten sich zum Teil als Kleinhändler selbständig gemacht. Viele von ihnen waren 1969 im Rahmen der honduranischen Landreform ausgewiesen worden, was zu großen Unruhen führte. Als die beiden Länder 1969 in der Qualifikation zur Fußballweltmeisterschaft in Mexiko von 1970 aufeinandertrafen und im dritten Spiel schließlich die Entscheidung zugunsten El Salvadors fiel, kam es in Honduras zu Übergriffen gegen die Salvadoreños.

Daraufhin brach El Salvadors Präsident Fidel Sánchez Hernández die diplomatischen Beziehungen zu Honduras ab und ließ Streitkräfte zum Schutz seiner Bürger ins Nachbarland einmarschieren, auch die Luftwaffe bombardierte Ziele in Honduras. Der Gegenangriff ließ nicht auf sich warten und führte zu großen Schäden in El Salvador. Erst durch die Vermittlung der Organisation Amerikanischer Staaten (OAS) konnte ein Waffenstillstand hergestellt werden – nachdem es auf beiden Seiten insgesamt über 25 000 Tote gegeben hatte. Erst 1980 nahmen die beiden Staaten ihre diplomatischen Beziehungen wieder auf.

In dieser Zeit gewann auch die Guerillabewegung *Frente Farabundo Martí para la Liberación Nacional* (FMLN), die die seit 1932 andauernde Herrschaft der Militärs und die schreiende soziale Ungerechtigkeit aufheben wollte, immer mehr Bedeutung in El Salvador. Sie kontrollierte schließlich mehr als ein Viertel des gesamten Staatsgebietes.

In Guatemala hatten nach dem Sturz des Präsidenten Jacobo Arbenz Guzmán im Jahr 1954 das Militär, die katholische Kirche und die Großgrundbesitzer das Sagen; letztlich war das politische Han-

*Agustín Farabundo Martí (1893–1932) war ein früher salvadorianischer Revolutionär, der aus einer Familie der städtischen Mittelklasse stammte und zum Rechtsanwalt ausgebildet wurde. 1920 kämpfte er mit César Augusto Sandino in Nicaragua für die Vertreibung der US-Marines. Als sozialistischer Rebell kehrte er nach El Salvador zurück, wo er 1932 standrechtlich erschossen wurde.*

## Kulturhistorischer Überblick

deln jedoch von Direktiven aus den USA bestimmt. Als man im Norden des Landes, in der Franja Transversal del Norte, reiche Bodenschätze fand, ergriffen das Militär und die Präsidenten von den Ländereien durch Beschlagnahmung Besitz. Die Bevölkerung nannte die Region daher verbittert nur noch ›*Franja General*‹.

Selbstverständlich setzten sich Teile der vertriebenen Bewohner mit Guerilla-Methoden gegen die unmöglichen Zustände zur Wehr. Schon seit den 60er Jahren hatten sich die verschiedenen Guerilla-Gruppen unter dem Namen *Unidad Revolucionaria Nacional Guatemalteca* (URNG) zusammengeschlossen und dem Militär und den Großgrundbesitzern das Leben schwergemacht. Darauf reagierten der Staat und das Militär – etwa ab 1972 – mit beispielloser Brutalität. Während der Regierungszeit des Generals Efraín Ríos Montt (ab 1982), der den Beinamen ›Schlächter‹ erhielt, bestimmten Mord und Totschlag das Leben im Land. Mehr als 300 000 Guatemalteken flüchteten ins Ausland, vor allem in die USA und nach Mexiko, wo sie in großen Camps entlang der Grenze untergebracht wurden. Selbst das kleine Belize, das 1981 unabhängig geworden, aber Mitglied des Commonwealth geblieben war, nahm Flüchtlinge aus Guatemala auf.

In El Salvador schlossen die Vertreter des FMLN und der rechtsextremen ARENA-Regierung (Alianza Republicana Nacionalista) am 12.1.1992 in Esquipulas einen Friedensvertrag, dem 1994 eine Waffenaufgabe der Guerilla und freie Wahlen folgten.

Guatemala wird zwar seit 1986 wieder von zivilen Präsidenten regiert, die wirkliche Macht liegt aber immer noch in den Händen der 30 führenden Familien und des Militärs. Gemäß dem Abkommen des Flüchtlingsrates (Comisiones Permanentes, CCPP) bemüht man sich seit 1992, die Flüchtlinge nach Guatemala zurückzuführen, wo viele aber weiterhin unter den Repressionen des Militärs leiden müssen. Die Situation hat sich aber beruhigt, nachdem 1996 der Unternehmer und frühere Bürgermeister der Hauptstadt, Álvaro Arzú, zum Präsidenten gewählt wurde. Er begann seine Amtszeit mit der Bekämpfung der Korruption und entließ Hunderte der führenden Offiziere aus Armee und Polizei. 1996 schloss er ein Abkommen mit den Guerilla-Organisationen, die 1997 sogar ihre Waffen niederlegten.

Der weiteren Zukunft kann man aber noch längst nicht völlig entspannt entgegensehen, denn 1997 wurde ein Kind aus der Familie von Rigoberta Menchú (s. S. 78) entführt, und auch Mitglieder der 30 führenden Familien sind als Geiseln genommen und getötet worden. Daraufhin führte man 1997 in Guatemala für Geiselnahme und Entführung die Todesstrafe ein.

*Rosalina Tuyuc, eine Cakchiquel-Maya aus Guatemala, war in Bürgerkriegszeiten mit der Organisation ›Conavigua‹ aktiv, einer Vereinigung von Mayafrauen. Heute sitzt sie als Mitglied der FDNG (Frente Democratico Nueva Guatemala) im Parlament und tritt als erste Vertreterin der indigenen Bevölkerung für soziale Gerechtigkeit und Frauenrechte ein.*

# Zeittafel: Daten zur Kulturgeschichte

| Synopse | Jahr | Mittelamerika | Monumente |
|---|---|---|---|
| Beginn des Pharaonenreichs in Ägypten | 3114 v. Chr. | Beginn der Langen Zählung bei den Maya; frühe Ackerbauern; | |
| 2300 Sargon von Akkad Mittleres Reich in Ägypten | 2000 | | |
| Um 1000 erste Goldverarbeitung in Peru | 1200 | **Beginn des Präklassikums** | Monolithische Großplastik in Los Naranjos (Honduras), an der Pazifikküste und im Grenzgebiet von Guatemala/El Salvador; |
| 753 Gründung Roms | 900 | Grabbeigaben im Tal von Copán; | |
| Monte Albán in Zentral-Mexiko erlebt erste Blüte | 600 | Siedlung in Tikal; El Mirador größtes Zentrum im Petén; | um 500 Tempel 5C in Cerros); |
| 333 Alexanders Sieg bei Issos | 200 | erste Herrscher regieren in großen Zentren; | Gebäudegruppe H in Uaxactún; |
| | 50 | 1. Dynastie in Tikal; | Baubeginn der Nord-Akropolis in Tikal; Tempelbauten in Abaj Takalik aus Flusssteinen; |
| Vitruv schreibt sein Buch über Architektur | 18 | früheste Herrscherinschrift in Abaj Takalik (Stele 2); | |
| **Christi Geburt** | 0 | | |
| 70 Die Römer erobern Jerusalem | 50 | El Mirador und Cerros werden bedeutungslos; | Cara Sucia; West-Komplex in Nakbé; |
| | 100 | **Beginn des Klassikums** | |
| Teotihuacán in Zentral-Mexiko avanciert zum größten Zentrum Mittelamerikas | 150 | Herrscher von Abaj Takalik verewigen sich auf Stelen mit Langzeitangaben; Copán steigt zur Lokalmacht auf; | Tempel in Kaminaljuyú; Inschriftenstelen in El Baúl; P 9-25 in Lamanai; |
| | 220 | Beginn der 2. Dynastie von Tikal: 1. Bündelherrscher; | |

# Kulturhistorischer Überblick

| | | | |
|---|---|---|---|
| | 300 | 1. Bündelherrscher von Yaxchilán (Mexiko); | 328 Stele 9 in Uaxactún errichtet; Palast des 7. Fürsten von Tikal; |
| | 378 | Uaxactún wird von Tikal erobert; | |
| Frühchristliche Kirchenbauten im Orient | 400 | | |
| | 435 | Beginn 9. Baktun; Chakal I. herrscht in Palenque (Mexiko); Dynastien in Naranjo und Piedras Negras beginnen; | Gruppe 2 in Altar de los Sacrificios; Plaza A in Altún Há; 485 Stele 6 in Yaxhá; 534 Stele 30 in Piedras Negras; |
| Zeit der Völkerwanderung 532–37 Bau der Hagia Sophia in Konstantinopel 570 Geburt Mohammeds Erste Moscheen in Arabien | 500 | | |
| | 600 | 557 Tikal unterliegt der Macht von Caracol; Cerén zerstört; erste Einwanderungswelle aus dem Norden (Xinca?); Dynastie von Dos Pilas macht sich selbständig; 12. Fürst erhebt Copán zum größten südlichen Mayazentrum; | Cotzamalhuapa-Kultur, Stelen in ›mexikanischem‹ Stil; Templo Rosalila in Copán; |
| 711 Spanien fällt an die Araber | 700 | die Itzá ziehen nach Campeche (Mexiko); Renaissance Tikals unter dem 26. Fürsten; Mayaeinflüsse in Zentral-Mexiko; 738–49 Herrschaft des 14. Fürsten Copáns; Fremdeinflüsse in der Kunst von Seibal; | Tempel I und II in Tikal; 741 Stele 1 in Aguateca; Hieroglyphentreppe in Dos Pilas; |
| Kaiserkrönung Karls des Großen | 800 | | Inschriftentreppe in Copán; |
| | 830 | Beginn 10. Baktun; | Gruppe B in Seibal; |
| | 833 | letzter Fürst Copáns wird vertrieben; | Tempel 18 in Copán; Vasen im Codex-Stil aus Yaxhá; Lubaantun; Tempel C in Nakum; letzte Bauphase in Xunantunich; |
| Gründung Tulas (Zentral-Mexiko) | 850 | 849 letzte Inschrift Caracols; 869 letztes Inschriftendatum in Tikal; | |
| | 900 | **Ende des Klassikums** Tikal wird verlassen; | 909 letztes Datum in Toniná (Mexiko); |
| | 950 | Reliefstelen-Kult der Maya wird eingestellt; | |

## Zeittafel

| | | | |
|---|---|---|---|
| Die Wikinger fahren nach Nordamerika 1031 Beginn der Reconquista in Spanien | 1000 1050 | Seibal wird aufgegeben; Quiriguá von Yucatán her nachbesiedelt; das Tal von Copán wird verlassen; | Palast in Lamanai; Beginn der Hauptpyramide von Zaculeu; |
| Beginn der Gotik in Frankreich 1168 Zerstörung Tulas in Zentral-Mexiko | 1150 | Völkerwanderung in Mittelamerika, die Pipil ziehen nach Guatemala; | Naco; |
| | 1200 | Chichén Itzá (Yucatán) wird aufgegeben; die Itzá kehren nach Guatemala zurück; | Tempel C in Topoxté; Hauptpyramide in Tazumal; |
| Gründung von Mayapán | 1224 1250 | Beginn 11. Baktun; Quiché erreichen das Hochland Guatemalas; | Mixcu (Mixco Viejo); Cumarcaj; |
| | 1400 | Quiché dringen an die Küste des Pazifik vor; | |
| Beginn der Renaissance in Italien 1502 Kolumbus landet auf einer Insel vor Honduras | 1450 1500 | Cakchiquel machen sich selbständig; 1523 Spanier erobern Guatemala; Fürst Lempira in Honduras wird bis 1540 besiegt; | Gründung von Iximché; Kirche in Lamanai; |
| | 1535 | Karl V. gründet Vizekönigreich Neu-Spanien; 1542 Verbot der Sklaverei; | |
| | 1543 | Antigua als Hauptstadt des Generalkapitanats Guatemala gegründet; | Kolonialbauten in Antigua; Kirche La Merced in Comayagua; Festungen San Felipe und Gracias; |
| 1556–98 Philipp II. König von Spanien 1598–1621 Philipp III. | 1600 1618 1619 | 12. Baktun-Beginn; Rückeroberungsversuch der Itzá; | Ermita del Carmen in Ciudad de Guatemala; |
| 1648 Ende des 30-jährigen Kriegs 1665–1700 Karl II. König von Spanien 1701–46 Philipp V. erster Bourbone als König von Spanien | 1697 1700 | Tayasal, die letzte freie Mayastadt, fällt; | Kathedrale in Comayagua; |
| Klassizismus in Europa beginnt | 1759 1773 | Reformen Karls III. in Neu-Spanien Erdbeben zerstört Antigua; | Kathedrale in Esquipulas; Kolonialbauten in Ciudad de Guatemala; |

# Kulturhistorischer Überblick

| | | | |
|---|---|---|---|
| 1789 Französische Revolution | 1775 | Gründung von La Nueva Guatemala de la Asunción; | Festungen in Omoa und in Trujillo an der Karibikküste; |
| 1796 Spanien kämpft gegen England | | 1798 Niederlage Spaniens, Belize fällt an die Briten; | |
| 1808 Aufstand in Spanien gegen Napoleon | 1800 | 1811 José Delgado beginnt Befreiungskampf in El Salvador; | Britische Kolonialarchitektur in Belize City (1812 Government House); |
| 1823 Monroe-Doktrin | | 1821 Unabhängigkeit Neu-Spaniens; 1823–39 Mittelamerikanische Föderation; | |
| | 1850 | 1854 Rafael Carrera Präsident Guatemalas; | |
| 1865 Ende des Bürgerkriegs in den USA | 1871 | Belize wird britische Kronkolonie; W. Walker kämpft in Honduras; | |
| | 1880 | Tegucigalpa wird Hauptstadt von Honduras; | Rathaus und Banco del Occidente in Quezaltenango; |
| Kaffeeboom beginnt | 1885 | J. R. Barrios fällt beim Angriff auf Chalchuapa; | |
| 1890 Antitrust-Gesetz in den USA | | 1898–1920 Cabrera Präsident von Guatemala; | Kathedrale in Santa Ana; |
| | 1900 | | Polizeigebäude in Ciudad de Guatemala; |
| 1914 Eröffnung des Panama-Kanals | 1928 | US-Marines marschieren in Tegucigalpa ein; | Palacio Nacional in Ciudad de Guatemala; |
| 1940–45 Zweiter Weltkrieg | 1954 | Militärputsch, Ende der Reformen in Guatemala; | |
| Mennoniten ziehen aus Mexiko nach Belize | 1963 | Militärputsch, Ende der Reformen in Honduras; | Gründung der Orte Shipyard und Spanish Lookout in Belize; |
| Bis 1970 Antitrust Gesetze effektiv; Auflösung der United Trust Company | 1969 | Fußballkrieg zwischen Honduras und El Salvador; | Centro Civico in Ciudad de Guatemala; |
| | 1972 | Guerilla in El Salvador und Guatemala; | Bau von Belmopan in Belize; |
| | 1981 | Belize wird unabhängig; | |
| | 1990 | Frieden mit der Guerilla in El Salvador (1991) und Guatemala (1996); | |
| 1992 Nobelpreis für Rigoberta Menchú; Antidrogen-Feldzug in den USA wird verschärft | 1997 | Todesstrafe für Entführung in Guatemala; | Kathedrale Metropolitana in San Salvador |
| | 2012 | Beginn 13. Baktun | |

## Zeitrechnung und Mythos

### Kalendersystem und Schrift der Maya

Die Maya und ihnen nahestehende Völker verwendeten bereits ab dem 1. Jh. eine Zeitrechnung, die auf dem Vigesimalsystem (auf der Basis von 20) beruhte. Es war sicher von den 20 Fingern und Zehen des Menschen hergeleitet, hatte aber auch religiöse Hintergründe. Noch heute zelebrieren die Quiché 20 Tage nach der Geburt eines Kindes dessen öffentliche Vorstellung, und 40 Tage nach der Geburt vollziehen Mütter bestimmte religiöse Handlungen.

Die Zahlenwerte 1–4 werden mit Punkten notiert; ein Balken oder Strich steht für die Zahl 5, zwei Balken für 10. Die 0 und die 20 werden durch ein Mondsymbol oder die Darstellung einer Muschel angezeigt.

Vor allem in den klassischen Inschriften werden die Zahlen aber auch durch Götterköpfe wiedergegeben oder sogar in ganzen menschlichen Figuren, bei denen der Zahlenwert nur an kleinen Details zu erkennen ist: Der Wert 1 ist dabei in der Stirnlocke eines Frauenkopfes versteckt, die Werte 2 und 3 werden durch die Stirninfixe (als kleines Symbol, das in den Kopf eingesetzt ist) von Frauenköpfen angezeigt. Die Werte 4 und 5 sind in Infixen in Männerköpfen versteckt, 6 und 7 findet man in den Augen von Männern

*Beispiel für eine Vollfigur-Glyphe der spätklassischen Zeit aus Quiriguá. Der hockende Gott links steht für den Zahlenwert 7; rechts gibt die Büste eines Fürsten den Tagesnamen ›Ahau‹ an. Der Rahmen mit den ›Füßen‹, der den Tagesnamen umgibt, ist für sich selbst k'alah = ›es ist abgeschlossen‹ zu lesen.*

55

# Kulturhistorischer Überblick

## Zahlzeichen des Klassikums

Die orange hinterlegten Details sind die eigentlichen Träger des Zahlenwerts, während die Köpfe selbst religiöse Bedeutung haben.

| Zahl | Kopfglyphe | Yukatekisch | Quiché |
|---|---|---|---|
| 1 | | hun | un |
| 2 | | ka | ka'i |
| 3 | | ox | oxi' |
| 4 | | kan | kaji' |
| 5 | | ho | wo'o' |
| 6 | | wak | qaqi' |
| 7 | | uuk | wuqu' |
| 8 | | uaxak | waqxaqi' |
| 9 | | bolon | beleje' |
| 10 | | lahun | lajuj |
| 11 | | buluk | juljuj |
| 12 | | lahka | kab'lajuj |
| 13 | | oxlahun | xlajuj |
| 14 | | kablahun | kajlajuj |
| 15 | | holahun | wolajuj |
| 16 | | waklahun | waqlajuj |
| 17 | | uuklahun | wuqlajuj |
| 18 | | waxaklahun | waqxaqlajuj |
| 19 | | bolonlahun | b'elejlajuj |
| 20/0 | | k'al | wa'ix |

## Kalendersystem und Schrift

oder Göttern. Die 8 und die 9 stellte man durch hübsche Köpfe Jugendlicher dar, wobei erstere stark variiert und letztere vor allem am Bart zu erkennen ist. Der Zahlenwert 10 wird durch einen Schädel ausgedrückt, während er bei den Zahlen 11–20 nur durch fleischlose Unterkiefer angezeigt wird. Bei aller Übereinstimmung gibt es aber auch hier örtliche und zeitliche Varianten, die oft nur schwer zu identifizieren sind.

Im Zeremonialkalender (Quiché *cholq'ij*, ›Rechnungszeit‹) von 260 Tagen, der aus 13 Einheiten von je 20 Tagen besteht, kombinieren die Maya ihre 20 Tagesnamen mit den Zahlen 1–13. Jeder Tagesname wiederholt sich innerhalb von 260 Tagen 13mal, immer in Verbindung mit einer anderen Zahl (auf 1 Imix folgen 2 Ik, 3 Akbal usw.). Die Quiché feiern den Beginn eines 260-Tage-Jahrs *(tzolkin)* noch heute am Tag 8 Affe. Da jeder Tagesname mit bestimmten guten oder bösen Eigenschaften verbunden ist, wird ein Geburtstag als sehr wichtig erachtet und sogar – wie bei den Mixteken, Zapoteken und Azteken – als Name verwendet, was bei den Maya der klassischen Zeit allerdings nicht üblich war. Bei den Tagesnamen selbst gibt es in den Mayasprachen Unterschiede, und auch an den einzelnen Orten zeigen die zu verschiedenen Zeiten entstandenen Glyphen der klassischen Inschriften sehr viele Varianten. Zum Vergleich sind auf S. 58 die Tagesnamen zweier Mayasprachen angeführt.

Neben den 260 Tagen des Zeremonialkalenders verwendeten die alten Maya auch ein Sonnenjahr *(haab)* von 365 Tagen, unterteilt in 18 ›Monate‹ *(uinal)* à 20 Tage, die von 1 bis 20 durchnumeriert wurden (auf 1 Pop folgen 2 Pop bis 20 Pop, dann 1 Uo, 2 Uo usw.). Sie wurden ergänzt um fünf ›unglückliche‹ Tage am Ende des Jahres, an denen man am besten zu Hause blieb oder den Tempel säuberte, da diese Zeitspanne für andere Handlungen als wenig Erfolg verspre-

*Hier werden die yukatekischen Begriffe im Bereich der Archäologie verwendet, die in vorspanischer Zeit eine Art Hochsprache gewesen zu sein scheint. Von allen Mayadialekten gleicht das Yukatekische am ehesten der Sprache, die die Grundlage der klassischen Inschriften war. Bei Übersetzungsangaben in diesem Buch wird daher auch der Allgemeinbegriff ›Maya‹ für das Yukatekische verwendet.*

*Altar Q von Copán; zwischen dem 1. Fürsten (links) und dem 16. Fürsten (rechts) ist das Datum der Inthronisation des Letzteren eingefügt: 8 Kaban 10 Mol = 763 n. Chr. Die Zahlen sind hier nicht als Kopfglyphen notiert, sondern als graphische Symbole: Punkte mit dem Zahlwert 1 und Balken mit dem Zahlwert 5.*

57

*Kulturhistorischer Überblick*

## Tagesnamen in Yukatekisch und Quiché

| Zeichen | Yukatekisch | Deutsch | Quiché |
|---|---|---|---|
|  | imix | Brust | imox |
|  | ik | Wind | iq' |
|  | akbal | Nacht | aq'ab'al |
|  | kan | gelb | k'at |
|  | chikchan | Schlange | kan |
|  | kimi | Tod | kame |
|  | manik | gekauft | keh |
|  | lamat | Zentrum | q'anil |
|  | muluk | Berg | toj/Toh |
|  | ok | Fuß/Hund | tz'i' |
|  | chuen | Künstler/Affe | b'atz' |
|  | eb | Leiter | e |
|  | ben | gehen | aj/ah |
|  | ix | Frau | i'x |
|  | men | Beruf | tz'ikin |
|  | kib | Kerze | ajmaq/ahmaq |
|  | kaban | Erdbeben | no'j/noh |
|  | etsnab | Besitz | ijax/tihax |
|  | kawak | Donner | kawoq |
|  | ahau | Herr | ajpu'/ahpu |

chend galt. Diese beiden Zeitsysteme wurden miteinander verbunden, so dass man zu Daten wie 4 Ahau 8 Kumku (Tagesname plus Uinal-Name) kam. Ein solche Zahlen-Namen-Kombination kann sich erst nach 18 980 Tagen bzw. 52 Jahren wiederholen. Diesen Abstand nennt man eine Kalenderrunde. Zusätzliche Bedeutung erhält diese Zeitspanne, weil sie genau 32,5 Runden des Venuszyklus entspricht und 72 solcher Kalenderrunden (1 366 560 Tage) auch noch 1752 Marszyklen von 780 Tagen, 11 680 Merkurzyklen von 117 Tagen sowie 2340 Venuszyklen von 584 Tagen entsprechen.

## Die Monate des Mayakalenders:

18 Uinal zu je 20 Tagen:

pop (Matte, Fürstensitz)

uo (Geräusch), entspricht August/September

sip (Hirsch-Gottheit)

sots (Fledermaus)

tsek (Gebet, Kasteiung)

xul (Ende)

yaxkin (erste Zeit), Trockenzeit

mol (Vereinigtes)

chen (Brunnen)

yax (grün, blau)

sak (weiß, rein, künstlich)

keh (Rotwild)

mak (Schildkröte)

kankin (Fangzeit)

muan (Vogelart)

pax (spalten)

kayab (Singzeit)

kumhu (Gefäßhenkel), Juni/Juli

uayeb, fünf Fülltage, um die 365 Tage des Sonnenumlaufs zu erreichen.

## Kulturhistorischer Überblick

Die Maya verwendeten außerdem für ihre historischen und astronomischen Daten eine ›Lange Zählung‹, mit der sie die seit einem fiktiven Ausgangspunkt, dem Datum 4 Ahau 8 Kumku (3114 v. Chr.), vergangenen Tage berechneten. Solche Angaben wurden mit einer Anfangsglyphe eingeleitet, deren variables Mittelelement die Gottheit für den Uinal des Datums angab. Als nächstes folgt in historischen Daten die *baktun*-Angabe (1. Stelle), wobei ein Baktun 400 tun à 360 Tagen entspricht (144 000 Tage). An zweiter Stelle wird die *katun*-Angabe genannt (20 x 360 = 7200 Tage), danach die Angabe der *tun* (jeweils 360 Tage) und die *uinal* à 20 Tage. An der fünften und letzten Stelle werden die Tage angegeben, danach die Kombination aus Zahl und Tagesname für den Tag des 260-Tage-Kalenders und die Zahl-Uinal-Kombination für das Sonnenjahr (365-Tage-Jahr). Die ersten sechs Angaben bilden gewöhnlich den Anfang einer Inschrift nach einer speziellen Einführungsglyphe, die ›*initial series indicator glyph*‹ (ISIG) genannt wird.

Zwischen den letzten beiden Daten, dem Tages- und dem Uinal-Namen, werden häufig noch weitere Angaben in einer so genannten

*Rückseite von Stele J aus Quiriguá, 756. Die große Glyphe an der Spitze stellt die ISIG dar; darunter in den ersten beiden Spalten von links:*
*9 Baktun*
*16 Katun*
*05 Tun*
*00 Uinal*
*00 Kin*
*8 Ahau (8 Sots); Zahlenangabe in Kopfglyphen jeweils in der ersten Spalte, Periodenbezeichnung in der zweiten Spalte.*

Sekundärserie eingeflochten. Dazu gehört zunächst die Information über die Dominanz eines der neun Tagesgötter. Dann folgen Angaben über den Stand des Mondes, d. h. darüber, welcher Tag welchen Mondmonats ansteht und wie viele Tage der jeweilige Mondmonat hat (abwechselnd 29 oder 30 Tage).

Eine weitere Angabe ist der so genannte 819-Tage-Zyklus, der sieben Merkurzyklen entspricht, meist ein Zweitdatum, das nicht mehr als 819 Tage nach dem Datum nach der ISIG liegen darf. Wichtiger als die Stellung einzelner Gestirne war für die Maya das Zusammenfallen bestimmter Stellungen verschiedener Gestirne zu einem speziellen Zeitpunkt. Berücksichtigt man die präzise Beobachtung der Gestirne und deren Konstellationen, die sich entsprechend ihrer Bahnen in bestimmten Zeitabständen wiederholen, wie auch die jahreszeitlich bedingte ständige Wiederkehr von Naturphänomenen (z. B. Wirbelstürme), darf es nicht verwundern, wenn die Maya, die selbst in der Götterwelt nur das Vorbild für das irdische Leben sahen, die Vorstellung einer zyklischen Geschichte hatten.

*Die Quiché-Maya verwenden seit einigen Jahren wieder die traditionellen Langzeitangaben. Beispiele: 1. Januar 2000: 12 Baktun 19 Katun 5 Tun 14 Uinal 16 Kin (Kurzform: 12.19.05.14.16.). Umgerechnet auf den Zeremonialkalender ergibt sich der Tag 4 Kib (die klassische Angabe würde jedoch etwas anders, nämlich 12.19.06.15.02 lauten).*

## Die Inschriften und Probleme der Lesung

Die klassischen Inschriften, die gut sichtbar auf Stelen und so genannten Altären – meist nichts anderes als steinerne Nachbildungen von Thronen und Thronkissen – angelegt sind, waren für das Volk bestimmt. Auch wenn der ›Normalbürger‹ die komplizierten Glyphen nicht genau lesen konnte, wird er doch die Namen der Herrscher erkannt und wenigstens eine grobe Vorstellung von der Bedeutung der wichtigsten Zeichen gehabt haben. Da es heute noch recht unterschiedliche Auffassungen über die genaue Lesart der einzelnen Glyphen gibt, in der Deutung bestimmter Zeichengruppen aber schon große Übereinstimmung besteht, mag es sinnvoll sein, dem interessierten Laien die Schrift nur in ihren groben Zügen zu erklären und die Bedeutung einiger wichtiger Zeichen anzugeben.

Die Glyphen, Zeichen von abstraktem und sehr bildlichem Inhalt, werden zunächst in rechteckigen oder quadratischen Feldern (Kartuschen) angeordnet. Man liest die Glyphen in einer Kartusche von links oben nach rechts unten. Die Kartuschen werden meist in zwei Spalten angeordnet und von links nach rechts und von oben nach unten gelesen. Kein Wort wurde auf zwei Kartuschen verteilt, und in einer Kartusche können zwei, drei oder vier Wörter notiert sein.

Da die Maya die Angewohnheit hatten, Daten einer Inschrift durch Angaben von zeitlichen Distanzen miteinander zu verbinden, erhalten lange Texte schon durch solche Zahlenangaben eine Art Struktur. Meist beginnt ein Satz direkt nach einem Datum und endet vor einer Distanzangabe. Nach den grammatischen Regeln der meisten Mayasprachen beginnt ein Satz mit dem Verb; dann folgt das Objekt und zum Schluss das Subjekt. Adjektive werden ihrem Bezugswort vorangestellt, zusammenhängende Begriffe führen das Hauptbezugswort am Ende. Falls das Subjekt mehrerer aufeinanderfolgender Sätze gleich ist, muss es nicht in jedem Satz erwähnt sein. Es reicht,

*Aufbau eines in Glyphen geschriebenen Satzes als Beispiel (von Stele 2 aus Aguateca): 1. Block (o/re) = Verb: es schuf das Ende; 2. Block (li) = Objekt: des Sohnes des Fürsten Chak Bolay; 3. Block (re): aus Seibal; 4. Block (li): der Gegner; 5. Block (re) = Subjekt: sein Besieger; 6. Block (li) K'inil Ich'ak Bolay; 7. Block (re): aus Dos Pilas*

# Kulturhistorischer Überblick

*Beispiele für so genannte Ortsglyphen; oben Tikal; unten Naranjo. Links jeweils das Adjektiv kanal (›hoher‹; ›kostbarer‹). Oben bei Tikal die Doppelglyphe paal (›Nachfahre‹), bei Naranjo die Doppelglyphe al pa (›Sohn des Palastes‹). Darunter jeweils die Hauptglyphen der jeweiligen Stadt, wobei es sich tatsächlich wohl eher um die regierende Dynastie handelt.*

wenn es am Ende des letzten Satzes erscheint. Da es sich um historische Inschriften handelt, verwendete man die Verben in der Regel in der Zeitstufe der historischen Vergangenheit und meist in der dritten Person Singular.

Die Mayasprachen sind sehr blumig, und oft kann ein Tatbestand mit ganz unterschiedlichen Worten ausgedrückt werden. Dies zeigt sich auch in den Inschriften, deren Inhalt meist stereotyp aus Informationen wie Geburt, Taufe, Inthronisation, Ehe, Krieg und Tod besteht. Ausgedrückt werden diese Ereignisse jedoch recht variabel, so dass das Schriftbild keinerlei Eintönigkeit zeigt. Dies gilt sogar innerhalb eines Textes; ganz zu schweigen von den Varianten, die an verschiedenen Orten zu unterschiedlichen Zeiten verwendet worden sind. Außerdem scheinen die verschiedenen Ereignisse in einzelnen Orten auch noch unterschiedliche Bedeutung gehabt zu haben. So sind in Copán nur wenige Geburtsdaten auf den Stelen und Altären zu finden, während diese in Piedras Negras praktisch nie fehlen.

Da die Abstammung für den Anspruch auf die Herrschaft entscheidend war, legte man besonderen Wert darauf in den Inschriften die Rechtmäßigkeit des Herrschers durch seine Herkunft zu dokumentieren. H. Berlin hat als erster Forscher erkannt, dass es eine Gruppe von Glyphen gibt, die mit bestimmten Orten verbunden sind, und sie für Familien- oder Ortsnamen gehalten. Sie bestehen aus einem Adjektiv und einer Doppelglyphe, die überall gleich ist und über den Glyphen stehen, welche den eigentlichen Namen wiedergeben. Diese Doppelglyphe wird von den amerikanischen Wissenschaftlern *ahau* = ›König/Fürst‹ gelesen. Da die Reihenfolge der beiden Zeichen aber wechselt und es einen Begriff *auah* im Maya nicht gibt, ist diese Lesung fraglich. Ich ververwende daher die Lesung *paal* = ›Nachfahre‹ und *al pa* = ›Sohn des Palastes‹. Gegen die Lesung *ahau* spricht auch die Tatsache, dass Prinzessinnen, die in andere Orte verheiratet worden sind und niemals Herrscherinnen ihres Heimatortes waren, die Doppelglyphe mit dem Namen ihrer Herkunft hinter ihrem eigenen Namen anführen.

An allen Orten vermied man es aber, über negative Ausgänge von Unternehmungen zu schreiben. So wird eine Niederlage entweder durch zweideutige Worte verschleiert oder ganz verschwiegen. Genauere Auskunft findet man dann nur in den Inschriften der Sieger.

Viele Inschriften waren in sehr weichen Kalkstein oder Kalksandstein gearbeitet worden und sind teilweise stark oder vollständig erodiert. Neben den Zerstörungen durch moderne Raubgräber ist dies der Grund dafür, dass die Geschichte der Herrscher von großen Mayazentren noch recht beträchtliche Lücken aufweist und mehr einem Flickenteppich als einem geschlossenen Muster gleicht.

Die komplexen Namensglyphen der Herrscher werden von den meisten Wissenschaftlern der amerikanischen Schule nicht gelesen, sondern interpretiert (z. B. werden Schnörkel vor einer Kopfglyphe als Rauch oder Voluten gedeutet, ohne dass eine Lesung angeboten wird). Das Ergebnis sind dann meist ›Spitznamen‹ aus einer Kombi-

*Schrift, Götter und Glauben*

nation von Englisch/Deutschen- und Mayawörtern, die selten sinnvoll zu übersetzen sind. Eine Schriftentzifferung aber erfordert Transkription (Übertragung in andere Schrift), Transliteration (buchstabengetreue Umsetzung eines nicht in lateinischen Buchstaben geschriebenen Wortes ) und Übersetzung, und diese Kriterien erfüllt die amerikanische Schule nicht immer. In diesem Buch folgen wir der amerikanischen Schule nicht und arbeiten mit einer nach den Beispielen von Kopfzahlen (s.o.) entwickelten Detaillesung, welche zu Mayanamen führt, die recht sinnvolle Übersetzungen erlauben. Da sie aber nicht immer verifizierbar sind, werden sie hier meist den amerikanischen Bezeichnungen gegenübergestellt.

## Götter und Glaubensvorstellungen der Maya

Herodot, der im 5. Jh. v. Chr. lebende und als Vater der Geschichtsschreibung bezeichnete Grieche, sah das neidvolle Wirken der Götter als Grundlage historischer Ereignisse. Andere griechische Autoren wie Thukydides, Aristoteles und Platon schrieben ihre Werke mit der Vorstellung eines zyklischen Geschichtsverlaufs, d. h., sie glaubten an die Wiederholung bestimmter Ereignisse in gewissen zeitlichen Abständen. Ähnliche Vorstellungen zeigen sich auch im Glauben der Maya, wenn sie von den zyklischen Weltschöpfungen und der mehrfachen Vernichtung der Menschen im Popol Vuh berichten.

Im Codex Dresdensis sind für die Zeit vom Beginn der Mayazeitrechnung, 4 Ahau 8 Kumku (3114 v. Chr.), bis zum Jahr 629 die Aktivitäten der Götter in 72 Zeitabschnitte unterteilt. Sie haben eine Länge von jeweils 52 Jahren (2 Katun, 12 Tun und 13 Uinal) und beginnen immer mit einem Datum 4 Ahau 8 Kumku. Ein Abschnitt

*Götteridol im Tikal-Museum. Es handelt sich vermutlich um Ah Puch, den Gott des Todes, der sonst meist mit Skelettkörper dargestellt wird. Auf dem Gefäß ist der Regengott Chaak im Teotihuacán-Stil mit den typischen Ringen um den Augen abgebildet.*

*Seite aus dem Codex Dresdensis, die den Regengott Chaak mit seinem Omenvogel Muan auf dem Kopf zeigt. Darüber die wasserspeiende Himmelsechse und die alte Mondgöttin Ix Cheel mit der Schlange im Haar, die Wasser aus einem Gefäß schüttet. Unter dem Echsenkörper von links nach rechts die Symbolzeichen für Venus (kan ek'), Himmel (kaan), Sonne (kin) und Nacht (akbal).*

entspricht einer Kalenderrunde, in der jede Kombination von Tages- und Monatsnamen nur einmal auftaucht, und bildete eine Basis ihrer religiösen Vorstellung.

Eine andere Grundlage war ihre Kosmologie. Sie hielten die Erde für eine zwischen den neun Schichten der Unterwelt und den 13 Ebenen des Himmels gelegene quadratische Scheibe, deren vier Ecken nach den Haupthimmelsrichtungen ausgerichtet seien. Wegen ihrer zernarbten Oberfläche stellte man sie auf Bildern als Rückenpanzer einer Schildkröte dar, dem Himmel selbst gab man das Aussehen eines doppelköpfigen Krokodils. Die Schichten des Himmels wurden von vier Hilfsgöttern, den Bakab, und/oder vier Bäumen getragen, die entsprechend der Richtung mit vier Farben verbunden waren.

*Götter und Glauben*

Seit E. Förstemann (1901) die Daten des Codex Dresdensis vollständig entziffert hat, weiß man, dass die Maya bestimmte Sterne und Planeten besonders beobachteten und verehrten. Für Sonne und Mond ist das wegen ihrer Einzigartigkeit nur zu verständlich, und auch für die Venus, einen der hellsten Sterne, ist dies nicht verwunderlich. Dass jedoch die Maya mit den Plejaden, dem Mars und dem Merkur denselben Gestirnen wie die Völker der Alten Welt besondere Werte zuordneten, ist doch erstaunlich. Im Codex Dresdensis sind auf mehr als sechs Seiten (24, 46–51) die Bewegungen der Venus über einen Zeitraum von 104 Tun auf den Tag genau verzeichnet. Die Priester wussten, dass ihre Chak Ek' (›Großer Stern‹) genannte Venus alle 584 Tage an gleicher Stelle am Himmel steht und während ihres Zyklus vier unterschiedlich lange Perioden durchläuft, deren Dauer mit 236, 90, 250 und acht Tagen beobachtet und notiert wurde. Die Maya hielten die Venus für einen Vorboten der Sonne, der wie sie in der Zeit, in der er nicht sichtbar ist, die Unterwelt bereist. Opfer, so glaubten sie, konnten sein Erscheinen für einen neuen Zyklus sicherstellen.

Die Bewegungen der Venus verbanden die Maya mit bestimmten göttlichen Handlungen: Während ihres Erscheinens als Morgen- und Abendstern *(kan ek')*, ›Kostbarer Stern‹) tötete der für den Westen zuständige schwarze Bakab Hosa'nek' (›der die Samen herauszieht‹) den Gott Bolon Tsakab, erlegte der Gott Lahun Chan (10-Himmel) einen Hirsch und fand der junge Maisgott Chaan Hok'ol (›Wachstum sehend‹ oder Uaxak Yol Kauil (›8-Herz-des-Überflusses‹) durch den Speer des 10-Say-Chab (›10-Dachsherz‹) sein Ende. Der Tod des jungen Maisgottes ist sicher auch ein Grund dafür, dass er heute im Synkretismus von christlicher Religion und altem Glauben mit Jesus gleichgesetzt wird. Die Bewegung der Venus war anscheinend mit einem Ackerbaukult und einem Fruchtbarkeitsritus verbunden, und ihr Erscheinen in bestimmten Positionen wurde als Zeichen für den Tod bestimmter Götter oder Wesen gewertet, deren Dahinscheiden wohl als eine Voraussetzung für die Fruchtbarkeit von Feldern und Menschen betrachtet wurde.

*Bolon Tsakab, der Gott der menschlichen Fruchtbarkeit; Tonfigur aus dem Fürstengrab 195 in Tikal, Anfang 7. Jh., Tikalmuseum.*

Den Zyklus des Planeten Merkur hatten die Maya mit 117 Tagen berechnet, moderne Messungen ergaben 115,9 Tage. Die Maya brachten seinen Zyklus mit den Bewegungen von Sonne und Mond sowie mit den Aufenthalten des Regengottes Chak in den vier Weltgegenden in Verbindung. Im Codex Dresdensis wird dieser Gott Chak Ik'al k'u (›Sturmgott‹) genannt. Er entspricht dem Tohil oder auch dem Huracán der Quiché. Auf seinen Reisen durch die Welt stärkt sich der Gott für sein Regenbringen mit den Früchten der Bäume der einzelnen Weltregionen. Chak befördert Wasser aus Brunnen oder dem kosmischen Wasserbecken gen Himmel, um es von dort als Regen fallen zu lassen.

Auch den Mars und seine verschiedenen Himmelspositionen während der 780 Tage seines Zyklus haben die Mayapriester beobachtet, notiert und gedeutet. Sie verbanden mit diesem Planeten die Gestalt

## Kulturhistorischer Überblick

Stele der Cotzamalhuapa-Kultur, gefunden auf der Finca Bilbao, heute im Völkerkundemuseum Berlin, datiert Mitte 7. Jh. Dem im Himmel schwebenden Sonnengott präsentiert der siegreiche Ballspieler (links) das Herz des geopferten Verlierers (rechts).

eines Tapirs *(sak bob)*, der als eine Art Regenbringer angesehen wurde. Daneben scheinen auch die Pleiaden *(tsab)* und das Sternbild Zwillinge *(aak)* eine gewisse Rolle beim Auftreten von Regen gespielt zu haben, doch ist diese noch nicht ganz verstanden.

Auf die besondere Bedeutung der Sonne und des Mondes wurde schon bei der Zeitrechnung hingewiesen. Da die Maya keine Bruchrechnung kannten, mussten die 29,5 Tage des Mondzyklus abwechselnd durch 29 oder 30 Tage ausgedrückt werden. Der Grund für die Notierung von Mondzeiten in klassischen Texten – meist wird neben dem Tag innerhalb von sechs Mondperioden (6 x 29,5 = 177 Tage) noch die Mondphase und die damit assoziierte Farbe angegeben – scheint die Tatsache zu sein, dass die Mondperiode der Dauer des Zyklus der Frau entspricht. Da in den Steleninschriften fast nur von Herrschern, ihren Geburten, ihren Dynastien und deren Fortbestand berichtet wird, ist der Hinweis auf die weibliche Fruchtbarkeit verständlich.

Wohl wegen der Identität der Perioden wurde die Mondgöttin als Schutzherrin der Geburten verehrt und im christlichen Gottesdienst mit Maria gleichgesetzt. Die 177 Tage der sechs Mondzyklen sind auch in den Eklipsetafeln der Gestirne im Codex Dresdensis zu finden, wo sie mit Bolon Tsakab (›9 (= Viel)-Abstammung‹), dem Gott der menschlichen Nachkommen, verbunden sind. Seine Glyphe und seine Gesichtszüge entsprechen in etwa dem Kopf des so genannten *manikin* (Figurinenzepter), das auf den klassischen Stelen häufig in den Händen der Fürsten erscheint.

Die alte Mondgöttin, im Codex Dresdensis meistens mit einer Schlange im Haar dargestellt, wird sowohl Ix Cheel (›Frau Regenbogen‹) als auch Chak Halal (›Große Weberin‹) genannt, denn sie war die Göttin der Webkunst und des Handwerks. Die junge Mondgöttin, die auch als eine Personifikation der alten betrachtet wird, trägt manchmal eine Schlange im Haar, wird aber immer als junge Göttin abgebildet. Sie hatte sexuelle Beziehungen zu vielen Göttern, auch zu Ah Puch (›Wirbelsäule‹), dem als Skelett dargestellten Gott des Todes. Meist nennt man die junge Mondgöttin nur Ix Ik'al (›Herrin‹) oder kennzeichnet ihren Namen durch die Voranstellung des Adjektivs *sak* (›weiß‹). Sie wird als Göttin von Heilung und Krankheit betrachtet und soll zehn verschiedene Personifikationen gehabt haben. Nach dem Codex Dresdensis stammt sie von den Mam, den alten Göttern, ab und hat selbst mit einem von ihnen kopuliert.

Der Hauptgott Itzamná (›Eidechsenhaus‹) hatte mehrere Funktionen: So war er der Herr des Himmels und aller Götter und außerdem der Gott der Schreibkunst. Als ein besonders junger Gott soll Bolon Yokte (›9-Holzbein‹) erwähnt werden, der nicht vor 629 im Codex Dresdensis erscheint und früher vielleicht eine historische Person gewesen ist. In den klassischen Texten wird er manchmal namentlich erwähnt (z. B. in Palenque).

Doch werden die wenigsten Götter in den Steleninschriften der klassischen Zeit erwähnt. Viele tauchen aber in den Kopfzahlen als

*Götter und Glauben*

*Darstellung des Göttervogels Vukub Caquix am Rosalila-Tempel im Museo Litico von Copán.*

Götter bestimmter Zahlen auf. Ferner findet man sie als Schmuck und ikonographische Details in den figürlichen Darstellungen auf den Stelen.

Da die Existenz der Maya gestern wie heute hauptsächlich auf der Fruchtbarkeit ihrer Felder basiert, darf es nicht verwundern, dass sich ihr Glauben und ihre Mythen auch auf dieses Thema konzentrieren. Nach ihren Vorstellungen schläft oder ruht die Sonne nach der Wintersonnenwende und beginnt mit dem Mayaneujahr am 8. Februar ihre Wanderung zur Mittellinie der Welt, die den Kalender und Kosmos in zwei gleiche Hälften teilt, und die sie im Zenit stehend erreicht. Zu Jahresbeginn wird der große Fruchtbarkeitsgott, der auch die Zahl Sieben personifiziert und heute als San Francisco identifiziert wird, angebetet und verehrt. In den Zeremonien werden die Götter durch die ihren Nummern entsprechende Anzahl von Priestern vertreten. Durch Ausrufung ihres Namens und ihrer Eigenschaften werden die Götter geweckt und treten in Aktion.

Opfergaben und Idole werden im Fünferdiagramm, vier in den Ecken und eines im Zentrum, was auch die Glyphe für die Welt oder Macht ist, angeordnet. Auch Anrufungen werden in diese Richtungen und in diesen Positionen vorgenommen. So werden am Neujahr die Toten mit Anrufungen und magischen Riten in Richtung Westen animiert, um beim Wachstum der Pflanzen, Verrichten der Arbeit, Zeugung von Nachfahren und Vorhersagen zu helfen. Die Richtung wird bestimmt durch den Glauben, dass am westlichen Rand des Universums der Eingang zur Unterwelt und zum Reich der Toten liegt.

Die Götter werden durch Opfer von Weihrauch *(copal/pom)*, Blumen, Speisen, Getränken und Blut gestärkt und ernährt. Die Zerstörung alter Gefäße und der Einsatz neuer Zeremonialgeräte zu Neujahr symbolisieren den ständigen Wechsel von Tod und Wiedergeburt in der Natur.

# Galerie bedeutender Persönlichkeiten

## Der 12. Fürst von Copán, Herr der 80 Jahre

Der am längsten regierende Herrscher Copáns, der 12. Fürst in der langen dynastischen Reihe, wird in der Literatur meist Rauch-Imix-Gott-K genannt; geheißen hat er vielleicht Oxlahun Chak K'uil (›13. großer Göttlicher‹).

Im Jahr 613 als zweiter Sohn des 11. Fürsten und seiner aus Quiriguá stammenden Frau geboren, kam er mit 15 Jahren an die Macht, da sein älterer Bruder vor dem Vater gestorben war. Aus seiner späten Geburt ergibt sich der merkwürdige Name des 12. Fürsten, der sicher am Anfang unter der Anleitung seiner Mutter regiert hat. Er regierte 67 Jahre lang und ließ während seiner Herrschaftszeit (628–95) mehr als zwölf Steinmonumente errichten. Über die Ereignisse seiner ersten 25 Jahre ist jedoch wenig bekannt.

Im Jahr 651 gebar ihm seine Frau, eine Prinzessin aus Quiriguá, den ersten Sohn, und am Ende des 11. Katun (652) ließ er die Stelen 2, 3, 10, 12 und 13 aufstellen: die beiden ersten wohl im Norden und Süden Copáns – sie sind allerdings von späteren Herrschern auf die große Plaza vor der Akropolis versetzt worden – und die drei anderen einige Kilometer außerhalb Copáns im Osten und Westen. Der Fürst hat also mit diesen Stelen die Grenzen seiner Stadt markiert. Da er zur gleichen Zeit auch seine Nachbarn unter seine Kontrolle gebracht (652), in Quiriguá – wie Altar L zeigt – seinen Statthalter eingesetzt und Pflanzstädte im Tal des Río Chamelecón gegründet hat (120 km nordöstlich), fühlte er sich wohl als Herr der vier Weltgegenden und symbolisierte dies durch die besondere Aufstellung seiner ›künstlichen Bäume‹ (s. S. 35). Danach beginnen die Informationen reicher zu fließen. Im Jahr 653 nahm sein jüngerer Bruder, der dritte Erbe seines Vaters, eine Dame aus Quiriguá zur Frau und festigte damit die Familienbande zu dieser Stadt. Da die Inschriften nicht von Kriegen berichten, ist anzunehmen, dass der 12. Fürst in der Lage war, seine Macht durch die Anbahnung familiärer Beziehungen zu erweitern und zu erhalten. Diesen Eindruck bestätigt auch die Tatsache, dass er wiederholt von zahlreichen Kindern und den Taten seiner Söhne erzählt. So berichtet er 676 (Altar I') von der Erbfolgebestätigung eines Sohnes in Quiriguá und 692 von der gleichen Aktion für den späteren 13. Fürsten von Copán. Selbstverständlich versäumte er es auch nicht, während seiner Herrschaft zu jedem 5-Tun-Ende Stelen oder Altäre aus Stein aufstellen zu lassen, und auch die so wichtigen 20-Jahr-Jubiläen seines Herrschaftsantritts vergaß er nicht.

Selbst in Santa Rita am Río Amarillo (20 km weiter östlich) wird dieser göttliche Herrscher auf Stele 23 erwähnt. Die unter späteren Tempeln verbaute Estructura Esmeralda (unter der Inschriftentreppe) hat wohl er errichten lassen, und auf der Thronbank im Tempel 22 wurde sein Todesdatum 695 angezeigt.

*Der Pazifist auf dem Thron Copáns sollte in seiner Stadt unübertroffen bleiben, und selbst Pakal II. von Palenque, der etwa zur gleichen Zeit regiert hat, konnte ihm nicht das Wasser reichen.*

*Der 12. Fürst von Copán auf Stele P in Copán vor Pyramide 16*

Seine Stelen wurden in der Darstellung des Fürsten immer plastischer. Auf Stele 2 ließ er sich 652 noch in einem relativ flachen Relief, das Bündel an die Brust drückend, abbilden. Seine Krone besteht hier aus einem halben Jaguarkopf mit den Blättern der Seerose darüber, womit er auf den Namen seines Vaters Buts Chan (›Himmelsfackel‹) hinweist. Stele 6, sein letzter Baum (692), zeigt ihn schon in einem sehr erhabenen Relief, mit dem für die Herrscher Copáns typischen zylindrischen Hut. Verziert ist die Kopfbedeckung mit dem Haupt eines Regengottes im Teotihuacán-Stil und dem für diese Kultur typischen Zeichen für das Jahresende. Es hat den Anschein, als hätte der 12. Fürst zu dieser Zeit besonders enge Beziehungen zu Kaminaljuyú gehabt oder sich als der Erbe der Macht dieses großen Zentrums und deren Mutterstadt Teotihuacán gefühlt. Möglicherweise zeigte er damit aber auch nur an, dass er über die aus Mexiko stammenden Pipil in El Salvador herrschte.

## Der 26. Fürst von Tikal, ein Herr mit vielen Namen

Im Jahr 682 bestieg in Tikal ein Mann den Thron, der die Geschicke und das Aussehen seiner Heimatstadt grundlegend verändern sollte. Die moderne Wissenschaft kann sich nicht auf seinen Namen einigen. Zunächst nannte man ihn A, dann wechselte man zu Doppelkamm und Ah Cacau Caan Chak über, und schließlich landete man nach weiteren Varianten bei Hasaw Kan K'awil, und vielleicht hieß er Lah Ts'ibil Kan Ah Chak K'uil (›Ganz beschriebener hoher Mann großer Göttlichkeit‹).

Geboren um 665, erhielt der Thronerbe während der Regierungszeit seines Vaters, des 25. Fürsten von Tikal, einen ersten Eindruck von den Widrigkeiten des Regierungsgeschäfts, das ihn für seine eigene Herrschaft prägte. Der Vater hatte mit dem abgespaltenen Dos Pilas gekämpft, zunächst mit wechselndem Erfolg. Letztendlich wurde er aber besiegt und getötet, und Tikal stand für drei Jahre unter der Herrschaft einer fremden Macht.

Der junge Kronprinz wuchs zu einem Mann mit der damals sehr stattlichen Größe von 170 cm heran, etwa 10 cm mehr als die Durchschnittsgröße zu der Zeit war. Nach seinem Regierungsantritt, der erst nach internen Kämpfen erfolgte, machte der damals ca. 30-jährige Lah Ts'ibil sich sogleich daran, die vergangene Größe und den Glanz seiner Heimatstadt zu erneuern. Schon 686 veranlasste er den Umbau der Nord-Akropolis, unter deren Tempeln die Gräber seiner berühmten Vorfahren lagen. Beendet wurde die Renovierung mit der Weihung im Jahr 695, bei der nicht nur ein Gefangener aus Calakmul sein Leben lassen musste, sondern auch der Herrscher selbst Blut aus seiner Zunge den Göttern zum Geschenk machte.

Während seiner noch jungen Regierung gebar ihm eine seiner Frauen im Jahr 689 seinen zweiten Sohn. Der Erstgeborene und spätere 27. Fürst wurde bereits ein Jahr später als Kronprinz bestätigt und dürfte damals etwa sechs oder sieben Jahre alt gewesen sein. Ein Jahr später beförderte Lah Ts'ibil auch den zweiten Sohn seiner Frau

*Galerie Persönlichkeiten*

Der 26. Fürst von Tikal auf Stele 16 in Tikal vor Komplex N (heute im Tikal-Stelenmuseum), aufgestellt 711, zum Ende des 14. Katun.
Hellgrün: Quetzalfedern
Grün: Seerose
Rot: Kolibri
Blau: Glyphe ek', Zeichen für Priester
Olivgrün: Jadeitschmuck
Gelb: Bündel als Zeichen der Herrschaft
Beige: Glyphe ahau, ›Fürst‹
Hellblau: Muscheln als Zeichen für Fruchtbarkeit
Rosa: Glyphe k'ul, ›Vertreter‹ (der Gottheit)
Braun: Name des Fürsten

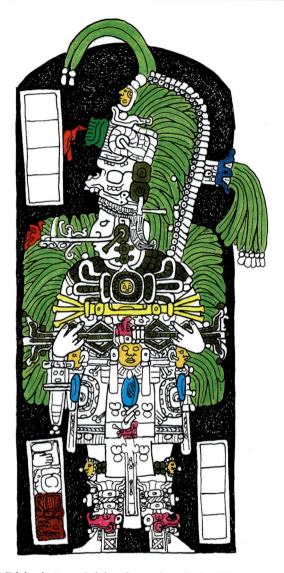

Tunil (›Edelstein‹) aus Calakmul, womit er die familiäre Bindung mit dem Erzfeind Calakmul festigte, der schon seinem Vater das Leben schwer gemacht hatte.

Am Ende des 13. Katun, im Jahr 692 legte er dann seinen ersten Zwillingspyramidenkomplex M an und ließ dort Stele 30 mit Altar 14 aufstellen. Diese Sitte übernahm er von einem Vorfahren, der bereits das Ende des 10. Katun im Jahr 633 auf die gleiche Art zelebriert hatte. Der 23. und der 24. Fürst hatten aber auf Befehl des Oberherrn in Caracol keine Stelen aufstellen dürfen. Der neue Fürst missachtete dieses Verbot und ließ sich in vollem Ornat mit seinem kurzen Bänderzepter im Arm abbilden, das nur eine verkleinerte Form der Bänderlanze seines Vorfahren, des 14. Fürsten (488–95), war. Er hat also ganz bewusst sein Recht auf Herrschaft durch Hinweise auf seine Abstammung betont, was auch der Grund dafür war, dass er sich 693 gewaltsam in die Erbfolge eines abhängigen Fürstentums einmischte. Zu dieser Zeit hat er sich bereits auf einem Gefäß beim Empfang der Tribute seiner Kahalob (›Dorffürsten‹) abbilden lassen, das später in sein Grab gelegt wurde.

Nach der Beisetzung von Stele 31, des Monumentes des 11. Fürsten, begann Lah Ts'ibil 692 anlässlich des 13. Katun-Endes mit dem Bau des Tempels I an der großen Plaza in Tikal. Drei Jahre später begrub er Schild und Speer des gefangengenommenen Ich'ak (›Pranke‹) von Calakmul und führte Bolon Bak Kin (›9 Fleischwunde‹) den Kahal (›Dorffürst‹) einer Familie Weißer Hund, die im Tal des Usumacinta bei Piedras Negras herrschte, zu Hause als Gefangenen vor. Dieser Sieg war für Tikal so wichtig, dass der Fürst dieses Ereignis an der Wand seines Thronsaals in der Zentral-Akropolis darstellen ließ und sich im Text von Türsturz 3 des Tempels I darauf berief. Unser Mann aus Tikal muss damals mit seinem Heer wie ein Wirbelsturm durch den Petén gebraust sein, und als er 695 auch noch den Thronfolger Chich Balam (›Vogel des Jaguars‹) besiegte und tötete, war für acht Jahre Ruhe in und um Tikal.

Dann herrschte Trauer im Ort, denn Tunil, Fürstin Tikals und Tochter des 9. Fürsten von Calakmul, starb im Jahr 703. Freude kam wieder auf, als der Fürst 711 einen weiteren Gegenspieler besiegte. Drei Jahre später feierte Lah Ts'ibil mit der Errichtung des Zwillingspyramidenkomplexes N und der Pflanzung von Stele 16 das Ende des 14. Katun (711). In der Zeit zwischen 720 und 726 wird auf Knochennadeln aus seinem Grab nur noch über den Tod von sechs Personen um und in Tikal berichtet. In den meisten Fällen war Lah Ts'ibil für ihr Ableben verantwortlich, und zumindest im Fall des 2. Herrschers von Dos Pilas wird es ihn herzlich gefreut haben.

Auch Frauen verschonte der 26. Fürst von Tikal nicht, denn 727 erwähnt er den Tod der Frau Malam (›Heilerin‹), die ihn vielleicht falsch behandelt hat. Im gleichen Jahr einigte er sich mit Fürstin Ox Nik (›Dritte Blume‹), und nachdem das Kind dieser Dame 732 gestorben war, bekam sie es mit der Angst zu tun. Nicht zu Unrecht, denn ein Jahr später starb sie selbst.

Spätestens im Jahr 735 überquerte auch Lah Ts'ibil den Fluss ins Reich der Toten und wurde in Grab 116 unter dem Tempel I mit all seinen Regalien und vielen Erfolgsmeldungen beigesetzt.

## Wak Mek'ah Al Kaan, die 13. Fürstin von Naranjo

In Naranjo, wo die Fürsten des Ortes schon einige Jahre ohne nennenswerten Erfolg vor sich hin regierten, zog im Jahr 682 eine

*Galerie Persönlichkeiten*

16-jährige Dame ein, unter deren Federführung der Ort eine neue Blüte erlebte. Sie wird oft Wac-Chanil-Ahau genannt, hieß aber vielleicht Wak Mek'ah Al Kaan, ›Sechste gehobene Tochter des Himmels‹ und führte voller Stolz den Mann ›Himmlischer Nachfahre von Tikal‹ als Ahnen an.

Es war eine Prinzessin aus Dos Pilas, die 666 geborene Tochter des dort regierenden 1. Fürsten, der aus Tikal stammte, die aus politischen Gründen dem 13. Herrn Naranjos versprochen worden war. Als sie 682 mit standesgemäßem Gefolge und entsprechendem Pomp in Naranjo eingezogen war, sorgte sie zunächst einmal mit strenger Hand und der Unterstützung ihres Generals für Ordnung in ihrem neuen Reich. Erst drei Tage später fand im Tempel die Vermählung statt. Später hat sie ihr Tun dann stolz mit dem 20. Jahrestag der Unabhängigkeit Naranjos verknüpft. Im Jahr 688, nach der Beerdigung eines lieben Verwandten, gebar sie ihren ersten Sohn, Ch'a Ik T'ulil (›Des Nachfolgers Atem‹), der heute auch ›Rauchendes Eichhörnchen‹ oder K'ak' Tiliw oder auch ›Ameisenbär‹ genannt wird. Ihren Sohn erklärte sie schon als 5-jährigen nominell zum Herrscher, zog aber selbst weiter die Fäden in Naranjo. Zwei Jahre später wurde sie wieder Mutter, und auch dieser Sohn sollte später Herrscher des Ortes werden. Damals konnte sie sich in ihrem Reich nur mit Unterstützung aus ihrer Heimat ihrer Gegner erwehren.

Im Jahr 695 nahm ihr Mann als ihr General einen Gegner gefangen, den er seiner Frau umgehend zu Füßen legte. Nur drei Jahre später siegte Naranjo auch gegen den Nachbarn Ucanal. Im selben Jahr gebar die Fürstin eine Tochter, Ek' Kawak (›Schwarzer/ Stern-Donner‹). Während der nachfolgenden Zeit, die recht ruhig war, begnügte sich Wak damit, die Jahresenden und Jubiläen zu feiern.

Als ihr Ehemann starb, heiratete sie im Jahr 710 einen Mann aus Yaxhá, der aber wohl schon ein Jahr später verschied. Während dieser Zeit übte ihr 20-jähriger Sohn das Kriegshandwerk. Im Jahr 715 durfte sie wieder einmal einen Fremden, wohl einen besiegten Gegner ihres Sohnes, opfern. Im folgenden Jahr musste sie ein zweites Mal in ihrem Reich für Ordnung sorgen. Das nächste 10. Jahresende feierte sie 721, als erneut ein Fremder als Gegner auf den Plan trat, den sie und ihr Sohn abwehren konnten.

Im Jahr 725 war ihr das Glück dann nicht sehr hold, denn ihr Sohn starb; sie selbst hat so mindestens bis zum Alter von 60 Jahren (726, Stele 18) die Regierungsgeschäfte am Ort geführt. Dann übernahm ihr zweiter Sohn die Herrschaft, und über ihr Lebensende schweigen die Quellen.

*Wak Mek'ah Al Kaan von Naranjo auf Stele 24 vor Pyramide C-7 in Naranjo, datiert 702. Der Gefangene unter der Fürstin dürfte ihr von ihrem Mann zu Füßen gelegt worden sein.*

### Tecún Umán, Märtyrer der Freiheit

Im Jahr 1960 erklärte die Regierung Guatemalas Tecún Umán zum Nationalhelden. Doch erst 1963 gelang es einer staatlichen Kommission zu beweisen, dass es diesen Mann wirklich gegeben hat.

Der Heerführer, der so tapfer den erfolglosen Kampf gegen die heranrückenden Spanier bei Quezaltenango geführt hatte und dabei im

Jahr 1524 gefallen ist, war ein Nachfahre des Herrschers Quikab, der bis 1480 gelebt hatte. Die Quiché nennen Nachfahren der dritten Generation gemeinhin *umán* (›Enkel‹), und Tecúns Vater oder Schwiegervater könnte Fürst Tepepul gewesen sein, der Ahpop Camha, einer der obersten vier Regierenden der Quiché zur Zeit der Conquista.

*Tecún Umán fällt im Kampf gegen Alvarado; Wandgemälde im Treppenhaus des Palacio Nacional in Guatemala; gemalt von A. Gálvez Suárez im Jahr 1943.*

Tecún lebte als Mitglied eines der fünf Clane, die ihre Herkunft auf Quicab zurückführten, in Totonicapán und wurde schon in jungen Jahren wegen seiner großen Tapferkeit mit einem mehrtägigen Fest in Utatlán zum Rahop Achij, ›Hauptmann‹ oder ›Heerführer‹, seiner Heimatstadt ernannt. Beim Kampf gegen Alvarado soll Tecún angesichts der drohenden Niederlage seiner Streiter den Spanier persönlich angegriffen haben. Angeblich schlug er dem Pferd Alvarados den Kopf ab und glaubte damit den Spanier getötet zu haben. Als er sich dann anderen Feinden zuwandte, durchbohrte ihn Alvarado mit seiner Lanze. Nach dem Tod ihres Heerführers gaben die Quiché den Kampf auf und flohen. Tecún soll nach der Überlieferung Quetzalfedern als Helmzier getragen haben, und als Alvarado nach der Schlacht den Namen des nächsten Berges (Quetzal) erfuhr, benannte er das alte Xelajú zu Ehren des tapferen Gefallenen in Quezaltenango um. Der Sage nach sollen die Quetzalvögel damals aus Trauer um Tecún ihre Fähigkeit zu singen verloren haben. Seine Frau, die junge Prinzessin Alxit, die zu Hause geblieben war, beging aus Verzweiflung über den Verlust des Mannes und der Freiheit Selbstmord, indem sie sich erdolchte. Priester brachten ihren Leichnam auf den höchsten Berg an der Straße zwischen Iximché und Totonicapán, wo sie ihn bestatteten. Noch Jahrhunderte später ehren die Indígenas dort ihr Andenken.

In Guatemala gedenkt man Tecúns in Liedern und Gedichten. Seine Gestalt ist Thema von Bildern, Reliefs und Statuen; er ist allgegenwärtig, wie die zahlreichen Denkmäler beweisen.

## Bartolomé de las Casas (1474–1566)

*Bartolomé de las Casas, Denkmal in Antigua Guatemala*

Als 18-jähriger begleiteten der in Sevilla geborene Bartolomé und sein Vater Kolumbus auf seiner ersten Reise in die neue Welt (1492/93). Viel später schrieb Bartolomé einen Bericht über diese Entdeckungsreise.

Nach dem Studium und Empfang der niederen Weihen wanderte Bartolomé 1502 nach Hispaniola (Haiti) aus. Als Feldkaplan erlebte er die brutale Härte der spanischen Eroberer gegen die Indígenas mit und erhielt sein eigenes Kontingent an einheimischen Zwangsarbeitern. Nachdem 1508 die ersten Dominikanermönche in die neue Welt gekommen waren und gegen die Ausbeutung der Einheimischen zu kämpfen begannen, verzichtete Bartolomé, der 1511 zum Priester in Kuba bestellt worden war, im Jahr 1515 auf seine Zwangsarbeiter.

Als Begleiter des Dominikanerpaters Montesino kehrte er nach Spanien zurück und berichtete dem König von den Leiden der Indígenas, wobei er unglücklicherweise auf die Tatsache hinwies, dass Schwarze die Zwangsarbeit besser ertrügen, was später zur Rechtfertigung des Sklavenhandels verwendet wurde.

Nach Amerika zurückgekehrt, versuchte er 1520 erfolglos eine neue Siedlung als Ausgangspunkt friedlicher Missionierung in Nicaragua zu gründen. Nur ein Jahr nach dem Debakel trat er in den Orden der Dominikaner ein. Damals begann er an seiner *Historia general de las Indias* (›Allgemeine Geschichte Indiens‹) zu schreiben, von der er bis zu seinem Tode aber nur drei der geplanten sechs Bände fertigstellte.

Im Jahre 1527 ließ ihn der erste Bischof Guatemalas, Francisco Marroquín, auf seine Kosten von Nicaragua nach Guatemala versetzen, um mit den Dominikanern ein Gegengewicht zu den Franziskanern zu bilden, die bereits mit Alvarado ins Land gekommen waren und gänzlich auf Seiten der Eroberer standen. In den folgenden Jahren wies er in Briefen und Gesprächen den spanischen König immer wieder auf die Missstände in den Kolonien hin, vor allem verlangte er die Abschaffung der Erblichkeit von Encomiendas (s. S. 41).

Auf seinen Einfluss ist die Entstehung der Leyes Nuevas (›Neue Gesetze, 1542) zurückzuführen, die leider immer wieder umgangen wurden. Im gleichen Jahr begann Bartolomé, der von den Kaziken Perus zum Vertreter ihrer Interessen am Spanischen Hof berufen worden war, sein friedliches Missionswerk im wildesten Teil Guatemalas, der Tierra de Guerra (›Kriegsland‹), die später in Verapaz

(›Wahrer Frieden‹) umgetauft wurde. Um dieses Unternehmen zu fördern, akzeptierte er auch 1543 die Berufung zum Bischof von Chiapas und überzeugte sich durch Reisen persönlich von den Fortschritten in der Diözese Verapaz. Als später trotz königlichen Verbotes spanische Siedler nach Verapaz eindrangen, gab er sein Bistum auf und kehrte nach Spanien zurück.

Sein weitverbreitetes Werk ›Kurzgefasster Bericht von der Verwüstung der westindischen Länder‹ schrieb er 1552 in Sevilla. Es resultierte in einigen neuen Gesetzen zum Schutz der Indígenas und weckte nicht geringen Widerspruch in der Kirche. Weitere kritische, weniger bekannte Werke wie *Apologia* und *Obras* verfasste Las Casas noch bis zu seinem Tode im Jahr 1566. Für die Anhänger der Theologie der Befreiung gilt Bartolomé als eine Art Kirchenvater, in dessen Fußstapfen heute besonders der Bischof von Chiapas (Mexiko) tritt.

## Francisco Morazán (1792-1842), Liberaler und General

Francisco Morazán wurde als Sohn eines von den Antillen geflüchteten französischen Kreolen in Tegucigalpa geboren. Als junger Soldat hat er sich durch das Lesen der großen französischen Enzyklopädie von Diderot und d'Alembert (1751-80) weitergebildet und gelangte durch sie zu einer teilweise recht liberalen Einstellung. Etwa zur gleichen Zeit verdiente er als Minenbesitzer in Honduras genügend Geld, um sich die Rechte zum Mahagoni-Einschlag an der Mosquito-Küste und in Nicaragua zu sichern. Diese verkaufte er dann 1920 gegen Ertragsprozente an Marshall Bennett aus Belize. Auch militärisch hatte er sich bereits seine ersten Sporen verdient, als er 1829 seine Truppen mit denen von Nicaragua und El Salvador vereinte und als Sieger nach Guatemala einzog. Als Präsident (ab 1830) der Föderation der Staaten Mittelamerikas setzte er nach Aufständen seinen Onkel Dionisio Herrera als ›Statthalter‹ in Nicaragua ein und den Mann seiner Schwester in Honduras.

*Franzisco Morazán, Denkmal in Tegucigalpa, Honduras*

Als Präsident enteignete der Liberale die Kirche und schickte ihre Diener ins Exil. Er ließ ein Strafgesetzbuch nach den Ideen des Nordamerikaners Edward Livingston verfassen, schaffte die Todesstrafe ab und setzte uneheliche Kinder vor dem Gesetz den ehelichen gleich. In den staatlichen Schulen, mit denen er die kirchlichen Institute ersetzte, wurde nach der Methode Lancaster gelehrt. Trotz guter Reformansätze gab es inneren und äußeren Widerstand durch Parteigänger der Kirche. 1831 schlug Morazán diese Konservativen, die von Belize aus Omoa erobert hatten, 1833 dankte er kurzzeitig als Präsident ab, und 1835 verlegte er die Hauptstadt des Staatenbundes nach San Salvador.

Als sich die Föderation 1838 aufgelöst hatte, versuchte Morazán sie zunächst mit Waffengewalt zu erneuern. Er verteidigte als Präsident El Salvadors die Stadt Guatemala auf Wunsch ihrer Bewohner gegen die anrückenden Horden Carreras. Der strenggläubige Analphabet Carrera wurde danach zum Verteidiger des Glaubens gegen

*»Nicht das Silber oder irgendein anderes edles Metall ist es, was einen Staat reich macht, es ist die Landwirtschaft.«*

*Francisco Morazán*

den ›Teufel‹ Morazán aufgebaut, den er 1840 in Guatemala endgültig schlagen konnte. Morazán verlor in diesen Kämpfen seinen Sohn und flüchtete per Schiff mit seiner restlichen Familie nach Südamerika. Als er 1842 nach Costa Rica zurückkehrte, wurde er beim Versuch, erneut die Herrschaft zu übernehmen, festgesetzt und hingerichtet.

### Miguel Ángel Asturias (1899–1974)

Als Spross einer Familie der Mittelschicht und mit einer Indígena als Mutter wurde der jugendliche Miguel Ángel Asturias besonders stark von seinem sich schnell verändernden Umfeld geprägt. Die Eindrücke, die aus der Unterdrückung während der Diktatur Manuel Estrada Cabreras und dem krebsartig um sich greifenden Einfluss der United Fruit Company in seiner Heimat erwuchsen, haben sein gesamtes Werk bestimmt. Durch seine Mutter und das Leben in Salamá (Baja Verapaz) kam er sehr früh mit der Indígena-Kultur in Berührung.

*Miguel Ángel Asturias*

Seine Eltern hatten ihn 1923 nach der Veröffentlichung seiner kritischen politischen Artikel und der Aufnahme eines Jurastudiums nach Paris geschickt, wo er Religions- und Völkerkunde studierte – eine durch seine enge Beziehung zur Welt der Indígena veranlasste Fächerwahl – und mit Schriftstellern und Künstlern wie Rubén Darío aus Nicaragua, André Breton und Pablo Picasso verkehrte.

1930 wurden seine *Leyendas de Guatemala* (›Legenden aus Guatemala‹) publiziert, eine moderne Umsetzung der französischen Übersetzung des Popol Vuh, durchsetzt von persönlichen Ergänzungen und eigenwilligen Interpretationen. Wie nicht anders zu erwarten, war die französische Avantgarde fasziniert von dem Gemisch aus altem Glauben an Geister und übersinnliche Kräfte, tradiert in moderner Mosaiktechnik mit Bezügen zur Gegenwart.

Im Jahre 1933 kehrte Asturias nach Guatemala zurück. Bereits ein Jahr früher hatte der Autor mit der Überarbeitung seines 1922 beendeten Romans *El Señor Presidente* (›Der Herr Präsident‹) begonnen. Diese Abrechnung mit der Diktatur in seiner Heimat kam erst 14 Jahre später in Mexiko auf den Markt, als der Diktator Cabrera (1898–20) längst durch den neuen Mann Jorge Ubico Castañeda (1931–44) abgelöst worden war und mit Juan Arévalo inzwischen ein Reformer das Land führte (1945–51). Asturias nahm die absolute Kontrolle des Landes durch Diktatoren und die führenden Familien sehr kritisch unter die Lupe, ließ es jedoch auch nicht an ironischen Andeutungen populistischer Züge des Regimes fehlen.

Unter Arevalo diente Asturias seinem Land seit 1946 als Kulturattaché in Mexiko, drei Jahre später als Ministerialrat in Argentinien und schließlich bis 1954 als Botschafter in El Salvador. In *Hombres de Maíz* (›Die Maismenschen‹), 1949 in Buenos Aires erschienen, verknüpft Asturias die alten Mayalegenden mit der Gestalt eines Guerillero, des Häuptlings Gaspar Ilóm, der die Vergewaltigung der Natur durch die moderne weiße Gesellschaft mit Attentaten bestrafte. Nachdem Ilóm durch die Schergen der Regierenden getötet worden war, rächte die Natur selbst sich an den Mördern ihres Verteidigers.

Als 1951 unter Präsident Coronel Jacobo Arbenz Guzmán der Kampf Guatemalas gegen die wirtschaftliche Dominanz der US-Amerikaner im Land begann, war der erste Roman von Asturias' so genannter *Trilogía Bananera* (›Bananentrilogie‹), in der er mit den Praktiken der United Fruit Company ins Gericht ging, bereits erschienen: *Viento Fuerte* (›Sturm‹, 1950). 1954 folgte der zweite Band, *El Papa Verde* (›Der grüne Papst‹), der den Chef der United Fruit Company aufs Korn nahm, und 1960 *Los Ojos de los Enterrados* (›Die Augen der Begrabenen‹). Damals hatten die USA den Aufruhr gegen ihre Vorherrschaft längst beendet, indem sie 1954 mit einem Militärputsch einen ihnen genehmen Präsidenten, Coronel Castillo Armas, an die Macht brachten. Asturias ging für zwölf Jahre ins Exil nach Argentinien und Europa. Von dort aus prangerte er den Putsch 1954 mit *Weekend en Guatemala* literarisch an. 1961 veröffentlichte Asturias dann in *El Alhajadito* (›Don Niño oder die Geographie der Träume‹) Kindheitserinnerungen und 1963 kehrte er in *Mulata de Tal* wieder zu Mythen und Legenden zurück.

Als 1966 in seiner Heimat der gemäßigte Präsident J. C. Méndez Montenegro an die Macht kam, wurde Asturias Botschafter seines Landes in Paris. 1967 erhielt er den Nobelpreis für Literatur, nachdem er ein Jahr früher schon den Lenin-Friedenspreis erhalten hatte. Der Schriftsteller starb 1974 in Madrid und wurde in Paris, seiner zweiten Heimat, beigesetzt.

## Roque Dalton (1933-75)

Der Sohn eines US-Amerikaners begann schon als Twen, beeindruckt von sozialistischen Ideen, mit Worten und Taten gegen die Ausbeutung der Armen im Land seiner salvadorianischen Mutter zu rebellieren. Mehrmals wurde er eingesperrt und verurteilt, doch konnte er immer wieder wie durch Wunder entkommen. Ein Coup in der Regierung rettete ihm 1960, wenige Tage vor der Hinrichtung, das Leben. Später öffnete ihm ein Erdbeben den Weg aus seiner Zelle. Schließlich wurde ihm der Boden aber doch zu heiß unter den Füßen, und er flüchtete ins Exil nach Mexiko, Kuba und in die damalige Tschechoslowakei. Damals hat er die meisten seiner 15 Bücher geschrieben, die wegen ihres linken Gedankengutes in seiner Heimat zum großen Teil verboten sind, und nur in Englisch und Spanisch erschienen sind.

Im Jahre 1970 kehrte Dalton nach El Salvador zurück und schloss sich der ERP (Revolutionäre Volksarmee) an. Der ehemalige Flüchtling konnte sich jedoch nicht an die Lebensumstände der Rebellen gewöhnen und fiel in Ungnade. Joaquín Villalobos, der spätere Führer der FMLN, und andere klagten den Dichter wegen Spionage für die USA an. Seine ungerechte Verurteilung und Exekution bereuten die Rebellen später sehr.

Daltons bekanntesten Werke sind: *Poémas clandestinas* (›Heimliche Gedichte‹), 1975; *Las historias prohibidas del pulgarcito* (›Verbotene Geschichten des Däumlings‹), 1975 und *Poetry and Militancy in Latin America* (Curbstone Press, 1975).

### Oscar Arnulfo Romero y Galdames (1917–80)

›Mich kann man töten, nicht aber die Stimme der Gerechtigkeit.‹
O. A. Romero

Die Bemühungen vieler katholischer Priester, soziale Verbesserungen in Lateinamerika zu schaffen, wurden vor allem durch das Zweite Vatikanische Konzil (1962–65) und die päpstliche Enzyklika *Populorum progresso* (1967) bestärkt. Während der zweiten Gesamtlateinischen Bischofskonferenz im Jahr 1968 stellte sich die Kirche, die bis dahin immer mit der herrschenden Oligarchie der Großgrundbesitzer und Militärs zusammengearbeitet hatte, öffentlich gegen deren Praktiken und plädierte für soziale Gleichheit. In den folgenden Jahren wurde die ›Theologie der Befreiung‹ weltweit bekannt, nicht zuletzt durch den Mord an einem ihrer bedeutendsten Vertreter, Erzbischof Romero.

Als er 1977 dem liberalen Erzbischof Chávez von El Salvador im Amt nachfolgte, galt Romero in Rom und San Salvador als Konservativer, der sich der Unterstützung durch die Oligarchie sicher sein durfte. Als aber der Priester Rutilio Grande, ein bekannter Vertreter der Befreiungstheologie und Freund Romeros, auf offener Straße erschossen wurde und die Regierung sich weigerte, das Attentat polizeilich zu untersuchen, änderte der neue Erzbischof seine politische Meinung.

In seinen öffentlichen Predigten, die auch über Rundfunk ausgestrahlt wurden, klagte Romero die Herrschenden an: »Wenn eine Diktatur die Menschenrechte ernsthaft verletzt und das allgemein Gute einer Nation angreift, dann, wenn sie unerträglich wird und alle Möglichkeiten des Dialogs ausschließt, wenn dies geschieht, dann spricht die Kirche vom legitimen Recht aufständischer Gewalt.« Als er in seinem Kampf gegen die »institutionalisierte Ungerechtigkeit« und »verursachende Gewalt« die Mitglieder der Armee, Nationalgarde und Polizei aufforderte, ihre Mitbürger nicht zu töten, verstanden das die Militäroberen als Aufforderung zur Befehlsverweigerung und Meuterei.

Am 24. März 1980 wurde Romero, als er in einem Hospital die Messe zelebrierte, vor den versammelten Gläubigen ermordet. Bald danach wurde Roberto d'Aubuisson, Gründer der politischen Partei ARENA und ehemaliger Präsidentschaftskandidat, mit dem Mord in Verbindung gebracht.

### Rigoberta Menchú, Friedensnobelpreisträgerin 1992

Einer guatemaltekischen Quiché namens Rigoberta Menchú (eigentlich Menchú Túm) verlieh das Osloer Komitee 1992 den Friedensnobelpreis mit der Begründung, sie sei ein starkes Symbol für Frieden und Versöhnung über ethnische, kulturelle und soziale Trennlinien hinweg.

Als Tochter eines Kleinbauern erlebte die 1963 geborene Rigoberta, dass der geerbte kleine Acker *(milpa)* nicht genügend Ertrag für die Ernährung der kinderreichen Familie Menchú lieferte und der Vater zur Saison auf den Plantagen an der Pazifikküste arbeiten musste. Wie fast alle Kinder der Indígenas mußte sie mitarbeiten und Diskriminierung, Unterbezahlung und Hunger erdulden.

Ihr Vater starb 1980 als Anführer einer Landarbeitergruppe in einem Feuer, das guatemaltekische Sicherheitsbeamte gelegt hatten. Die Gruppe hatte mit der Besetzung der spanischen Botschaft versucht, auf die unerträglichen Lebensumstände der *campesinos* (›Landarbeiter‹) aufmerksam zu machen. Im gleichen Jahr wurde ihre Mutter von Paramilitärs gefangengenommen, gefoltert und ermordet. Ihrem Bruder erging es ähnlich, und zwei Schwestern folgten daraufhin der Guerilla. Rigoberta flüchtete wie 100 000 andere Indígenas 1981 nach Mexiko, begann Spanisch zu lernen und politisch zu denken und handeln. Sie knüpfte internationale Kontakte, ließ sich interviewen und ihre Biographie veröffentlichen. Sie kämpft für die Anerkennung der Kultur und Gesellschaft der Indígenas mit ihren eigenen Werten und Zielen. Als gläubige Katholikin bekennt sie sich unbeirrt zur Gewaltlosigkeit.

*Rigoberta Menchú*

Viel genutzt hat ihr und ihrer Familie die internationale Würdigung bisher nicht. Sie lebte jahrelang in Mexiko im Exil, weil sie um ihr Leben fürchten musste. 1993 wurde ihr politisch nicht aktiver 38-jähriger Bruder von den Militärs in Santa Rosa erschossen und seine Frau schwer verletzt. 1997, als Rigoberta Menchú wieder in ihre Heimat zurückgekehrt war, entführten Unbekannte ihren kleinen Neffen.

Trotz dieses grausamen Schicksals fördert sie weiterhin die friedliche Organisation aller Unterdrückten im Land und fordert Einsicht von den Unterdrückern, einer skrupellosen Minorität, die in Guatemala im Hintergrund geschickt die Fäden zieht. Ein gutes Beispiel für die Beeinflussung der öffentlichen Meinung durch die Herrschenden ist die amerikanische Publikation des Jahres 1998, in der nach Armee-Unterlagen falsche Details in der Lebensgeschichte Rigoberta Menchús nachgewiesen wurden. Doch wenn z. B. ein naher Verwandter von Rigoberta in ihrem Buch als Bruder bezeichnet wird, ist das für einen Indígena mit sehr starker Familienbindung völlig normal. Überprüfbar sind diese Vorwürfe freilich sowieso nicht: Die letzten beiden Autoren, die Dokumente aus dieser Quelle bearbeiten wollten, starben kurze Zeit später eines unnatürlichen Todes.

*Tempel II in Tikal, wie der Forscher Alfred P. Maudslay ihn um 1880 vorfand.* ▷

# Reiserouten in Mittelamerika

# Belize

# Belize heute

Mit 23 000 km² ist Belize so groß wie das Bundesland Hessen und nach El Salvador der kleinste Staat Mittelamerikas. Von den ca. 210 000 Einwohnern leben mehr als ein Drittel in Belize City, der größten Stadt des Landes. Das Staatsgebiet erstreckt sich im südöstlichen Teil der Halbinsel Yucatán entlang der Küste des Karibischen Meeres. Die nördliche Hälfte des Staates ist flaches, von Gewässern durchzogenes Tiefland. Nur im Südwesten erheben sich nennenswerte Gebirge, die bis auf 1000 m ansteigen. Der gesamten Küste sind das zweitgrößte Barriereriff der Erde und Hunderte von nur vereinzelt bewohnten Inseln vorgelagert. Die meisten Bürger leben in der nördlichen Hälfte des Landes, da der südliche, bergige Teil noch überwiegend mit dichtem Urwald bedeckt ist. Das Land ist von Norden nach Süden 280 km lang und von Osten nach Westen 110 km breit.

Dank seiner Geschichte, vor allem der langen Zugehörigkeit zum Britischen Weltreich und zum Commonwealth, besitzt es eine ausgesprochen gemischte Bevölkerung, so dass Einheimische gerne mit ironischem Unterton von den *United Colours of Belize* sprechen. Offizielle Landessprache ist Englisch, doch daneben wird auch – besonders im nördlichen Landesteil – Spanisch gesprochen. Kleinere Gruppen verständigen sich auf Maya, Garinagú und – die Mennoniten (s. S. 24) – auf Althochdeutsch. Die meisten Bürger sprechen zwei oder gar drei Sprachen und rund 90 % können lesen und schreiben. Die Zahl der Flüchtlinge aus Guatemala ist in den letzten Jahren ständig zurückgegangen.

So bunt wie die Hautfarben ist auch die Palette der Religionen. Die Mehrheit der Staatsbürger, rund 60 %, ist römisch-katholisch. Aufgrund der in den letzten Jahren sehr intensiv betriebenen Glaubenskampagnen und großer Geldgeschenke sind amerikanische Sekten wie Methodisten, Adventisten, Zeugen Jehovas und Baptisten auf dem Vormarsch. Daneben gibt es noch kleine Gruppen von Anglikanern, Mennoniten, Hindus, Moslems, Bahai und Juden. Alle Religionsgemeinschaften unterhalten eigene Schulen und Wohlfahrtseinrichtungen.

Seit 1973 besitzt das Land seinen heutigen Namen (vorher British Honduras), seit 1981 ist es selbständig, aber noch Mitglied des Commonwealth, so dass die englische Königin das formelle Staatsoberhaupt ist. Sie wird durch den *Gouvernor General* vertreten, seit November 1993 Sir Colville Young. Belize ist eine parlamentarische Demokratie nach britischem Vorbild. Die Exekutive besteht aus dem Premierminister und seinem Kabinett, die Legislative aus dem Abgeordnetenhaus mit 28 Sitzen und dem Senat mit acht Mitgliedern. Nach der Wahl der Abgeordneten ernennt der Generalgouverneur den Führer der stärksten Fraktion zum Premierminister und auf dessen Vorschlag die Minister. Der Gouvernor General nominiert auch

*Besonders sehenswert:*

Cerros
Altún Há ☆
Lamanai ☆☆
Belize City
Nim Li Punit
Lubaantún
Xunantunich ☆
Cahal Pech
Caracol ☆☆

◁ *Xunantunich, Blick vom Castillo auf den Palastteil der Gruppe A*

die Senatoren, von denen fünf vom Premierminister, zwei vom Oppositionsführer und einer vom Belize Advisory Council vorgeschlagen werden. Gewählt wird turnusmäßig alle fünf Jahre nach Mehrheitswahlrecht. Seit 1984 wechselt die Regierung ständig. 1993 (damals vorgezogene Wahlen) gewann die United Democratic Party (UDP) unter Manuel Esquivel, davor war G. C. Price mit der People's United Party (PUP) erfolgreich, der auch das Land in die Unabhängigkeit geführt hatte. Sein Außenminister Said Musa von der PUP wurde 1998 zum neuen Premierminister gewählt.

Das Land ist in die Verwaltungsbezirke *(districts)* Cayo, Corozal, Orange Walk, Stann Creek, Toledo und Belize aufgeteilt. Hauptstadt ist seit 1970 Belmopan im Landesinneren; Grund für die Verlegung der Verwaltung war der Hurrikan Hattie, der 1961 Belize City, die damalige Hauptstadt, Meter hoch unter Wasser gesetzt und 262 Menschenleben gefordert hatte.

Landeswährung ist der Belize Dollar, der im Verhältnis 2:1 an den US-Dollar gebunden ist. Das Land verfügt über keine nennenswerten Bodenschätze, obschon man kleinere Mengen Erdöl gefunden hat. Landwirtschaft und Fischerei bilden die Grundlage der Wirtschaft und haben den Holzschlag aus seiner traditionellen Führungsrolle verdrängt. Daneben spielen Handwerk, Kleinbetriebe und Tourismus noch eine untergeordnete Rolle. Produziert werden z. B. Sperrholz, Möbel, Boote, Limonade, Konserven, Zigaretten, Bier, Zündhölzer und Zement für den Eigenbedarf.

Landwirtschafts- und Fischereiprodukte erbringen 50 % der Exporterlöse. Ausgeführt werden vor allem Zucker, Bananen, Zitrusfrüchte, Kokosnüsse, Hummer und Krabben. 40 % des Landes sind sehr fruchtbar, doch wird bislang nur ca. ein Sechstel davon landwirtschaftlich genutzt. Daher müssen trotz des Anbaus von Reis, Getreide und Gemüse noch Lebensmittel importiert werden. Aus diesem Grund bietet die Regierung Einwanderern, die sich in der Landwirtschaft betätigen wollen, die Möglichkeit, bis zu 40 ha Land zu kaufen. Für größere Flächen benötigt man eine Sondergenehmigung, was aber Coca Cola nicht an dem Versuch gehindert hat, einen großen Teil des Landes aufzukaufen.

Importiert werden Lebensmittel, Maschinen, Elektronik, Benzin, Fahrzeuge und Fertigwaren. Die Außenhandelsbilanz ist ausgeglichen, der größte Handelspartner sind die USA (60 %), gefolgt von Großbritannien. Das Bruttoinlandsprodukt liegt bei 2000 US-$, doch ist ein Großteil der Bevölkerung unterbeschäftigt oder arbeitslos. Seit 1985 versucht man, den Tourismus anzukurbeln – mit unterschiedlichem Erfolg. Für die US-amerikanische Schickeria ist Belize ein Land der Wildnis und des Komforts, also ideal für den ›besonderen Urlaub‹, bei den Europäern konnte sich dieses Urlaubskonzept bisher noch nicht durchsetzen. Taucher und Schwimmer haben Belize schon länger als ihr Paradies entdeckt. Eine gute touristische Infrastruktur besteht in Belize City, auf den Cayes (gesprochen: ›kies‹ mit weichem s) und in einigen Luxuslodges im Hinterland.

# Von Mexiko nach Belize City

## Corozal und Cerros

Dicht hinter der Grenze von Mexiko beim Grenzort Subteniente Lopez zweigt nach Osten der Northern Highway nach **Corozal** an der Küste ab. In der 9000 Einwohner zählenden Stadt, die über einige einfache Hotels verfügt, ist lediglich die **Town Hall** (Rathaus) interessant, weil hier der lokale Künstler Manuel Villamor Reyes vor einigen Jahren ein großes historisches Bild an eine Wand malte. In bombastischem Stil wird dort die Geschichte von Corozal erzählt, mitsamt der Niederwerfung der Maya beim Aufstand der Kastenkriege und den Ungerechtigkeiten der Kolonialzeit. Wahrscheinlich hat sich der Künstler von ähnlichen Malereien in Mexiko zu seinem Werk inspirieren lassen. Jedenfalls hat er an eine sehr alte Tradition ange-

*Übersichtskarte des nördlichen Belize*

# Belize

knüpft, denn ganz in der Nähe fand man in den Ruinen von **Santa Rita** Wandmalereien aus der nachklassischen Zeit in einem Stil, der mehr von den Mixteken als von den Maya beeinflusst zu sein scheint. Das alte Bild ist jedoch längst zerstört und so kann der Corozal District nur noch mit einer recht ansehnlichen Ruinenstätte aufwarten:

**Cerros** liegt an der südlichen Seite der Meeresbucht von Corozal und ist von dort aus nur per Boot erreichbar. Die Ruinenstätte ist in Fachkreisen in den letzten Jahren besonders bevorzugt ergraben und gedeutet worden, da ihre Bauten zum Teil bis weit in die vorklassische Zeit zu datieren sind. In der späten vorklassischen Zeit war Cerros ein kleines Dorf, das von Fischern, Bauern und Händlern bewohnt war. Um 50 v. Chr. begann man, über dem alten Dorf Großbauten zu errichten, und schon damals hatte sich wohl eine adlige Elite eingenistet, die vielleicht von außerhalb kam, etwa aus Lamanai. Das erste monumentale Bauwerk war der **Tempel 5-C,** der ganz im Norden direkt am Meerufer stand und an der Front seiner zweistufigen Pyramide mit vier mächtigen Götterköpfen aus Stuck verziert war, die oben als Symbole für Venus als Morgen- und Abendstern gedeutet werden und unten als Götter der aufgehenden und untergehenden Sonne. In der Cella nachgewiesene Pfostenlöcher werden als Zeichen für die vier Weltenbäume interpretiert, haben aber vielleicht nur Pfosten gehalten, die das Dach aus Stroh und Holz trugen. Zu sehen ist davon nichts, da man alles zum Schutz wieder mit Erde bedeckt hat.

Etwa 50 Jahre später errichtete man einen zweiten Bau, den **Tempel 6-C.** Er thronte bereits auf einer großen künstlichen Plattform und einem dreistufigen Pyramidenstumpf, dessen große obere Plattform genug Platz für drei kleine Tempel bzw. Adoratorien und einen Zeremonialhof ließ. Um sich für den Neubau den Schutz der Götter zu sichern, vergrub man auf der Plattform in einem Depot fünf Jadeitköpfchen, angeordnet wie die fünf Punkte auf einem Würfel. Bis zum Ende des 1. Jh. wuchs die Stadt dann wohl ziemlich schnell. Daher entstanden im Osten weitere Pyramiden, die **Tempel 29-C** und **8-C**. Tempel 29-C war an der Front ebenfalls mit Stuckreliefs verziert. Doch hier wählte man als Thema jaguarähnliche Köpfe mit fast olmekischen Zügen und großen Ohrpflöcken. Die Wohnhäuser des Stadtkerns bildeten einen Halbkreis um den Tempelbezirk, vom Festland wurde dieses Zentrum durch einen Kanal getrennt.

Ganz im Süden der Stadt hat man am Rand des Kanals den **Ballspielplatz 50-C** identifiziert, der im Süden und Norden von jeweils zwei Pyramiden ›bewacht‹ wird. Dies ist zwar eine sehr ungewöhnliche Gruppierung, die aber durchaus Vorläufer des später doppel-T-förmigen Ballspielplatzes gewesen sein kann.

Auf noch mindestens zwei anderen Pelota-Plätzen hat man damals zur Freude der Bewohner und zum Gedeihen der Feldfrüchte gespielt, und mindestens eine Pyramide wurde außerhalb des Tempelbezirks angelegt.

*Das kosmische Symbol der fünf Punkte, vier an den Ecken und einer im Zentrum, wurde auch zur Verzierung und als Symbol auf den Ohrpflöcken der Götterköpfe an der Fassade verwendet, wo es, mit Bündelsymbolen (Zeichen der Herrschaft), Schlangenköpfen (Maya ›kan‹ = Schlange/hoch) und Blüten verbunden, als Hinweis auf weltliche bzw. himmlische Macht gedeutet werden kann.*

# Orange Walk und Noh Mul

Die Hauptstadt des gleichnamigen Regierungsbezirks hat außer einigen bunten Holzhäusern und einem recht lebhaften Marktplatz im Zentrum, wo auch Mennoniten aus dem benachbarten Shipyard einkaufen, kaum touristische Attraktionen zu bieten. Wegen der zentralen Lage und einiger kleiner Hotels kann man von hier aus relativ leicht verschiedene Mayaruinen in der Umgebung besuchen, die in der vorklassischen und klassischen Zeit angelegt worden sind.

Etwa 15 km nördlich der Bezirksstadt liegt nordwestlich von San Pablo und San José das spätvorklassische Mayazentrum **Noh Mul** (›Großer Hügel‹), das vor 200 seine größte Blüte hatte. Den **Rundbau 9** – er wird mit der Architektur aus Caracol und Chichén Itzá verglichen – und das quadratische **Gebäude 20** datiert man zwischen 900 und 1200. Die Hauptpyramide Noh Mul liegt 20 m über dem Meeresspiegel. Sie gilt mit ihren 55 m Seitenlänge und 8 m Höhe als größtes Bauwerk der Maya in Nordbelize. Nach ihr wurde der Ort mit seinen 20 km² Siedlungsfläche benannt.

Bei Grabungen Anfang des 20. Jh. wurden Gräber und Opferdepots mit Jadeschmuck, Feuerstein- und Obsidianklingen, Muscheln und Keramik mit polychromer Bemalung sowie stilisierten Affen und Götterköpfen entdeckt, die man heute im British Museum in London besichtigen kann. Die Bewohner und Erbauer Noh Muls lebten von den Erträgen ihrer erhöhten und kanalisierten Felder am Rand der benachbarten Sümpfe. Das Zeremonialzentrum mit einer zentralen Hauptpyramide, umgeben von mehreren Plazas mit dazugehörigen Gebäuderesten, liegt in Zuckerrohrfeldern, die in Privatbesitz sind. Vor einem Besuch muss man in San Pablo Herrn Estevan Itzab kontaktieren, der gegenüber dem Wasserturm wohnt.

Zu den kleineren und wenig sehenswerten Ruinenstätten gehört **Cuello.** Dieses Zeremonialzentrum liegt ca. 7 km westlich von Orange Walk, südlich der Schotterpiste nach **Yo Creek,** wo sich weitere Ruinen befinden. Da die Ruinen sich auf dem Gelände der namengebenden Rumbrennerei Cuello Distillery befinden, muss man dort vor einem Besuch anrufen (✆ 03/2 21 41).

Menschliche Besiedlung ist hier durch Tiefgrabungen schon für die Zeit um 1000 v. Chr. nachgewiesen worden. Das sichtbare Zentrum von Cuello besteht aus Gebäuden und Plattformen, die um zwei unregelmäßig geformte Plätze angelegt worden sind. Jede Plaza hat eine zugeordnete Hauptpyramide, die von kleinen Palastbauten flankiert wird. Auch zwei große unterirdische, künstlich angelegte, flaschenförmige Vorratshöhlen oder Zisternen *(chultun)* sind hier zu finden. Bei der nördlichen Plaza hat man in einem großen Grabungsschnitt Gebäudereste von 1000–250 v. Chr. freigelegt. Dabei wurden Gräber und Gründungsdepots mit Keramik als Grabbeigaben und Weihgaben gefunden.

**Kichpanha** liegt an der alten Straße von Orange Walk nach Belize City ca. 5 km hinter der Abzweigung bei Carmelita auf dem Land von

*Auch heute noch arbeiten viele Mayabauern auf ihren Feldern (milpas) mit dem traditionellen Grabstock. Es handelt sich um einen einfachen Holzstab mit feuergehärteter Spitze, der auch Handgriff und Fußraste haben kann.*

# Belize

Herrn Oscar Ayuso aus Orange Walk. Die krokodilverseuchte Kate's Lagoon hatte den Bewohnern dieses Zentrums Wasser im Überfluss geliefert. In einem Grab dieses kleinen Zentrums sind sechs Männer mit den üblichen Beigaben bestattet worden. Ungewöhnlich ist der Röhrenknochen eines Tapirs oder Manatis, in den sehr frühe Mayaglyphen eingeritzt sind. Nach dem Text handelt es sich um den Stichel eines Balam K'in (›Sonnenpriester‹), der auch als Ah P'ok Nal Tsukul (›Gekrönter eines kleinen Dorfes‹) und Ts'its'om (›Gewinner eines Gespräches‹) bezeichnet wird, der vielleicht sogar ein Halach Uinic (›Wahrer Mann‹, ›Fürst‹) war. Die Schrift wird unterschiedlich datiert, von 100 v. Chr. bis 200 n. Chr. – ersteres erscheint etwas wahrscheinlicher.

## Altún Há

Dieses Mayazentrum, ca. 12 km vom Maya-Hafen an der Meeresküste bei Little Rocky Point entfernt, war schon um 600 v. Chr. besiedelt. Nach einem großen künstlich angelegten Wasserbecken wurde es Altún Há (›Stein-Wasser‹) genannt – worauf auch der spätere englische Name Rockstone Pond Bezug nimmt. Spätestens um 200 v. Chr. dürfte die Bevölkerungs der Handelsstadt am Sumpf bereits so groß gewesen sein, dass die kleinen Quellen und ein Bach im Stadtgebiet nicht mehr genügend Wasser für alle Einwohner lieferten. Damals leitete man den Bach um, brach Felsblöcke aus seinem Bett, befestigte mit ihnen eine Staumauer aus Erde, versiegelte Boden und Wände mit einer Lehm- und Stuckschicht und führte das Bachwasser in sein altes Bett zurück. Mit wachsender Bevölkerungszahl wurde das Becken dann mehrmals vergrößert, bis es eine Grundfläche von 4700 m$^2$ hatte.

An seinen Ufern (südlich von Plaza B) legte man den ersten **Zeremonialplatz F** mit einer großen Pyramide (etwa um 100 v. Chr.) an, die zweimal überbaut worden ist und in der auch später eine hochgestellte Person mit Beigaben aus Obsidian beigesetzt wurde. In dieser Zeit scheint der Schwerpunkt der Besiedlung etwa 50 km weiter nördlich gelegen zu haben, wie die Ruinen von Cerros und Santa Rita im Corozal District oder die nur 15–20 km nordwestlich von Altún Há gelegenen Stätten **Colha** und **Kichpanha** belegen.

Schon damals dürfte das Wachstum der Stadt vom Seehandel abhängig gewesen sein, den ihre Bewohner kontrollierten. Dies zeigt sich deutlich an Grabbeigaben aus dieser Zeit, wie Schmuckperlen aus Jadeit und Feldspat (Albit), Mineralien, die z. B. im Motagua-Tal in Guatemala vorkommen. Auch Schalen von Muscheln und anderen Seetieren fehlten nicht. Eine spezielle dunkelgrundige Keramik scheint in Altún Há gefertigt und bis Copán gehandelt worden zu sein.

Die Technik für die Errichtung des großen Wasserreservoirs dürften die Einwohner bei der Anlegung ihrer erhöhten Felder am Rand der nahen Sumpfgebiete erlernt haben, deren Entwässerung durch Kanäle und Dämme hier und andernorts schon in der vorklassischen Zeit begann. Einige der ausgegrabenen Häuser zeigen eine erstaunlich differenzierte Raumaufteilung, etwa eine Diele mit anschließendem Empfangsraum oder mehrere Wohnräume mit eingemauerten Bett- und Sitzbänken. Für die Bestattung wichtiger Toter legte man sogar eigene Grabplattformen an.

In der klassischen Zeit verlagerte man das **Stadtzentrum** nach Norden zur Plaza A (250–500). In dieser Zeit sind wohl auch viele der Gehöfte oder Paläste entstanden, bei denen mehrere Häuser einen zentralen Hof umschließen. Die größeren Baukomplexe dieser Art dürften von ganzen Großfamilien oder Geschlechtern bewohnt worden sein. Als um 500 auch die Plaza A mit ihren Pyramiden und Hallen für öffentliche Anlässe nicht mehr groß und imposant genug war, fügte man im Süden die Plaza B mit Tempeln und Palastbauten an. Zu der Zeit könnte die Stadt etwa 10 000 Einwohner gehabt haben.

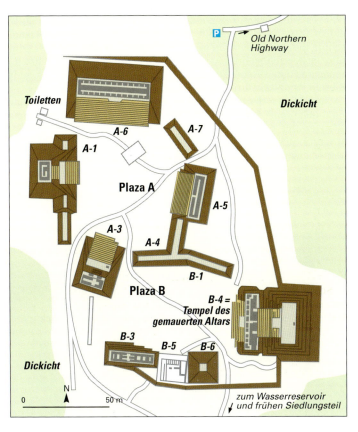

*Plan von Altún Há*

*Belize*

Der Eingang zur archäologischen Zone liegt heute an der Nordostecke von **Plaza A**. Die Nordseite dieses Platzes für öffentliche Zeremonien religiöser oder profaner Art, dessen Bodenbelag man mehrmals erneuerte, wird von dem langen pyramidalen **Gebäude A-6** eingenommen. Dieser trug eine doppelte, nach Norden und Süden offene Pfeilerhalle. Man könnte sie vielleicht als Loge bezeichnen, die von den wichtigsten Stadtbewohnern bei offiziellen Anlässen benutzt wurde.

Die Westseite des Platzes nimmt die **Pyramide A-1** ein, die im Norden und Süden kleinere Anbauten aufweist und mehrmals überbaut worden ist. Die Mauerreste auf der Plattform gehören zu einem Gebäude, das nur aus einem mehrfach abgewinkelten Flur oder Treppenhaus besteht und sicher ein falsches Gewölbe als Dach aufwies. An seiner Basis fand man ein großes Grab, das nur sehr primitiv aus grob gebrochenen Steinen und Mörtel angelegt wurde. Der Leichnam erhielt aber als Beigaben neben den üblichen Tongefäßen und Obsidianklingen mehr als 300 Jadeitschmuckstücke, weshalb man diese Pyramide ›Tempel des grünen Grabs‹ nannte. Der zwischen 550 und 600 bestattete Mann sollte ein Priesterfürst gewesen sein, denn in einem Tongefäß fand man die Reste eines Codex, einer alten Handschrift, die aber leider nicht mehr lesbar war. Die Inschrift seiner Ohrpflöcke bezeichnet ihn als ›Reinen Ersten‹, ein Hinweis auf Abstammung und dynastisches Denken. Die kleinen Anbauten der Pyramide dürften von Nachfahren des Toten angelegt worden sein.

Die im Osten des Platzes liegende **Pyramide A-5** trug ein Gebäude mit einem langen schmalen Raum, dessen Dach sicher aus einem Kraggewölbe bestand, der für das Klassikum typischen Dachkonstruktion der Maya. Ein Opferdepot, das bei der Erbauung in der Treppe angelegt wurde, enthielt Keramik aus der Zeit um 550.

*Altún Há, Blick auf die Plaza A; in der Mitte die Pyramide A-3.*

*Altún Há*

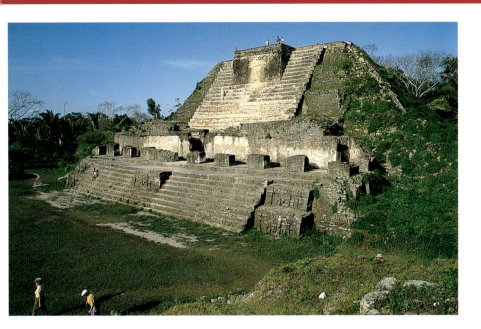

Die Gebäude zwischen Plaza A und B sind nicht ausgegraben. Hier sieht man den Zustand der Ruinen nach der Entfernung des Baum- und Strauchbewuchses, der solche Bauten durch sein Wurzelwerk zerstörte und gleichzeitig durch sein Blattwerk vor Erosion schützte. Auffällig sind die großen Würgefeigen, die im Lauf der Zeit die Bäume, an denen sie sich hochranken, im wahrsten Sinne des Wortes mit ihrem Stamm erwürgen, und die breiten Fächerblätter der Phytelephas-Palmen.

*Tempel B-4; die Spitze ist der siebten Ausbaustufe um 900 zuzuordnen, während der Unterbau mit den Pfeilerstümpfen der großen Vorhalle 150 Jahre früher entstand.*

Da **Plaza B** nahezu vollständig von Gebäuden umgeben ist und nur schmale Passagen einen Zugang erlauben, scheint sie nicht von der Allgemeinheit benutzt worden zu sein, sondern eher von einer kleinen Elite. Dafür spricht auch, dass die **Gebäude B-3** und **B-5** nach ihren Raumaufteilungen als Paläste interpretiert werden können, deren Luft- und Lichtöffnungen, eine Art Fenster, die Form der Mayaglyphe Ik (›Wind‹, ›Seele‹) haben. Wahrscheinlich war **Gebäude A-3,** dessen Front noch auf die Plaza A ausgerichtet ist, so etwas wie eine Audienzhalle, die bei öffentlichen Auftritten benutzt wurde. Da in Altún Há keine beschrifteten Stelen oder Altäre gefunden worden sind (wohl aber in Kichpanha), geht der Kanadier David Pendergast, der Ausgräber dieser Ruinenstätte, davon aus, dass der Ort nicht von Angehörigen einer Dynastie regiert wurde, sondern eher von Mitgliedern einer Priesterkaste, was beschriftete Objekte aus den Gräbern aber widerlegen.

Zudem scheinen die Funde im **Tempel B-4,** der siebenmal überbaut worden ist und in dem man sieben Gräber aus unterschiedlicher

*Belize*

*Köpfe von Göttern wie an Tempel B-4 weisen neben den menschlichen auch tierische Züge (hier z. B. den Jaguarmund) auf, die als Hinweise auf bestimmte übermenschliche Eigenschaften zu verstehen sind. Sie bilden zusammen mit Schmuck und Symbolen (hier z. B. die Ohrringe) die Grundlage zur Identifizierung.*

Zeit entdeckt hat, die Existenz einer Dynastie zu bestätigen. Tief in dem großen rechteckigen Block, mitten im oberen Treppenabschnitt der Pyramide, lag das Grab eines Mannes. Zu seinen Beigaben gehörte der große vollplastische Jadekopf des Sonnengottes K'inich Ahau oder K'inich Kak Moo, dessen Bild auf jeder Banknote von Belize zu finden ist. Mit seinen 15 cm Höhe und 4,3 kg Gewicht ist er, soweit bekannt, das größte bearbeitete Jade- oder Jadeitobjekt der klassischen Maya (datiert auf 600–650, Bauphase VII des Tempels). Dieser Kopf und die Knocheninschrift von Kichpanha bestätigen die dominierende Rolle, die die Verehrung des Sonnengottes in der Region spielte. Eine dem Toten gehörende Jadeschmuckplatte zeigt ihn auf einem Thron sitzend. Auf der Rückseite sind ein Datum (584) und mehrere Namen, u. a. der seines Vaters Akbal (›Nacht‹, 15 Jahre früher), eingearbeitet.

Bevor man die Schale des achten Baus, von der heute nichts mehr zu sehen ist, über den siebten Pyramidenbau legte, deponierte man rund um den großen Altar auf der oberen Plattform, die wohl niemals eine Cella getragen hat, Jadeschmuck, Obsidianklingen und Kopal, ein Baumharz *(pom)*, das wie Weihrauch benutzt wurde. Diese Funde können als Opfergaben oder Gründungsdepot für den Bau des letzten Tempels betrachtet werden. Hier oben hat man auch die Reste von zwei Gräbern gefunden, die schon am Ende der klassischen Zeit (um 900) von den Maya mutwillig zerstört worden sind. Der Ausgräber wertet dies als Hinweis auf eine Bauernrevolte gegen die Priester, die mit der Aufgabe von Altún Há endete. Eine Damnatio Memoriae der Bestatteten ist als sicher anzunehmen. Dass diese aber auch das vorläufige Ende der Stadt bedeutete, darf allerdings angezweifelt werden. Es könnte auch ein Hinweis auf neue Herrscher sein. Jedenfalls war die Stadt nach den Keramikfunden auch in der nachklassischen Zeit bis 1400 bewohnt; allerdings wurden keine großen Neubauten

*Keramik im Altún Há Stil aus der frühklassischen Zeit (4./5. Jh.). Charakteristisch sind der dunkle Untergrund und das Schriftband am Gefäßrand (oben).*

mehr angelegt. Der untere Vorbau des Tempels B-4 deutet mit seinen großen Göttermasken aus Stuck einen gewissen Traditionalismus bei der Führung der Stadt an; denn solche Pyramidenfassaden sind während der frühklassischen Zeit üblich gewesen. Der lange Vorbau mit seiner Pfeilerhalle an der Front, wohl eine Art Propylon, erinnert an ähnliche Architektur aus klassischer Zeit in Tikal und Cobá.

Der berühmte Kopf des Sonnengottes liegt heute unzugänglich in einem Banksafe in Belmopan, und die Kleinfunde findet man zur Hälfte im Royal Ontario Museum in Toronto, da Pendergast seine Grabung mit Fundteilung durchgeführt hat.

# Lamanai

Man erreicht Lamanai (›Tauchendes Krokodil‹), das bis heute seinen vorspanischen Namen trägt und am Westufer des Sees New River Lagoon liegt, am einfachsten mit dem Boot. Der Anleger der schnellen Außenborder liegt neben der Tower Hill Bridge, wo der Northern Highway den New River überquert. Die Fahrt flussaufwärts, für die die Kanus der Mayahändler sicher einen Tag gebraucht haben, dauert ca. eineinhalb Stunden. Man fährt an der Mennonitensiedlung Shipyard vorbei und kann unterwegs verschiedene Vögel (Reiher, Falken, Störche) und Krokodile beobachten. Von den Ästen der Bäume hängen die eigenwilligen Schlangenkakteen herab.

Vom Landungssteg der Ruinen führen lokale Wächter auf einem Rundgang zu den wichtigsten Ruinen. Im kleinen **Museum** bei der Kasse (dem einzigen zuverlässig geöffneten in Belize) sieht man viele der ausgegrabenen Kleinfunde aus Obsidian, Muscheln oder Feuerstein und wunderschöne Keramik vom Vorklassikum (vielfarbig bemalt, mit stilisierten Motiven) bis zur Kolonialzeit (z. B. ein Gefäß in Form eines Krokodils, aus dessen Maul ein Mensch schaut). Die dunkelbraune Keramik mit feinen Ritzlinien in der polierten Oberfläche stammt aus dem 13.–15. Jh.

Der erste große Bau, **Gebäude P 9-25** rechts des Weges, besteht aus einer niedrigen Plattform mit großer Tempelpyramide aus vorklassischer Zeit (250 v. Chr. bis 200 n. Chr.). Die Anlage wurde mehrmals umgebaut. Die einzelnen Bauphasen (ähnliche Erweiterungen wie in Uaxactún) werden auf einer etwas verwitterten Schautafel erklärt. Die erste Pyramide in der Mitte trägt an der Fassade noch die großen Götterköpfe, die sich möglicherweise auf die göttliche Abstammung der Fürsten des Ortes beziehen. Ähnliche Köpfe sind auch an Pyramiden in Cerros nahe der Stadt Corozal gefunden und wieder zugeschüttet worden. In den nächsten Ausbauphasen hat man dann die beiden kleineren Bauten rechts und links vor der Hauptpyramide angelegt. Reste von skulptierten Stelen und Altären, die auf dem Hof dazwischen stehen, lassen vermuten, dass es sich hier um ein frühes Heiligtum zur Verehrung der fürstlichen Ahnen handelt. Besiedelt war das Gebiet von Lamanai schon um 1500 v. Chr.

*Lamanai, Götterdarstellung an der Fassade von Gebäude P 9-25 aus der Zeit um 200 n. Chr.*

*Belize*

Glyphen-Text von
Stele 6 aus Lamanai

Auf dem Rundkurs zurück nach Süden, wobei man unter Umständen Brüllaffen und auch Quetzalvögel sieht, gelangt man zur größten Pyramide von Lamanai. Ihr unterer Teil, wo ebenfalls Götterköpfe die Wände schmücken, wurde wohl schon in frühklassischer Zeit angelegt und bis zum Spätklassikum immer mehr erhöht und umgebaut. Dieser Bau, offiziell **N 10-43** bezeichnet, ist ca. 33 m hoch und trägt oben eine Hauptcella, die von zwei kleinen Tempeln davor flankiert wird.

Weiter im Süden passiert man zwei parallele Hügel und die Reste eines alten Ballspielplatzes. Dahinter stößt man auf eine der schönsten Stelen der Maya: **Stele 6** besteht aus hochpoliertem, alabasterartigem Kalkstein und zeigt einen reichgekleideten Fürsten, im Profil und mit den Füßen in Schrittstellung, ausgestattet mit allen Insignien seiner sozialen Stellung, ähnlich wie die frühen Stelen aus Tikal. Irgendwann hat man später ein Feuer an der Stelenbasis entzündet. Dadurch ist dieser ›Mayabaum‹ im unteren Teil stark zerstört. Der Text oben links lautet:

| | |
|---|---|
| 12 Ahau 3 Pop | 8.18.13.00.00. bzw. 409 (wird auch 600 datiert) |
| tsapak chak teel tunil | gepflanzt war der rote Stein-Baum |
| 11 Kib 4 Tsek | Datum |
| 17 Tun 4 K'in | weniger 17.00.04. = 8.17.15.17.16 (391) |
| xik'?lah kaan ah | zerriss der hohe Mann |
| paal k'atun | Öffnung des Katun (20 Jahre) |
| yam k'in lah | das erste Priesterhaupt |
| u kabab lah | der Länder Haupt |
| kaan ah k'anach (?) | der hohe, stolze (?) |
| chakil lail lah | überaus angesehene |
| chachak bak | braune Knochen (Name) |
| lak'in ma'ah k'atun | östlich geborener Krieger |
| xol (?) paal ain (?) | harter Nachfahre des Krokodils (?) |

Das Relief wurde also im 13. Jahr eines Katun zur Erinnerung an die Vollendung der ersten 20 Jahre der Herrschaft von Brauner Knochen, dem Bündelherrscher Lamanais, aufgestellt.

Noch weiter südlich findet man die Gebäude des um mehrere eingetiefte Höfe gruppierten fürstlichen Palastes **N 10-7** aus spätklassischer Zeit (um 900), der bis 1200, im westlichen Teil sogar bis 1300, benutzt und umgebaut wurde. Im Süden schließen sich der große Zeremonialhof und seine Hauptpyramide **N 10-9** aus nachklassischer Zeit (900–1400) an. Im Lauf der Jahrhunderte hat sich das Zentrum von Lamanai also immer weiter nach Süden verlagert.

Diese Tendenz wurde beibehalten, als man noch weiter südlich die Gebäude aus der Kolonialzeit errichtete. Im 16. Jh. gehörte das um 1544 von den Spaniern eroberte Lamanai zu einer Kette spanischer Siedlungen, die von Chetumal bis Tipu reichte. Die Franziskaner versuchten damals, die Maya zu christianisieren und errichteten kleine

*Lamanai, Belize City*

*Lamanai, Gebäude N 10-43; es handelt sich um eine der besterhaltenen Tempelpyramiden in Belize.*

Dorfkirchen als Zentren neuer Siedlungen. Während der Mayaaufstände um 1642 war Lamanai aufgegeben und verbrannt worden. Aus der kurzen spanischen Zeit stammen die Reste der alten, einst mit Palmblättern gedeckten **Hallenkirche** (1570) und viele Metallobjekte, die in Gräbern und Häusern bei der Kirche gefunden worden sind. Friedhöfe, wie sie hier belegt sind, kannten die Maya nicht. Sie sind eine spanische Neuerung.

Ende des 19. Jh. war Lamanai erneut besiedelt, und aus dieser Zeit stammen auch die Reste einer **Zuckerfabrik**. Ganz in der Nähe gab es in den 1990er Jahren noch ein Camp für Bürgerkriegsflüchtlinge aus Guatemala.

## Belize City

Eine herrliche Lage, alte verrostete Blechdächer, Holzwände, von denen die Farbe abblättert, modernste Betonbauten und eine stillose, aber variantenreiche Privathausarchitektur – das ist Belize City, die ›heimliche Hauptstadt‹ des Landes.

Auf den Straßen wimmelt es von Menschen aller Hauttönungen, wobei Schwarz stark überwiegt. Amerikanische Touristen und Geschäftemacher sitzen neben dunklen, wild gelockten Rastafaris in denselben Bars, und hellblonde Mennoniten gehen zielbewusst und

*Belize*

schweigsam ihren Geschäften nach. Ganz der englischen Kolonialtradition entsprechend fehlen auch asiatische Geschäftsleute und Restaurantbesitzer nicht.

Einige der etwas wild aussehenden Bewohner, die sich hüpfend und swingend die Zeit vertreiben und hin und wieder Drogen zum Kauf anbieten oder um eine milde Gabe bitten, scheinen direkte Nachfahren der Freibeuter zu sein, die hier im 17. Jh. Fuß fassten und für die die Sümpfe entlang des Belize River die letzte Zufluchtsstätte darstellten. Abends sollte man hier auf keinen Fall allein unterwegs sein.

Eine Stadt entwickelte sich erst, nachdem die Spanier 1763 (Vertrag von Paris) die Rechte britischer Siedler zum Handel und Holzschlag anerkannt hatten. Im 19. Jh., als Belize britische Kolonie (1862) geworden war, wurden öffentliche Gebäude errichtet, die von einem gewissen kunsthistorischen Interesse sind. Die auf hohe Pfeiler gestellten Holzhäuser mit ihren oft umlaufenden Veranden und hohen Fenstern sind zwar typisch für das Land und angenehm im feuchtheißen Klima, aber nicht gerade Juwelen der Baukunst, auch

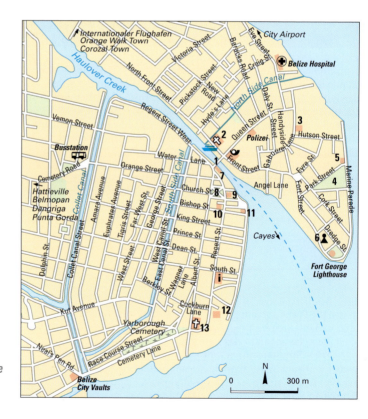

**Belize City**
1 Swing Bridge
2 Holy Redeemer Cathedral
3 US-Botschaft
4 Memorial Park
5 Mexikanisches Konsulat
6 Baron Bliss Memorial
7 Markthallen
8 Battlefield Park
9 Court House
10 Public House
11 Bliss Institute
12 Government House
13 St. John's Cathedral

*Belize City*

*Die eiserne Swing Bridge wird noch täglich zweimal von Hand geöffnet.*

wenn hin und wieder Holzschnitzereien an den Geländern und Fensterrahmen eine Wertschätzung von Schönheit andeuten, wie sie sich sonst nur durch die herrlich wild blühenden Blumen der Vorgärten und Blumentöpfe zeigt.

Viele der präsentablen alten Holzhäuser, die englische Honoratioren der Kronkolonie (ab 1871) errichten ließen und bewohnten, sind von den schweren Wirbelstürmen in den Jahren 1931 und 1961 vernichtet worden. Andere Häuser wurden im Lauf der Jahre das Opfer immer wieder aufflammender Brände. Trotzdem gibt es noch Bauten, die vom ›Glanz‹ des britischen Empire zeugen.

Zentrum der Stadt ist die **Swing Bridge** über den Haulover Creek. Die 1923 in Liverpool gefertigte eiserne Drehbrücke ist das einzige Exemplar dieser Art auf der Welt, das noch von Hand bewegt wird (zweimal am Tag: um 5.30 Uhr und um 17.30 Uhr). Nordwestlich der Brücke erhebt sich versteckt hinter modernen Betonbauten die **Holy Redeemer Cathedral** von 1857, die erste katholische Kirche der Stadt. Der Bau ist nicht besonders interessant, liegt aber am North Side Canal, der die ganze Südostspitze der North Side-Halbinsel vom Festland abtrennte, als hier während der Kolonialzeit die Befestigungen von Fort George Island lagen. Die schöne und gut bewachte **US-Botschaft** scheint heute die Rolle der Festung übernommen zu haben. Der **Memorial Park** an der neuen Uferstraße Marine Parade erinnert an den Sieg der Engländer und Baymen (Englisch sprechende Bewohner aller Ethnien) in der Seeschlacht von St. George's

## *Belize*

Caye 1798, mit dem Spanien seinen Einfluss in Belize endgültig verlor. Lediglich das schöne mexikanische Konsulat scheint dem zu widersprechen.

An der Spitze der Halbinsel wurde mit dem Geld des Baron Bliss der neue Leuchtturm **Fort George Lighthouse** errichtet. An seinen Stifter erinnert das **Baron Bliss Memorial** dahinter, in dem dieser 1958 beigesetzt wurde. Sein Todestag, der 9. März, ist ein nationaler Feiertag, an dem die Bevölkerung ihren Wohltäter mit Umzügen und Paraden ehrt. Der englische Baron Bliss aus der Grafschaft Buckingham hatte 1926 mit seiner Jacht Sea King in Belize angelegt, konnte sein Schiff aber wegen Krankheit nicht verlassen. Die Hilfe, die ihm von offizieller Seite gewährt wurde, und wohl auch das Bild des sprudelnden Lebens vor seinen Augen scheinen ihn dazu veranlasst zu haben, in seinem Testament 30 Jahre später dem Staat Belize Stiftungskapital in Höhe von 2 Mio. US-$ zu vererben. Von den Zinsen dieses Geldes wurden und werden verschiedene gemeinnützige Vorhaben unterstützt.

Südwestlich der Drehbrücke passiert man – sich links haltend – zunächst die Markthallen mit ihrem pulsierenden Leben und danach den **Battlefield Park,** wo sich oft recht zwielichtige Gestalten herumtreiben. Den Namen erhielt der Park, weil er für die Bevölkerung eine Art Speakers' Corner ist. Hier wurden zwischen 1945 und 1981 die meisten der politischen Brandreden von Männern wie George Price (People's United Party, PUP) und Antonio Soberanis (Gewerkschaftsführer, sein Denkmal ziert heute den Park) gehalten.

Sehenswert ist das 1923 errichtete **Court House** mit seinem gusseisernen Gitterschmuck an Veranda und Turm. Hier sitzt der oberste Gerichtshof des Landes (Supreme Court), nachdem ein älteres Gebäude 1918 abgebrannt war. Der viktorianische Turm wurde 1924 angebaut, um an den beim Brand von 1918 verstorbenen britischen Gouverneur Hart Bennett zu erinnern.

Das **Public House** schräg gegenüber dem Gericht war bis 1971 das Parlamentsgebäude. Nach der Verlegung der Hauptstadt in die neu gegründete Betoninsel Belmopan zog hier die Zentralbank ein. Dahinter liegt direkt an der Küste das **Bliss Institute,** ein mit den Geldern der Bliss-Stiftung erbautes Kulturinstitut. Es beherbergt das Museum des National Arts Council, der höchsten Kulturinstitution des Landes, das freilich diese Bezeichnung nicht ganz verdient. Gezeigt werden lediglich die Stele 1 und der dazugehörige Altar 1 (593) sowie Altar 12 (820) aus Caracol. Stele 1 zeigt Fürst Affen-Stern mit dem Herrschaftsbündel im Arm, und auf Altar 12 ließ sich der letzte Fürst des Ortes, Ox/3-Kawak, auf seinem Thron hockend im Gespräch mit einem anderen Fürsten abbilden. Weitere archäologische Objekte, die hier früher ausgestellt waren, sind nach Belmopan in die Archive des Government's Department of Archaeology gebracht worden, wo man sie nicht zu sehen bekommt.

Weiter südlich findet man das elegante **Government House,** in dem bis 1981 der britische Gouverneur residierte. Heute dient das

*Mit vielen Holzhäusern erinnert die Architektur von Belize City noch an die britische Kolonialzeit.*

1812–14 errichtete Gebäude im typisch britischen Kolonialstil als Gästehaus der Regierung und historisches Museum das aber noch 1999 ins alte Gefängnis umziehen soll.

Ganz in der Nähe steht auch die älteste anglikanische Kirche Mittelamerikas, die 1812–20 aus Ziegeln errichtete **St. John's Cathedral.** Ihr einziger Außenschmuck sind Stufengiebel, die auf die Gotik zurückgehen, und die Zinnen am Turm. Baumaterial und Grundriss entsprechen den neugotischen Bauten aus Kaisers Zeiten in Nordeuropa. Doch von architektonischer Schönheit ist hier wenig zu sehen.

Auf dem nahegelegenen **Yarborough Cemetery,** der 1771–1882 als Friedhof genutzt wurde, findet man eine ganze Reihe schöner, leider inzwischen stark beschädigter Grabsteine prominenter Bürger und wohl auch einiger Piraten.

Der deutsche Offizier Gustav von Olhaffen legte 1870 eine neue Begräbnisstätte an, die **Belize City Vaults,** wo 25 Tote in kleinen Kammern oberirdisch bestattet wurden. Der neue öffentliche Friedhof von 1886 liegt ganz im Norden der Stadt und wird von der Hauptstraße nach Belmopan durchschnitten.

## An der Küste im Süden von Belize City

In dieser feuchtwarmen Region wurden einige der frühesten beschrifteten Jadeschmuckstücke gefunden, so z. B. der Ohrpflock von **Pomoná** und ein Jadeohr aus **Kendall** bzw. ein Kopfpektorale, Zeichen eines Fürsten. Diese Objekte deuten an, dass sich in diesem Gebiet schon vor dem 2. Jh. adlige Fürsten über ihren Untertanen

# Belize

etabliert hatten. Damals dürften die Menschen von Ackerbau und Handel gelebt haben; Jadeit, Obsidian und selbst Feuerstein mussten eingeführt werden. Auf den Inseln vor der Küste, z. B. auf **Wild Cane Caye,** hat man Ruinen von Behausungen von Mayafischern und Seeleuten gefunden, allerdings aus klassischer Zeit. Anfang des Klassikums beherrschte die Dynastie von **Pusilhá** (im Südwesten an der Grenze zu Guatemala) nach den Steleninschriften den größten Teil des Landes. Der Gründer der Dynastie des Ortes sollte sogar zumindest von einer Elternseite her aus dem Geschlecht der Fürsten von Quiriguá stammen. Im Spätklassikum, als man von hier vor allem Kakao exportiert hat, der selbst noch im 16. Jh. von Händlern aus der Gegend von Cobán in Verapaz (Guatemala) hier eingekauft wurde, scheinen sich jüngere Orte wie Ux Ben Kah, Lubaantún und Nim Li Punit selbständig gemacht zu haben.

## Nim Li Punit

Die Ruinenstätte mit ihrem Stelenwald, die 1976 von Ölsuchern entdeckt wurde, liegt westlich des Southern Highway etwa 6 km südlich von Hellgate. Zu seiner Blütezeit (8. Jh.) dürfte das Herrscherzentrum Nim Li Punit (›Großer Hut‹) rund 5000 Bewohner gehabt haben. Von den über 30 Stelen, die man hier gefunden hat, sind nur acht reliefiert und vier im kleinen Museum am Eingang ausgestellt.

Die Reliefs datieren ihren Inschriften nach aus der Zeit zwischen 700 und 800, als man auch das fürstliche **Grab** in der Pyramide angelegt hat. Letztere trennt den nördlichen vom südlichen Hof, den man als einzigen mit – insgesamt 27 – Stelen bestückt hatte. Im Grab stieß man auf vielfarbige Codex-Keramik mit Hofszenen, persönlichen Schmuck wie Jadeperlen und sogar – ein Hinweis auf einen großen Jäger – Jaguarzähne. Die hier ebenfalls gefundenen Schwänze von Stachelrochen wurden zum Durchbohren von Zunge, Ohrläppchen oder Penis benutzt, um möglichst viel Opferblut zu gewinnen. Beschnitzte Knochen waren sicher Jagd- oder Kriegstrophäen. Es scheint eine Art Familiengrab gewesen zu sein, denn man hat hier die Knochen von mindestens vier Personen ähnlichen Ranges gefunden.

Die Bauten auf den steinernen Plattformen und Pyramiden bestanden nur aus Lehm, Stroh und Holz. Doch bei den übrigen Gebäuden wurden die Mauern aus dem vor Ort anstehenden Sandstein errichtet, den man so fein bearbeitete, dass für den Zusammenhalt kein Mörtel nötig war. Das gleiche Material wurde auch für die großen Stelen – die bis 10 m hoch waren – verwendet. Die vielen glatten Stelen, ohne jegliches Relief, dürften alle in spätklassischer und nachklassischer Zeit (9.–12. Jh.) aufgestellt worden sein, als man diese symbolischen Stamm- und Weltenbäume nur noch mit Stuck überzog und bemalte.

Die Abbildung der heute fast vollständig zerstörten **Stele 2** zeigt den stehenden Fürsten Wak Tsul Tun (›6-Wirbelsäule/Hund-Stein‹),

◁ *Übersichtskarte des südlichen Belize*

*Belize*

den 20. Thronfolger der Familie Ek' Sots (›Schwarze Fledermaus‹), vor einer sitzenden Dame – wohl seiner aus der Gegend von Naj Tunich (40 km westlich) stammenden Frau oder Mutter – bei einem Opferritual: Er lässt aus seiner Lippe abgezapfte Blutstropfen in eine Opferschale fließen. Hinter ihm ist sein kleiner Sohn stehend dargestellt. Alle Personen sind im Jahr 731 im Profil abgebildet worden. Die riesige Kopfbedeckung der zentralen Figur hat dem Ort den modernen Namen ›Großer Hut‹ eingetragen. Tsul, der Name des Fürsten, entspricht der ›Ortsglyphe‹ von Quiriguá und – wenn man ihn leicht dreht – der von Pusilhá. Der Familien- oder Ortsname Sots ist dagegen auch in Copán zu finden.

Die lange, schmale **Stele 14** (692) trägt zwischen den Inschriftspalten die Darstellung eines Fürsten, bei der der Kopf im Profil, der Körper frontal und die wie bei einer Ballettposition auswärts gedrehten Beine ebenfalls im Profil abgebildet sind.

**Stele 1** (741) zeigt unten eine geflochtene Matte, das Zeichen des Herrschersitzes, und darüber zwei antithetisch angeordnete Götterköpfe mit zwei Glyphen zwischen ihren Rüsselnasen. Sie bilden das Fundament für die auf dem Thron sitzende Dame und den vor ihr stehenden Mann. Die Tatsache, dass in dieser Ruinenstätte die gesellschaftliche Position einer Frau so sehr betont wird, hat sicher etwas mit der Abstammung der fürstlichen Familie zu tun, die sich vielleicht mütterlicherseits auf die Fürsten von Copán in Honduras zurückführte und möglicherweise sogar in der spätklassischen Zeit von Ux Ben Kah hierhergezogen ist, während ein Teil ihrer Untertanen in Lubaantún siedelte.

*Detail einer Stele aus Ux Ben Kah, ausgestellt in Nim Li Punit. Dargestellt ist ein Mayafürst beim Ausstreuen von Opfergaben.*

## Lubaantún

*Viele große Mayazentren scheinen noch im Bergland des südlichen Belize versteckt zu sein, denn 1993 fand der amerikanische Archäologe P. S. Dunham hier vier weitere bedeutende Ruinenstätten.*

Man erreicht Lubaantún (›Gefallene Steine‹) vom Southern Highway aus, wenn man bei Big Fall die Piste in Richtung Nordwesten benutzt (15 km). Hier haben Maya im späten Klassikum (700–900) wie in Nim Li Punit Plattformen und Pyramiden aus Sandstein gebaut. Dabei hat man sehr geschickt natürliche Hügel als Kerne verwendet, die mit sehr sauber bearbeiteten Quadern ohne Kalkverbund verkleidet wurden.

Fünf Plattformen bilden, dem Geländeanstieg folgend, auf unterschiedlicher Höhe fünf Zeremonialhöfe (Plazas I–V), an deren Rändern nicht weniger als drei Ballspielplätze und mehrere große Pyramiden liegen. Die Gebäude auf den Pyramiden und den erhöhten Plattformen sollen aus Holz und Stroh bestanden haben. Dies und die Tatsache, dass keine Stelen gefunden wurden, werden als Beweis für das Fehlen einer Herrscherfamilie gewertet.

Wegen der merkwürdig vielen dreibeinigen Mahlsteine *(metate)* könnte man fast annehmen, die Bevölkerung habe hauptsächlich als Müller gearbeitet. Eine weitere Spezialität scheint die Herstellung von tönernen Figurenpfeifen gewesen zu sein, die in Modeln (Negativformen) in großer Zahl angefertigt werden konnten. Da einige die-

*Lubaantún*

ser Figuren Glyphentexte tragen, kann man davon ausgehen, dass es am Ort auch eine Adels- und Priesterschicht gab. Nach den Statuetten zu schließen, gehörten zur Kleidung der Frauen als Besonderheit miederartige, breite, gewebte oder bestickte Bauchgürtel, die bis unter die nackte Brust reichten, und große ausgestopfte Turbane. Die Figuren haben eine im Rücken eingearbeitete Pfeife und wurden wohl als Fetische und/oder Grabbeigaben verwendet. Man fand auch Tonstatuetten von Ballspielern mit einem helmartigen Kopfschutz, wie er früher im Tal von Oaxaca in Mexico sehr oft üblich war. ›Brot und Spiele‹ scheint die Devise Lubaantúns gewesen zu sein; denn

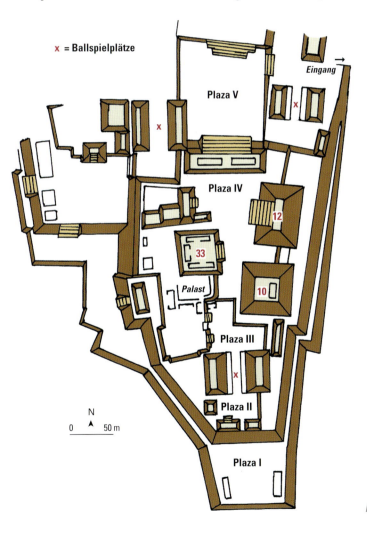

*Plan von Lubaantún*

man identifizierte auch drei Ballspielplätze und fand drei runde Markiersteine mit Inschriften und Bildern von Spielern.

In den meist einfachen Gräbern wurden nur wenige kostbare Grabbeigaben, etwa aus Keramik und Jade, gefunden. Bei den Gebäuden konnte man nicht mehr als drei Bauphasen nachweisen, was für eine relativ kurze Benutzungszeit und geringe Standesunterschiede spricht. Während der letzten Phase (um 830) versah man einige Gebäude mit runden Ecken.

Wahrscheinlich unterstanden die Bewohner von Lubaantún zu unterschiedlichen Zeiten den Fürsten benachbarter Orte wie Nim Li Punit oder Ux Ben Ka (›Alter Platz‹). Doch ganz sicher gab es im Ort selbst ebenfalls eine regierende Elite. Dies zeigt sich in den Gebäuden auf **Plattform 33**, die einen kleinen Innenhof umschließen und wie ein Palast wirken, dem die beiden Tempelpyramiden 10 und 12 gegenüberliegen. Im Süden von Plattform 33 schließt sich außerdem ein öfter umgebauter Wohnbereich an, dessen zum Platz offene Räume mit tiefen Bänken wie Thronräume für Audienzen aussehen. Von hier aus konnte man auch die Aktivitäten auf dem südlichen Ballspielplatz beobachten.

Ein möglicherweise gefälschter, lebensgroßer **Totenschädel** aus Bergkristall soll hier 1926 gefunden worden sein. Er ist heute in Privatbesitz in Kanada. Falls der Kopf echt ist, handelt es sich um das größte aus einem Kristall gearbeitete Mayakunstwerk.

## Belizes Barrier Reef

*Paradiesische Strände säumen die Küsten von Belize*

Parallel zur Küste von Belize erstreckt sich in einer Entfernung von etwa 25 km das Barrier Reef, nach dem australischen Great Barrier Reef das zweitgrößte Barrierreef der Welt. Auf seinen 190 km Länge ist es mit über 200 kleinen bis winzigen Inseln bestückt, die sich nur wenige Meter über das Meer erheben und meist keine anderen Bäume als Mangroven und Palmen aufweisen, aber über gute Sandstrände, hervorragende Tauchreviere und oft auch über kleine bis winzige Hotels und Restaurants verfügen. Sie sind also der ideale Ort, um sich von langen Ruinenbesuchen auszuruhen. Wie die Zugvögel fallen seit ca. 15 Jahren in größeren Scharen US-Amerikaner ein, die hier ihre Ferien verbringen. Jenseits des Riffs liegen zwei weitere Inselgruppen: Turneffe Islands und Lighthouse Reef mit dem Blue Hole, das durch einen Film von Jacques Cousteau berühmt wurde und bevorzugtes Ziel von erfahrenen Tauchern ist.

Die Kette der Inseln, engl. *caye* oder span. *cayo* genannt, schützt die Festlandküste und wurde schon von den Handelsschiffen der Maya erreicht, die nichts anderes als Flöße oder große Einbäume – aus einem Baum herausgearbeitete, meist herausgebrannte Kanus – waren. Ambergris Caye, die größte und nördlichste Insel, ist von den Maya sogar im 5.–9. Jh. besiedelt worden. Münzen, kleine Schatzfunde und vor allem unzählige Schnapsflaschen vom Grund des

Meeres beweisen, dass im 17. und 18. Jh. Piraten auf den Inseln ein und aus gegangen sind. Im Jahr 1874 verkaufte die Regierung einzelne Inseln an Privatpersonen, Ambergris an die Familie Blake und Caye Caulker an die Familie Reyes. Die Blakes erwiesen sich als zu habgierig und unterdrückten ihre Mitbewohner, so dass die Regierung schließlich einschritt, den Rückkauf erzwang und das Land wieder unter den alten Bewohnern aufteilte. Die alten Familien waren meist im 20. Jh. während der Kastenkriege auf die Inseln gekommen. Sie pflanzten auch die ersten Kokospalmen an.

## Von Belize City in Richtung Guatemala

Auf dem Highway von Belize City nach Westen liegt nach 50 km rechts der neue **Belize Zoo,** eine sehr schöne, aber ziemlich teure Anlage, bei der man außerdem recht unverständliche Fotografiereinschränkungen zu beachten hat.

Weiter westlich bei Roaring Creek legte man einige Kilometer links der Straße die Betonbauten der neuen Hauptstadt (seit 1970) **Belmopan** an. Witterungsschäden an den Gebäuden und eine Friedhofsatmosphäre machen die ›Stadt‹ wenig besuchenswert – die Bewohner und Beamten wohnen nur widerwillig und sporadisch hier.

**San Ignacio,** die größte Stadt im südlichen Bergland, eignet sich gut als Ausgangspunkt für Besuche von benachbarten Ruinen wie Xunantunich, Cahal Pech und Caracol.

## Xunantunich

Der Ortsname wird mit ›Steinerne Jungfrau‹ übersetzt. Das hoch auf einem Berg gelegene Zeremonialzentrum einer einst sehr großen Stadt erreicht man, wenn man etwa 13 km südwestlich von San Ignacio mit einer von Hand betriebenen Fähre den Río Mopán überquert und auf der unbefestigten Trasse bergan steigt (Vorsicht, Überfälle, daher nur mit Führer!).

Etwa ab 150 dürften die Bauern der Umgebung hier unter der Aufsicht ihrer Oberhäupter beim Bau des großen Zeremonialzentrums mit seinen zwei Plätzen, Tempelpyramiden und dem Palast geschuftet haben. Die meisten der skulptierten und beschrifteten Stelen und Altäre, die heute in einem Haus beim Eingang abgelegt sind, scheinen im 8. und 9. Jh. angefertigt und aufgestellt worden zu sein. Leider sind die Inschriften kaum noch lesbar, doch lässt sich rekonstruieren, dass **Stele 9** im Jahr 830 und **Stele 7** 19 Jahre später aufgestellt wurden.

Die Fürsten, die auf **Stele 8** mit Speer und Schild, mit Zepter in der Hand oder mit Gefangenen zu ihren Füßen gefeiert und abgebildet

*Belize*

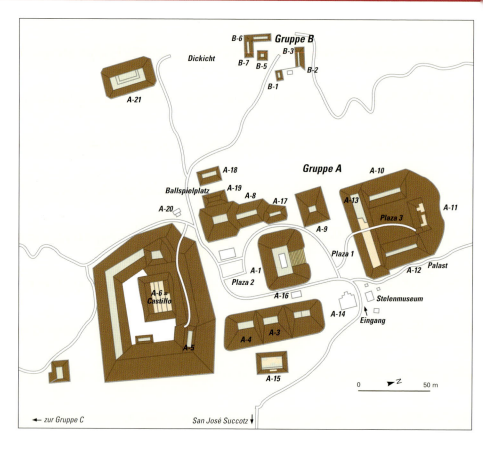

*Plan von Xunantunich*

wurden, waren wohl sehr kriegstüchtig. Allem Anschein nach stammten sie vom Herrschergeschlecht aus Naranjo (Guatemala, 20 km weiter westlich) ab, denn die so genannte Ortsglyphe ist im Hauptzeichen identisch mit der von Naranjo. Außerdem hat man im Grab eines Adligen in Buenavista del Cayo (5 km nördlich) einen Tonbecher im Codex-Stil mit dem Namen des Fürsten ›Rauchendes Eichhörnchen‹ (oder Cha' Ik T'ulil) aus Naranjo gefunden (geb. 688, gestorben um 725). Dieser Fürst hat die ganze Region zu dieser Zeit unter seine Herrschaft gebracht und wahrscheinlich jeweils lokale Prinzessinnen geheiratet. Seine Nachfahren regierten im 9. Jh. selbständig die westlichen Teile des ehemaligen Reiches von Naranjo, wie auch Stele 1 aus Benque Viejo beweist (849).

Die hochgelegene **Plaza 3** bildete mit ihren Randgebäuden den Palast der regierenden Familie des Ortes und der umliegenden Region. **Plaza 2** südlich davon wird im Westen und Osten von zwei Tempelpyramiden begrenzt und war so etwas wie der Vorhof oder die

# Xunantunich

Wartehalle des Zentrums, sowohl für Palastbesucher als auch für Gläubige, die zum Haupttempel im Süden wollten, dem Castillo (Gebäude A-6). Ein Altar mit dem Relief eines Skeletts und andere Stele mit den dazugehörigen runden Altären, die einst vor den Pyramiden aufgestellt waren, deuten an, dass die kleinen Tempel im Westen und im Osten der Plazas ebenso wie Gebäude **A-1** Ahnenheiligtümer der Fürsten gewesen sind.

Die Hauptpyramide A-6, **El Castillo** genannt, war im Laufe der Jahrhunderte mehrmals vergrößert und erhöht worden, bis der Ort um 900 nach einem schweren Erdbeben aufgegeben wurde. Der Bau ist noch immer eines der höchsten Gebäude von Belize (42 m). Der rekonstruierte Stuckfries etwa auf halber Höhe dürfte in frühklassischer Zeit (200–500) die Außenwand der Cella gewesen sein. Das frontale Gesicht des Regengottes Chak mit herausgeklapptem Ohrschmuck im zentralen unteren Bildfeld wird von Bändern mit Himmelssymbolen gerahmt, und darüber sind kniende Atlanten oder Jaguare als ›Himmelsstützer‹ zu erkennen. Der große Absatz auf halber Höhe der Pyramide trug im Osten und Süden weitere kleine Tempelgebäude. Ganz oben haben noch vor 15 Jahren die englischen Soldaten als Späher weit nach Guatemala hinein observiert. Von hier kann man auch die Häusergruppe B im Westen der drei Plazas erkennen, die wohl Sitz einer Großfamilie war.

Der Pfad zu Gruppe B führt am **Ballspielplatz** (Gebäude A-18, A-19) vorbei, der im klassischen Mayastil ausgeführt ist, also ein rechteckiges Spielfeld mit schrägen Seitenwänden ohne Torringe hat. Die letzten Untersuchungen haben gezeigt, dass die Gesamtanlage von Xunantunich sehr viel größer ist, als man zunächst gedacht hat, denn Hunderte von Gebäuderesten liegen noch im Wald versteckt.

*Stele 8 aus Xunantunich, 8./9. Jh.; mit Schild und Speer bewaffneter Kriegerfürst.*

*Xunantunich, Stuckrelief an der Seitenwand des Castillo; dargestellt ist ein Götterkopf zwischen Ornament-Bändern.*

## Cahal Pech

Diese kleine Ruinenanlage, dicht beim Sendemast von San Ignacio gelegen und zu Fuß zu erreichen, war wohl in spätklassischer Zeit ein untergeordnetes Zentrum. Ausgegraben und restauriert präsentieren sich dem Besucher ein großer Hauptplatz mit Tempelpyramide nebst zwei Anbauten an der Ostseite und einem Ballspielplatz dahinter sowie ein abgeschlossener Palastteil im Westen, zu dem sogar eine eigene Tempelpyramide gehört. Dort hat man in einem Grab eine Jadeitmaske gefunden, die (so wie eine ähnliche Maske aus Tikal) im Kopfputz die adlige Abstammung des Toten andeutet (7. Jh.).

Für wahre Enthusiasten der Mayaarchäologie empfiehlt es sich sogar noch, andere Ruinen in der näheren Umgebung (15 km) zu besuchen, etwa Buenavista del Cayo, Baking Pot, El Pilar und Tipu, eine Siedlung aus der Kolonialzeit mit Kirchenruinen, oder das weiter entfernte Chan Chich, wo man in so genannten Cabanas (von span. *cabaña*, ›Hütte‹) innerhalb der Ruinen wohnen kann, und Las Milpas.

Wendet man sich nach Süden zu den Ruinen von Caracol, liegen entlang des Weges noch einige andere Ruinen. In **Pacbitun** z. B. gibt es Stelen, wie der Name ›Steine in die Erde gesetzt‹ schon andeutet. Ganz in der Nähe liegt ein kleines privates, von den García-Schwestern betriebenes **Museum der Mayakunst** beim Dorf San Antonio. Dieser Ort liegt am Nordfuß des Mountain Pine Ridge, wo die Maya in der Klassik Mais und Bohnen auf Terrassenfeldern angebaut haben. Der Weg führt dann in südwestlicher Richtung nach Caracol.

## Caracol

*Zum Besuch von Caracol ist ein ganzer Tag notwendig, da die Straßen sehr schlecht sind. Vor Ort gibt es keine Unterkunft und keine Tankstelle. Vor dem Besuch muss man eine Genehmigung der Antikenbehörde einholen. Auch als Schutz vor Überfällen sollte man besser mit einem einheimischen Führer fahren.*

Die riesige Ruinenstätte, die noch immer ausgegraben wird, hat vor einigen Jahren Schlagzeilen in der Fachwelt gemacht: Auf dem 1986 entdeckten Altar 21 wird von einem Sieg über Tikal berichtet, der erklärt, warum das große Mayazentrum für den Zeitraum von 557 bis ca. 680 bei den in Stein verewigten Daten seiner Herrscher eine Unterbrechung aufweist.

Caracols Geschichte beginnt im Jahr 485 (Stele 9). Bis 553 regierten mindestens zwei Fürsten, von denen einer den Spitznamen ›Herr Kan‹ bekommen hat. Über diese Zeit wird auf den Stelen 13, 15, 16 und 26 berichtet. Interessanterweise verwendete man in Caracol nicht die sonst übliche Formulierung für das Herrschergeschlecht des Ortes oder den Ortsnamen, der neuerdings als K'antunmak gedeutet wird (Schele & Mathews, 1998). Im Jahr 553 bestieg ›Herr Wasser‹ den Thron, der anlässlich einer Erbfolge in mehreren Gefechten gegen Tikal (556 und 562) siegreich war und dem Verlierer sehr strenge Bedingungen diktierte.

Der nächste Fürst von Caracol hatte den Spitznamen ›Affen-Stern‹. Er regierte 566–618 und scheint sich auf den Lorbeeren sei-

*Caracol*

nes Vaters ausgeruht zu haben. Erst mit der Thronbesteigung seines jüngeren Bruders oder Sohnes Kan II. begann eine neue Zeit der Siege. In den Jahren 631 und 636 besiegte Kan II. mit Hilfe des Fürsten von Ucanal den Herrscher von Naranjo. 642 ließ er eine Siegestreppe mit dem Bericht über seine Taten anfertigen, die in Naranjo gefunden worden ist.

Dann aber wendete sich das Blatt. In Naranjo erschien 682 eine Prinzessin aus dem Geschlecht von Tikal als Ehefrau des örtlichen Herrschers. Im Namen ihres Sohnes mit dem Spitznamen ›Rauchendes Eichhörnchen‹ (s. S. 233), der 693 an die Macht kam, begannen sie und ihr Mann den Kampf um die Vormachtstellung in der Region. Zunächst besiegte ihr Mann die Verbündeten von Caracol, z. B. Ucanal (698), dann vermutlich den Hauptfeind selbst. Trotzdem wurde in Caracol noch im Jahr 702 die Stele 21 aufgestellt. Eine Art Renais-

*Plan von Caracol*
1  Residenzen, frühklassisch
2  Kaana (Hauptpyramide)
3  Palast
4  Gruppe B
5  Ballspielplatz

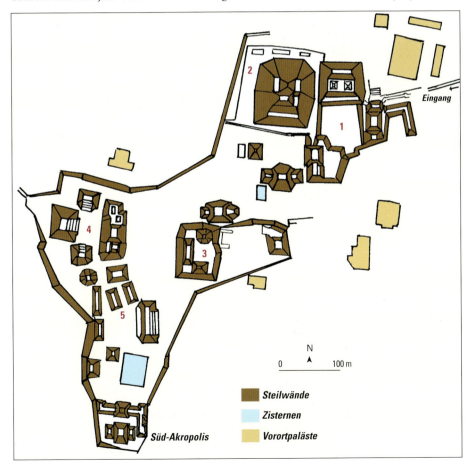

# Belize

*Caracol, die Kaana-Pyramide; sie war das Hauptheiligtum der Stadt.*

sance erlebte Caracol in der Zeit nach 790 (Stele 14), als Stele 11 (800), Stele 8 (810) und Stele 17 (849) aufgestellt wurden. Das letzte Monument (Stele 17) stammt vom Fürsten Ox Kawak (›3-Donner‹).

Der Ortsname leitet sich von den zahlreichen kleinen Schneckenhäuschen *(caracol)* ab, die man in den Ruinen gefunden hat. Caracol war wohl schon zu Beginn unserer Zeitrechnung besiedelt. Doch die meisten der heute sichtbaren Großbauten stammen aus der Blütezeit zwischen 530 und 700 als das Zentrum etwa 25 000 Bewohner gehabt hat. Auf einer mehr als 26 km² großen Fläche identifizierte man Tausende von Gebäuden, die größtenteils in Gruppen um kleine Zentralhöfe errichtet worden sind. Die Gehöfte wurden von Bauern und Handwerkern bewohnt, während die Adligen ihre Wohnstätten meist in der Nähe einer Pyramide anlegen ließen. Das Zentrum Caracols, das sich in drei große Gruppen unterteilen lässt, war über künstliche Straßen (*sacbé*, Plural *sacbeob*), die strahlenförmig in alle Richtungen laufen, mit einzelnen kleineren Adelszentren an seiner Peripherie (bis zu 8 km entfernt, Cahal Pichik) verbunden. Die Straßen bestehen teilweise aus einem Gemisch von Erde, Kalk und Steinen, das zwischen zwei Randmauern mit großen Steinrollen festgewalzt worden ist. Im Zentrum wird man von einheimischen Führern begleitet. Man kann dort auch ein kleines Begleitheftchen erstehen.

Die mächtige, **Kaana** (›Hohes Haus‹) genannte Hauptpyramide an der Nordseite des Zentrums überragt alle anderen Bauten und verfügt über eine große tribünenartige Halle auf halber Höhe der Basis.

Ein zweites, ähnliches Gebäude wurde kurz unterhalb der Spitze errichtet, auf der sich zwei kleine Pyramiden an der Ost- und Westseite gegenüberstehen. Der Bau ähnelt den großen Pyramiden von Altún Há und Lamanai und dürfte um 600 zu dieser Form ausgebaut worden sein. Wahrscheinlich handelt es sich um den Tempel zur Verehrung der Sonne, deren Aufgang im Osten und deren Untergang im Westen zelebriert wurde. Die Räume an der West- und Rückseite der Pyramide könnten dagegen Priesterunterkünfte gewesen sein.

Im Osten schließen sich mehrere palastartige, auf großen Plattformen fußende Gebäude an, die wohl als **Residenzen** gedient haben. Links vor der Kaana bilden zwei kleinere Pyramiden eine Art Ballspielplatz, und gegenüber der Haupttreppe errichtete man eine weitere Pyramide mit Anbauten im Osten und Westen, die wohl als Ahnentempel zu deuten sind. An ihrer Rückseite im Westen legte man eine der vielen **Zisternen** des Ortes an. Man hat bisher das Grab eines Fürsten in Caracol entdeckt, der aber leider nicht identifiziert werden konnte, und dessen reiche Beigaben sich nicht mit den Schätzen in den Gräbern der Herrscher von Tikal messen können.

Typisch für Caracol sind die runden **Steinaltäre** oder -throne, die oben Reliefs von großen Ahau-Datumsglyphen tragen und am Beginn eines Katun oder auch alle zehn Jahre aufgestellt wurden.

Südlich der Zisterne findet man einen weiteren Tempel- und Palastkomplex. Weiter westlich befindet sich eine große Plaza mit Zeremonialplattformen und runden Steinaltären oder Thronen.

Am Westrand des Platzes erheben sich die Tempel der vielen Herrscher Caracols, deren Geschichte auf ihren Stelen und Thronen im zentralen Hof der **Gruppe B** notiert worden ist. Die Gruppe ist in ihrer Bedeutung und Funktion gut mit der Nord-Akropolis in Tikal zu vergleichen. Zu ihr gehört auch ein Ballspielplatz, bei dem der berühmte Altar 21 gefunden wurde, der von der Niederlage Tikals berichtet. Weiter südlich erheben sich hinter einer weiteren Zisterne die Plattformen und Pyramiden der **Süd-Akropolis.**

*Eine der berühmten Altarplatten von Caracol; zwei fette gefesselte Fürsten hocken, von Inschriften umgeben, auf ihren Steinthronen.*

# Westliches Guatemala

# Guatemala heute

Im Staat Guatemala leben auf einer Fläche von 108 899 km² etwa 11 Mio. Einwohner, von denen rund 40 % in Städten wohnen, fast 1,2 Mio. allein in der Hauptstadt. Da weite Teile des Flachlandes im Nordosten, dem Petén, nur dünn besiedelt sind, ergibt sich für das fruchtbare Hochland im Zentrum eine extrem große Bevölkerungsdichte, die die Regierung durch Umsiedlungen in den letzten Jahrzehnten abzubauen versuchte. Im Rahmen dieses Programms wird ein großer Teil des bis dahin kaum genutzten Urwaldes im Petén für Weiden und Ackerbauflächen gerodet. Dadurch scheint aber die Struktur der gesamten Region zerstört zu werden, denn die dünne Humusschicht auf der Kalksteinplatte des Petén ist bei zu intensiver landwirtschaftlicher Nutzung schnell ausgelaugt. Auch im Hochland gibt es trotz der fruchtbaren Lehmböden besonders an Steilhängen große Probleme, da durch die Abholzung der Nadelwälder an den Berghängen die Erosion viel schneller voranschreitet – katastrophale Bergrutsche sind dann immer wieder die Folge. Im Tiefland an der Pazifikküste dominieren große Landgüter und Plantagen *(hacienda)*, auf denen in Monokultur Zuckerrohr und Baumwolle angebaut werden oder Vieh gehalten wird.

Die Bevölkerung setzt sich aus 65 % Indígenas, 30 % Mestizen, Schwarzen, Mulatten und Zambos sowie rund 5 % Weißen zusammen. Neben Spanisch, der Amtssprache, werden 23 Mayadialekte, Xinca, Náhuat und Garinagú gesprochen. Erst in den letzten Jahren hat man begonnen, Mayasprachen wie Cakchiquel und Quiché in den staatlichen Schulen zu lehren. Der größte Teil der Staatsbürger (75 %) ist katholisch, doch haben sich bei den meisten Indígenas bis heute alte heidnische Glaubensvorstellungen und Bräuche erhalten. Die rund 25 % Protestanten gehören größtenteils amerikanischen fundamentalistischen Sekten an.

Nach der letzten Verfassung von 1986 ist Guatemala eine Art Präsidialrepublik mit einem Parlament (Congreso de la República), dessen 80 Mitglieder alle vier Jahre gewählt werden. Das Land ist in 22 Verwaltungsbezirke *(departamento)* unterteilt, und es gilt allgemeines Wahlrecht. Wichtigster Machtfaktor neben der Regierung ist die Armee, die in den letzten Jahren allerdings ihren Einfluss über die Polizei verloren hat. Ein Versöhnungsrat, dessen Vorsitzender der Erzbischof ist, hat durch Vermittlung zwischen Armee und Guerillas die Einheit des Landes erhalten. Die Armee hält sich sichtbar zurück, und die Guerillas haben ihre Aktivitäten eingestellt. Doch die Kriminalität ist in den letzten Jahren stark gewachsen und lässt viele Bewohner zur Selbstjustiz greifen. Die recht schwache Polizei ist zwar bemüht, aber kaum in der Lage, die Hauptstadt zu kontrollieren, ganz zu schweigen vom übrigen Landesgebiet. In diesem Jahr wurde Präsident Álvaro Arzú in der Presse schon mehrfach aufgefordert, für eine Verbesserung der allgemeinen Situation zu sorgen.

**Besonders sehenswert:**

Ciudad de Guatemala ☆
Museo Nacional de Arqueología y Etnología ☆☆
Mixco Viejo ☆
Antigua Guatemala ☆☆
Ciudad Vieja
Iximché
Lago de Atitlán ☆☆
Sololá ☆
Chichicastenango ☆
Utatlán
Huehuetenango
Zaculeu
Quezaltenango ☆
San Francisco El Alto
San Andrés Xecul ☆
Almolonga
Zunil ☆

◁ *Karfreitagsprozession in Antigua*

# Westliches Guatemala

Wirtschaftlich scheint es in den letzten Jahren aufwärts zu gehen. Nutznießer des Minibooms ist allerdings nur eine kleine Minderheit der Bevölkerung. Die Landeswährung, der Quetzal, ist im Verhältnis 7:1 an den US-Dollar gebunden. Die Inflationsrate betrug nach staatlichen Angaben 1998 rund 8 %. Exportiert werden vor allem Agrarprodukte wie Bananen, Kaffee, Zucker, Kardamom, Baumwolle und andere Früchte. Das Land verfügt zwar über Erdölquellen im Nordosten des Petén, doch ist die Fördermenge sehr gering und das schwarze Gold lässt sich nicht zu Benzin verarbeiten. Außer Jadeit werden bisher keine nennenswerten anderen Bodenschätze abgebaut. Im Land werden Textilien, Lebensmittel und Gebrauchsgüter für den Eigenbedarf produziert.

Übersichtskarte des westlichen Guatemala

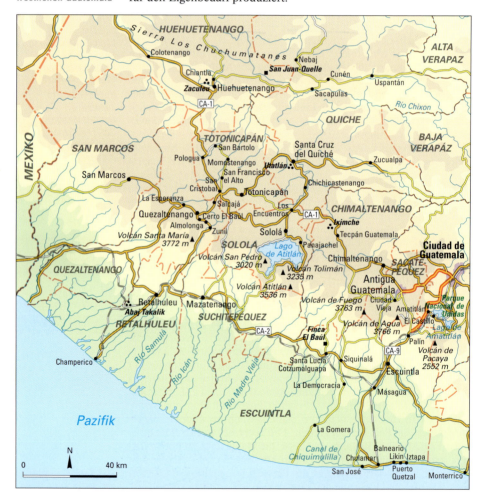

# Ciudad de Guatemala und das Hochland

In gewissem Sinne bietet die aufgrund hoher Geburtenraten und einer gewissen Landflucht schnell wachsende Hauptstadt des Landes ein Spiegelbild der sie umgebenden Hochlandbevölkerung. Im Zentrum und dem inneren Ring der Vorstädte befindet man sich in Ladino-Umgebung, während man sich in den äußeren Vorstädten, wenn sie nicht gerade als Slums entstanden sind, in die Dörfer der Indígenas versetzt fühlt.

Im Süden der Metropole senkt sich das Hochland allmählich nach El Salvador, im Westen wird es von einer Kette aus etwa zehn kleineren Vulkanen flankiert. Die fruchtbaren Böden der Senken und Täler gehören seit der Kolonialzeit zu großen Haciendas, auf denen Vieh gezüchtet und Kaffee geerntet wird. Die Indígenas hat man damals in kleinen Dörfern angesiedelt und mit zweitklassigem Land abgefunden. Einige dieser Orte haben sich bis heute trotz der dominanten Ladino-Kultur fast unverändert erhalten. Nördlich von Ciudad de Guatemala und Antigua Guatemala mit seinen Kaffeepflanzungen betritt man das Land der Indígenas.

*Hochland-Maya vom Stamm der Cakchiquel in der typischen Tracht des Dorfes San Antonio Palopó am Lago de Atitlán.*

In den letzten 20 Jahren hat man besonders bei Chimaltenango viele der kleinen Familienbesitze mit Hilfe von Plastik-Treibhäusern in intensiv genutzte Lebensmittelproduktionszentren umgewandelt, doch der größte Teil dieser Region wird wie seit altersher ohne Maschinen durch die Gemeinschaft der Familienmitglieder bearbeitet. In den Dörfern findet man bei den wöchentlichen Märkten immer noch Händler, die den Indígenas ihre Waren gegen zu erwartende Ernten verkaufen. Bei schlechten Ernten oder Naturkatastrophen geraten die Bauern häufig in ein Schuldverhältnis zum Händler und verlieren letztendlich ihr Land oder müssen als Saisonarbeiter auf den Plantagen an der Pazifikküste arbeiten.

Nach Norden steigt die Region allmählich an, zeigt um den Lago de Atitlán ihr landschaftlich schönstes Bild und geht in den Los Altos de Cuchumatanes in eine kühle, dünn besiedelte Berglandschaft über, wo nur in den wärmeren und fruchtbaren Tälern eine größere Zahl von Indígena-Dörfern zu finden ist. Die wenigen Städte wie Quezaltenango und Huehuetenango sind dagegen zumindestens wirtschaftlich von Ladinos dominiert.

## Ciudad de Guatemala

Die Stadt Guatemala, die von den Bewohnern meist kurz La Capital oder Guate genannte Hauptstadt, liegt auf dem 1500 m hohen Plateau Valle de las Vacas (›Tal der Kühe‹), das an seinen Rändern von zahlreichen sehr steilen Erosionsschluchten *(barrancas)* durchzogen wird. Sieht man einmal von dem antiken Zentrum Kaminaljuyú ab, das heute am Rand der Stadt liegt, dann wurde Guate 1775 gegrün-

# Westliches Guatemala

det, nachdem das große Erdbeben zwei Jahre zuvor die alte Hauptstadt Santiago de Guatemala (das heutige Antigua) zerstört hatte. Nur unter Zwang siedelten sich die ehemaligen Hauptstädter in der neuen Capital an, und es sollte über 100 Jahre dauern, bis sich die Neugründung zu mehr als nur einem aus den Nähten platzenden Großdorf mit pompösem Namen entwickelt hatte.

Doch auch La Nueva Guatemala de la Asunción (›Das neue Guatemala von Mariae Himmelfahrt‹) – der Name mag sich auf die Marienstatue in der Ermita del Carmen beziehen (s. S. 118) – blieb nicht von Erdbeben verschont. Das letzte schwere Beben von 1976 zerstörte zahlreiche Gebäude, obwohl man vorher nur wenige hohe Bauwerke errichtet hatte. Die immer wieder auftretenden Zerstörungen sorgten dafür, dass es mehr als einen Neuanfang gegeben hat, und dass die Stadt neben einem neuen Stadtplan mit schachbrettartigem Straßennetz auch frühzeitig Gasbeleuchtung und Elektrizitätsversorgung erhielt.

Wegen seines dichten, stinkenden Verkehrs, dem unverblümt gezeigten Gegensatz zwischen Reich und Arm, zwischen Betonpalästen und Wellblechhütten, sowie der allgegenwärtigen, oft sehr brutalen Kriminalität *(violencia)* ist Guate nicht gerade ein bevorzugtes Touristenziel – meist wird es nur als Zwischenstation für die Weiterreise benutzt. Doch bei all diesen Negativa hat die Stadt auch Interessantes zu bieten. Neben bemerkenswerter Sakralkunst der Kolonialzeit, die sich hauptsächlich in der Ausstattung bestimmter Kirchen manifestiert, gibt es auch beeindruckende Museen und einige recht charmante neuzeitliche Repräsentationsbauten.

Die Stadt ist in 15 Zonen eingeteilt. Das alte Stadtzentrum wird vom **Parque Centenario** gebildet, mit der Kathedrale an seiner Ostseite. Die lange Nordseite des teils parkähnlichen Platzes nimmt der Präsidentensitz Palacio Nacional ein, und an der Westseite erbaute man das Archivo General de Centroamérica, eine Staatsbibliothek. Gerade hier und in den angrenzenden Straßen, der Zona 1, sollte man bei der Besichtigung besonders vor Taschendieben auf der Hut sein, die mit Vorliebe auf der Plaza Mayor, östlich des Parque Centenario, arbeiten.

Die **Catedral Metropolitana** musste auf Befehl des spanischen Königs im klassizistischen Stil errichtet werden. Nach den Plänen des Spaniers Marcos Ibáñez und seines Mitarbeiters Antonio de Bernasconi begann man 1782 mit dem Bau, der erst 1868 vollendet wurde. Bernasconi war vorher Schüler von Sabatini gewesen, der für zahlreiche Prunkbauten in Madrid verantwortlich war. Die Kathedralfassade mit der pseudoklassischen Tempelfront am Hauptportal wird von zwei niedrigen Türmen flankiert, die wie Ausrufezeichen wirken. Die Zierrahmen an Türen und Fenstern sind spanischen Bauten der Renaissance nachempfunden. Die achteckigen Glockenstühle mit den zwiebelförmigen Kuppeln wirken dagegen barock. Das etwas nüchterne Innere der dreischiffigen Kirche wird durch 16 Seitenaltäre und zahlreiche Gemälde aufgelockert.

*Ciudad de Guatemala*

*Fassade der Catedral Metropolitana an der Plaza Mayor, 1782 entstanden.*

Viele Statuen der Altäre hat man aus den zerstörten Kirchen Antiguas gerettet und hier aufgestellt. Beachtenswert sind die Heiligenstatuen, ein San Francisco von Alonso de la Paz, ein San Pedro von Antón Rodas und ein San Sebastián von Juan de Dios Chávez (alle 18. Jh.). Chávez stammt vermutlich aus Honduras, seine Figur, datiert auf 1737, entstand ursprünglich für die Kathedrale von Antigua. Die wundertätige Marienstatue Virgen del Socorro soll Pedro de Alvarado bei seinen Eroberungen geschützt haben. Erst 1937 hat man die aus Deutschland stammende Walcker-Orgel installiert.

An die Kathedrale schließen sich der Erzbischöfliche Palast und die Schule Colegio de Infantes an. Unter der nach 1976 angelegten Plaza del Sagrario – die Kathedrale war bei dem Beben schwer beschädigt worden – richtete man den Mercado Central ein, in dessen oberem Stock gutes Kunsthandwerk angeboten wird.

Der hellgrüne **Palacio Nacional** wurde 1939–43 unter dem Diktator Jorge Ubico Castañeda an der Stelle errichtet, wo der alte, 1917 durch ein Erdbeben zerstörte Palast und auch der 1921 einer Feuersbrunst zum Opfer gefallene Palacio El Centenario gestanden hatten. Der Architekt Rafael Pérez de León brachte die überwältigende Großmannssucht des Diktators mit seinem Plan eines neokolonialen Prachtbaus gut zur Geltung. Er ließ den Palast sogar mit dem Präsidentenwohnsitz weiter im Norden durch einen unterirdischen Gang verbinden. Die breite Fassade mit dem vorspringenden Eingangstrakt zieren barocke Fensterrahmen und eine Säulengalerie im

# Westliches Guatemala

Obergeschoss. Der zentrale Eingang zum Innenhof wird von einem maurisch angehauchten Giebel mit Mehrpaßkrone und dem Staatswappen gekrönt. Die kleinen Höfe und Gärten im Innern gliedern den Riesenbau und strahlen einen gewissen Charme aus. Im Treppenhaus schuf Alfredo Gálvez Suárez großflächige Wandbilder mit Szenen von der spanischen Eroberung und dem friedlichen Zusammenleben zwischen Conquistadores und Indígenas, deren Frauen die Spanier am Anfang der Kolonialzeit, als nur wenige Spanierinnen in die Neue Welt kamen, besonders zu schätzen wussten.

Die Krone des Prunks bilden die beiden Festsäle, die Besuchern auf Wunsch geöffnet werden. Für Staatsempfänge nutzt man die Sala de Recepciones, deren Glasfenster von Julio Urruela Vásquez mit vorspanischen und kolonialen Szenen geschmückt wurden. Über dem Edelholzparkett und der Zedernholztäfelung strahlt ein großer Lüster unter der vergoldeten Zentralkuppel. Die auf den Park gerichteten Glasfenster des Bankettsaales zeigen Allegorien der Tugenden von Julio Urruela Vásquez, die allerdings bei einem Bombenanschlag teilweise zerstört worden sind. Neben den bemalten Wandteppichen ist vor allem die prunkvolle Decke zu beachten. Aus bemaltem Holz und vergoldetem Stuck schuf man hier ein Meisterwerk im Mudéjar-Stil nach andalusisch-maurischen Vorbildern.

Nordöstlich des Parque Central findet man die kleine Kirche **Ermita del Carmen,** die bereits 1620 gegründet worden ist. Der Sage nach brachte der Franziskanermönch Juan Corz auf Wunsch der Nonnen von Ávila eine Marienstatue nach Amerika, die er zunächst in einer kleinen Höhle aufstellte, wo sie bereits 1604 ihre ersten Wunder vollbrachte. Die reichsten Familien des Landes erbauten schon bald eine Kapelle für die wundertätige Gottesmutter, die aber nachts ohne fremde Hilfe in die Höhle zurückkehrte. Der Mönch errichtete danach eine Einsiedelei mit kleiner Kapelle auf einem Hügel in der Nähe seiner Behausung. Ein Meteorit schlug in die Kirche ein, und erst die neuerrichtete zweite Kapelle, La Ermita del Monte Carmelo genannt, war der Jungfrau genehm. Hier wurde 1775 die Gründung der neuen Hauptstadt gefeiert. Nach den Erdbeben von 1917 und 1976 musste die Kirche aber jeweils neu errichtet werden. Die Marienstatue bildet heute in einem Glaskasten das Zentrum des Hauptaltars. Die kleine Kirche wirkt wie eine Festung. – Etwas ungewöhnlich ist die Statue an der Rückseite der Apsis.

Nur drei Blocks weiter südlich weihten die Mercedarier 1813 nach 30-jähriger Bauzeit ihre Kirche **Nuestra Señora de la Merced,** deren Stil etwas dem des Rodriguez Ventura in Madrid ähnelt. Von außen wirkt der klassizistische Bau unscheinbar, doch in seinem Innern strotzt es von kolonialzeitlichen Kostbarkeiten, die die Mönche aus ihrem halbzerstörten Sitz in Antigua 1778 gerettet hatten und 1815 in einer aufwendigen Prozession in die neue Kirche brachten. Besonders eindrucksvoll sind die prachtvoll geschnitzte und vergoldete Barockorgel auf der Empore über dem Haupteingang, die Juan de León und sein Sohn kurz vorher gebaut hatten, und die Statue Jésus

*Der Dolch, der in der Brust der Marienstatue in La Merced steckt, ist ein Symbol für den Schmerz, den die Muttergottes erdulden musste. Dieses Detail ist typisch für Guatemalas Kunst im 17. Jh. Hier, am Altar links des Hauptaltars, kann man es besonders gut sehen.*

*Ciudad de Guatemala*

Nazareno de la Merced (rechts vom Hauptaltar). Den kreuztragenden, wundertätigen Christus schuf der Bildhauer und Holzschnitzer Mateo de Zúñiga. Bemalt hat ihn José de la Cerda (1654). Die Figur gilt als eine Art Schutzheiliger der Stadt und wird bei Landplagen, Erdbeben und Feuer in feierlicher Prozession durch die Straßen getragen. Außerdem stehen Kopien von ihr in anderen Kirchen.
  Weiter südlich errichteten die Dominikaner in zehn Jahren bis 1802 nach Plänen von Pedro García Aguirre ihren Sakralbau **Santo Domingo,** der nach den Erdbeben von 1917 und 1976 nahezu völlig renoviert werden musste. Auch hier überwiegen im Innern die barocken Statuen, die aus den zerstörten Kirchen Antiguas in die neue Hauptstadt gebracht worden sind. Auffällig sind die sehr niedrigen Türme und die drei mächtigen Heiligenstatuen auf den Fassadenspitzen. Die wichtigste Osterprozession der Stadt, der *Santo Entierro* (›Grablegung Christi‹), beginnt vor Santo Domingo und führt auch an der Kirche Las Capuchinas (1798) vorbei. Die Nonnen ließen entgegen der königlichen Vorgabe in ihrer Kirchenfassade barocke Schmuckelemente anbringen, die gut zu dem ebenfalls barocken Interieur passen.
  Sehr prunkvolle klassizistische Bauten säumen die **6a Avenida.** Anfang des 20. Jh. entstanden die Gebäude der Polizei (Policia Nacional) und der Post (Correos). Beide weisen eine extrem variantenreiche Außendekoration auf. Neben gotischen Spitzbogenfenstern finden sich maurische Mehrpaßbögen und barocker Bauschmuck an

*Vor dem Nationalpalast weht die riesige Fahne Gutemalas; im Treppenhaus des zentralen Palastteiles kann man die berühmten Wandmalereien von Gálvez Suárez sehen.*

# Westliches Guatemala

*Neokoloniales Gebäude in der Altstadt, in dem u. a. eine Abteilung des Ministerio de Turismo untergebracht ist. Im Zentrum der Stadt findet man trotz unzähliger moderner Geschäftsfassaden immer noch zahlreiche Gebäude im klassizistischen und neokolonialen Stil, die während der wirtschaftlichen Blütezeit zu Anfang des 20. Jh. entstanden sind (z. B. Post, Hauptquartier der Polizei).*

ihren Fassaden. Am südlichen Ende der 6a Avenida liegt auf einem kleinen Hügel die spanische Festung **Fuerte de San José** (1846), die heute ein kleines Waffenmuseum (Museo Heráldico) beherbergt. Noch 1944 ließ Präsident Federico Ponce Valdez von hier aus Rebellen in der 5. Zona mit Kanonen beschießen.

Südlich der Festung schließt sich das **Centro Cultural Miguel Ángel Asturias** an, das aus drei Theatern besteht. Das Teatro Nacional, ein blauer Pyramidenstumpf, eröffnete 1978 und ist nur mit Gruppen nach Anmeldung zu besichtigen, wie auch das Kammertheater, Teatro de Cámara. Auch ein Freilichttheater gehört zu diesem Kulturzentrum.

Ganz in der Nähe findet man den mächtigen Betonkomplex des **Centro Cívico,** der neben Banken das Rathaus, das Oberste Gericht, das Finanzamt und das Nationale Gesundheitsamt (IGSS) beherbergt. Die meisten Fassaden sind mit modernen Reliefs geschmückt. Die Szenen der Conquista, die man am Gesundheitsamt bewundern kann, stammen von Roberto González Goyri, der auch die abstrakten Kunstwerke an der Banco de Guatemala und an der Hypothekenbank schuf. Letztere wirken mit ihren flachen, glatten Flächen vor aufgerauhtem Hintergrund wie eine Collage. Im gleichen Viertel errichtete man nach dem Beben von 1976 mit dem **Santuario Expiatorio del Sagrado Corazón de Jesús** die recht eindrucksvolle modernste Kirche der Hauptstadt.

Unter den architektonischen Kuriositäten der Stadt ist die **Torre del Reformador** zu nennen, eine kleine Eiffelturmkopie zu Ehren des Präsidenten Justo Rufino Barrios (1873–85). Die kleine Privatkirche **La Yurrita** (250 m nördlich des Turms) vereint außen gotische Doppelfenster und Dachknospen mit aufgemaltem Rustika-Mauerwerk mit maurischer Farbvielfalt und barocken Ziergittern. Das Innere der 1928 errichteten Kapelle gliedert sich in drei Schiffe mit hölzernen Emporen. Benannt wurde sie nach ihren Stiftern, die in einem ebenso skurrilen Bau nebenan wohnten.

Westlich des Flughafens, im **Parque de la Aurora,** liegen die wichtigsten Museen der Stadt. Auf dem Weg dorthin stößt man am Südende der 5a Avenida auf die Reste des Aquäduktes, der die Hauptstadt im 18. Jh. mit Wasser versorgte. Die beiden Museen für Nationalgeschichte und Naturkunde bieten wenig Eindrucksvolles und werden von Europäern kaum besucht. Das **Museo Nacional de Arte Moderno** gibt dagegen einen guten Überblick über die Werke einheimischer Künstler, die hauptsächlich mit Landschaftsszenen und Porträts über die Grenzen ihrer Heimat hinaus bekannt geworden sind. Sehr beeindruckend sind die abstrakten Arbeiten von Carlos Mérida, dessen Werke auch das Centro Cívico schmücken. Plastische Werke von González Goyri und vor allem Efraín Recinos' Darstellung von Marimba-Musikern fallen besonders ins Auge. Zur Zeit werden hier naive Malereien der Indígenas gezeigt.

*Zumindest ungewöhnlich, aber auch sehr anschaulich ist die ›Reliefkarte‹ Mapa en Relieve im Parque Minerva nördlich der Altstadt, eine Darstellung des Landes, die der Ingenieur Francisco Vela 1905 geschaffen hat. Das Werk kann von zwei Türmen aus überblickt werden. Der Park verwandelt sich jedes Jahr zu Mariae Himmelfahrt (15. August) in einen Riesenjahrmarkt.*

Der je nach Dorf unterschiedlichen Kleidung der Indígenas widmet sich das **Museo Ixchel del Traje Indígena,** das seit 1973 von einer Frauenkooperative geführt wird. Das Museum, in dem zum Teil wertvolle alte Gewebe ausgestellt sind, besitzt auch eine Bibliothek.

## Museo Nacional de Arqueología y Etnología

Eine wahre Schatztruhe ist das Museo Nacional de Arqueología y Etnología (MNGC, Museo Nacional Guatemala City), in dem die vorspanische Welt der Maya zum Leben erweckt wird. Man beginnt seinen Rundgang rechts der Kasse. Dort findet man zunächst Hinweise über Chronologie und Herkunft der Exponate.

Die frühesten Objekte, Steingeräte und Keramik, sind nicht besonders beeindruckend, aber schon die ersten großen Steinplastiken aus Kaminaljuyú (s. S. 124) können dem Betrachter den Atem rauben. Die dunkle, hochpolierte Stele 10 (ca. 100–200) zeigt selbst als Fragment noch eine ausgesprochen lebendige, nur mit Ritzlinien geschaffene Szene. Ein axtschwingender Fürst ist mit reichem Kopfputz und Schmuck neben dem sehr großen Datum 7 Geier/Men (?) abgebildet, das nicht dem Mayakalender entspricht. Den Ohrpflock des Mannes zieren der Götterkopf K'uil (›göttlich‹) und fünf Punkte als Zeichen für Macht *(kal).* Sein Auge wirkt wie ausgerissen *(ich ch'ak),* was zusammengezogen zu *ich'ak* ›Pranke‹ ergibt und vielleicht ein Hinweis auf den Namen des Mannes ist. Hinter ihm scheint der Kopf eines vergöttlichten Ahnen abgebildet zu sein, der über dem Haupt eines kleineren Thronfolgers (?) schwebt. Mit dem Datum 8 Jaguar – das atypisch für die Maya ist und ihrem Datum 8 Ix entspricht – beginnt ein langer Text, der sowohl Mayaglyphen als auch fremde Schriftzeichen zu enthalten scheint.

Auch die Granitstele 11, ein Fürst in erhabenem Relief, stammt aus Kaminaljuyú (200 v. Chr.?, im Foyer). Hier wird der Mann mit der

## Westliches Guatemala

Axt in der Linken (!) und einem den Kopf völlig umschließenden Götterhelm abgebildet. Die leichte Schrittstellung im Profil entspricht im Typ der zeitgleichen Mayakunst. Doch das stilisierte Maul an der Basis, ein Symbol für das Erdmonster, findet man eher in Izapa an der Pazifikküste Mexikos oder – als Himmelszeichen – bei den Zapoteken im ebenfalls mexikanischen Tal von Oaxaca.

In den recht zahlreichen Gräbern Kaminaljuyús aus präklassischer Zeit hat man sehr viele Beigaben gefunden, die ein Ritzdekor ziert. Gräber der frühklassischen Zeit (300–500) enthielten dagegen viele zylindrische Gefäße mit drei brettartigen Füßen, die aus Teotihuacán in Mexiko stammen. Dem Stil jenes großen Zentrums entsprechen die auf den Gefäßwänden eingeritzten figürlichen Bilder, die nach dem Brennen mit Pastellfarben ergänzt wurden. Beispiele beider Typen von Keramik werden in den Vitrinen bei den Stelen gezeigt.

Es schließt sich die Rekonstruktion eines Fürstengrabs aus Río Azul an (um 500). Beim Weitergehen passiert man Schaukästen mit Mayakeramik, unter der vor allem die Codex-Gefäße auffallen. Adlige Künstler/Handwerker scheinen diese Malereien vor dem Brennen in feinen farbigen Linearskizzen hergestellt und sogar signiert zu haben. Mythologische und religiöse Themen sind neben Szenen des höfischen Lebens am liebsten abgebildet worden (600–900). Auch eine durchgeschnittene Meeresschnecke, die als Farbtöpfchen verwendet worden ist, fehlt nicht. Die Pyritspiegel aus Zaculeu sollte man ebenfalls beachten, da sie eine Vermischung der Stile aus Mexiko und Guatemala aufweisen. Objekte dieser Art wurden als Schmuck getragen und als Amulette, um den ›bösen Blick‹ abzuwehren. Sie mögen aber auch zum Entzünden des neuen Feuers am Anfang einer neuen Zeitperiode verwendet worden sein.

*Jadeitplatte im spätklassischen Mayastil, die einen Fürsten im Gespräch mit einem Zwerg zeigt. Kleinwüchsige galten bei den Maya als besonders von den Göttern berührte Personen, denen magische Kräfte zugesprochen wurden.*

*Ciudad de Guatemala*

Gegenüber dem großen Modell der Mayastadt Tikal liegt die Schatzkammer des Museums, wo vor allem kostbarer Schmuck und Masken aus Jadeit, Serpentin und anderen grünen Steinen gezeigt werden, die man in Fürstengräbern der Maya und in Abaj Takalik gefunden hat. Der zentrale Lichthof wird als Stelenhof genutzt, um die schönsten ›künstlichen Bäume‹ der Maya und als Wandschmuck verwendete Reliefplatten auszustellen (siehe dazu einzelne Fundorte). Zu den beeindruckendsten Exponaten gehören hier sicher die Reliefs, die Stelen und der Thron aus Piedras Negras (s. S. 264) neben der Schatzkammer.

*Thron 1 von Piedras Negras, auf dem die Eltern des 11. Fürsten in der Rückenlehne abgebildet sind.*

Im vorletzten Raum werden die Funde aus dem Hochland von Guatemala gezeigt, die vornehmlich in der nachklassischen Zeit (900–1500) entstanden sind. Auffällig ist hier die leicht metallisch glänzende Keramik (im Englischen *plumbate ware* genannt, von *plumbago*, ›Bleiglanz‹; 10.–12. Jh.), die wohl dort produziert wurde und durch Funde im berühmten Tula (Mexiko) sicher datiert ist. – Im letzten Raum wird mit Geräten, Puppen und Trachten ein Einblick in die Sitten und Gebräuche der Indígenas geboten.

Seit 1999 präsentiert man in einem Raum neben der Kasse Funde aus Mixco Viejo (12.–15. Jh., s. S. 126). Beachtenswert sind hier vor allem die großen Ollas (von spanisch *olla*, ›Kochtopf‹). Diese ehemaligen Haushaltstöpfe wurden als Urnen weiterverwendet und mit einer Steinplatte als Deckel verschlossen. Nur Mitglieder des Adels wurden damals verbrannt.

## Museo Popol Vuh

Das dritte sehenswerte Museum der Stadt, das Museo Popol Vuh (Avenida de la Reforma 8–60), liegt im Obergeschoss eines Geschäftshauses. Die ehemalige Privatsammlung gehört heute der Universität Francisco Marroquín. Sie besteht aus hervorragender Mayakeramik sowie religiöser Kunst der Kolonialzeit. Hier findet man auch das beste Bücherangebot zur Mayakultur (in Englisch).

Zu den wertvollsten Fundstücken gehört der Steinaltar 1 aus Naranjo, dessen Text über die frühen Fürsten des Ortes berichtet (s.

*Kein anderes Museum des Landes bietet eine ähnlich gute Übersicht über die variantenreiche und stilvolle Mayakeramik einer 1000-jährigen Entwicklung.*

# Westliches Guatemala

S. 231). Sehr auffällig sind die großen Urnen, in denen man zwischen 1000 und 1500 im Hochland seine Toten bestattet hat. Wie im MNGC werden auch hier einige pilzförmige Steinhocker präsentiert, die wohl im frühen Klassikum als Symbole für Fürstensitze dienten (Golfküste 3.–9. Jh.?), die aber auch als Hinweis auf halluzinogene Pilze angesehen werden, die bei religiösen Zeremonien Verwendung fanden.

Von den Codex-Keramiken sind viele durch eine feine Bohrung symbolisch getötet worden, bevor man sie den Toten mit ins Grab legte. Ein hoher Becher mit rotem Dekor vor schwarzem Hintergrund zeigt den Weg der Verstorbenen, die nach der rituellen Reinigung von den Göttern mit einem Boot über den Grenzfluss gepaddelt werden. Auf einem anderen, niedrigeren Becher mit dominierenden Rot- und Orangetönen sitzt ein Fürst auf seinem Thron. Ein Reiher präsentiert ihm seine Beute, einen Fisch, und im Kalebassenbaum dahinter wächst eine Frucht, der Kopf des göttlichen Zwillings Hun Hunahpú, den die Unterweltsgötter geköpft hatten. Beide Gefäße sind zwischen 650 und 800 geschaffen worden. Eine Kopie des Codex Dresdensis, dem besterhaltenen Mayabuch, bietet hervorragendes Anschauungsmaterial, um den Stil der Keramikmalerei mit dem der Buchmalerei zu vergleichen.

Unter den kolonialzeitlichen Exponaten befindet sich auch eine Kleiderpuppe mit Opfergaben – vor allem Schnaps und Zigaretten –, die Maximón genannt wird. In vielen Dörfern der Tzutuhil wird dieser Heilige, ein Relikt vorchristlichen Glaubens, jedes Jahr in einem anderen Haus verehrt.

Vase im Codex-Stil im Museo Popol Vuh

## Kaminaljuyú

Der ›Platz der Vorfahren‹ (Kaminaljuyú) gehört heute zur Zona 7 am westlichen Stadtrand. Von den einst mehr als 200 Hügeln, d. h. Plattformen und Pyramidenstümpfen, sind viele der schnell wachsenden modernen Stadt zum Opfer gefallen. Zahlreiche Hügel sind nur mit Tunnelgrabungen untersucht worden; eine Taschenlampe ist daher ganz zweckmäßig.

Die meisten Bauten, zu denen auch 13 Ballspielplätze zählten, sind zwischen 200 v. Chr. und 200 n. Chr. angelegt worden. Sie bestehen jeweils aus einem Kern aus Erde, Geröll und Lehm, der mit Steinen verkleidet und mit Stuck überzogen wurde. Auf Steinstelen und -altären kündeten Herrscher von ihrer Größe und ihrem Glauben, wobei symbolische Anleihen bei Göttern und Tieren gemacht wurden. Zum Bauschmuck gehörten auch Steinfiguren mit Zapfen an der Basis, die in den Boden oder in Wände eingelassen waren.

Meistens wurden die recht niedrigen Stufenpyramiden zwei- oder dreimal überbaut; sie verfügten nur über eine Treppe. In den Podestabsätzen der Treppen pflegte man wichtige Persönlichkeiten zu bestatten. Danach wurde die ganze Pyramide für den Nachfolger überbaut, bis dieser ebenfalls zu Grabe getragen wurde. Die Cella auf der Spitze bestand meist nur aus Holz, Stroh und Lehm.

*Kaminaljuyú*

*Anbetung eines Maximón-Idols, dem Weihrauch, Schnaps und Geld geopfert werden.*

    Während in der Zeit bis 200 die Handelsverbindungen der Stadt vorwiegend nach Westen an die Küste des Pazifik und nach Südosten, nach Chalchuapa in El Salvador, reichten, scheint danach der Kontakt zu Teotihuacán in Mexiko die Hauptrolle gespielt zu haben. Eines der Haupthandelsprodukte war Obsidian. Das vulkanische Glasgestein baute man in El Chayal (20 km weiter östlich) ab. Schwarzgraue, durchscheinende Klingenfragmente kann man auch in den Ruinen finden.

    Zunächst hatte eine Landflucht zu einer Konzentration der Bevölkerung geführt. In der klassischen Zeit um 400 kam es dagegen zu einer Dezentralisierung. Die Ursachen hierfür sind vermutlich darin zu sehen, dass die politische Macht der Fürsten, die mit den Mayazentren im Petén in Verbindung standen, zusammenbrach und man auf dem Land ohne den Fernhandel besser leben konnte.

    Früher glaubte man, dass Kaminaljuyú ein wichtiger Ursprung der Entwicklung der klassischen Mayakultur war. Heute muss man davon ausgehen, dass es eher ein Vermittler zwischen den frühen Kulturen der Olmeken, von Izapa und Teotihuacán auf der einen und der jungen Mayakultur auf der anderen Seite war. Letztere hat dabei nicht nur genommen, sondern auch gegeben, so etwa die Idee von *talud* und *tablero* als Wandgliederung, die in Uaxactún schon vor der Erbauung Teotihuacáns verwendet worden sind. Es handelt sich um eine schräge Wandbasis (*talud*, vergleichbar der Glacis im mittelalterlichen Festungsbau), über der sich eine teils gerahmte, teils ungerahmte senkrechte Bildfläche *(tablero)* erhob.

# Westliches Guatemala

## Mixco Viejo (Mixcu) und die Pokomam

Alta und Baja Verapaz sind und waren die Länder der Pokomam und der Pokomchi, die im 14.–15. Jh. von den aus dem Nordwesten einwandernden Quiché und Cakchiquel, die zunächst freundlich von ihnen empfangen wurden, bedrängt und schließlich tributpflichtig gemacht wurden. Der Druck der Quiché war wohl verantwortlich dafür, dass die Fluchtburg Mixcu (span. Mixco) mehr und mehr zur Residenz und zum Handelszentrum ausgebaut wurde. Der Ort liegt auf einem Bergsporn, der im Nordwesten vom Río Pancaco/Panchoy und im Südosten vom Río Pixcayá begrenzt wird. Letzteren überquert die Straße an einer Furt kurz unterhalb der Ruinen. Die Bergfestung ist vermutlich schon in der frühnachklassischen Zeit (1000–1200) begonnen worden.

Náhuat sprechende Pipil, die sich im 8.–10. Jh. in Guatemala breit machten, mögen der Grund dafür gewesen sein, dass Siedlungen und Städte wie La Lagunita (Quiché), Chijolom (Alta Verapaz) und Mixco

*Perspektivischer Plan von Mixco Viejo*

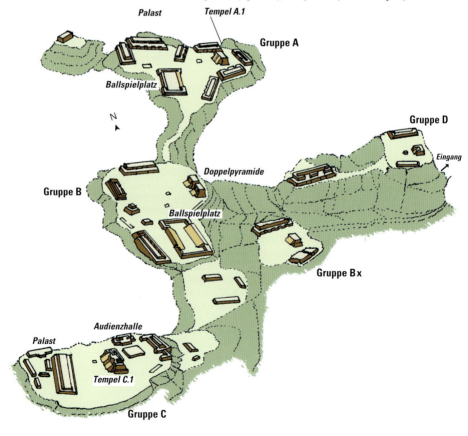

an natürlich geschützten Orten angelegt wurden. Die Pokomam wurden später nach Süden abgedrängt, und kleine Gruppen dürften sogar nach El Salvador ausgewichen sein, von wo sie ursprünglich gekommen sein sollen und wo sie noch Anfang des 20. Jh. an ihrer Sprache zu erkennen waren. Pokomam und Pokomchi sind sehr eng verwandt und gehören zur Familie der quichoiden Sprachen. Die Pokomam verbündeten sich – teilweise durch Heirat – mal mit den Quiché, mal mit den Cakchiquel und selbst mit ihren Erzfeinden, den Pipil.

Regiert wurden die Pokomam von Mitgliedern ihrer Fürstendynastie. Ihre Kriegerbezeichnungen sind aus der Quiché-Tradition abgeleitet. In halbfeudaler Weise wurde Land an Adlige und verdiente Krieger verliehen. Die strenge und sehr differenzierte Unterteilung in Clane und Abstammungslinien, wie sie bei den Quiché und Cakchiquel üblich war, scheint es bei den Pokomam nicht gegeben zu haben: Sie begnügten sich mit der Einteilung in zwei große gesellschaftliche Gruppen.

Die Geschichte der Pokomam kann aus kolonialzeitlichen Quellen wie den *Titulo del Barrio de Santa Ana* von 1565 oder den Analen der Cakchiquel (bis 1604) zumindestens teilweise rekonstruiert werden. Die Pokomam gehörten zu den Vucub Amaq, den ›Sieben Stämmen‹ der Chamá-Annalen (1565) und zu den dreizehn Stämmen von Tecpán Guatemala bei Iximché (s. S. 148). Die gemeinsam regierenden Cakchiquel-Fürsten Hun Toh (›1-Berg‹) und Vucub Batz (›7-Affe‹) verteilten um 1460 die Pokomam von fünf besiegten Städten, darunter auch Mixco, unter ihren Stämmen als Vasallen und Diener bzw. Sklaven (s. S.146). Nach der großen Quiché-Revolte von 1493 wurde Mixco am 16.12.1497 (Tag 7 Tod) von dem Cakchiquel-Fürsten Cablahuh Tihax erneut unterworfen.

Trotz dieser Schwächung der Pokomam war Mixco auch zu Beginn der Kolonialzeit, als Pedro de Alvarado bereits den größten Teil Guatemalas erobert hatte, ein Versteck und wichtiger Stützpunkt der einheimischen Rebellen. Der einzige Zugang zur Festung war ein nur im Gänsemarsch passierbarer Engpass, den man auch als Höhle bezeichnete. Als Alvarado 1525 mit 200 Tlaxcalteken die Festung berannte, schlugen die Pokomam ihn zunächst zurück. Bei der Belagerung mussten die Spanier und ihre Hilfstruppen zwischendurch ein Entsatzheer aus dem 50 km entfernt gelegenen Chinautla vernichten. Erst als der geheime Zugang bei der Gruppe I verraten wurde und Alvarado im westlichen Teil der Festung seine Armbrust- und Gewehrschützen postieren konnte, gelang die Einnahme Mixco Viejos nach einem Monat verbissener Rückzugsgefechte von Gebäude zu Gebäude. Die überlebenden Pokomam wurden in der neuen Stadt Mixco, die heute Teil der Agglomeration von Ciudad de Guatemala ist, angesiedelt.

Die Identifizierung von Mixco Viejo mit dem alten Mixcu wird allerdings vereinzelt in Frage gestellt, so dass sich die historischen Notizen auf einen anderen Ort in der Nähe von Ciudad de Guate-

*Die Annalen der Cakchiquel berichten, dass die einwandernden Quiché einer Einladung zu einem Fest bei den Pokomam in voller Bewaffnung folgten. Nachdem sie die Hirsche und Vögel, Tiere, die sie ihrem Gott Tohil zu opfern pflegten, als Geschenke von den Pokomam angenommen hatten, nahmen sie auch die verängstigten Gastgeber mit, um sie zu foltern.*

## Westliches Guatemala

mala (Chinautla Viejo) beziehen könnten. Die verlassene Stadt mit ihren zahlreichen Zeremonialhöfen, Ballspielplätzen, Pyramiden und Palästen geriet nach und nach in Vergessenheit und wurde erst 1898 von dem deutschen Geographen Karl Sapper wiederentdeckt. Zwischen 1954 und 1967 wurden unter französischer Leitung mehr als 120 Gebäude ausgegraben und teilweise restauriert.

Die wichtigsten Gebäude der Anlage liegen über mehrere, jeweils befestigte Terrassen verteilt. Hier hat man also wie bei den mittelalterlichen Burgen Europas verschiedene Rückzugs- und Verteidigungsstellungen beziehen können. Gleichzeitig scheinen die einzelnen Terrassen wohl auch die Zentren der wichtigsten Geschlechter gewesen zu sein, denn bestimmte Gebäudetypen sind auf jeder der Terrassen zu finden. Der moderne Eingang zur Anlage liegt östlich, unterhalb der Gruppe D; von dort gelangt man zuerst zur Gruppe B.

Der doppel-T-förmige, eingetiefte große **Ballspielplatz,** ähnlich angelegt wie der von Gruppe A, entspricht mit seinen abgeschrägten Seitenwänden dem Typ des mexikanischen Hochlandes, wie er seit der Toltekenzeit üblich war (ab 9. Jh.). Sehr schön war die beeindruckende Tormarkierung, eine Nagelfigur (Vollplastik mit Befestigungszapfen an der Basis) eines Menschenkopfes im Schlangenmaul, die man heute im MNGC sehen kann. Die langgestreckte Plattform im Westen davon dürfte einst eine Halle mit Wandbänken getragen haben, wo vielleicht die Spieler untergebracht waren. Auf den kleinen Plattformen dazwischen sind vermutlich Opfer dargebracht worden, darunter wohl auch manchmal der Spielführer der Verlierer.

Im nördlichen Teil von Gruppe B sticht die **Doppelpyramide** mit ihren zwei Treppen an der Front ins Auge. Sie erinnert den Mexikokenner an aztekische Beispiele oder an sehr späte Mayagebäude im Usumacinta-Tal (El Chile). Späte Nachbildungen der kleinen Opfer-

*Mixco Viejo, Tempel C.1 in Gruppe C*

und Tanzplattformen, auf denen vielleicht sogar Hinrichtungen stattfanden, scheinen die flachen Sockel in den Kirchen der Quiché (z. B. in Chichicastenango) zu sein. Die langgestreckten **Plattformen** mit ihren Doppeltreppen, die den Platz begrenzen, trugen sicher lange Hallen mit Pfeiler- oder Säulenfronten und könnten Audienzhallen bzw. Unterkünfte für Priester oder Priesterschüler gewesen sein.

Der beschriebene, öffentliche Teil dieser Baugruppe wiederholt sich in der Gruppe A und dürfte für alle Bewohner des Ortes nutzbar gewesen sein. Der um den zweiten Hof im Westen der Gruppe A angelegte **Palast** eines Geschlechteroberhauptes war allerdings wohl nur für die Großfamilie und ihre Gäste vorgesehen. **Tempel A.1** der Gruppe A, mit dem man ein älteres Heiligtum überbaut hatte, scheint zur Verehrung zweier Götter gedient zu haben; jedenfalls deutet das die Doppeltreppe an der Front an. Die Cella auf der Plattform dürfte wie die meisten Gebäude Mixcos teilweise aus Lehmziegel errichtet worden sein und ein Flachdach mit Balkendecke und Schotterpackung sowie Stucküberzug gehabt haben.

Nach der doppelten Überbauung zu urteilen, muss der **Tempel C.1.** der Gruppe C eines der ältesten Bauwerke des Ortes sein. Die Phasen der Errichtung machte man durch die Rekonstruktion der einzelnen Schalen sichtbar. Bei den einst bemalten Pyramidenwänden der letzten Bauphase sind eine leicht schräge Basis *(talud)* und ein gerades Oberteil *(tablero)* zu erkennen, wie es schon in frühklassischer Zeit bei der Kultur von Teotihuacán in Mexiko üblich war, dort allerdings mit gerahmtem Bildfeld. In der hier vorhandenen Form kennt man es aus Xochicalco (Mexiko) in spätklassischer Zeit.

Bei Gruppe C befindet sich das Geschlechterquartier im Westen hinter der langen zweistufigen Plattform mit vier Treppenaufgängen, vielleicht einer Art **Audienzhalle** für Beobachter der Zeremonien, die auf dem Hof und dem Tempel davor stattfanden.

# Antigua Guatemala

Die ehemalige Hauptstadt der Länder Guatemala, Honduras und El Salvador wurde am 16. März 1543 unter dem Namen Santiago de los Caballeros de Guatemala von dem Conquistador Pedro de Alvarado gegründet, nachdem sich die ersten beiden Städte dieses Namens bei Iximché und im Tal von Almolonga als ungünstig erwiesen hatten. Die erste Stadt wurde nach dem Aufstand der Cakchiquel aufgegeben (1527), und die zweite Gründung verschwand 1541 mit den meisten ihrer Einwohner, unter denen auch die Frau des Eroberers war, unter einer Schlammlawine des Vulkans Agua.

Die dritte Stadt, das heutige Antigua, liegt im idyllischen Panchoy-Tal, im drohenden Schatten der Vulkane Fuego (Quiché *Chi Gag*), Agua (Quiché *Hunahpú*) und Acatenango (Quiché *Pecul*), deren Aktivitäten zwar bislang nicht zu Ausbrüchen, doch immer wieder zu schweren Erdbeben führten. Schon nach 20 Jahren legte ein schwe-

# Westliches Guatemala

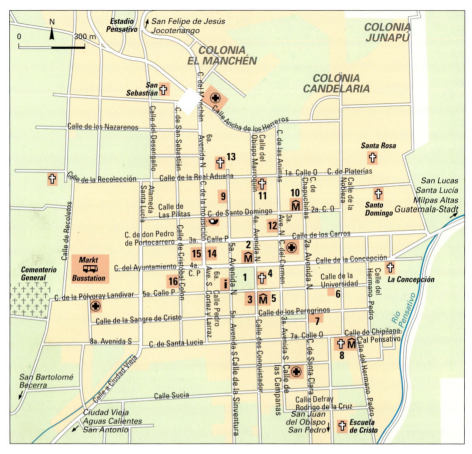

Antigua Guatemala  1 Parque Central  2 Casa del Cabildo  3 Palacio de los Capitanes Generales
4 Catedral Metropolitana  5 Universidad San Carlos de Borromeo  6 Casa Popenoe  7 Santa Clara
8 San Francisco  9 El Arco  10 Las Capuchinas  11 Santa Teresa  12 El Carmen  13 La Merced
14 Casa de Bernal Diaz de Castillo  15 La Compañia  16 San Agustin

res Beben die Gründungsbauten flach, und auch in den folgenden Jahrzehnten kam es immer wieder zu Zerstörungen. Mit der Zeit lernten die Baumeister durch diese schmerzhaften Erfahrungen, welche Art von Stein- und Ziegelkonstruktion am ehesten den ständigen Belastungen durch die Erdbeben widerstehen konnte. So entstand eine ganz eigene Baukunst, die so genannte Erdbebenarchitektur.

Von der Technik her wurden die Mauern immer dicker angelegt und die groben Bruchsteine durch Ziegellagen und ungeheure Mengen von Kalk gebunden – ein System, das auch die Spätantike im 5./6. Jh. entwickelt hatte. Die Türme beschränkte man auf eine Maximalhöhe von ca. 25 m, auch Fassaden legte man in geringer Höhe, dafür aber in großer Breite an. Als Fassadenschmuck verwendete man statt steinerner Statuen, die ein zusätzliches Risiko darstellten, große Figuren aus Stuck über einem Ziegelkern, die schon beim Herunterfallen in mehrere kleine Teile zerbrachen. Beim Bildprogramm der Fronten richtete man sich nach den Regeln des Carlos de Borromeo, dessen Vorschläge 1563 vom Trienter Konzil als bindend verabschiedet worden waren. Die Gedrungenheit der Gebäude kaschierte man durch reichen Bauschmuck, durch die Betonung der Vertikalen und durch helle Farben. Doch das alles reichte nur für ›normale‹ Beben, besonders schwere wie die von 1717 oder 1773 brachten selbst die mächtigsten Baumassen zum Einsturz, die meist aber bald wieder neu errichtet wurden.

Nach der Zerstörung von 1773 befahl der spanische König per Dekret von 1777, dass alle Einwohner der ›Muy Noble y Muy Leal Ciudad de Santiago de los Caballeros del Reino de Goathemala‹ (Antigua) die Stadt zu verlassen hätten, um weitere Todesfälle zu vermeiden. Mit La Nueva Guatemala de la Asunción wurde in der Nähe eine neue Hauptstadt gegründet. Die frühere nannte man fortan La Antigua Guatemala (von *antiguo*, ›alt‹ bzw. ›ehemalig‹), kurz Antigua. Trotz des königlichen Dekrets wurde Antigua, das um 1650 mit rund 70 000 Einwohnern die drittgrößte Stadt Lateinamerikas war und 1680 eine Universität erhalten hatte, niemals völlig aufgegeben; 1944 wurde es als Nationaldenkmal eingestuft. Die UNESCO erklärte die Stadt 1979 zum Weltkulturerbe, obwohl 1976 ein weiteres schweres Beben die Bauten erschüttert und teilweise zerstört hatte.

Der Charakter einer spanischen Kolonialstadt ist hier weitgehend bewahrt, was vor allem darauf zurückzuführen ist, dass man die Hauptstadt verlagert und sich bei den Neubauten auf maximal zwei Stockwerke beschränkt hat. Das Stadtzentrum bildet der **Parque Central,**

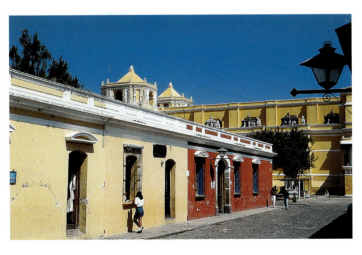

*Typisches kolonialzeitliches Straßenbild in Antigua Guatemala. Im Hintergrund die Kirche La Merced.*

# Westliches Guatemala

auch Plaza Mayor genannt, der das Areal der einstigen Plaza Real einnimmt. Das nach den Plänen des spanischen Architekten italienischer Herkunft Juan Bautista Antonelli angelegte rechtwinklige Straßennetz macht die Orientierung sehr leicht und führt den Besucher immer wieder zum Zentralpark zurück. Auf der Plaza Real, die erst 1704 gepflastert wurde, fanden früher die öffentlichen Hinrichtungen und bei besonderen Anlässen sogar Stierkämpfe und Militärparaden statt. Die großen religiösen Prozessionen, für die Antigua berühmt ist, besonders die der Semana Santa (der Karwoche), führten über diesen Platz von und zur Kathedrale an seiner Ostseite. Der heutige Park mit dem Brunnen **Fuente de las Sirenas,** den Diego de Torres 1739 nach dem Vorbild des Neptunbrunnens in Bologna schuf, entstand erst Ende des 18. Jh. Samstags verwandeln die Indígenas den Park – wie früher die Plaza – in einen riesigen Verkaufsstand, auf dem sie ihre landestypischen bunten Gewebe wie einen Blumenteppich ausbreiten.

Die Nordseite der Plaza nimmt das **Ayuntamiento** (Rathaus) ein, das auch **Casa del Cabildo** genannt wird. Unter seinen Arkaden beobachtete früher die Ladino-Oberschicht das bunte Treiben auf dem Platz, heute verweilen in ihrem Schatten Sprachschüler, Touristen und Homosexuelle aus aller Welt. Die zahlreichen privaten Spanischschulen sorgen dafür, dass Antigua ganzjährig am Fremdenverkehr verdient. Der Bau des Rathauses wurde 1743 begonnen. Mit seinen stämmigen Säulen und schweren Bögen ist das Gebäude zwar wie der im Süden des Platzes gelegene Palacio de los Capitanes Generales (s. u.) im klassizistischen Stil ausgeführt, einer Art Neorenaissance, doch wirkt es durch seine unregelmäßig geformten Steinquader an der Front sehr viel rustikaler. Zum nachgemachten Renaissancestil gehören die toskanischen Säulenkapitelle mit den ionischen Basen und die vom Gesims zwischen die Bögen greifenden Ornamente, die Metallbeschläge imitieren. Solche Metallbeschläge wurden als Widerlager für Ketten oder Seile im Gemäuer verwendet, durch die dicke Mauern zusammengehalten wurden.

Wegen Erdbebenschäden wurde das Gebäude um 1779 aufgegeben, etwa 100 Jahre später jedoch wieder instandgesetzt. Es diente zunächst als Gefängnis und Sitz der Stadtverwaltung. Heute sind zwei Museen darin untergebracht. Das **Museo del Libro Antiguo,** 1956 eröffnet, beherbergt eine Nachbildung der ersten Druckerpresse Antiguas, die 1660 in Puebla (Mexiko) gebaut wurde. Daneben sind Produkte der teilweise von Klöstern wie San Francisco betriebenen Druckereien ausgestellt: z. B. das erste gedruckte Buch des Landes, ein von Bischof Payo de Rivera verfasstes religiöses Traktat über die Unbefleckte Empfängnis Mariä mit dem Titel *Explicatio Apologetica* (1683), und Exemplare einer unregelmäßig erscheinenden Zeitung für amtliche Mitteilungen, der *Gaceta de Guatemala*. 1714 erschien in der Franziskanerdruckerei die *Crónica de la Provincia del Santísimo Nombre de Jesús de Guatemala*, die Ordensgeschichte von Bruder Francisco Vásquez.

Im **Museo de Santiago** (Museo de Armas) werden neben Waffen der Indígenas vor allem kolonialzeitliche Exponate gezeigt. Unter

---

*»Como el ave Fenix, sin duda más feliz, la ciudad. De su propio polvo resurge, vuelta a la vida.«*
(›Wie der Vogel Phönix, zweifellos glücklicher, die Stadt, die sich aus ihrem eigenen Staub erhebt, zurückkehrt zum Leben‹)

Diese Verse schrieb Rafael Landivar, geboren 1731 in Antigua, Dichter und Lehrer am Jesuiten Kolleg der Stadt, die er 1767 bei der Ausweisung der Jesuiten mit ihnen verlassen musste. Er starb 1793 in Italien.

*Kolonialzeitliche Sakralkunst schmückt die Häuser vieler alteingesessener Familien Antiguas.*

den Möbeln, Kacheln, Gemälden, Gewändern und Gefäßen ist das Schwert des Conquistador Pedro de Alvarado hervorzuheben. Besonders schön ist das steinerne Wappen der Stadt, das den Maurentöter Santiago über den drei Vulkanen Antiguas zeigt. Der Apostel Jakob gilt wegen seines wundersamen Erscheinens in der Schlacht von Clavijo (9. Jh.) als Schutzpatron der spanischen Krieger.

Die Südseite des Parque Central wird eingenommen vom **Palacio de los Capitanes Generales,** in dem die Vertreter der spanischen Krone, die Generalkapitäne, residierten. Der 1761 errichtete Palast im klassizistischen Stil imitiert ältere Renaissancebauten und wirkt durch den Gegensatz von dunkelbraunem Stein und geweißten Flächen recht elegant. Verstärkt wird dieser Eindruck noch durch den geschweiften Giebel über dem Haupteingang, an dem – flankiert von zwei Löwenreliefs – das Wappen der spanischen Bourbonenkönige angebracht ist. Das heutige Aussehen erhielt die Fassade bei Renovierungen im 19. Jh. Zum Palast, der einen ganzen Straßenblock einnahm und das Oberste Gericht, die Münze und Kanzleien beherbergte, gehörte auch eine Dragonerkaserne. Heute beherbergt er die Verwaltung des Departamento Sacatepéquez.

Die **Catedral Metropolitana** an der Ostseite des Parque Central ist zwar schon 1545 gegründet worden, doch der erste Kirchenbau fiel bereits 1583 einem Erdbeben zum Opfer. Die heutige Kirchenfassade entstand im unteren Teil zwischen 1669 und 1678, wurde aber nach

# Westliches Guatemala

Statuen an der
Fassade der Catedral
Metropolitana
1 Hieronymus
(347–420)
2 Petrus
3 Paulus
4 Ambrosius
(340–397)
5 Gregor der Große
(540–604)
6 Johannes, der
Evangelist
7 Santiago (Jakob)
8 Markus
9 Augustinus
(354–430)
10 Lukas
11 Andreas (Apostel)
12 zerstört
13 Matthäus
14 Philipp
15 Simon mit Säge
16 Bartolomäus
17 Judas Taddäus
18 Maria, darüber
Gottvater

dem schweren Erdbeben von 1773 um die obere Ordnung und die vielen Statuen in den Nischen ergänzt. Dabei verzichtete man auf die oberen Teile der beiden Türme, die die Front rahmen.

Direkt über dem Hauptportal ist Santiago, der Schutzheilige der Stadt und der Kirche, darüber die von Gottvater überragte Unbefleckte Empfängnis Mariae abgebildet. Den linken Eingang flankieren links Kirchenvater Hieronymus, (342–420) und Papst Gregor der Große (540–604). Der Haupteingang in der Mitte wird links von den Aposteln Petrus (unten) und Johannes gerahmt und rechts von Paulus (unten) und Markus. Zwischen den Doppelsäulen ganz rechts hat man unten Ambrosius, den Bischof von Mailand (340–97), und oben den Bischof und Kirchenlehrer Augustinus (354–430) aufgestellt. Apostel und Kirchenväter bilden die Basis der Kirche als Institution, als solche erscheinen sie in der unteren Ordnung. Das Marienbild oben wird von weiteren Aposteln und Evangelisten gerahmt. Im rechten Seitenschiff hinter der Fassade, dem ehemaligen Sagrario, ist nach dem Erdbeben von 1773 eine kleine Kirche eingerichtet worden, die die lokal sehr berühmte Statue Jesús del Perdón von Quirio Cataño aus dem 16. Jh.beherbergt. Der Künstler hat auch die Christusstatue von Esquipulas geschaffen (s. S. 184).

Durch den Seiteneingang im Süden, den die Statue des Erzengels Michael schmückt, kann man die riesige Kathedrale (seit 1743 Sitz eines Erzbischofs) betreten. Die Dachkonstruktion aus drei großen zentralen Kuppeln über dem Mittelschiff, die von einem Kranz kleinerer Kuppeln über den vier Seitenschiffen umgeben waren, ist zusammengebrochen. Doch die Ansätze der reich mit Stuckreliefs geschmückten Zwickel sind erhalten. Einst zierten die 16 Säulen rund um den Hochaltar Einlagen aus Schildkrötenpanzern und vergoldete Bronzemedaillons. Auf dem Gesims darüber standen Elfenbeinstatuen der Jungfrau Maria und der zwölf Apostel. An einem Zwickelrest kann man noch das Relief des Evangelisten Johannes mit dem Adler zu seinen Füßen, sein ikonographisches Attribut, erkennen.

In der heute verschütteten Krypta waren so berühmte Leute wie Francisco Marroquín, der erste Bischof des Landes, der Geschichtsschreiber Bernal Díaz del Castillo und Pedro de Alvarado mit seiner Frau, seinen Töchtern und den Schwiegersöhnen bestattet worden. Der Conquistador war zum Eroberungszug gegen die Gewürzinseln aufgebrochen und unterwegs in Mexiko gestorben, so dass nur noch seine Asche nach Antigua gebracht werden konnte.

Gegenüber dem Seiteneingang der Kathedrale liegt die **Universidad San Carlos de Borromeo**, die 1681 den Lehrbetrieb aufnahm. Trotz einer bereits im 16. Jh. geleisteten Geldspende durch den ersten Bischof Marroquín waren ihre Gründung und Eröffnung über 120 Jahre lang von den Orden, die eigene Seminare in der Stadt unterhielten und Konkurrenz befürchteten, verhindert worden. Neben den klassischen Fächern wie Theologie, Philosophie, Medizin und Recht wurde hier auch Cakchiquel unterrichtet. Das erste Gebäude wurde schon beim Erdbeben von 1751 zerstört.

*Hof der Unversidad San Carlos de Borromeo*

# Westliches Guatemala

Die Pläne des 1763 hier neben dem Colegio Tridentino errichteten Neubaus stammen vom Architekten und Ingenieur Luis Díez Navarro, der auch den Palast der Generalkapitäne (s. o.) und die Münze von Mexico City entworfen hatte. An der Straßenfront sind nach den Reparaturen im 19. Jh. nur noch das Hauptportal mit dem Almohadillado-Motiv zwischen den Pfeilern neben der Tür und die Nische mit der Statue des Borromeo annähernd authentisch. Almohadillado-Motive, d. h. die horizontale Gliederung von Mauerzonen in Form von ›Kissenstapeln‹, jeweils zwischen zwei kannelieren Pfeilern, findet man häufig an Kirchenfassaden Mittelamerikas aus dem 18. Jh. Das Motiv ist bereits beim 1721 wieder aufgebauten Brunnen Fuente de la Piedra Escrita in Córdoba zu finden. Die ehemalige Maurenhauptstadt in Spanien scheint den Architekten der Universität auch zu einem neomaurischen Stil angeregt zu haben, der sich besonders deutlich in den Fünfpassbögen der Arkaden des Innenhofes manifestiert. Arabisch mutet aber auch der unter dem Sims aus Stuck geformte Palmetten- und Blattfries an, der ein wenig an geklöppelte Spitze erinnert. Auch Vorbilder für die Leierornamente, zwei antithetisch angeordnete Doppelvoluten, kann man in der maurischen Kunst Spaniens finden.

*Blumengeschmückte Heiligenfiguren zieren die barocken Altäre der Kirchen Antiguas.*

In den Räumen der ehemaligen Universität – sie wurde nach 1773 in die neue Hauptstadt verlegt – ist heute das **Museo de Arte Colonial** untergebracht, dessen Exponate hauptsächlich aus Bildern und Statuen des 16.–18. Jh. bestehen. In Saal 4 ist mit lebensgroßen Puppen ein Universitätsexamen der Kolonialzeit nachgestellt. Es wurden nur Studenten zugelassen, deren Familien niemals vor die Inquisition zitiert worden waren, und zur Prüfung gehörte immer eine intensive Befragung in Glaubensdingen. Die Prüfungen wurden unter dem Vorsitz des Dekans und im Beisein von drei Studenten durchgeführt. Die Bilder in Saal 5 zeigen Studenten bei der Verteidigung ihrer Dissertation, die Verleihung des Zertifikats und des Doktorhutes sowie die anschließende Parade.

Zwei Blocks weiter östlich liegt die **Casa Popenoe**, eines der stilvollsten Häuser Antiguas. Das ehemalige Wohnhaus des spanischen Richters Don Luis de las Infantas Mendoza y Venagas war 1636 erbaut worden und 1773 dem Erdbeben zum Opfer gefallen. Dr. Wilson Popenoe, ein Wissenschaftler im Dienst der United Fruit Company, kaufte die Ruine 1929, restaurierte und möblierte sie mit architektonischen Elementen und Einrichtungsgegenständen aus anderen Häusern. Dazu gehören die schmiedeeisernen Gitter an den Fenstern, die Holztüren, Betten, Kacheln und Bilder. Kunstvoll geschmiedete Fenster- und Balkongitter bilden ebenso wie die oft reichverzierten Erker an den Hausecken die ins Auge fallenden Besonderheiten der Hausarchitektur Antiguas.

Einen Block weiter südlich liegt gegenüber der öffentlichen Brunnen- und Waschanlage *(pila)*, wo Indígenas wie ehedem ihre Kleider waschen, das **Kloster Santa Clara**. Es ist 1699 von Klarissinnen aus Puebla in Mexiko gegründet worden, die besonders durch ihre Kochkünste berühmt geworden sind. Das Rezept für Mole Poblano (Huhn in Kakaosoße) stammt aus ihrer Klosterküche in Puebla, und in Antigua schätzte man besonders ihre Mürbeteigplätzchen. Berüchtigt waren die Klarissinnen jedoch für ihre Arroganz und Streitsucht, die sicher auf ihre Herkunft zurückzuführen waren. Alle 45 Damen kamen aus reichem Hause und verfügten über eine große Mitgift, was ihnen ein sehr angenehmes Leben erlaubte, aber nicht dem Armutsgelübde des Ordens entsprach.

Die Straßeneingänge an der Südseite der Klosterkirche sind ausgesprochen bescheiden gestaltet. Über dem linken Portal, das die Statuen des Ordensgründers Santo Domingo de Guzmán und der Maria Magdalena flankieren, ist die recht fotogene Jungfrau der Unbefleckten Empfängnis angebracht. Joseph, Marias Gatte, ist über dem rechten Portal dargestellt, das von Katharina von Siena und Franz von Assisi flankiert wird. Beide wurden heiliggesprochen und gründeten Mönchs- bzw. Nonnenorden. Sie bilden so die Ergänzung zur Statue der hl. Klara (1194–1253), der Ordensgründerin, die über der Tür zum Kloster rechts daneben zu finden ist. Sie hält den Abendmahlsbecher in den Händen, mit dem sie die Sarazenen vor den Mauern von Assisi vertrieben hat. Dieses Wunder ist auf einem Holzrelief im Museo de Arte Colonial dargestellt, das wohl aus dem Kloster des Ordens stammt.

Durch den später angefügten Empfangsbereich, der die Fassade der Klosterkirche verdeckt, gelangt man zunächst in den langen schmalen Gang, die Enfermería, in der Kranke von den Nonnen

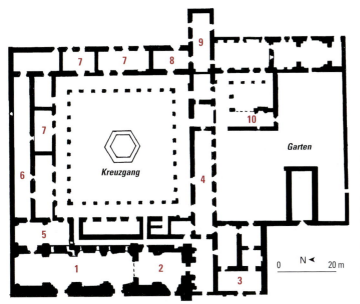

*Grundriss des Klosters Santa Clara, Antigua*
1 Kirche
2 Chor ebenerdig
3 Empfangsraum
4 Krankensaal
5 Sakristei
6 Hof
7 Lehrräume
8 Reuniones
9 Refektorium
10 Küche

# Westliches Guatemala

*Bogenkonstruktion im Kreuzgang des Klosters Santa Clara. Das 1715 fertiggestellte Kloster wurde schon zwei Jahre später beim Erdbeben an St. Michael zerstört. Der bis 1734 errichtete Neubau fiel dann dem Beben 1773 zum Opfer, doch blieb genügend erhalten, um den Reichtum der Nonnen und des Klosters zu zeigen.*

behandelt wurden. Von dort kann man auch den kleinen Hof vor der reich verzierten Kirchenfassade erreichen. Sie weist keine Tür auf, weil dahinter der Chor lag. Beim Stuckornament überwiegen die Leiermotive, die Palmetten umschließen. Von den Erzengeln, die einst in den Nischen standen, sind nur zwei erhalten geblieben. Bemerkenswert sind ihre bis zu den Oberschenkeln nackten Beine im reichen barocken Faltenwurf der Gewänder. Den Klosterhof mit den doppelstöckigen Arkaden des Kreuzgangs schmückt ein zentraler Brunnen. Von den Zellen im oberen Stockwerk ist allerdings kaum etwas erhalten geblieben.

In der Kirche sind keine Reste der früheren Pracht mehr vorhanden. Zu sehen sind der ebenerdige Chor und der Zugang zur Krypta, in der die Nonnen bestattet wurden. Der Speisesaal des Klosters, das Refektorium, befand sich an der Südostecke des Kreuzgangs. Östlich davon liegt der Klostergarten mit der Küche in der Mitte. Beata Berengaria, eine der Köchinnen, war vom Erzbischof zur Äbtissin bestimmt worden (18. Jh.), als sich die Nonnen nicht auf eine Nachfolgerin der verstorbenen Mutter Oberin einigen konnte. Beata, deren Bild im Museo de Arte Colonial ausgestellt ist, dankte später ab und kehrte in ihre Küche zurück.

Nur einen Block weiter südöstlich erheben sich **Kloster und Kirche San Francisco,** die 1543 gegründet wurden. Ständige Zerstörung und ebenso häufiger Wiederaufbau fanden mit der Restaurierung von 1966, bei der auch die Fassade ihre oberen vier Statuen erhielt, ihr vorläufiges Ende. Die Fassade ähnelt einem Altaraufsatz (retablo), der von zwei klotzigen Turmstümpfen flankiert wird. Gekrönt wird sie von der Statue des Ordensgründers Franz von Assisi. Direkt darunter ist die Statue des Pedro Betancourt untergebracht. Hermano Pedro, wie ihn die Bewohner der Stadt liebevoll nennen, ist schon selig gesprochen; nun hofft man auf seine Heiligsprechung.

Pedro war ein Mönch des Ordens (1626–67), der sich in Antigua besonders für Arme, Waisen und Kranke eingesetzt hat. Läutend und für seine Schützlinge bettelnd, zog er durch die Straßen der Stadt. Sein Eifer ging soweit, dass er wie ein Hund den Verletzten die Wunden leckte, was ihre Heilung förderte. Sein beeindruckendes Vorbild veranlasste Helfer und Verehrer, Geld zu sammeln, mit dem ein Krankenhaus nebst Kirche (Hospital San Pedro) errichtet wurde. Extreme Kasteiungen und sein aufopferungsvolles Handeln dürften die Gründe für seinen sehr vorzeitigen Tod gewesen sein. Seine frühere Grablege links hinter dem Seiteneingang, die man gut an den zahllosen Dankesplaketten erkennt, ist ein beliebter Wallfahrtsort in Guatemala. Hier soll es schon viele wundersame Heilungen gegeben haben. Seit 1990 ist ein Grab in der Capilla del Tercer Orden links des Hauptaltars die neue Ruhestätte Hermano Pedros.

Auch die anderen Statuen der Fassade, die zwischen den mächtigen salomonischen Säulen mit ihren gedrehten Schäften aufgestellt sind, stellen Heilige des Franziskanerordens dar. Über dem Kirchenportal und der Statue von Maria mit dem Kinde schwebt der Habsburger Doppeladler. Könige dieses Geschlechts haben 1580–1640 in Spanien regiert; danach wurde das Wappen zur bloßen Dekoration. Im schlichten Kircheninnern gibt es nur noch wenige kolonialzeitliche Altäre, da die meisten in die neue Ordenskirche in Ciudad de Guatemala überführt wurden.

Ein hervorragendes Beispiel für die bestechende Kunst der Holzschnitzer der späten Kolonialzeit ist ein Seitenaltar mit Christus als Kreuzträger. Der Gottessohn wird von zwei Heiligen in Nischen zwi-

# Westliches Guatemala

schen schwellenden salomonischen Säulen flankiert. Typisch für lokale Werkstätten sind die großen Rosetten unter den Heiligen. Federleicht wirkt der obere Altarabschluss mit seiner durchbrochen geschnitzten Bogenkonstruktion aus vegetabilen Ornamenten.

Vom **Colegio San Buenaventura,** riesigen Kloster mit Kapellen, Krankenstation, Druckerei, Ställen und Kapellen sind nur Trümmer geblieben, in denen man nach den Resten einstiger Herrlichkeit, etwa Fragmenten von Deckenfresken, suchen kann. Es ist nach seiner Fertigstellung Ende des 17. Jh. das bedeutendste Kloster Guatemalas gewesen. Aus kleinen Anfängen hervorgegangen – 1544 hatte sich Toribio de Benavente, der Gegenspieler des Indianerfreundes Bartolomé de las Casas, hier mit 24 Brüdern niedergelassen – hielten sich hier zeitweilig bis zu 40 Novizen auf.

Nur vier Blocks weiter nördlich ist in dem zerstörten und aufgegebenen Kloster der Dominikaner nach geschmackvollem Wiederaufbau und Restauration das stilvollste Hotel Guatemalas eingerichtet worden, das **Hotel Casa de Santo Domingo.**

Vom Hotel aus Richtung Westen gelangt man zum **Kloster Las Capuchinas** mit seinem kleinen Museum, in dem religiöse und archäologische Objekte neben ein paar Architekturplänen ausgestellt sind. Der Orden der Kapuziner war erst 1528 als extremer Zweig der Franziskaner von Papst Clemens VII. bestätigt worden. Der Name leitet sich von der Ordenstracht ab, den groben braunen Wollkutten mit ihren spitzen Kapuzen. Die ersten fünf Nonnen kamen 1725 auf Einladung des Bischofs Juan Bautista Álvarez de Toledo aus Spanien, wo der Orden auch erst seit 1666 vertreten war. Die Schwesternschaft wuchs schnell, da die Bräute Christi ohne die übliche Mitgift aufgenommen wurden. Der Orden besaß auch ein Kloster neben der Basilika der Jungfrau von Guadalupe in Mexico City und genoss daher in Mittelamerika großes Ansehen. Die Ordensregeln waren sehr streng, und der Kontakt der Nonnen mit der Außenwelt beschränkte sich auf Gespräche mit Verwandten, die durch ein Gitter im Besucherraum – gleich am Eingang – geführt werden mussten.

Ganz ungewöhnlich für Antigua ist die steinerne Fassade der Kirche, die nur wenige barocke Ornamente aufweist. Durch den Empfangsraum, neben dem der Besucherraum liegt, gelangt man in die Pförtnerei und von dort in den Kreuzgang. Die Kirche mit ihrem Chorraum und separatem Zugang zur Krypta liegt an der Südseite des Klosterhofes. Die Nordseite nimmt der Speisesaal ein. Hinter ihm befindet sich die von zwei Höfen flankierte Küche. Die Zellen der Nonnen, die alle über ein privates Wasserklosett verfügten, ein wahrer Luxus für die armen Nonnen, befanden sich im ersten Stock.

Im nördlich anschließenden Garten steht die Torre del Retiro mit 18 Zellen, die sich auf einen runden Innenhof öffnen. Auch hier verfügten die Räume über fließendes Wasser und gute Belüftung. Unter dem Innenhof stützt ein zentraler Pfeiler das gesamte Kellergewölbe. Dieser Keller und andere unterirdische Räume sind wohl der Grund für das Gerücht, die Nonnen hätten einen geheimen Gang zum

---

*Das ungewöhnliche Kloster Las Capuchinas wurde unter der Leitung von Diego de Porres, der wie sein Vater Stadtarchitekt von Antigua war und sogar Entwürfe für die Kathedrale von León in Nicaragua lieferte, bis 1736 errichtet. Die Zerstörungen des schweren Erdbebens von 1773 wurden erst nach 1945 weitgehend repariert. Heute ist hier neben dem Museum auch das Büro des CNPAC (Consejo Nacional para la Protección de La Antigua Guatemala) untergebracht. Diese Behörde ist für die Erhaltung und Instandsetzung aller historischen Gebäude der Stadt zuständig.*

*Noch die Ruine der Kirche El Carmen lässt die einstige Pracht der Fassadengestaltung erahnen.*

nächsten Mönchskloster gehabt und die Früchte ihres gottlosen Verhaltens lägen in den Kindergräbern im Klosterfriedhof. Die vielen Waschbecken in den Zellen dienten nicht nur dem persönlichen Gebrauch, sondern auch zur Reinigung von Staatsgewändern, einer wichtigen Einnahmequelle des Klosters.

Die ungewöhnliche Form des Zellenturms und die seltsamen Nischen mit eingelassenen Ringen an den Seiten haben Anlass zu vielen Spekulationen gegeben. Möglich wäre es, dass der Turm ein Ort besonders strenger Askese war und die Nonnen sich gegenseitig in den Nischen festbanden, um sich zu kasteien. Vielleicht hat man aber auch nur die Wäsche dort aufgehängt. Man hat die Ringe aber auch als Befestigung für Statuen, die in den Nischen gestanden haben können, interpretiert.

Ganz in der Nähe liegen auch die beiden zerstörten Kirchen **Santa Teresa** und **El Carmen**. Letztere, 1728 geweiht, zählt zu den am reichsten verzierten Barockfassaden von Antigua. Ein wahrer Säulenwald ist vor die Wand gesetzt, und die Schäfte sind mit tief eingeschnittenen Flechtmustern aus Stuck geschmückt. Zusammen mit den Ornamenten sorgen die kleinen ionischen Kapitelle der Säulen, der Kielbogen, der Tür und die geschwungenen, durchbrochenen Bögen für ein elegantes Aussehen, auch wenn heute der obere Teil der Fassade fehlt. Das achteckige Chorfenster mit seinen pflanzlichen Ornamenten mochte den Heiligenschein der Mutter Gottes suggerieren, die als Marienstatue davor stand.

# Westliches Guatemala

*Die Fassade der Kirche La Merced gilt als Paradebeispiel für die hochbarocke Stuckornamentik in der Sakralarchitektur Guatemalas.*

Ähnlich reich verziert, aber besser erhalten ist die Kirche **La Merced,** deren Kloster allerdings zerstört ist. Den Orden hatte Pedro Nolasco (1189–1258) gegründet, um christliche Gefangene von den Mauren freizukaufen. Die Retablo-Fassade der Kirche wird von zwei mächtigen Türmen flankiert, deren Wuchtigkeit in den oberen Hälften durch Pfeiler, Ornamente und den achteckigen Querschnitt etwas aufgelöst wird. Der Bau des Architekten Juan de Dios Estrada wurde erst 1767 geweiht und bereits 1773 durch das Erdbeben am Tag der hl. Martha beschädigt, allerdings weniger stark als das angeschlossene Kloster. Die wertvollen Altäre, Bilder und Gerätschaften aus der Kirche wurden daher in die neue Ordenskirche nach Ciudad de Guatemala gebracht (1778). Nur zwei bedeutende, von den Einheimischen sehr geschätzte Prozessionsstatuen, ein Jesús Nazareno und eine Virgen de los Dolores (Mater dolorosa), sind heute noch hier.

Die Kirche wurde nach dem Beben restauriert. Dabei entstanden wohl die Pfeiler an den Türmen, die mit ihren horizontalen, kissenartigen Unterteilungen (Almohadillado-Motiv) eine eher grobe Ergänzung zum filigranen Schmuck der Retablo-Fassade bilden. Acht Säulen in zwei Etagen betonen die Vertikale der Fassade. Unten sind ihre Schäfte mit Blattgirlanden umwickelt und von toskanischen Kapitellen bekrönt. Die oberen Schäfte tragen über einer Schmuckmanschette mit Engeln und Masken, die das Übel abweisen sollten, gedrehte Kanneluren und Kompositkapitelle aus Akanthusblattmotiven und ionischen Voluten. Zwischen den Säulen befinden sich Statuennischen in Form von Scheinaltärchen (Ädikula).

*Antigua Guatemala*

Links der Tür steht der Ordensheilige Pedro Armengol, der den Märtyrertod am Galgen erlitt, und rechts ist María de Cervelló, die erste Nonne des Ordens aufgestellt, die wohl ein Schiff in der Hand hielt, da sie für den Rücktransport der befreiten Gefangenen verantwortlich war. Die Marienstatue über der Tür wird links von Kardinal Ramón Nonato (1204–40) flankiert, der nach Algier reiste, um Gefangene freizukaufen und Schutzpatron der Hebammen ist, und rechts von Pedro Pascual (?–1300), einem Bischof aus dem Orden. Im Giebel wird die Statue des Ordensgründers Pedro Nolasco von zwei Ordensbrüdern gerahmt, die das Wappen des Ordens, ein Kreuz über einem gestreiften Feld, tragen. Dieses Kreuz ist auch in der Giebelspitze und über der Tür zu finden.

Zwischen die vorwiegend vegetabilen Stuckornamente, die wie Holzschnitzerei wirken, sind große Rosetten, Putten als Atlanten, Vasen und Muscheln als Motive eingestreut. Diese Spielart des Ultrabarock wird in Guatemala *ataurique* genannt.

Im gleichen, aber etwas feiner ausgeführten Stil ist der Eingang zum Kloster geschmückt, über dessen Tür Joseph mit dem Jesuskind steht. Das Kloster selbst ist sehr stark zerstört; doch die mächtigen Mauern mit den Gewölbeansätzen und dem riesigen Brunnen im Hof sind schon beeindruckend. Die mittlere Brunnenschale wird von Nixen getragen, und die obere ruht auf einem stuckverzierten, polygonalen Pfeiler, dessen Ecken mit Engelshermen geschmückt sind.

*Den Innenhof des Klosters La Merced nimmt die größte Brunnenanlage Mittelamerikas ein.*

### Ciudad Vieja

Von der zweiten Haupstadt Guatemalas, die 1541 von einer Schlammlawine zerstört wurde, findet man heute nur noch unbedeutende Reste etwa 1 km östlich des heutigen Ortes Ciudad Vieja, der manchmal auch Almolonga genannt wird.

Sein Zentrum bildet die schon 1534 gegründete Kirche La Immaculada Concepción (die unbefleckte Empfängnis). Die Retablo-Fassade dieser Franziskanerkirche in Ciudad Vieja mit ihren vorspringenden Flügeln (18. Jh.) ähnelt La Soledad in Oaxaca (Mexiko); doch sind hier die mächtigen und gedrungenen Türme – ganz in der Tradition der guatemaltekischen Erdbebenarchitektur – sehr niedrig gehalten. In den oberen Statuennischen stehen die sieben Erzengel und darunter die vier Evangelisten. Kuriose Volutenornamente in Form einer Leier, wie sie auch in Antigua belegt sind, schmücken die Pfeiler.

## Exkurs: Die Geschichte der Cakchiquel

Nachdem die Spanier unter der Führung Alvarados das ganze Hochland von Guatemala erobert hatten und die Dominikaner- und Franziskanermönche begonnen hatten, die Söhne der indianischen Adligen im Gebrauch der spanischen Sprache und der lateinischen Schrift zu unterrichten, schrieben einige ihrer besonders talentierten Schüler die Geschichte ihrer Stämme nieder. Die ›Annalen der Cakchiquel‹, denen man nach ihrer ersten wissenschaftlichen Bearbeitung den Titel *Memorial de Tecpán-Atitlán* gab, ist eines dieser Bücher, die zum größten Teil auf mündlicher Tradition beruhen (um 1605). Verfasst in der Cakchiquel-Sprache, aber mit lateinischen Buchstaben geschrieben, erzählen sie die Geschichte dieses Volkes, vermischt mit Mythen und Glaubensvorstellungen.

Ins Reich der Sage, aber wohl mit historischem Hintergrund, gehört die Geschichte der Auswanderung aus dem westlichen Tollan (Tula). Die Cakchiquel *(kaqchikel,* ›Die von den roten Bäumen‹) kamen als Teil der großen Quiché-Gruppe unter der Leitung begnadeter Führer, den späteren mythischen Helden, aus dem zentralen Hochland von Mexiko, wo sie angeblich ihre Götter, Herrschaftsinsignien und Ausbildung bekommen hatten. Die Erwähnung von sieben Höhlen und der Stadt Tula zeigt eindeutig aztekische Einflüsse. Wahrscheinlich wird damit aber lediglich angedeutet, dass die Stämme dort erstmals sesshaft gewesen sind. Vom Hochland marschierten sie dann zunächst nach Osten zur Golfküste im heutigen mexikanischen Bundesstaat Tabasco, wo sie sich mit den Tepeu-Oloman und den Nonowalka auseinandersetzen mussten. Diese bezeichnen die Cakchiquel allerdings als ihre Brüder, was heißt, dass sie die gleiche oder eine ähnliche Sprache hatten.

Ihr damaliger mythischer Führer war Gagawitz *(*in klassischem Maya *hacawitz,* ›Fuß des Berges‹), dessen Name später auch für

*Frauen und Kinder einer Cakchiquel-Familie vor der Tür ihres Hauses. Hohe Kinderzahl gilt als Alterssicherung bei den Indigenas.*

einen Ort verwendet wurde – vielleicht für Seibal. Er hatte zwei Söhne, deren Namen nach Hochlandtradition ihre Geburtstage waren: Caynoh (in Maya 2-Caban = ›2-Erde‹) und Caybatz (in Maya 2-Sots = ›2-Fledermaus‹). Die beiden arbeiteten zunächst für den Fürsten Tepeuh der Olomán (oder Olmeca Xicalanca) bei Cholula im Hochland von Mexiko als Steuereintreiber und wurden schließlich von dem Fürsten adoptiert. Das hinderte die beiden Cakchiquel aber nicht daran, eingesammelte Abgaben zu unterschlagen, um sie als Brautgeld für ihre Frauen Bubatzo und Icxiuh zu verwenden, die wohl zum Stamm der Tzutuhil gehörten. Als der Betrug aufflog, mussten die beiden fliehen. Sie versteckten sich in einer Höhle, wo sie von ihren Stammesbrüdern gefunden wurden. Der historische Kern dieser Geschichte dürfte folgender sein: Fremde Einwanderer mussten sich in der Regel bei einheimischen Fürsten zu Söldnerdiensten verdingen. Auch wenn sie sich später häufig in die Urbevölkerung integrierten, blieben Ressentiments, was zu ungesetzlichen Taten führte und zur Vertreibung.

Die Cakchiquel zogen mit ihren Bruderstämmen, den Quiché und den Tzutuhil, weiter an die Golfküste und von dort den Usumacinta flussaufwärts in Richtung Seibal. Während der Wanderung hatte sich dank des Kontaktes zu vielen anderen Stämmen die Sprache der Quiché-Stämme verändert, und neue Dialekte waren entstanden. Caynoh, der ein Zauberer war und sich in verschiedene Tiere verwandeln konnte, hat später seine Herrschaft mit seinem ältesten

Sohn Citán Quatú geteilt. Das spätere System der Doppelherrschaft, die bei den Cakchiquel üblich war, bekommt mit der Geschichte eine ›historische‹ Begründung, und die bei Wanderungen von Stämmen immer wieder auftretenden Abspaltungen kleiner Gruppen wird durch die Thronstreitigkeiten angedeutet, die nach dem Tod des Citán Quatú aufgetreten sein sollen.

Citán Quatú war mit Tihax Cablah verheiratet, ihr Sohn hieß Citán Tihax Cablah. Dieser Name ist eine Zusammensetzung der elterlichen Namen und entspricht den Paal- und Naal-Angaben – ›paal‹ verweist auf die väterlichen Vorfahren und ›naal‹ auf die mütterlichen – bei anderen Mayastämmen. Er ging aus den Thronstreitigkeiten als Sieger hervor und beherrschte fortan zumindest einen Teil des Stammes. Ihm folgten als Alleinherrscher zunächst vier Fürsten: Qotbalcan, Alinam, Ixtamer Zaquentol und Chiyoc Quey Ahgug, dessen Koregent Ttatah Akbal war.

Zu dieser Zeit (14. Jh.) saßen die Cakchiquel-Fürsten mit ihrem Stamm bereits im Hochland von Guatemala, aus dem sie Chol sprechende Stämme verdrängt hatten, und waren den Herrschern der Quiché untertan. Ganz glücklich können sie mit ihren Herren nicht gewesen sein, denn die beiden Fürsten Chiyoc und Ttatah Akbal schickten Galel Xahil (›Mächtiger der Familie Xahil‹) und Xulu Quatú in einen recht erfolglosen Kampf gegen Quikab, den größten Herrscher der Quiché. Letzterer scheint die beiden Heerführer bestochen zu haben, denn sie siedelten sich wieder in Chiavar (Chichicastenango) an, wo sie schon früher gelebt hatten. Hier wurden sie nacheinander von den Fürsten Xitayul Hax und Xiquetzal regiert. Letzterer setzte als Koregenten Rahamún ein. Damals begann Quikab seinen großen Eroberungszug gen Westen, der sein Reich bis an die Küsten des Pazifik ausdehnte. Zu seinen großartigsten Heerführern gehörten die Cakchiquel Hun Toh (1-Muluk = ›1-Berg‹), ein Sohn des Citán Tihax Cablah, und Vucub Batz (›7-Affe‹).

Quikab war seinen Heerführern sehr dankbar, was den Neid seiner beiden Söhne und der Quiché-Adligen erregte, die sich gegen ihn erhoben. Der Fürst konnte den Aufstand zwar niederwerfen, doch bat er die Cakchiquel, sich eine neue Bleibe zu suchen.

Unter ihren Führern Hun Toh, Vucub Batz, Chuluk und Xitamal Keh verließen die Cakchiquel Chiavar am Tag 13 Ik und gründeten nur zwei Tage später, am Tag 2 Qat (2 Kan, ca. 1470), Iximché. Zunächst regierte Lahuh Ah (10-Ahau = ›10-Fürst‹), der Sohn von Hun Toh war und 1488 starb. Sein Koregent Oxlahuh Tzi (›13-Hund‹), der Sohn von Vucub Batz (um 1450–85), regierte auch noch mit Lahuh Ahs Nachfolger Cablahuh Tihax.

Zu der Zeit starb der Quiché-König Quikab, der auch nach der Gründung von Iximché noch seine schützende Hand über die Cakchiquel gehalten hatte. Seine Nachfolger begannen jedoch einen Krieg gegen die Cakchiquel und wurden am Tag 10 Hund im Jahr 1491 besiegt (s. S. 160). Die Fürsten Tepepul und Iztayul ergaben sich und mussten die Statue ihres Gottes Tohil übergeben. Später wurden

*Geschichte der Cakchiquel*

*Fragment einer Wandmalerei aus einem Tempel in Iximché, der Hauptstadt der Cakchiquel. Stammesfürst in priesterlicher Funktion bei der Durchführung einer religiösen Zeremonie.*

sie ebenso wie viele andere Mitglieder ihres Hofstaates auch geopfert. Seither datierten die Cakchiquel Ereignisse mit der Zeitdistanz, die seit diesem Freiheitskampf vergangen war.

Kurz nach dem Sieg kam es unter den Cakchiquel selbst zu Aufständen, die erst 1493 endeten. Nur vier Jahre später zog Cablahuh Tihax (12-Etsnab) gegen Mixcu (Mixco Viejo). 1504 rief Oxlahuh Tzí in Iximché zu weiteren Kämpfen auf. Er starb 1508. Hunyg, sein Erstgeborener, wurde sein Nachfolger (s. S. 149). Sein Koregent Cablahuh Tihax starb 1509, und dessen ältester Sohn Lahuh Noh (10-Kaban =›10-Erdbeben‹) wurde der nächste Fürst neben Hunyg. Bereits im Jahr 1510 kam ein Bote des Azteken-Herrschers Moctezumas nach Iximché, um die Cakchiquel vor den Spaniern zu warnen. Das aber hinderte diese nicht, schon 1513 erneut gegen die Quiché Krieg zu führen, wovon sie nicht einmal ein denkbar schlechtes Omen – Tauben über Iximché – abhalten konnte.

In den nächsten Jahren gab es Katastrophen: 1514 fielen Heuschrecken in Iximché ein. Neun Personen starben bei einem Brand in der Stadt, und der Fürst war auf Reisen. Dann zogen die Cakchiquel 1517 in den Kampf gegen Cahay (5 km westlich von Rabinal), um die Macht der Quiché einzuschränken. Zwei Jahre später wurde ein großer Teil der Bevölkerung von einer Seuche dahingerafft, vielleicht die Pocken. Doch schon 1520 zog man gegen die Pipil-Stadt Panatacat (heute Escuintla) zu Felde, die wie Iximché 1524 von Alvarado zerstört werden sollte.

1521 starben Hunyg und Ahpo Achi Balam, sein ältester Sohn, der seines Vaters Amt zuvor während einer Epidemie übernommen hatte.

# Westliches Guatemala

Als auch Lahuh Noh nur 100 Tage später verschied, krönte man die beiden nächsten Herrscher Cahi Ymox (4-Imix) und Belehé Cat (9-Kan).

Mit dem Sieg Alvarados im Jahr 1524 war das Schicksal von Iximché und seinen Fürsten besiegelt. Alvarado kam am 12. April (1 Hunahpú) nach Iximché. Am 18. April besiegte er die Tzutuhil und 25 Tage später verließ er Iximché, um Cuzcatlán, die Hauptstadt der Pipil, das heutige San Salvador, zu erobern. Auf dem Weg dorthin nahm er auch Acatac und Escuintla ein. Am 21. Juli 1524 war er wieder zurück in Iximché. Die Bewohner flüchteten aus dem Ort und siedelten sich später im neuen Ort Tecpán Guatemala und in Sololá an. Heute ist Chimaltenango die wichtigste und größte Stadt der Cakchiquel.

## Iximché

Etwas nördlich vom Ort Tecpán Guatemala beginnt links beim Hinweisschild an der Panamericana eine holprige, aber kurze Piste zu der alten Cakchiquel-Hauptstadt Iximché. Der Name der Stätte kommt von *ixim* (›Mais‹) und *che* (›Baum‹) und bezeichnet eine Pflanze namens Brosimium alicastrum, deren Blätter als Tierfutter verwendet werden und dessen gelbe Früche in Notzeiten als Maisersatz dienen. Die Ruinen liegen sehr malerisch in dichten Nadelwäldern auf einem Rücken des Berges Ratzamut. Die Stadt war nur von einer Schmal-

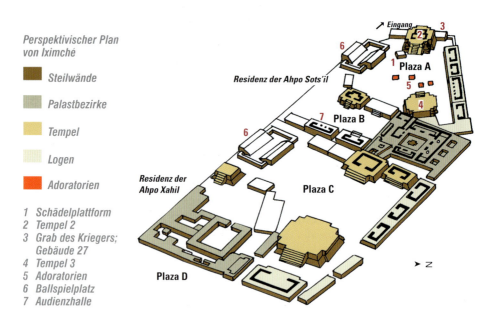

Perspektivischer Plan von Iximché

- Steilwände
- Palastbezirke
- Tempel
- Logen
- Adoratorien

1 Schädelplattform
2 Tempel 2
3 Grab des Kriegers; Gebäude 27
4 Tempel 3
5 Adoratorien
6 Ballspielplatz
7 Audienzhalle

# Iximché

*Blick auf Plaza B von Iximché; im Hintergrund Plaza A mit dem Haupttempel 2.*

seite leicht zugänglich. Von den Holzbefestigungen, die die Gründer um 1470 zum Schutz gegen mögliche Angriffe der Quiché errichteten, ist heute nichts mehr erhalten, statt dessen werden die Besucher am modernen Eingangsgebäude zur Kasse gebeten.

In einem kleinen Ausstellungsraum sind vor allem die Nachbildungen der farbigen Ritzzeichnungen von Tempel 2 und ein Modell der Ruinen bemerkenswert. Der Tempelschmuck im Stil mixtekischer Codex-Bilder zeigt eindeutige Einflüsse aus dem mexikanischen Hochland, wie sie auch auf Fragmenten der gleichzeitigen Wandmalereien aus der Hauptstadt der Quiché nachweisbar sind. Sie scheinen reich gekleidete Krieger und Fürsten bei öffentlichen Empfängen oder Zeremonien darzustellen: Zumindest durchbohrt sich eine Person die Zunge für ein Blutopfer.

Von Nordwesten kommend, erreicht man zunächst **Plaza A** mit dem **Tempel 2** an der Westseite, dessen Front während der Sommersonnenwende zur aufgehenden Sonne ausgerichtet ist. Die aus Lehmziegeln und Stein errichtete Pyramide hat eine hohe schräge Basis *(talud)* und einen senkrechten Abschluss *(tablero)*, ähnlich den Pyramiden in Xochicalco (Mexiko). Nur die eingezogenen Ecken entsprechen dem klassischen Mayastil, wie man ihn aus dem Petén kennt. Der kleinen Cella war eine breite Vorhalle mit hohem Mansardendach vorgelagert. Ihre heutige Form erhielt die Pyramide unter Fürst Hunyg *(*Hun Ik, ›1-Wind‹), nach 1508.

Dieser Tempel gehört zu einem älteren, später überbauten Heiligtum des Oxlahuh Tzí, das wiederum über dem Urgebäude des Vucub Batz (um 1480) errichtet wurde. An der Südecke der Pyramide hat man eine **Schädelplattform** angesetzt, auf die man die Gebeine der geopferten Spieler legte, die beim Ballspiel auf dem Juego de Pelota westlich davon verloren hatten. Fresken an der Plattform zeigten

# Westliches Guatemala

Venussymbole, einen Pfeilweg, das mixtekische Symbol für Kriegspfad, und darüber gekreuzte Knochen und Schädel. Das bedeutet vermutlich, dass die Verlierer meist Kriegsgefangene waren, die die Chance hatten, durch einen Sieg im Spiel dem Opfertod zu entgehen – eine Sitte, die auch bei den Maya des Klassikums üblich war.

In **Gebäude 27,** hinter Tempel 2, hat man das interessanteste Grab der Stadt entdeckt. Zwei liegende Geopferte bewachen einen in sitzender Stellung beigesetzten Adligen, dem der Schädel eingeschlagen worden war. Der Mann war mit einem kupfernen Nasenpflock, einem glatten, goldenen Stirnband und einem Kollier, das aus zehn goldenen Jaguarköpfen gebildet wurde, ausgestattet. Auch ein Jadeköpfchen, wegen der grünen Farbe das Symbol für Leben, fehlte nicht. Sein Armband, mit Ritzzeichnungen von Vögeln und Augen (Sternen) verziert, war aus dem Knochenring eines Menschenschädels gemacht. Es symbolisierte die zum Himmel aufsteigenden Seelen der Toten. Der Adlige könnte einer der beiden Brüder des Fürsten Oxlahuh Tzí gewesen sein, die im Kampf gefallen sind.

Gegenüber Tempel 2 liegt **Tempel 3,** auf dem Platz zwischen den beiden errichtete man mehrere Zeremonialplattformen (Adoratorien). Die beiden Tempel dienten wahrscheinlich der Verehrung der beiden Stammesgötter Beleh Toh (9-Muluk) und Hun Tihax (1-Etsnab), die die Cakchiquel schon in Tollan (Tula) erhalten haben sollen (s. S. 144) und deren Namen zugleich ihre Geburtstage sind. Fragmente von Räuchergefäßen *(brasero)* mit plastischen Darstellungen dieser Götter, als Appliken gearbeitet, sind bei Tempel 3 gefunden worden. Die langen Pfeilerhallen im Norden dieses Komplexes waren wohl Unterkünfte von Priesterzöglingen oder Logen für die Zuschauer der Zeremonien auf dem Platz.

Der im Südosten anschließende zweite große Platz, **Plaza B,** wird im Nordwesten von einem vermutlich dem Schutzgott des Sots'il-Clans geweihten Tempel und im Südosten von einer breiten Audienzhalle begrenzt. Die ganze Nordostseite des Platzes nimmt ein großer **Palast** ein, von dem nur die Grundmauern erhalten sind. Ein sehr enger Durchgang führt heute in der Mitte der Front direkt in den Innenhof des Palastes; der Haupteingang lag aber an der linken Seite. Dieser zweimal abknickende Zugang war bei Aufständen leicht zu verteidigen, so z. B. bei dem der Cakchiquel von 1493. Dieser Aufstand war so einschneidend, dass er als Ausgangspunkt für die Datierung späterer Ereignisse diente. In der Mitte des Palasthofes, der auf allen Seiten von langen, schmalen Bauten umgeben war, steht ein kleiner Altar, der einst ein auf Holzpfosten ruhendes Strohdach besaß.

Das **Haus des Ahpo Sots'il** gegenüber dem Eingang war Residenz der Herren des Fledermaus-Clans, die als erstrangige unter den vier Fürsten der Cakchiquel galten. Als einziges Gebäude des Palastes besaß es drei Türöffnungen, die durch zwei Pfeiler getrennt waren. Breite Wandbänke und zwei Feuerstellen im Boden bildeten die Grundeinrichtung.

Der zweitwichtigste Fürst, der Ahpo Xahil (›Fürst-Tänzer‹), war Mitregent und ›jüngstes Kind‹ des Ahpo Sots'il. Er residierte im Palast an der Südecke der **Plaza C**. Im Osten wird der Platz von zwei weiteren Tempelpyramiden flankiert, die der Clan des Ahpo Xahil wohl den schon erwähnten Stammesgöttern geweiht hatte. Dieser Stammesteil verfügte auch über einen eigenen **Ballspielplatz** (Cakchiquel: *hom*) an der Westseite der Plaza, der wie sein Pendant an der Plaza A die Doppel-T-Form hat, die in nachklassischer Zeit im mexikanischen Hochland typisch wurde.

Die Tempelpyramide südlich davon, die auch in den Palast des Ahpo Xahil eingebunden ist, war wohl dem Gott der Fürsten dieses Clans geweiht. Die beiden anderen, eher zweitrangigen Fürsten des Stammes, der Ahuchan (›Sprecher‹) und Kalel Achi (›Hauptperson‹), lebten wahrscheinlich in den Gebäuden um die Plaza D und Plaza E weiter südlich. Die nichtadligen Miglieder des Cakchiquel-Stammes werden als Bauern auf den Feldern rund um das große Zeremonialzentrum Iximché in Hütten aus Holz und Stroh gelebt haben.

Iximché wurde zwar 1524 aufgegeben, und die Spanier haben bis etwa 1530 alle Fürsten der Cakchiquel getötet; doch heute kehren die Indígenas für die Feierlichkeiten an bestimmten religiösen Daten, z. B. an 8 Bats (8 Affe), dem Tag der Einführung der neuen Tages-Hüter *(ah q'ihab)*, in ihre alte Hauptstadt zurück. Anders als die klassischen Maya fassen die Cakchiquel nicht 360, sondern 400 Tage zu einem Jahr zusammen.

## Lago de Atitlán

Westlich der Panamericana (CA-1), kurz vor der Kreuzung Los Encuentros sogar von der Straße aus zu überblicken, liegt der schönste See des Landes, der Lago de Atitlán (Náhuatl) ›Am Wasser‹): ein Türkisjuwel, von den Spitzen dreier Vulkane eingefasst. Die Berglandschaft rund um den See besiedeln drei Stämme, die in einer Kette von kleinen Dörfern leben. Im Norden und Osten sitzen die Cakchiquel, im Süden die Tzutuhil und im Nordwesten die Quiché. Die Terrassengärten und Felder an den Steilhängen des paradiesisch gelegenen Sees sichern den Lebensunterhalt der Anwohner ebenso wie den der hier lebenden Tiere.

Auch heute noch tragen die Frauen ihre traditionellen bestickten Blusen *(po't* oder *huipil)* und ihre gewebten Wickelröcke *(uq)*, die von gewebten und bestickten Wollgürteln *(faja)* gehalten werden. Bunte Bänder werden in die dichten schwarzen Haare geflochten, und der Ohrschmuck wird in drei bis vier Löchern in jedem Ohr getragen. Bei gutem Wetter tragen die Frauen ein gewebtes Tuch *(tzut)* zusammengelegt auf dem Kopf. Die Ornamente der Kleidung bestehen aus stilisierten Tieren wie Vögeln, Katzen und Hirschen

*Blick über den Lago de Atitlán mit dem Volcán de San Pedro*

# Westliches Guatemala

und stellen meist die Totems von Clanen oder Großfamilien dar. Geometrische Ornamente werden oft als Symbole für Himmel, Sonne, Planeten, Mond und Sterne erklärt, und ihre Vorbilder reichen bis in die Zeit des Klassikums (6.–9. Jh.) zurück. Die meisten Indígena-Männer tragen die alten Trachten nur noch an Markt- oder Festtagen. Die bestickten Bolero-Jacken, Kniebundhosen und bebänderten Stohhüte wurden ihnen erst in der Kolonialzeit von den Spaniern aufgezwungen, die Lendenschurz und Schambinde für schamlos hielten.

Der Lago de Atitlán, 150 km westlich der Hauptstadt in 1560 m Höhe gelegen, hat heute eine Oberfläche von 150 km$^2$, in die 18 kleine Inseln eingestreut sind. Er ist rund 450 m tief, seine Wassertemperatur liegt im Durchschnitt bei 20° C. Der Wasserspiegel schwankt je nach Jahreszeit um etwa 1 m, in Perioden von etwa 30 Jahren sogar etwas mehr. Bis kurz vor der Conquista war der See sehr viel flacher, Damals gab es noch einen natürlichen Ausfluss, der jedoch durch einen Ausbruch des Vulkans Atitlán verstopft wurde. In dem See leben heute die recht große *lobina negra*, eine aus Europa eingeführte Barschart, und die sehr geschätzten Süßwasserkrabben, die hier schon immer heimisch waren.

Die idealen Bedingungen führten dazu, dass schon vor der Ankunft der Spanier um den Besitz am See gekämpft worden ist. So starb Voo Caok (5-Kawak), ein Fürst der Tzutuhil, bei der Verteidigung seines Besitzes gegen die Cakchiquel, und 1501 wurden die Tzutuhil von den Xeybup und Xepalica besiegt. Im Jahr 1524 wurden dann alle drei Stämme an den Ufern des Sees von Pedro de Alvarado unterjocht. Die besondere Wertschätzung der Indígenas für ihre Heimat zeigt sich auch in den Sagen und Märchen, die sich um den See ranken und die Raúl Pérez Maldonado in *Tales from Chichicastenango* (8. Aufl., 1989) publiziert hat.

Maldonado berichtet, dass Utzil, ein Heerführer von Panimaché, die von Sololá eindringenden Cakchiquel mehrmals abwehrte und dafür um Unterstützung bei den Quiché in Utatlán nachsuchte. Während eines Besuches bei den Quiché lernte er Zakar, die Tochter des Ahau Porón, kennen und lieben. Die Hand der Prinzessin wurde ihm als Preis für einen Sieg im Korntanz versprochen. Als Utzil mit seinen Pfeilen die meisten Körner von einem in die Luft geworfenen Maiskolben abschießen wollte, womit er den Tanz gewonnen hätte, ließ ihm der Quiché-Fürst Cukumatz (›Gefiederte Schlange‹, Quetzalcóatl) zu wenig Pfeile reichen und verweigerte ihm die Prinzessin. Utzil erstach den Fürsten und flüchtete in dem nachfolgenden Tumult mit Zakar zum See und versteckte sie in einer Höhle. Ein Alligator trug ihn über den Atitlán-See, wo er in seinem Heimatort Hilfe suchen wollte. In Utzils Abwesenheit hatten die Tzutuhil das Dorf überfallen und alle Bewohner ermordet. Ohne Hoffnung auf Hilfe kehrte Utzil zur Höhle zurück und musste feststellen, dass Zakar in der Zwischenzeit von Wölfen getötet worden war. Verzweifelt nahm Utzil seine Geliebte in die Arme und stürzte sich in den See.

# Sololá

Die Hauptstadt Sololá des gleichnamigen Departamento liegt in 2113 m Höhe über dem Lago de Atitlán (Maya: Chiá) an der einzigen Asphaltstraße zum See. Wie die kümmerlichen Ruinen von **Tsoloyá** (*tzoloh*, ›Weidenbaum‹) am Ortsrand beweisen, war es eine vorspanische Siedlung. Sie wurde 1547 von Alvarado neu gegründet; heute leben hier fast 8000 Cakchiquel. Interessante Bauten gibt es in Sololá nicht, da die alte Dorfkirche inzwischen bis zur Unkenntlichkeit restauriert worden ist.

Besuchen muss man den Ort an den Markttagen Dienstag und Freitag, wenn bunt gekleidete Indígenas aus der ganzen Umgebung die Markthalle, die Plaza Central und die Nebenstraßen bevölkern. Hier kann man manchmal sogar noch die kostbaren, über 60 Jahre alten langen und bunten gewebten Seidengürtel bekommen. Überwiegend werden jedoch Souvenirs für Touristen angeboten. Tradition wird großgeschrieben, und die Männer tragen oft auf ihren Jacken noch Fledermausmotive, Darstellungen des Totemtiers der Cakchiquel-Fürstenfamilie Xahil. Zu Allerseelen kann man auf dem Friedhof die Indígenas beim Picknick mit ihren Verstorbenen beobachten. Geschenke für die Toten – eine Zigarre oder etwas Schnaps – sind sehr willkommen (vor dem Fotografieren unbedingt um Einverständnis bitten). Die Kinder lassen Drachen in Schmetterlingsform steigen, wohl ohne zu wissen, dass ihre Vorfahren glaubten, die Seelen der Toten stiegen in dieser Form zum Himmel auf.

*Groß ist das Angebot an glasierter Keramik auf dem Sololá-Markt. Solche Ware wurde erst mit den Spaniern in Mittelamerika üblich, vorher waren Glasuren unbekannt.*

# Westliches Guatemala

Auf der sehr steilen Abfahrt nach Panajachel kann man im Steilhang oberhalb der Straße an manchen Tagen Rauch aus der Höhle Cueva del Brujo aufsteigen sehen, wenn Schamanen darin ihren Zauber durchführen.

## Panajachel

Das am nördlichen Seeufer gelegene Panajachel (Ahachel, ›Ort der Todheiler‹, eine ironische Bezeichnung für Ärzte), heute der Hauptort für den Tourismus, hat ca. 5500 Einwohner. Gegründet wurde es 1524 von den Franziskanern nahe dem Schlachtfeld, auf dem Alvarado zusammen mit den verbündeten Cakchiquel einen Kriegstrupp der Tzutuhil vernichtet hatte. Die Dorfkirche soll bereits 1567 geweiht worden sein, musste aber wegen Erdbebenschäden oft restauriert werden. Die recht schlichte Retablo-Fassade soll erst mit einem Neubau im Jahr 1641 entstanden sein und ist heute wenig beeindruckend.

Da im Ort eine Vielzahl von Hotels und Restaurants ihre Dienste anbieten und Boote in alle Richtungen über den See fahren, eignet sich Panajachel hervorragend für längere Aufenthalte und als Ausgangspunkt für Ausflüge. Mit kleineren Boote kann man die beiden Cakchiquel-Dörfer Santa Catarina Palopó und San Antonio Palopó am nördlichen Steilufer besuchen. Die Kapitäne wissen genau, wann Fahrten über den See zu gefährlich sind, weil mit dem unvermittelt einsetzenden *xocomil* (›Wind der Sünde‹) zu rechnen ist.

Auf der Fahrt zu den Dörfern, deren Bewohner sich auf die Herstellung von Webarbeiten spezialisiert haben, passiert man einige sehr schöne Villen, die Sommerhäuser reicher Guatemaltecos oder Altersdomizile von Ausländern, und am Himmel schweben an günstigen Tagen zahlreiche Flugdrachen wie bunte Riesenvögel. Die Frauen von San Antonio Palopó tragen zu ihren dunkelblauen Röcken und bunten Haarbändern vergoldete Perlenketten.

## Santiago Atitlán

Ein solcher Halbtagsausflug lässt sich auch mit einer Überfahrt nach Santiago Atitlán am Südufer des Sees verbinden, bei der man den kleinen Cerro de Oro im Osten passiert, wo ein Goldschatz vergraben sein soll. Santiago Atitlán liegt am Fuß der beiden Vulkane Tolimán (3158 m) und Atitlán (3536 m) und gegenüber den beiden Vulkanen San Pedro (3020 m) und Santa Clara (2450 m) auf der anderen Seite der schmalen Bucht. Santiago Atitlán wurde 1524 von den Spaniern gegründet, die dort Tzutuhil aus der alten zerstörten Stammeshauptstadt ansiedelten. Die einheimischen Frauen fallen durch ihren Kopfschmuck auf, der wie ein Halo oder Heiligenschein wirkt und aus langen bunten Bändern (span. *tocal*) aufgebaut wird.

*Heiligenstatue in der Hauptkirche von Santiago Atitlán. Hier gedenkt man auch der Opfer des Bürgerkrieges.*

Die ursprünglich am Rückenwebstuhl hergestellten und aus zwei schmalen Bahnen zusammengenähten Röcke (span. *corte)* werden mehr und mehr durch Faltenröcke (span. *corte plegado)* oder Jaspe-Röcke aus Salcajá ersetzt. Stickereien, heute meist für Touristen angefertigt, zeigen in bunter Vielfalt Vögel, andere Tiere und Pflanzenmotive.

Der Marktplatz und die vom Landungssteg hinaufführende Straße werden von Geschäften und festen Verkaufsbuden gesäumt. In der fast drohend aufragenden, alten Dorfkirche erinnern Mahnmale an die nahe Vergangenheit. Anfang der 80er Jahre kontrollierte die Guerilla von ihren Bergverstecken aus den Ort, bis die Armee einzog, die in elf Jahren 300 Bewohner tötete, entführte oder folterte. Nach einem Massaker am 1. Dezember 1990, bei dem 13 Personen starben, darunter drei Kinder, erzwangen die Einwohner durch Eingaben und Protest in der Hauptstadt den Rückzug der Armee. Noch 1998 versuchten die Bewohner, ihre Besitzrechte für Ländereien, die der Staat konfiszieren wollte, durch alte Dokumente zu belegen.

Von Santiago kann man die beiden Hausberge erklimmen oder zu Pferd die Ruinen von **Chuitinamit** am Fuß des San Pedro aufsuchen. Die Hauptstadt der Tzutuhil, früher Tziquinahá (›Haus der Vögel‹) genannt, ist nicht besonders eindrucksvoll, aber von Sagen umrankt. An einem Herbstmorgen zog der ortsansässige Tzutuhilebpop (›Mattenfürst der Tzutuhil‹) nach Utatlán, um den verwandten König der Quiché zu besuchen. Zu Ehren des hohen Besuches feierte man in der Quiché-Hauptstadt ein großes Fest mit Bankett und Wettspielen, bei denen der geehrte Gast die Prinzessin Ixcumsocil kennen und lie-

# Westliches Guatemala

*Stickereimotive der Stoffe von dem Westufer des Atitlán-Sees. Auffällig ist das Fehlen des Quetzals unter den naturalistischen Vogeldarstellung.*

ben lernte. In der Nacht entführte der Gast die willige Prinzessin. Das Verbrechen wurde erst am nächsten Tag entdeckt. Der vor Zorn bebende Vater sammelte seine Armee, folgte den Flüchtenden und erschlug den Verführer seiner Tochter, wobei er selbst auch den Tod fand. Ixcumsocil starb vor Kummer in ihrem Versteck auf einem Berg im Westen des Lago de Atitlán. Die Geschichte hat sicher insofern einen historischen Kern, als Frauenraub – ob mit oder ohne die Einwilligung der Geraubten – ein häufiger Grund für Kämpfe zwischen verwandten Stämmen war.

## San Pedro La Laguna

An der Westecke des Atitlán-Sees liegt San Pedro La Laguna (Chi Tzunún Choy, ›Am Rand des Sees der Spatzen‹) nördlich des gleichnamigen Vulkans. Es kann per Fährboot von Panajachel aus erreicht werden. Der Ort verfügt über sehr schöne Badeplätze am See und sehr ungewöhnliche Sitten. Keine Frau trägt, wie sonst allgemein üblich, ihr Baby in einem Tuch auf dem Rücken. Auch die Männer laden ihre Lasten nicht auf ihren Rücken, sondern auf Maultiere und Esel. Die Tracht der Männer ist viel farbenfroher als die der Frauen, eine weitere Ausnahme, und das wichtigste Dorffest feiert man am 29. Juni jeden Jahres.

# Im Land der Quiché

## Exkurs: Die Geschichte der Quiché

Anfang des 18. Jh. lebte und wirkte Bruder Francisco Ximénez in Chichicastenango. Nicht zuletzt, weil er ihre Sprache beherrschte, schenkten ihm die Indígenas so viel Vertrauen, dass sie ihm schließlich auch ihr heiliges Buch *Popol Vuh* gaben, das die Mythen und die Geschichte des Stammes enthielt und um 1550 von einem Adligen oder Priester mit lateinischer Schrift in Quiché niedergeschrieben worden war. Bruder Ximénez kopierte das Werk; seine Handschrift gibt es noch heute, das Original, das ihm als Vorlage diente, ist aber seitdem verschwunden. Später wurden weitere, während der Kolonialzeit verfasste Quiché- und Cakchiquel-Bücher bekannt, etwa *Título de los Señores de Totonicapán*, *Anales de los Cakchiqueles (Memorial de Sololá)* und *Título Tamub*. Von all diesen Werken ist das Popol Vuh das wichtigste und umfassendste. Da es 1550 aufgeschrieben wurde, und die Quiché während ihrer langen Wanderung aus dem Norden so manchen fremden Einflüssen ausgesetzt waren, handelt es sich nicht um eine reine Mayaüberlieferung. Fremdes, sogar christliches Gedankengut ist hier eingeflossen. Die Mythen und die Geschichte der Quiché müssen daher aus einem kritischen Blickwinkel betrachtet werden. Auch die die Generationszählung der Fürsten im Popol Vuh ist mit Vorsicht zu betrachten, da sich bei den Quiché die Ämter und Namen patrilinear vererbten und nach den Regeln der Papanomie Großvater und Enkel häufig den gleichen Namen trugen.

Die vier ersten, von den Göttern geschaffenen Führer der Quiché, Balam Quitzé, Balam Acab, Mahucutah und Iqui Balam, gehören in den Bereich der Mythen. Sie dienen wohl hauptsächlich als Erklärungsversuch für die bei diesem Stamm später übliche Aufteilung der höchsten Macht unter vier Fürsten, die aber wohl eher auf die Existenz vier gleichstarker Clane oder Großfamilien zurückgehen mag. So soll der Hauptzweig der Quiché, der Cavek-Clan von Balam Quitzé abstammen. Später war man bestrebt, möglichst eine Art Konföderation aus 13 Amaq (Stämmen) zu bilden. Doch die verschiedenen Quellen geben oft ganz unterschiedliche Namen an, und die 13 galt als eine heilige Zahl.

Die vier ersten Fürsten sollen den Stamm aus Tula (Tollan) erst nach Osten übers Meer und dann nach Süden geführt haben. Wie die Spanier kamen die Stämme also aus dem Osten über das Meer in ihr heutiges Siedlungsgebiet. Auf ihrer langen Wanderung, während der sie immer wieder für eine gewisse Zeit sesshaft gewesen sind, gaben sie ihren Fürsten die Insignien und Titel, die sie bei ihren jeweiligen ›Gastgebern‹ aufgeschnappt hatten, besonders bei einer Einheirat in die ansässigen Familien. So wird berichtet, dass die Söhne der vier Gründer zum Nacxit von Chichén Itzá, das im 12. Jh. im Norden der

## Westliches Guatemala

Halbinsel Yucatán die größte Macht hatte, reisten, um dort die zwei Titel Ahpop (›Herr der Matte‹) und Ahpop Camhá sowie ihre Insignien zu empfangen. In einigen Quellen wird aber auch behauptet, dass solche Reisen erst ab der vierten Generation der Fürsten stattgefunden haben. Insignien und Ämter förderten sicher den Zusammenhalt der Clane innerhalb des Stammes, der wohl regelmäßig Mitglieder durch Einheirat in andere Stämme verlor.

Wandernde Stämme lassen oft Alte und Schwache unterwegs zurück, um das Überleben der ganzen Gruppe nicht zu gefährden. Die Witwen werden dann in der Regel von Brüdern des Verstorbenen geheiratet, damit ihr Unterhalt gewährleistet ist. Quocavib aus der zweiten Generation heiratete etwa die Witwe seines Bruders Quocaib, die ihm auch noch einen Sohn und Erben gebar. Manchmal schlossen sich auch Einheimische den abziehenden Quiché an. So wird berichtet, dass Cotuhá, ein Fremder, vom Stamm aufgenommen wurde und an Stelle des verstorbenen Thronfolgers Iqui Balam zusammen mit Ixtayul in der vierten Generation regierte.

Von Cukumatz (›Gefiederte Schlange‹) und Cotuhá, den beiden wichtigsten Fürsten der fünften Generation, die als historische Personen anzusehen sind, wird berichtet, dass sie Zauberer *(nagual)* gewesen sind, die sich durch Trance in ihre Totemtiere verwandeln konnten. Cukumatz soll sich als Adler ins Meer gestürzt haben, um seine Krieger zu erfreuen und den Vormarsch seiner Armee zu feiern, die bis an den Pazifik stürmte. Da diese Eroberung heute meist einem Fürsten der siebten Generation zugeschrieben wird, handelte es sich wohl nur um einen weitreichenden Beutezug, den Cukumatz um 1420 durchführen ließ.

Auf jeden Fall waren die Quiché damals längst in ihrem heutigen Gebiet angekommen. Sie hatten vermutlich im 12. oder 13. Jh. zunächst das Gebiet der Mam bei Zaculeu erreicht und waren dann über den Atitlán-See nach Cumarcaj (›Platz des Rohrs‹) gezogen. Bei dieser Stadt, die sie nach ihrem Ursprungsort Tula/Tollan (›Ort des Schilfs‹) benannten, handelt es sich um das heutige Utatlán, westlich von Santa Cruz del Quiché. 300 Jahre vorher sind sie wahrscheinlich im Zickzack durch die Gebiete am Río de la Pasión und bei San Pedro Carchá (Alta Verapaz, 6 km östlich von Cobán) gezogen. Später hat man die Orte und Stationen ihrer Wanderung mit mythischen Ereignissen verbunden. So sollen die göttlichen Zwillinge bei San Pedro Carchá Ball gespielt haben.

Die Quiché-Prinzen reisten zur Investitur nach Chichén Itzá oder Mayapán, wo Hunac Ceel von Mayapán, der ebenfalls den Titel Nacxit (= Quetzalcoatl = ›Gefiederte Schlange‹) trug, über Chak Xib Chak von Chichén Itzá siegte.

Die beiden Hauptfürsten der sechsten Generation waren ein Tepepul *(tepetl pul,* ›Steinberg‹) und ein Iztayul (um 1440), neben denen die Träger der beiden anderen Titel, Ahau Galel und Ahtsic Uinac Ahau, Führer der Häuser Nihaib und Ahau Quiché, nur noch untergeordnete Rollen spielten. Unter den beiden Fürsten der siebten

*Quiché-Mädchen in Chichicastenango. Die goldfarbenen Modeschmuckketten ersetzen seit etwa 20 Jahren den traditionellen schweren Silberschmuck, der hauptsächlich aus alten Silbermünzen bestand.*

*Geschichte der Quiché*

*Treffen der Quiché-Kaziken aus den umliegenden Dörfern beim Markttag Chichicastenango.*

Generation erreichte die Macht der Quiché ihren Höhepunkt. Fürst Gag Quikab (›Feuerhand‹ oder ›Viele Waffen‹ ?), der meist nur Quikab genannt wird, war der älteste Sohn des Cotuhá II. Gemeinsam mit seinem Mitregenten Cavizimah schaffte er es, das Reich der Quiché bis zur Pazifikküste auszudehnen – nicht zuletzt durch die Unterstützung der Cakchiquel. Zum Dank gab Quikab ihnen Chiavar, aus dem sie früher vertrieben worden waren, wieder zurück (s. S. 146).

Für diese Förderung unterstützten die Fürsten der Cakchiquel Quikab bei seinem Streben nach Macht, so dass er schließlich fast ein Alleinherrscher war, was den Neid der anderen Quiché-Adeligen und selbst seiner Söhne erregte. Angeblich flammte gegen Quikab und seinen Clan (Chinamital) ein Aufstand wegen des Verbots des freien Reisens und Handelns auf. Es war aber wohl kein ›protouristischer‹ Kampf, sondern eher ein Versuch seiner machthungrigen Söhne Tatayac (›Vater des Fuchses‹) und Ah Ytzá (Itzá oder *ah tza*, ›Krieger‹), dem Vater Besitz und Macht zu rauben. Die Söhne und ihre Verbündeten töteten bei einer Ratsversammlung die Vasallenfürsten des Königs. Der mit dem Tod bedrohte König gab seine Schätze heraus und verzichtete auf die Macht, die auf 13 Fürsten, die an der Revolte beteiligt waren, verteilt wurde.

## Westliches Guatemala

Sofort danach wandten sich die Sieger gegen die vier Fürsten Hun Toh, Vucub Batz, beide Cakchiquel (s. S. 144, 146), sowie Chuluc und Chitamal Queh, die Herren der Zotzil und Tukuché. Grund war angeblich die Bauersfrau oder Göttin des Ackerbaus und des Kakaos, Nimapam Ixcacauh (›Die mit dem großen Leib‹), die einen Quiché-Krieger mit Prügel vertrieben hatte, als dieser das Brot konfiszieren wollte, das die Dame auf dem Markt der Stadt Cumarcaj verkaufen

*Kirchweihfest in einem Quiché-Dorf.*

wollte. Nach Meinung der Rebellen sollte sie dafür getötet werden, während die Cakchiquel die Frau anders bestrafen wollten. Auf Rat des Quikab verließen Hun Toh und Vucub Batz mit ihren Cakchiquel den Ort Chiavar und gründeten Yximché/Iximché am Berg Ratzamut (s. S. 148).

Nachdem Quikab um 1488 gestorben war, marschierten die Quiché unter ihren Fürsten Tepepul und Iztayub gegen Iximché. Nach ihrer Niederlage im Jahr 1491 mussten sie ihre Götterstatuen an die Sieger übergeben und wurden getötet. Zur Zeit ihrer beiden Nachfolger, Tecum und Tepepul, lösten sich die Cakchiquel auch formal von den Quiché, die nun ihre schlimmsten Feinde waren. Quikabs dritter Sohn, Lahuh Tihax (10-Etsnab), gelangte niemals an die Macht, und seine Frau Voo Queh (5-Keh) starb 1507.

Die Herrscher der zehnten Generation der Quiché, Vahxaqui Caam (8-Gras) und Quikab II. (1500), die nur kurze Zeit regierten, scheinen mit inneren Schwierigkeiten gekämpft zu haben. Damals hat ein Cakchiquel, der später die Quiché verhöhnt hat und dafür getötet wurde, die Ankunft der Spanier prophezeit. Die Geschichte wird noch heute im Tanz ›Quiché-Vinac‹ erzählt.

Die Fürsten der elften Generation waren Vucub Noh (7-Kaban, ›7-Erdbeben‹) und Cauutepech (›Ring-Geschmückter‹). Ihre beiden Nachfolger Oxib Queh (›3-Hirsch‹) und Beleheb Tzi (›9-Hund‹) versuchten nach der Niederlage ihres Heerführers Tecún Umán, dem siegreichen Conquistadoren Pedro de Alvarado, den sie Donadiú (Tonatiuh) nannten und mit dem Sonnengott verglichen, auf Anraten des Fürsten der Mam in ihrer Hauptstadt eine Falle zu stellen. Alvarado roch den Braten, richtete die Fürsten hin und machte die Hauptstadt Utatlán dem Erdboden gleich.

Danach regierten Tecum und Tepepul (Sequechul). Letzterer starb 1528, Tecum wurde von den Spaniern wegen Rebellion bis 1540 eingekerkert. Dann wurde er gemeinsam mit dem Cakchiquel-Fürsten Belehé Cat (Sinacán, 9-Kan) von Alvarado gehängt. Die beiden nächsten Fürsten Don Juan de Rojas und Juan Cortés zahlten den Spaniern Tribut und fanden sich mit ihrem Schicksal als ›Großbauern‹ ab. Ihre spanischen Namen zeigen, dass sie getauft waren und sich mit der Herrschaft der Spanier arrangiert hatten.

# Chichicastenango

Nur 17 km nördlich der Panamericana liegt auf ca. 2100 m Höhe die von Quiché und Mestizen bevölkerte Kleinstadt Chichicastenango (›Ort der Nesseln‹), die eines der beliebtesten Reiseziele des Landes ist. Zunächst haben hier mit einer kurzen Unterbrechung Cakchiquel gelebt. Erst nach der Zerstörung Utatláns wurde der Ort ganz von den Quiché-Flüchtlingen übernommen.

Ein Besuch des Ortes lohnt sich vor allem donnerstags und sonntags. Dann sind der zentrale Marktplatz und die umgebenden Straßen mit Hunderten von Buden und Ständen gefüllt. Auch wenn heute die meisten der angebotenen Waren speziell für Touristen angefertigt werden, ist der Markt interessant, da hier neben den *Gringos* auch die oft aus über 50 km entfernten Orten anreisenden Indígenas ihren Geschäften nachgehen. Die auf alt getrimmten Tanzmasken, die bunten Webarbeiten und die guten Lederwaren finden fast immer ihre Abnehmer.

Auf der Treppe vor der **Dorfkirche Santo Tomás** knien die gläubigen Quiché, vom Rauch unzähliger Weihrauchopfer *(pom,* ein Baumharz) umweht, und richten ihre Gebete sowohl an die alten als auch an die neuen Götter, sprich Christus, die Mutter Gottes und die Heiligen. Besonders hoch geht es zwischen dem 18. und 21. Dezember her, wenn der Kirchen- und Ortsheilige Santo Tomás gefeiert wird. Dann errichtet man sogar einen Mast *(palo)* an dem die *voladores,* die ›Fliegenden Menschen‹, herabschweben. Auf der Mastspitze befindet sich eine kleine, drehbare Plattform, auf der ein Musiker

## Westliches Guatemala

hockt oder steht. Von hier aus stürzen sich die vier Voladores, die sich die an der Spitze des Palo befestigten Seile umgebunden haben, kopfüber hinab und rotieren um den Mast in Richtung Boden. Erst kurz vor der Landung richten sie sich auf. Dieses alte Ritual, das die Bewegung der Sonne symbolisiert, stammt aus der Region der Totonaken nördlich von Veracruz an der Golfküste, durch die die Quiché auf ihrer langen Wanderung von Tollan/Tula gezogen sind.

Die Steine der Kirchentreppe und die Plattform sind vorchristliche Relikte, die ursprünglich zu einer Tempelplattform gehörten. Wohl aus diesem Grund sollen Besucher nicht die Stufen benutzen, sondern die Kirche von 1540 durch das 1542 gegründete ehemalige Dominikanerkloster daneben und ihre Seitentür betreten. Fotografieren ist im Innern streng verboten. Die Einhaltung des Verbots wird von religiösen Bruderschaften *(cofradías)* überwacht, von denen es hier 14 gibt. Diese sind auch verantwortlich für die Ausrichtung der religiösen Feste ihrer Schutzheiligen, die abwechselnd in den Häusern der Brüder ›wohnen‹. Der Aufenthalt eines Heiligen ist für den Hausherren eine mit hohem Prestige, aber meistens auch mit hohen Kosten verbundene Angelegenheit. Er muss die Besucher des Heiligen verköstigen und die Feste finanzieren, bei denen nicht nur Kerzen, Blumenschmuck und Opfer wie Blumen und Speisen, sondern auch große Mengen von Alkohol benötigt werden.

In der fast unbestuhlten Kirche gehört neben Kerzen, Zigaretten, Blumen und Geld auch Alkohol zu den Opfergaben, die die Indíge-

*Im Inneren der Kirche Santo Tomás*

*Chichicastenango*

*Dorfkirche Santo Tomás in Chichicastenango. Auf der großen Treppe werden auch religiöse Brandopfer vollzogen; daher darf sie von Touristen nicht betreten werden.*

nas zur Bekräftigung ihrer Bitten auf kleinen Plattformen opfern. Wichtig sind dabei auch die alte Anordnung der fünf Punkte, die die Welt bedeuten, und Zahlen wie die Vier und die Dreizehn, die schon immer magische Bedeutung gehabt haben, da sie sich auf die vier Haupthimmelsrichtungen und deren Götter beziehen und auf die 13 Zähler, mit denen die Tagesnamen im Ritualjahr kombiniert werden. Gebetet wird um eine gute Ernte, Gesundheit, Schwangerschaft und anderes. Angeblich kann man mit ganz bestimmten Opfergaben die Erfüllung ganz bestimmter Wünsche herbeiführen. Blätter und Piniennadeln sind Relikte der alten Reinigungszeremonien, mit denen vor der Ankunft der Spanier die Tempel gereinigt wurden.

Der Rauch unzähliger Kerzen und brennender Kopalbrocken hat im Lauf der Jahrhunderte die alten Altäre und Bilder so geschwärzt, dass die Vergoldung kaum noch zu erkennen ist. An der linken Längswand stehen Seitenaltäre für die Verehrung der Heiligen: Anna, Johannes und Lazarus, die als Helfer der Schwangeren gelten. Das große Holzkreuz wird bei der Osterprozession von unzähligen, einander abwechselnden Männern durch die Straßen der Stadt getragen, um die Qualen von Christus zu teilen. Das ehemalige Kloster dient heute als Kirchenverwaltung, Gesundheits- und Kulturzentrum. Der Gedenkstein im Hof erinnert an die Opfer des Guerillakrieges, als im Quiché-Gebiet die Führer der Rebellion saßen.

An der Südseite des Marktplatzes findet man das kleine **Museo Municipal,** in dem die nachklassischen Keramiken, Jadeobjekte und Idole (12.–15. Jh.) der Sammlung des Priesters Ildefonso Rossbach (um 1850) ausgestellt sind. Der goldene Schädelbecher, den die lokale Tradition gerne als Brautgeschenk aus dem fernen Peru für eine Quiché-Prinzessin erklärt, zeigt eine kaum erkennbare Darstellung des Regengottes mit seinen Ringaugen und langen Zähnen. Wei-

# Westliches Guatemala

*Quiché-Steinidol, 14./15. Jh., heute in Chichicastenango.*

tere kleine, unförmige Steinidole stehen in dem kleinen Park an der Westseite des Platzes, wo auch die kleine Kapelle **El Calvario** steht.

Einen Block dahinter bietet das **Hotel Maya Inn** neben einem idyllischen Innenhof spätkoloniales Ambiente und Kellner in traditionellen Trachten. Während die Frauen wie seit eh und je buntbestickte Blusen, gestreifte Röcke und strenge Scheitel tragen, haben die meisten Männer ihre traditionelle Tracht abgelegt. Stickmuster auf den Blusen symbolisieren mit den Strahlen um den Hals die Sonne, während mit den Zeichen auf Brust und Rücken die auf die weibliche Fruchtbarkeit verweisenden Mondphasen angezeigt werden. Manchmal bekommt man auf dem Zentralmarkt noch alten Schmuck, d. h. alte Silbermünzen, die mit kleinen Vögeln und Rehen zusätzlich verziert sind. Intersssant ist auch der **Friedhof** mit seinen kleinen, blauen oder weißen, gemauerten Totenhäusern, westlich des Hotels auf einem etwas niedrigeren Hügel.

Etwas außerhalb des Ortes erhebt sich im Norden der Hügel La Democracia. Hier steht das steinerne Idol des **Pascual Abaj**, vor dem noch immer Tiere, Kerzen, Mais und anderes geopfert werden. Die kleine Figur hat grob gearbeitet menschliche Züge und ist nicht sehr alt. Sie soll die Manifestation einer Erdgottheit sein, die allerdings nicht in den Schriften der Kolonialzeit erwähnt wird. Das Idol steht in einem kleinen Steinkreis, der mit der Asche unzähliger Feuer bedeckt ist. Vier kleine Steine markieren die Haupthimmelsrichtungen und bilden mit dem Idol das Symbol für Macht und die Welt. Mitglieder der Bruderschaften hatten vor einigen Jahren das Idol den Hügel hinabgestürzt, wobei es zerbrochen ist. Es ist auch schon einmal gestohlen worden. Um des lieben Friedens willen hat man es aber später wieder zurückgebracht. Curanderos vollziehen hier auch heute noch gerne ihre Rituale. Auf einem anderen heiligen Hügel ganz in der Nähe werden Ehebrecher durch Auspeitschen bestraft.

Etwa 20 km weiter östlich liegt **Santa Cruz del Quiché,** die Hauptstadt des Departamento Quiché. Die große, wenig interssante Kolonialkirche an der Plaza wurde von Dominikanern aus den Trümmern der alten Hauptstadt Utatlán errichtet, die nur 4 km westlich des modernen Zentrums liegt. Natürlich fehlt auf der Plaza auch die Statue des Tecún Umán nicht, der in den Rebellen der letzten Jahrzehnte seine Nachfolger gefunden hat, denen man ebenfalls ein Denkmal setzte.

## Utatlán

Der alte Name dieser Stadt war Cumarcaj (›Ort des Schilfs‹); er erinnerte also an das berühmte Tula/Tollan in Mexiko, dessen Name die gleiche Bedeutung hat. Die Überlieferung bringt die Gründung der Stadt mit dem Quiché-Fürsten Cukumatz (Quetzalcóatl, ›Gefiederte Schlange‹) in Zusammenhang (s. S. 158). Die Ruinen liegen auf einem Bergausläufer, der auf drei Seiten steile Abhänge aufweist und

# Utatlán

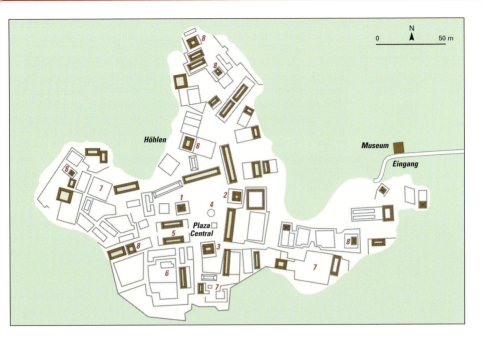

nur durch einen schmalen Zugang erreichbar ist. Die Quellen der Quiché berichten zwar, dass der Ort von einem ihrer Fürsten im 13. oder 14. Jh. gegründet worden ist. Doch Keramikfunde und kleine Probegrabungen haben gezeigt, dass hier schon im 10.–12. Jh. gesiedelt wurde. Die meisten Gebäude weisen drei Phasen der Überbauung auf.

Nach der Zerstörung durch Alvarado im Jahr 1524 sind die meisten Bewohner geflüchtet oder zwangsumgesiedelt worden. Die Frauen der beiden toten Herrscher sollen die zwei kleinen Seen im Süden und Westen mit ihren Tränen gefüllt haben.

Auf dem Weg von der Stadt zu den Ruinen passiert man links einige unscheinbare Hügelchen, die Reste von Vorstädten der alten Hauptstadt. Utatlán ist wenig beeindruckend, da bisher keine größere Ausgrabung stattgefunden hat. Aber das Panorama um das Stadtgebiet ist einen Umweg wert.

Von Osten kommend, durchquert man im Ruinengebiet zunächst den Bereich der **Clan-Quartiere,** große abgeschlossene Hofgruppen, die meist eigene kleine Tempel-Pyramiden hatten. Im Zentrum des ganzen Geländes liegt die **Plaza Central,** die im Westen und Osten von den beiden größten Pyramiden der alten Stadt bewacht wird und ein etwas kleineres Gegenstück im Süden aufwies. Hier sollen die Götter Tohil, Awilix und Hacawitz verehrt worden sein. Die unscheinbaren Hügel bildeten die Basen der einst bunt bemalten Tempel, in denen mancher Gefangene sein Leben zum Wohl des Stam-

Plan von Utatlán
1 Tempel des Tohil
2 Tempel der Awilix
3 Tempel des Hacawitz
4 Rundtempel des Cukumatz (?)
5 Ballspielplatz
6 Palast der Fürsten Cawek
7 andere Paläste
8 Tempel

mes verloren hat. Tohil war der Sturm- und Regengott. Avalix nannten die Quiché ihre Mondgottheit, und Hacawitz war für den Himmel zuständig.

Auf der Westseite der Plaza Central zeigen zwei lange parallele Hügel noch an, wo einst Ball gespielt wurde. Lange schmale Plattformen trugen früher Bauten mit Pfeiler- und Säulenfront, die freie Sicht auf das Geschehen in den Höfen und Plätzen erlaubten. Der kleine **Rundtempel** in der Mitte des Platzes mag zur Verehrung des Cukumatz (Windgott, auch Fürstenname) gedient haben. Im Süden schließen sich **Paläste** an, in denen die 28 höchsten Würdenträger residierten oder die Cawek, die bedeutendste Fürstenfamilie.

Ganz im Westen führt eine Treppe den natürlichen Steilhang hinab, die benutzt wurde, wenn in den **Höhlen** unter der Stadt den Göttern der Unterwelt und Fruchtbarkeit geopfert wurde. Eine der drei, am nordwestlichen Steilhang beginnenden Höhlen reicht bis unter das Zentrum des großen Platzes.

## Totonicapán

Von Santa Cruz del Quiché fährt man direkt nach Totonicapán im Westen, von dort aus in Richtung Norden nach Huehuetenango und schließlich nach Quezaltenango (Vorsicht, Überfälle). Sicherer ist es aber, über Chichicastenango zur Panamericana zurückzukehren

**Totonicapán** (Quiché *Chwi Mik'ina*), nordöstlich der Panamericana gelegen, war die zweitwichtigste Stadt der Quiché vor der Ankunft der Spanier. Hier war Tecún Umán, der Nationalheld des Landes, zu Hause. Vielleicht erhob sich gerade deswegen die Indígena-Bevölkerung 1820 unter Atanasio Tsul gegen die Oberherrschaft der Weißen und Mestizen. Nach nur 29 Tagen zerstörte die Armee den Traum von Freiheit, und die Bewohner zahlen wie alle Indígenas ihre Steuern. Das einzige sehenswerte Gebäude der Stadt, ein Theater im klassizistischen Stil, liegt direkt an der Plaza.

Zurück auf der Hauptstraße erreicht man nach der großen Straßenkreuzung (Cuatro Caminos) bei Kilometer 11 das Dorf **San Cristóbal Totonicapán,** wo die Spanier 1565 ihre Helfer aus Tlaxcala (Mexiko) und versprengte Quiché ansiedelten. Die Dorfkirche, dem heiligen Franz von Assisi geweiht, dürfte um 1820 ihre heutige Fassade erhalten haben, die dann später noch mehrfach restauriert worden ist. Mit Glockenstuhl im Giebel, Statuennischen und den Säulenpaaren folgte man noch der barocken Tradition. Doch die Kapitelle der Säulen und die Zierrahmen der Nischen entsprechen eher Vorbildern der Renaissance, so dass es sich insgesamt um einen klassizistischen Stil handelt. An den Seitenwänden im düsteren Innern der Hallenkirche stehen geschnitzte Barockaltäre, teilweise mit Silberbeschlag und -statuen geschmückt. Oberhalb des Ortes findet man im 3 km entfernten Ort **San Francisco El Alto** (Xochó) eine ähnliche Dorfkirche wie in San Andrés Xecul.

# Huehuetenango

Die Hauptstadt des Departamento Huehuetenango liegt am Fuß der Sierra de los Cuchumatanes und hieß in vorspanischer Zeit Chinabjul. Trotz der fast 45 000 Einwohner hat sich der Ort seinen Kleinstadtcharme bewahrt, wozu nicht zuletzt auch die in der Region lebenden Mam-Indianer beitragen. Außer einigen sehr klassizistischen Gebäuden wie die Kathedrale (1847), das Rathaus (Palacio Municipal, 1843) und das Regierungsgebäude mit Uhrturm an der Plaza Central fallen in der Stadt keine Gebäude auf. Viele örtliche Handwerker haben sich auf die Produktion von Mahlsteinen *(metate)* spezialisiert, die seit mehr als 6000 Jahren für die Verarbeitung von Mais benutzt werden. In den umliegenden Bergen werden Kupfererze sowie Zink und Blei abgebaut.

# Zaculeu

Etwa 3 km westlich der Stadt leuchten die geweißten Reste der alten Mam-Hauptstadt Zaculeu (›Weiße Erde‹) wie eine billige Reklame im frischen Grün des Hochlandes (1900 m). Die United Fruit Company hat 1947 versucht, ihren schlechten Ruf durch die Finanzierung der Ausgrabung und Restaurierung aufzubessern, mit ihrem Geld bzw. Zement jedoch mehr verborgen, als ans Licht gebracht. Trotzdem lohnt der Besuch, da man weniger Phantasie braucht als sonst.

Wie so oft widerspricht die lokale Tradition den Funden: Angeblich wurde Zaculeu im 15. Jh. von den Mam angelegt, nachdem die Quiché deren alte Hauptstadt Xelajú (Quezaltenango, s. S. 170) Mitte des 15. Jh. zerstört hatten. Tatsächlich wurde in Zaculeu schon seit

*Zaculeu, Blick zum Haupttempel Estructura 1*

# Westliches Guatemala

*Nach dem Spätklassikum müssen Neuankömmlinge am Ort erschienen sein, denn während man vorher die Toten in gestreckter oder gehockter Lage beigesetzt hat, wurden nun Brandbestattungen üblich. Die Asche der Toten hat man in großen Tongefäßen im Füllschutt der Gebäude beigesetzt. Zu den Grabbeigaben in den Urnen gehörte neben kleinen Stempelsiegeln aus Ton auch Reliefkeramik, die an ähnliche Ware aus der Spätzeit von Seibal erinnert. Knochenfunde geben Hinweise darauf, dass die 500 Jahre später eindringenden Quiché den Mam nicht nur Krieg ins Land brachten, sondern auch die Syphilis, die vielleicht sogar für die starke Bevölkerungsabnahme im 15. Jh. verantwortlich war.*

600 gesiedelt, wie einige recht kostbare Jadefunde aus Gräbern beweisen. Schon in dieser Zeit hatte man den Wohnort nach strategischen Gesichtspunkten gewählt. So wundert es nicht, dass der letzte Fürst Caibal Balam den Ort 1525 monatelang gegen Gonzalo de Alvarado, den Bruder Pedros, hielt und nur durch Aushungern zur Kapitulation gezwungen werden konnte.

Die lange Besiedlung wurde hauptsächlich durch Kleinfunde nachgewiesen. Aber auch einige der sichtbaren Bauten, die später immer wieder überbaut wurden, stammen noch aus der spätklassischen Zeit (Estructura 1). In einem Grab auf der Achse des Tempels hat man einen reich verzierten Spiegel aus Pyritmosaik gefunden und daneben auch eine Art Räuchergefäß, in das der Spiegel eingesetzt werden konnte. Man vermutet, dass solche Geräte bei Entzündung des neuen Feuers nach einer Kalenderrunde, also alle 52 Jahre, verwendet wurden. Die Verzierung des Spiegels weist wie die anderer hier gefundener Exemplare auf Verbindungen zur Totonaken-Kultur an der mexikanischen Golfküste hin.

Anders als in Iximché findet man in Zaculeu nur ein oder zwei geschlossene Gebäudekomplexe, was auf die weniger ausgeprägte Clan-Struktur zurückgeführt werden kann. Die kleinen **Estructuras 37 und 4** im Osten der Anlage sind wohl erst im 15. Jh. errichtet worden. Der große **Haupttempel** (Estructura 1) mit seinen vielen Stufen und der dreitürigen Cella stammt dagegen schon aus der frühen postklassischen Zeit, als die Quiché noch durch die Lande zogen (9.–12. Jh.). Im Hof vor der breiten Tempeltreppe errichtete man Plattformen für Opfer und Tänze. Die **Estructuras 6 und 13,** im Norden und Süden der Plaza 1 sollen als Logen oder als Audienzhallen genutzt worden sein. Sie wiesen teilweise eine Säulenfront auf. Südwestlich davon spielte man auf dem **Juego de Pelota** (22 und 23) Ball. Das Spielfeld entspricht in seiner Form mit den verbreiterten Enden dem mexikanischen Hochlandstil.

Die anschließenden Gebäude, die die Plätze 3 und 8 umgeben, könnten Paläste gewesen sein. Die Funktion des späten kleinen **Tempel 4** mit seinen langen seitlichen Ausläufern, wohl späteren Anbauten, ist noch unklar. Es könnte sich um eine Audienzhalle gehandelt haben. Der heute größtenteils nachgedunkelte Stuck der Gebäude entspricht kaum dem buntbemalten Originalzustand.

## San Andrés Xecul

Die Straße von San Cristóbal Totonicapán (s. S. 166) nach Quezaltenango passiert den kleinen Ort **Salcajá,** wo die Spanier 1524 ihre erste Kirche errichteten. Hier werden handgefärbte Stoffe, *ikat* oder *jaspe,* angefertigt, man kann sich auch mit einem Obstschnaps *(caldo de fruta)* für den holprigen Feldweg nach **San Andrés Xecul** stärken. Die Fassade der dortigen kleinen Kirche folgt in ihrem Aufbau mit den acht Paaren salomonischer Säulen und den beiden flankierenden

## San Andrés Xecul

Fassade der Dorfkirche von San Andrés Xecul, Anfang 18. Jh. Die Fassade entspricht dem hochbarocken Stil der Zeit, unterscheidet sich aber von allen ähnlichen Sakralbauten durch die grelle Polychromie, die vielfarbige Bemalung.

Türmchen den Vorbildern aus Zunil und Antigua. Doch die Stuckdekoration zwischen den Säulen und Heiligennischen zeigt hier in fast kindlicher Form die bunte Vorstellung der Indígenas vom Paradies. Über den unteren Statuennischen sitzen Putten in durchbrochenen Giebeln. Über dem Portal bereiten Engel den Altar für die Messe vor. Rechts und links des achteckigen Fensters darüber schwingen Engel Girlanden über den Häuptern des hl. Christopherus und des hl. Johannes. Auf der Balustrade zwischen den Glockenstühlen sitzen und liegen Zuschauer eines Festes vor Zweigen, in denen zwei Quetzalvögel sitzen. Ganz oben, über der obersten Nische mit dem Bild des hl. Andreas, richten sich zwei Jaguare an einer salomonischen Säule auf. Diese Bildgeschichte ist mit kräftigen Farben koloriert und kann als Meisterwerk lokaler Kunst betrachtet werden.

## Quezaltenango

Die zweitgrößte Stadt Guatemalas liegt im Schatten zweier Vulkane, Santa María (Mam *Yaxcanul*) und Cerro Quemado (Mam *Macamob*). Alvarado hat den eher verträumten und nachts etwas kalten ›Ort des Quetzal‹ auf dem Boden des alten Xelajú (›Am Fuß der Zehn‹), der einstigen Hauptstadt der Mam, gegründet. Unter ihrem Fürsten Quikab (1440–80) hatten die Quiché neben Xelajú, das damals Fürst 10-Hirsch regierte, um 1470 auch die Mam-Festung Zaculeu bei Huehuetenango erobert. Die Bewohner wurden getötet, versklavt oder mussten als Vasallen der Eroberer die Grenzen des großen Quiché-Reiches bewachen. In der späten Kolonialzeit und besonders zur Zeit des Kaffeebooms (spätes 19. Jh.) entwickelte sich der kleine Ort zu einer reizvollen Bergstadt. Bis 1840 war er für kurze Zeit Hauptstadt des unabhängigen Staates Los Altos, der zur Föderation der Mittelamerikanischen Staaten gehörte, ehe er von Carrera

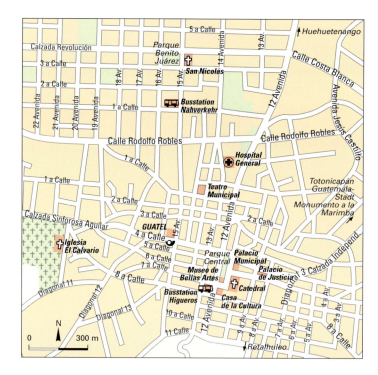

*Quezaltenango*

# Quezaltenango

*Nur die Fassade der Kathedrale von Quezaltenango entspricht nach mehrfachen Restaurierungen des Baus noch dem hochbarocken Stil ihrer Entstehungszeit.*

für Guatemala annektiert wurde. Nach dem schweren Vulkanausbruch des Santa María im Jahr 1902 verschönerten die *chivos*, wie die Bewohner der Stadt genannt werden, ihren Heimatort mit prächtigen Bauten, die mit dem Geld der großen Kaffeebarone bezahlt wurden. Man gründete hier 1883 mit dem Banco del Occidente das erste Geldinstitut Guatemalas. Quezaltenango gilt seit 1995, als der erste Indígena zum Bürgermeister gewählt wurde, sogar als heimliche Hauptstadt der Ureinwohner. Von den Einheimischen wird es wieder Xelajú, bzw. kurz Xela, genannt.

Das Herz Xelas ist der **Parque Central** oder Parque Centroamérica, an dem die prächtigsten Gebäude stehen, wo sich die Herren der Stadt die Schuhe putzen lassen, Zeitung lesen oder den buntgekleideten Indígenas in ihren gelben und lila Röcken nachschauen. Die **Kathedrale** an der Südostecke des Platzes ist 1902 fast völlig zerstört worden. Nur der mittlere Teil der Fassade blieb erhalten und zeigt die für das 18. Jh. typische Rankendekoration aus Stuck, die hier aber mehr an Teppichmuster erinnert. Die vorgesetzten Pfeiler sind horizontal mit Almohadillados gegliedert, und in den Nischen stehen die Statuen von Ordensheiligen. Die Dame oben links mit der Krone könnte Elisabeth von Thüringen (1207–31) sein, die trotz ihres königlichen Standes ihr Leben der Pflege von Kranken gewidmet hat. Sehr ungewöhnlich und etwas grotesk wirken die vier Engel neben dem Fenster über dem Portal.

Nördlich der Kathedrale schließt sich die **Municipalidad** (1897) an, das monumentale Rathaus im klassizistischen Stil. An der Front sind zwei Seitenflügel mit Giebeln durch ein mächtiges Gesims über einer Vorhalle mit überdimensionalen korinthischen Säulen miteinander verknüpft. Im Innern wird der Komplex durch einen kleinen Garten zentriert.

Südlich der Kathedrale schließt sich die klassizistische Casa de la Cultura an, die das **Museo Arqueológico** beherbergt. Hier wird die Fassade durch die nachgeahmte Front eines römischen Säulentempels in einen Zentralbau mit zwei Flügeln untergliedert. Spätklassische Keramik, Jadeobjekte und Steingeräte aus der Umgebung sind die Hauptexponate des Museums; daneben werden aber auch Trachten und ausgestopfte Tiere gezeigt.

Die Westseite der Plaza nehmen weitere klassizistische Bauten ein: das **Museo de Bellas Artes** und die 1900 von A. Porta errichtete **Pasaje Enríquez**. Das vor allem wegen seiner namengebenden überdachten Passage erwähnenswerte Kaufhaus ist ein in Rot und Weiß getönter Bau im ›Pseudo-Renaissance-Stil‹. Halbsäulen, Pfeiler und Gebälke der Fassade folgen den strengen Richtlinien der Renaissance. Selbst die Fenster und Türrahmen sind bis auf zwei Ausnahmen stilgerecht ausgeführt. Links und rechts des über zwei Stockwerke reichenden Haupttors hat man allerdings zwei gotische Doppelfenster mit Spitzbögen unter Stuckadler gesetzt. Das Ganze wird von fackelähnlichen Kandelabern gekrönt.

Etwas weiter nördlich, Ecke 1a Calle/14a Avenida, steht das klassizistische **Teatro Municipal** (1895). Vor seinen dorischen Säulen stellte man die Statuen lokaler Dichter und Musiker auf, ganz nach europäischem oder mexikanischem Vorbild. Offensichtlich wollten die reichsten Bürger der Stadt zeigen, dass man mit den Nachbarn konkurrieren konnte. Dieser Drang führte wohl auch zum Bau der neugotischen Kirche **San Nicolás** ganz im Norden am Parque Benito Juárez. Der Park ist nach dem mexikanischen Präsidenten und geborenen Zapoteken aus Oaxaca in Mexiko benannt.

Einige Dörfer der Umgebung weisen einen eigenen Kirchenstil auf, der zusammen mit den dort lebenden Indígenas für ein ausgeprägtes Lokalkolorit sorgt.

## Zunil

Auf dem Weg nach Zunil kommt man durch **Almolonga**, dessen Dorfkirche zwar im 16. Jh. gegründet wurde, die jedoch eine Espadaña-Fassade mit kissenartig gegliederten Pfeilern aus dem 18. Jh. besitzt (Almohadillado-Motiv).

Nur etwa 10 km südöstlich von Quezaltenango liegt **Zunil** mit einer hübschen Barockkirche (18. Jh.). Die heute ganz weiß getünchte Fassade wird von acht Paaren mächtiger salomonischer Säulen beherrscht, die insgesamt sechs Nischen mit sehr schlanken Heiligenstatuen flankieren. Bei den Heiligen dürfte es sich vornehmlich um Mitglieder des Franziskanerordens handeln, die diese Region unter ihrer Obhut hatten. Ganz links steht Franz von Assisi, der Ordensgründer, mit einem Vogel auf dem Kopf. Die obere Reihe wird

Kirche in Almolonga. Im Dorf werden nicht nur die christlichen Heiligen verehrt, wie sie in der Kirchenfassade dargestellt sind, sondern auch der recht zweifelhafte Maximón. Er erscheint als etwas groteske Puppe und lebt von Schnaps, Zigaretten und Geld, d. h. tatsächlich lebt ihr Hausherr davon.

von weiblichen Heiligen eingenommen, darunter Katharina von Siena, der die Kirche geweiht ist. Die Wandflächen sind mit einem Netz aus Pflanzenornamenten überzogen, die stark an getriebenen Silberschmuck erinnern und sicher nach Vorbildern aus der damaligen Hauptstadt Antigua angelegt worden sind.

Über dem Hauptportal erhebt sich eine Espadaña, eine freistehende Giebelwand mit Durchbrüchen für die Glocken, die wohl auf die gestuften Schmuckgiebel der Renaissance und Gotik zurückzuführen sein wird. Diese Art von Glockenmauer war in Mexiko besonders während des 16. Jh. üblich. Hier nehmen ihr die beiden Türme an den Ecken etwas von ihrer Bedeutung und ihrem Eindruck. Die Kirche ist meist verschlossen, da der Hauptaltar eine kostbare Silberstatue enthält.

# Westliches Guatemala

## An der Pazifikküste

In der trockenen, savannenartigen Küstenebene am Pazifik entdeckte man eine ganze Reihe von Zeremonialzentren, deren Pyramiden und Plattformen, aus Lehm und Erde gebaut und mit unbearbeiteten Steinen befestigt, wenig ansehnlich sind. Doch zu diesen künstlichen Hügeln gehörten Stelen, riesige Rundskulpturen und Altäre aus Basalt, die in verschiedenen Stilen verziert worden sind. Da bei einigen Monolithen stilistische Merkmale der Olmeken-Kultur zu erkennen sind und Stelen und Altäre in Stil und Thema ihrer Reliefs Verbindungen zu Izapa (Mexiko, Pazifikküste) und zu den Kulturen bei Veracruz (Mexiko, Golfküste) zeigen, gibt es einige Rätsel über die Herkunft ihrer Schöpfer. Zudem arbeitete man bei einer bestimmten späteren Gruppe von Reliefs mit den für das mexikanische Hochland typischen Tagesnamen im Kalender. Es gibt keinen Zweifel, dass der erste Anstoß zur Herstellung der Monolithenbilder von den Olmeken ausging (1. Jahrtausend v. Chr.), deren Darstellungsstil sogar noch auf Goldschmuck aus Costa Rica zu finden ist. In den letzten vorchristlichen Jahrhunderten scheint die Verbindung zu den Zentren der Olmeken abgebrochen zu sein, und die Qualität der Steinmonumente nahm beträchtlich ab.

*In der Küstenebene am Ufer des Pazifik haben Priester und Fürsten wohl schon im 2. Jh. v. Chr. die später auch von den Maya des Klassikums benutzte Langzeitrechnung entwickelt.*

Unter dem Einfluss von Izapa begann sich dann im 1. Jh. v. Chr. ein neuer Stil auszubreiten, der mit der Langzeitrechnung und den Glyphen der späteren frühklassischen Mayazentren arbeitete. Am Ende des Klassikums (500–900) folgte ein neuer Stil, der nicht nur mit Daten der mexikanischen Hochlandkulturen arbeitete, sondern auch andere Formen und Themen in seinen Darstellungen verwendete. Der letzte Stil wird hypothetisch mit den Náhuat (eine Variante des Náhuatl, der Sprache der Azteken) sprechenden Pipil in Verbindung gebracht; doch ist dies ebensowenig gesichert wie eine Zuweisung des früheren Stils an die Xinca. Angehörige der Pipil leben auch an der Pazifikküste El Salvadors, wo es ähnliche Steinmonumente gibt. Beide Stämme sind vermutlich vor von Norden eindringenden Eroberern wie den Quiché und Cakchiquel nach Süden ausgewichen.

## Abaj Takalik

Etwa 5 km westlich von San Sebastián zweigt man nach Überquerung des Río Nil von der CA-2 nach Norden zum Dorf El Asintal (5 km) ab. Weitere 5 km nördlich liegt Abaj Takalik, das schon 1896 bekannt war, doch erst seit 1976 intensiver untersucht wird.

Über eine Fläche von etwa 9 km² verstreut liegen mehr als 70 ›Hügel‹, auf neun großen Terrassen, die dem natürlichen Geländeanstieg folgen. Die vielen Hügel, als welche antike Bauwerke und Pyramiden heute meist zu sehen sind, und gefundene Keramik belegen, dass Abaj Takalik zwischen 500 v. Chr. und 200 n. Chr. das

*Abaj Takalik*

größte und wohl führende Zentrum in diesem Teil der Küstenebene am Pazifik gewesen ist. Einer der Gründe für die frühe Blütezeit dieses Ortes dürfte wie in Izapa (hinter der Grenze in Mexiko) der Anbau von Kakao, dessen Bohnen als Zahlungsmittel dienten, gewesen sein. Das aus den teuren Kakaobohnen bereitete Getränk konnten sich nur reiche und wichtige Standespersonen leisten. Personen hohen Standes waren wohl auch verantwortlich für die Herstellung und Errichtung der vielen monolithischen Denkmäler. Die meisten der Steinmonumente sind bisher im südlichen Teil der Hauptgruppe (Grupo Central) auf der Terrasse 2 gefunden worden, an deren Nordostecke der Eingang liegt.

Deutlich kann man bei einer Gruppe von Steinmonumenten, die vor den Pyramiden gestanden haben oder sogar in ihre Wände eingelassen waren, die typischen Merkmale des olmekischen Stils erkennen. So zeigt Monument 14 einen hockenden Mann, der im rechten Arm einen Jaguarundi oder einen Ozelot trägt und im linken ein Kaninchen. Die Kopfform mit großem Kopfputz, die wulstigen Lippen und die heruntergezogenen Mundwinkel des Fürsten geben ihm olmekische Züge. Monument 15 zeigt ähnliche Merkmale; hier gleichen die Hände des Menschen sogar Jaguarpranken, und die Rückseite ist als das Hinterteil eines Jaguars gearbeitet. Gerade die Jaguarzüge bei Menschen und Göttern sind ein wichtiges Indiz für den olmekischen Stil. Bei den Monumenten 16 und 17, jeweils ein olmekoider Kopf, den die Büste eines Menschen krönt, weist der Helm oben Ansätze für die Mittelkerbe auf, die bei den Olmeken meist ein Hinweis auf die Verbindung der Herrscher mit einem Fruchtbarkeitskult ist. Alle drei Monumente sollen zwischen 900 und 500 v. Chr. geschaffen worden sein und sind auf der dritten Terrasse gefunden worden, zu der Sie der Führer geleiten muss. Gleich hinter dem

*Fragment der Stele 12 vor Plattform 12 in Abaj Takalik. Zu erkennen sind die Füße eines Fürsten in der typischen Schrittstellung des frühklassischen Mayastils.*

175

## Westliches Guatemala

*An der Südostecke der Terrasse 3, etwas oberhalb des Parkplatzes, ist Monument 11 zu finden, das bislang noch nicht entschlüsselt werden konnte. Daneben liegt ein großer Opferstein, der zahlreiche künstliche Eintiefungen aufweist. Möglicherweise wurde er im Rahmen von Wahrsageritualen verwendet.*

Eingang zu den Ruinen rechts steht eines dieser frühen Monumente vor einer kleinen Plattform mit Grundmauern eines Hauses darauf. Der Basaltblock ist als Mensch in Jaguarhaltung mit einem halb tierischen und halb menschlichen Kopf gestaltet. Wände und Dach des dahinterliegenden Hauses waren wohl aus Holz und Palmblättern gefertigt.

Eine zweite Stilgruppe bilden die Monumente 11, 12 und die Stele 4, die im Stil der Ornamente, der Symbole und der Glyphen mit den frühesten Mayamonumenten z. B. in Tikal und Uaxactún zu vergleichen sind (ca. 100–200). Während Monument 11 lediglich Glyphen in Form von Menschen- und Götterköpfen mit reichem Kopfschmuck enthält, wahrscheinlich Daten und Hinweise auf einen Fürsten, zeigt **Monument 12,** der Altar vor Gebäude 4 auf der Plattform 3, einen fürstlichen Ballspieler mit Schutzgürtel und Armschützern auf einem Ballspielplatz, der als Band mit Götterbüsten an den Enden dargestellt ist. Über dem Spieler spannt sich das Himmelsband mit stilisierten Krokodilsköpfen an den Enden und geometrischen Ornamenten, die den Mayaglyphen für Sonne und Venus *(kan ek')* entsprechen. Die zoomorphen Götterköpfe lassen Verbindungen zu den Reliefs von Izapa erkennen, doch die dort typischen Himmels- und Erdsymbole sind hier nicht zu finden. Flankiert wird der Spieler von Spalten mit jeweils vier Kopfglyphen. Der Mann am linken Bildrand ist, hierarchische Ordnung andeutend, etwas kleiner dargestellt. Die Haltung seiner Hand entspricht einem späteren Bitt- oder Präsentationsgestus. Nach seinen Füßen zu urteilen hieß er, wie viele spätere Mayafürsten auch, ›Jaguarpranke‹.

Südwestlich des Parkplatzes schließen sich die Hauptgebäude von Terrasse 2 an. Vor der Westseite der **Plattform 12** fand man acht Steinmonumente. Monument 8 zeigt einen Menschen, der aus dem Schlund eines Tieres erscheint. Stele 11 vor der Treppe zeigt zwei Fürsten, Vater und Sohn, im Gespräch. Der Vater kam etwa im Jahr 90 an die Macht, der Sohn im Jahr 137. Auf den Schmalseiten sind zwei untergeordnete Fürsten auf ihren Thronen sitzend abgebildet.

Die Stelen 1, 2, 3, 5 und 12 wurden zwischen 40 v. Chr. und 150 n. Chr. angefertigt. Auf allen sind wie auch bei Altar 12 ein oder zwei Fürsten mit dem Unterleib im Profil und den Füßen in leichter Schrittstellung, der Oberkörper in Dreiviertelansicht und der Kopf wieder im Profil abgebildet, was dem Kanon der frühesten Mayastelen entspricht. Meist sind die Bilder durch Spalten mit Glyphen ergänzt, und mehrere Monumente tragen sogar Langzeitangaben wie die späteren Mayastelen. Die Kopfbedeckungen der Fürsten enthalten Hinweise auf ihre Namen: So zeigt ein langschnabeliger Vogel wohl an, dass der Träger Reiher hieß. Die Menschenköpfe am Gürtel entsprechen der Mayaglyphe *ahau* oder *mek'* und bedeuten ›Herrschaft‹, während die Götterköpfe als *k'ul* (›Vertreter der Gottheit‹, ein Fürstentitel) zu lesen sind. Sogar eine Form des Herrschaftsbündels ist im Arm des Fürsten auf Stele 2 zu erkennen. Zu dieser Gruppe scheint auch Monument 44, vor Gebäude 10 auf Terrasse 2, zu gehören: der Rumpf eines knienden Gefangenen, dessen Arme hinter dem Rücken gefesselt sind.

Vor der Plattform 12 stehen auch Monument 66, ein Alligator, wohl das Symbol für Süßwasser aus Flüssen und Seen, also ein Hinweis auf Fruchtbarkeit, und Monument 9, eine Eule. An der Ostseite der Plattform fand man weitere acht glatte Stelen und eine Froschskulptur, ein Zeichen der Fruchtbarkeit. Neun Monumente mögen die neun Monate einer Schwangerschaft symbolisieren, und der Frosch ist in vielen Kulturen ein Geschenk an die Götter nach einer gelungenen Geburt, da der hockende Frosch die natürliche Gebärhaltung der Frauen einnimmt. Fünf unterschiedliche Benutzungsphasen hat man an diesem Gebäude unterscheiden können, was einer Nutzungszeit von etwa 125 Jahren entsprechen mag.

Südlich von Plattform 12 liegt ein **Schwitzbad**, weiter westlich die **Plattform 11**, vor der sich Stele 12 befindet. Weiter südlich hat man einen Ballspielplatz entdeckt, der jetzt als Wiese zu sehen ist. Noch weiter südlich befindet sich das kleine **Museum**, in dem Keramik, Geräte und eine Kopie von einer der berühmten Jadeitmasken ausgestellt werden, die hier am Ort gefunden wurden und heute in der Schatzkammer des MNGC aufbewahrt werden. Am Weg findet man Erklärungen zu Pflanzen dieser Region und einige heimische Tiere, die in kleinen Käfigen präsentiert werden.

Zahlreiche weitere Monumente sind in Abaj Takalik gefunden worden, doch sind sie stilistisch nur schwer einzuordnen und kaum zu datieren. Jedenfalls scheint der Ort zu Beginn des Klassikums (200) seine dominierende Stellung verloren zu haben, denn eine Weiterentwicklung des Stils ist nicht zu erkennen. Vielleicht hat sich die Bevölkerung nach einer Phase der Ballung, in der sie vermutlich aus Siedlungen am Río Naranjo (La Victoria und La Blanca) nach Abaj Takalik kam, wieder auf die weitere Umgebung verteilt, wie dies etwa gleichzeitig in Kaminaljuyú, einem Ort im Hochland mit ähnlichen Reliefs, festzustellen ist.

Stele aus El Baúl, dargestellt ist eine Fürstin beim Opfer. Nach dem Datum lautete ihr Name 12-Geier.

# El Baúl

Als letzte vor den Spaniern erreichten und eroberten die Cakchiquel im 15. Jh. das Gebiet um Escuintla und Santa Lucía Cotzumalguapa. Sie vertrieben dabei die Náhuat sprechenden Pipil, die schon vorher mit den Tzutuhil-Maya um die Region gekämpft hatten. Die Pipil waren wahrscheinlich schon Ende des 6. Jh. in diese Region eingewandert. Ihnen wird auch ein Teil jener Reliefs zugeschrieben, die in die späte Klassik datiert werden und stilistisch eindeutige Verbindungen zu den mexikanischen Hochlandkulturen erkennen lassen. Diese Zuordnung ist allerdings nicht unbedingt überzeugend, da es sich bei den Urhebern auch um die ebenfalls aus dem Norden eingewanderten Xinca gehandelt haben könnte. Im 16. Jh. begannen Franziskanermönche mit der Christianisierung der Region. Klöster und

# Westliches Guatemala

Kirchen wurden zum Ruhme des neuen Gottes und Glaubens in Ortschaften wie Santiago (bei El Baúl) und Santa Lucía Cotzumalguapa, San Francisco und San Juan Ichanqueque errichtet. Seitdem man in der Region im 20. Jh. vermehrt Zuckerrohr für den Export anbaut, kommen Indígenas aus dem Hochland zum Ernteeinsatz an die Pazifikküste und verehren einige der hier gefundenen vorspanischen Monolithen als Bilder ihrer alten Götter.

Aus Richtung San Sebastián fährt man auf der CA-2 nach Osten bis Santa Lucía Cotzumalguapa. Dort fährt man weiter nach Norden bis El Baúl. Auf dem Gelände der Finca El Baúl entdeckte man mehrere Monolithen, von denen einige ins MNGC gebracht worden sind, doch die größten befinden sich entweder bei den Plantagengebäuden oder in situ, d. h. vor ihren Tempelhügeln unter Kaffeebüschen und in Zuckerrohrfeldern.

**Stele 1** gilt als das berühmteste und berüchtigste Objekt an diesem Fundort, dessen Datierung seit Jahrzehnten Anlass zu heftigen wissenschaftlichen Diskussionen bietet. Über einem Band aus verschiedenen Symbolen ist rechts ein schreitender Fürst mit Stab in der Rechten unter Wolkenvoluten mit den Gesichtern von Göttern oder Menschen dargestellt, während die linke Stelenhäfte mit Glyphen bedeckt war, teils gemalt und teils im Relief. Das Datum in der Langzeitzählung der Maya lautet 7.19.15.7.12. (36 n. Chr.). Die Tagesglyphe, oben links, zeigt einen Kieferknochen, der Teil der mixtekischen Tagesglyphe ›Gras‹ ist. Warum der Mayatag Eb (Leiter), auf den das entsprechende Langzeitdatum fällt, hier durch ein Zeichen der Mixteken angezeigt wird, ist bislang unerklärbar geblieben.

Hinter dem Fürsten steigt aus einem Altar oder Räuchergefäß *(brasero)* Rauch auf, der als Kette zu den Wolken im Himmel dargestellt wurde. Durch das Verbrennen von Kopalharz und Opfern wurde also eine Verbindung zu Himmelsgöttern und Ahnen hergestellt, die im Relief durch einen Götter- und einen Menschenkopf in den Wolken wiedergegeben sind. Vermutlich wurde die Stele im 1. Jh. hergestellt, als man noch mit den Daten von Izapa gearbeitet hat oder sehr enge Verbindungen zu Kaminaljuyú hatte, wo ähnliche Datumsglyphen belegt sind. Es gibt aber auch die Ansicht, dass die Stele sehr viel später zur Erinnerung an die Vergangenheit angefertigt worden ist.

Eine kleinere Reliefplatte zeigt einen Fürsten oder Gott, dessen Unterleib als Riesenkrabbe geformt ist. Der Mann hantiert mit blühenden Pflanzenstengeln, und die Daten 2 Affe und 6 Affe sind links und rechts oben in den Ecken eingefügt. Das erste Datum kann auch als Mayatag 2 Ahau gelesen werden; das zweite bezeichnet wohl den Stiftungstag der Platte. Mindestens eines der beiden Daten war kein Geburtstag, sondern der Name des Gottes, der für das Pflanzenwachstum zuständig war. Das Krabbenmotiv ist so selten nicht: Stele 5 aus Bilbao (s. S. 180) zeigt den opfernden Fürsten mit einer Krone, die als Krabbe geformt ist und in deren Panzer ein menschliches Gesicht eingearbeitet ist. Im ›Popol Vuh‹ wiederum wird der Dämon Zinacatán erwähnt, der von Krabben getötet wurde.

*Krabbengottheit auf einer Reliefplatte aus El Baúl*

*El Baúl*

*Monumentalkopf 3 von El Baúl. Noch heute opfern die Saisonarbeiter aus dem Hochland hier ihrem Dios Mundo, einer Inkarnation des Helden Tecún Umán aus der Kolonialzeit.*

Auf Stele 5 von El Baúl bildete man eine Ballspielszene ab. Über der Basis, die von sechs hockenden Menschen getragen wird, steht der mit einem Tierhelm ausgestattete Sieger, die Hände in die Seiten gestemmt, über dem Verlierer, den er auch noch anspuckt. In zwei runden Scheiben hat man unter dem Himmelssymbol das Datum 2 Geier verzeichnet. Weitere Indizien für Einwanderer liefern die Nagelköpfe von Menschen mit einer Schnabelmaske, die Ehecatl, den Gott des Windes aus Zentralmexiko, darstellen und um 700 in Gebäudewände eingelassen wurden. Eine ganz andere Geschichte erzählt das Relief 21 auf einem nur an der Oberfläche bearbeiteten Felsblock, heute auf der Plaza in Santa Lucía Cotzumalguapa. Ganz rechts sitzt eine Person auf einem Thron neben einem Wasserbecken. Ein sehr viel größer dargestellter Mann wendet sich im Weggehen zurück zum Thron und bietet ein Objekt in der Linken dar. Unzählige Pflanzen und Symbole füllen die Freiräume um die Hauptpersonen aus.

Der beinahe vollplastische **Monumentalkopf 3** von El Baúl stellt einen alten Mann mit Stirnband dar. Hier vollziehen die zum Ernteeinsatz aus dem Hochland kommenden Indígenas noch heute ihre Rituale, wie die Wachsreste auf dem Block erkennen lassen. Sie verehren den Kopf als Dios Mundo (Weltgott), als ihren riesenhaften Helden Tecún Umán. Sie glauben, dass der Körper des Riesen die Akropolis bildet, auf der der Kopf steht.

## Westliches Guatemala

*Stele 5 aus El Baúl im Bild und als Umzeichnung; die Basis mit den hockenden Menschen fehlt auf der Fotografie.*

Das **Monument 2** (heute auf dem Plaza in Santa Lucía wie Relief 21), auf dem sich eine vergrabene oder aus der Erde aufsteigende Person mit reichem Ornat zeigt, wird als María Tecún, die unter diesem Namen christianisierte Gemahlin des Helden, verehrt (ursprünglich hieß sie Alxit, s. S. 73). Die runden Scheiben, die zum Datum 8 Hirsch gehören, werden von den Indígenas als 5- und 10-Centavo-Münzen gedeutet, und man opfert, um sich vor der Krankheit Geldgier zu schützen. Beide Monumente gehören zeitlich wohl in die Zeit zwischen 600 und 800. Eine kleine Jadefigur ist das einzige plastische Werk aus El Baúl, das eindeutig olmekischen Stils ist.

Die meisten kleineren Monumente aus den Ruinen sind heute im Zentrum der Plantage, am Eingang der kleinen Ortschaft, neben einer deutschen Lokomotive von 1927 aufgestellt.

## Bilbao

Wenig östlich von Santa Lucía Cotzumalguapa liegt die archäologische Stätte Bilbao. Acht große Stelen und viele kleinere Steinmonumente, die auf dem Gelände der **Finca Bilbao** gefunden wurden, hat man schon 1880 nach Deutschland verkauft. Daher sind die wertvollsten Monolithen des Ortes heute im Museum für Völkerkunde in Berlin zu sehen. Eine schwere Stele fiel beim Transport an der Mole von Puerto San José ins Meer, wo sie noch heute liegt, und zwei sind im MNGC.

Die Steinmonumente sind auf dem kleinen Anbau einer großen künstlichen Terrassenanlage gefunden worden, auf deren vier unterschiedlich hohen Stufen Tempelreste oder Pyramiden zu erkennen waren. Die Reliefs von Bilbao bilden stilistisch eine Gruppe der so genannten **Cotzamalhuapa-Kultur,** die entlang der Küste über etwa 150 km nachweisbar ist. Die Reliefs sind vor dem Hintergrund erhaben und die Details in feinen Ritzlinien gearbeitet. Die um 90 Grad gedrehte Darstellung der Zehen (von oben) und die verwendeten Daten sind atypisch für die Maya, finden aber in den sehr ähnlichen Bildern der Totonaken an der Golfküste von Mexiko eine Entsprechung. Wie die Totonaken scheinen die Bewohner Bilbaos, oder besser deren Herrscher, eine Vorliebe für das rituelle Ballspiel gehabt zu haben, dessen Verlierer geköpft wurde. Die rituelle Tötung stand sicher in Verbindung mit einem Fruchtbarkeitskult, der auf dem Gedanken basierte, dass die Erträge der Felder von der Opferung menschlichen Blutes abhängen.

Auch bei der Bekleidung der Spieler und ihrer symbolischen Bedeutung gibt es Parallelen zur Golfküste. Die steinernen Nachbildungen der Knieschützer *(hacha),* die in El Baúl gefunden worden sind, tragen wie bei den Totonaken Bilder von Schädeln, Schlangen und Menschenköpfen in Tierhelmen (MNGC), und dienten wie an der Golfküste als Grabbeigaben und Opfergaben für erfolgreiche Spieler. Die Datierung dieser Reliefs ist noch sehr widersprüchlich, wahrscheinlich stammen sie aus der Zeit zwischen 600 bis 800. Die Künstler dürften aus Mexiko gekommen sein.

## La Democracia

Weiter auf CA-2 in östlicher Richtung zweigt bei Siquinalá eine Straße Richtung Süden nach La Democracia ab. Auf der Plaza sind einige der so genannten Fasskörpermonolithen ausgestellt, die man in der näheren Umgebung gefunden hat, und die wohl zwischen 500 und 300 v. Chr. zu datieren sind. Mit ihren aufgequollenen Gesichtern, den runden Körpern und den nur angedeuteten Extremitäten ähneln diese Figuren nur sehr bedingt den oft zum Vergleich angeführten olmekischen Plastiken. Ähnlich unproportionale Figuren mit fassartigen Körpern (von den Archäologen ›pot-bellies‹ genannt) sind auch in Kaminaljuyú, Tikal und in El Salvador gefunden worden; ihre Bedeutung ist aber noch unklar. Bei einigen hat man rechteckige Aussparungen auf der Brust eingearbeitet, in denen einmal Spiegel aus Jadeit oder Pyrit eingesetzt waren. Solche Spiegel schützten gegen Verzauberung, können aber auch je nach Material als Symbol für Herz oder Leben ganz allgemein verstanden werden. Weitere Exponate, vor allem vom Gebiet der Finca La Ilusión findet man in einem kleinen Museum in La Democracia.

Über Escuintla gelangt man in die Hauptstadt Ciudad de Guatemala zurück.

# Östliches Guatemala

# Alta Verapaz

Wenn man von Ciudad de Guatemala auf der CA-9 Richtung Osten fährt, zweigt bei El Rancho links die CA-14 nach Cobán ab. Etwa 4 km vor Purulhá hat der 1981 ermordete Biologe Mario Dary den 1000 ha großen Naturschutzpark **Biotopo Universitario para la Conservación del Quetzal** gegründet. Der bis 3000 m hoch gelegene Nebelwald bietet nicht nur den *quetzales*, den Wappenvögeln Guatemalas, den optimalen Lebensraum. Auch Tukane und Motmots fühlen sich in der sehr artenreichen Vegetation mit ihren unzähligen Orchideen und Bromelien wohl.

*Besonders sehenswert:*

*Cobán*
*Esquipulas* ☆
*Quiriguá* ☆
*Castillo de San Felipe*
*Naj Tunich*

## Cobán

Die Hauptstadt des Departamento Alta Verapaz, Cobán am Río Cahabón, war Ende 1900 sogar Sitz eines deutschen Vizekonsuls. Bartolomé de las Casas hat den Ort 1538 als Zentrum des ›Freistaates‹ Verapaz gegründet. Bereits 1544 erhielt Cobán das Stadtrecht. Dank der Unterstützung Karls V. konnte der streitbare Bischof die ganze Region für spanische Siedler sperren; die dort lebenden Indígenas genossen zumindest rund 50 Jahre lang – bis die Sperre aufgehoben wurde – den Schutz der katholischen Kirche. Mitte des 19. Jh. holte die guatemaltekische Regierung deutsche Siedler ins Land, die bald auf großen Plantagen Zuckerrohr, Kardamom und Kaffee anbauten; sie wurden jedoch während des Zweiten Weltkrieges enteignet. Auch heute produzieren die Plantagen die gleichen Exportprodukte und sichern den Cobán einen gewissen Wohlstand.

Die herrliche Landschaft mit den wilden Stromschnellen des Río Cahabón und der dichten Vegetation, die das ganze Jahr über Tausende von Blüten schmücken, machen den idyllischen Ort (25 000 Einwohner) auch für Touristen interessant. Außerdem haben sich einige Fincas auf die Zucht von Orchideen spezialisiert. Die örtliche Bevölkerung besteht zu 80 % aus Kekchí sprechenden Indígenas, aber auch Blondschöpfe fallen im bunten Straßengewimmel auf.

Der Regierungssitz des Departamento stammt aus dem 17. Jh. Gegenüber liegt die 1559 von Dominikanern errichtete **Kirche El Calvario,** zu der eine lange, von Altären gesäumte Treppe hinaufführt. Die Fassade zieren mächtige, horizontal gegliederte Halbsäulen *(almohadillados,* ›kleine Kissen‹), die möglicherweise von salomonischen Barocksäulen abgeleitet sind. Auch wenn sie hier das früheste Beispiel für diesen Typ sein sollten, können sie frühestens aus dem 17. Jh. stammen. Im selben Jahrhundert fertigte Evaristo Zúñiga die Statue Christi im Innern. Er gehört zu einer Bildhauerfamilie aus Antigua, deren größter Künstler den berühmten Christus in der Kirche Nuestra Señora de la Merced in Ciudad de Guatemala schuf. Schöner als das komplett renovierte Innere der Kirche ist der

◁ *Festung Castillo de San Felipe am Izabal-See*

# Östliches Guatemala

Markt hinter dem Sakralbau. Dort werden noch heute Silberarbeiten angeboten, für deren Herstellung der Ort einst berühmt war.

Ähnlicher Silberschmuck wird noch im kleinen Dorf **San Pedro Carchá** (6 km östlich) hergestellt, das sich sonst noch einer kolonialzeitlichen Brücke, einer Dorfkirche, eines Regionalmuseums – hauptsächlich Mayakeramik und Trachten – und natürlicher Badeteiche, der **Balnearios Las Islas**, rühmen kann.

Rund 53 km weiter östlich kann man die **Grutas de Lanquín** besuchen. In der riesigen Höhle entspringt der Río Lanquín. Die Indígenas haben hier schon in vorspanischer Zeit ihren Unterwelts- und Fruchtbarkeitsgöttern auf kleinen Altären Opfer dargebracht.

## Auf dem Weg nach Puerto Barrios

### Esquipulas

*Auf dem heiligen Boden des Ortes Esquipulas einigten sich die Präsidenten von Costa Rica, Honduras, Guatemala und Nicaragua 1986 auf einen Friedensplan, der die Aktivitäten der Guerilla, der Rechtsextremisten und der Armeen beenden sollte. 1992 wurde dieser an gleicher Stelle unterzeichnet. Oscar Arias Sánchez, der Präsident Costa Ricas, bekam 1987 für seine Initiative den Friedensnobelpreis.*

Bei Río Hondo zweigt die Straße nach Esquipulas ab. Ein paar Kilometer hinter der Abzweigung findet man rechts den Hinweis auf das Museum in **Estanzuela.** Hier werden neben geologischen und paläontologischen Exponaten auch einige Objekte der alten Maya gezeigt. Die etwas groben Steinskulpturen, die Klingen aus Obsidian und Feuerstein sowie die mit Pseudoglyphen bemalte Keramik stammen meist aus dem Departamento El Progreso, wo man an der CA-9 östlich von El Rancho hinter einem kleinen Fußballplatz am Hang des Flusstales zahlreiche Gräber aus dem 8. oder 9. Jh. entdeckt und ausgeraubt hat. Eines der Gräber ist im Museum wiederaufgebaut worden. Der alte Ort scheint eine Siedlung für das Sammeln von Jade

*Pilgerbusse in Esquipulas*

*Esquipulas*

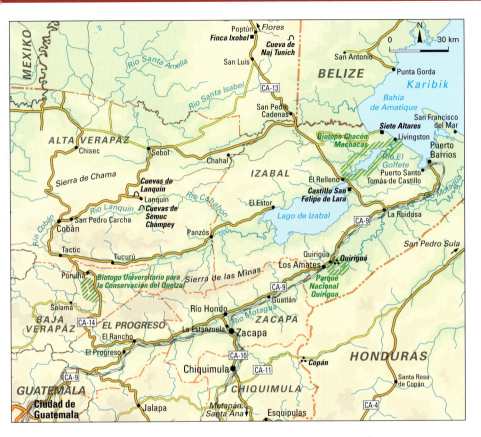

Übersichtskarte des östlichen Guatemala

gewesen zu sein, die noch heute in großen, vom Wasser rund gewaschenen Steinblöcken im Flussbett gefunden wird. Ganz in der Nähe findet man im Ort Acasaguastlán noch eine schöne Dorfkirche aus dem 18. Jh. (s. Abb. S. 44)

Etwa 8 km hinter Chiquimula zweigt bei Vado Hondo die Piste nach Copán in Honduras (s. S. 270) ab. Bleibt man auf der Asphaltstraße, erreicht man nach weiteren 44 km **Esquipulas**. Die Kleinstadt hat für die Indígenas aus ganz Mittelamerika eine besondere Bedeutung als Wallfahrtsort. Hier wird die berühmte Holzstatue des Cristo Negro verehrt, die Quirio Cataño 1594 geschnitzt hat, der als einer der bedeutendsten Künstler Guatemalas gilt und auch in Antigua arbeitete. Da besonders am 15. Januar jeden Jahres Tausende aus allen Teilen des Subkontinents zur Anbetung nach Esquipulas pilgern, errichtete man schon 1759 eine mächtige Kathedrale mit vier Ecktürmen, die auf einem erhöhten, ummauerten Temenos steht. Der Plan erinnert an die Kathedrale von Valladolid in Spanien. Die weißgetünchte Riesenkirche zeigt außen klassizistische Züge. Im Innern

# Östliches Guatemala

steht hinter Glas die edelsteinverzierte Christusstatue. Wegen der schwarzen Körperfarbe hat die Figur eine besondere Bedeutung für die Indígenas, außerdem werden ihr Heilkräfte nachgesagt. Diesen Christus können die Einheimischen als einen der Ihren akzeptieren, und er kann gleichzeitig als ein Bild des Ek Chuah, des alten Todesgottes der Maya und Beschützer der Händler, verehrt werden.

Kunsthistorisch ist die Kirche unbedeutend, doch die auf den Knien zur Kirche rutschenden Gläubigen und die vielen Devotionalienhändler vermitteln einen Eindruck von der Gläubigkeit der Pilger. Übernachtungsmöglichkeiten gibt es am 15. Januar im Umkreis von 50 km nicht.

## Quiriguá

Von Río Hondo aus weiter auf der CA-9 Richtung Osten erreicht man das heutige Quiriguá. Kurz hinter dem Ort zweigt rechts eine Piste zum antiken Mayazentrum Quiriguá ab, das inmitten von Bananenplantagen liegt. Der Ort ist schon in vorklassischer Zeit (250 v. Chr. bis 200 n. Chr.) besiedelt worden, möglicherweise von Einwanderern aus Belize oder Yucatán.

Die frühen Zeremonialzentren des Ortes liegen nicht unter den Mauern der Gebäude aus spätklassischer Zeit (7. bis 9. Jh.), sondern wurden als kleine Baugruppen im Umkreis von etwa 1 km rund um das das jüngste Zentrum entdeckt. Die Funde aus dem Frühklassikum liefern wenige Informationen über die Menschen des 2. bis 4. Jh. Glücklicherweise begann man dann aber, auf Steinmonumenten per Bild und Text über die Geschichte des Ortes und seine Herrscher zu berichten. Schon Ende des 5. Jh. gab es in Quiriguá Bündelherrscher, doch hatten die Herren von Copán hier das Sagen. In der **Gebäudegruppe 3C-7,** etwa 1 km nordwestlich der Hauptgruppe, hat man die

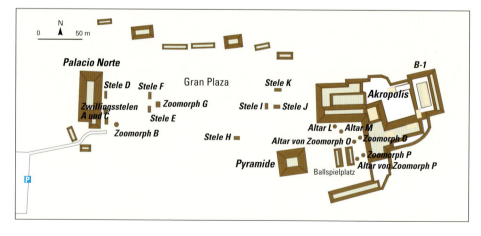

*Plan von Quiriguá*

# Quiriguá

*Die berühmten Stelen von Quiriguá werden geputzt.*

Stelen 21 (478) und 26 (493) gefunden, die stark zerstört und kaum lesbar sind. Doch erkennt man den frühen Stil der Herrscherdarstellung und die Namen des 3. und 4. Fürsten von Copán.

Die **Hauptgruppe** in Quiriguá, das Zentrum der spätklassischen Zeit, beeindruckt nicht durch die Architektur. Doch die riesigen Stelen und Altäre aus einem festen Sandstein hinterlassen einen unvergesslichen Eindruck. Auf einer großen Plaza vor dem Palast und dem dazugehörigen Tempel prahlten die letzten Herrscher von Quiriguá auf Stelen und auf ihren Stelen und klotzigen Altären in Form von Tieren und Mischwesen (sog. Zoomorphen) mit ihrem Sieg und damit über ihre Unabhängigkeit von Copán. Gleichzeitig bezogen sie sich in den langen Texten auf ihren Stelen aber auch auf ihre Vorfahren, die aus Copán, Pusilhá und Nim Li Punit stammten, um so ihr Recht auf die Herrschaft zu betonen.

Auf der Frontseite von **Stele A** vor dem **Palacio Norte,** wohl einer Art Tribüne für hohe Gäste, ließ sich der 14. Fürst des Ortes abbilden. Die mächtige Krone aus Götterköpfen dokumentiert seine erlauchte Stellung. Das Bündel der Herrschaft hat er an die Brust gedrückt. Das Erdmonster bildet die Basis der Darstellung. Im Text auf den beiden Schmalseiten berichtet der Fürst Chaah Bitun Ka'an (›Rauher weißer Himmel‹) mit dem amerikanischen Spitznamen Cauac Sky (›Donner-Himmel‹), dass er im Jahr 775, am Tag 6 Ahau 13 Kayab (9.17.5.0.0.), das Ende einer Fünf-Jahresperiode gefeiert hat, die Stele aus Stein aufstellen ließ und sich in der fünften 20-Jahresperiode seines Lebens befand, also über 80 Jahre alt war. Er brüstete sich, ein großer Amtshalter zu sein und der 4. Fürst aus der Linie der schwarzen Fledermäuse, die auch in Nim Li Punit (Belize) beheimatet war. Ganz am Ende erwähnt er das Wichtigste, seinen Sieg über den 13. Herrscher von Copán, dessen Spitzname 18-Kaninchen ist.

## Östliches Guatemala

*Stele E von Quiriguá, die der 14. Fürst, den man Cauac Sky nennt, 711 aufstellen ließ.*

Auf der Rückseite ist ein Wesen mit menschlichem Körper und Jaguarpranken als Herrscher mit dem Bündel und der Jahreskrone als Symbol für das Ende eines Jahres abgebildet. Der Kopf des Wesens entspricht der Kopfzahl ›Sechs‹ bei 6 Ahau in der Langzeitangabe auf der linken Seite, d. h. es handelt sich um den 6. Herrscher von Quiriguá mit dem Namen Ich'ak (›[Jaguar]-Pranke‹), dessen Herrschaft laut Text auf der rechten Seite oben im Jahr 519 am Tag 6 Ahau 13 Chen schon 19 Jahre beendet war. Ich'ak, der Sohn des 5. Fürsten, hat also bis 500 regiert, er hieß wie sein Großvater, der der 4. Fürst von Copán war. Auch hier zeigt sich, dass die Maya wie die Herrscher im Alten Orient Papanomie pflegten, d. h. Enkel und Großvater trugen den gleichen Namen, aber nicht Vater und Sohn.

Cauac Sky (bzw. ›Rauher weißer Himmel‹) ließ zum gleichen Datum auch die **Stele C** daneben aufstellen und an der Front mit seinem Bild versehen. Hier begann er auf der rechten Schmalseite mit einem Hinweis auf den Beginn der Mayazeitrechnung (4 Ahau 8 Kumku = 3114 v. Chr.). Auf der linken Schmalseite griff er auf das Jahr 6 Ahau 13 Yaxkin (455) und auf den ersten Herrscher Chakan (›Papageienfeder‹) der Familie Tsul (›Hund‹, ›Fremder‹) aus Pusilhá zurück, der hier in Quiriguá regiert hatte und einer seiner Vorfahren gewesen ist. Dieses Datum verband Cauac Sky über eine lange Distanz von 16 Katun und 5 Tun – dabei unterlief dem Steinmetzen auch noch ein Fehler, denn er vermerkte 17 Katun – mit dem Aufstellungsdatum (775) seiner Stelen, um so über die Abstammung seine Legitimität zu dokumentieren.

*Die Basis der figürlichen Reliefs an Front und Rückseite von Stele C trägt weitere Daten (z. B. 619) und den Hinweis auf den 1. und 9. Herrscher. Das Bild des tanzenden ersten Fürsten ist auf der Rückseite eingearbeitet. Er trägt an Hand- und Fußgelenken Schmuck in Form von Götterköpfen, die k'ul (›Vertreter‹, ein Fürstentitel) bedeuten. Seine Linke hält ein verknotetes Seil mit Enden in Form von Götterköpfen, das zu seiner Krone hinaufläuft und die Verbindung zwischen Vergangenheit und Gegenwart symbolisiert.*

Fünf Jahre später (780) ließ Cauac Sky den Altar **Zoomorph B**, eine Art Monsterkröte, aus deren Maul ein Herrscher schaut, aufstellen. Die kurze Inschrift ist hier aus komplizierten Glyphen gebildet, die aus ganzen Figuren bestehen und in ihren Details noch nicht verstanden werden. **Stele D**, eine weitere Stele vor dem Palacio Norte, hatte der 14. Fürst im Jahr 766 aufstellen lassen. Die Reliefs vorne und hinten zeigen ihn hier mit Schild und Götterzepter in den Händen. Im langen Text auf den Seiten berichtet er von seiner Inthronisation im Jahr 724 und dem 40-Tun-Jubiläum seines Machtbeginns (764). Auch ein Hinweis auf seinen Vater im Jahr 710 – der Name ist leider unleserlich – und den Erben des Gründers, der im Norden regierte, im Jahr 489, fehlt nicht.

Auch die beiden nächsten Stelen weiter südlich, **Stele E** (771) und **Stele F** (761), stellen Cauac Sky dar, einmal sogar mit Spitzbart (Stele F), und wurden während seiner Herrschaft aufgestellt. In den Inschriften – Stele F weist bei der Tun-Angabe 12 einen Fehler auf, es muss 13 heißen – meldet der Fürst seinen Machtantritt und den Sieg über 18-Kaninchen, den 13. Fürsten von Copán. Auch bei Stele E ist der Text nicht ganz fehlerfrei, wahrscheinlich weil die des Schreibens unkundigen Steinmetzen beim Kopieren von ihrer Papiervorlage nicht aufgepasst haben. Natürlich fehlen im Text nicht die Hinweise auf die Vorfahren (z. B. den 11. Fürsten im Jahr 627), die Verwandtschaft aus Pusilhá und den Sieg über Copán (738).

Der Text von Stele F beginnt links mit dem Datum der Thronbesteigung des 14. Fürsten (9.14.13.4.17., 12 Kaban 5 Kayab bzw. 724), erwähnt den Sieg über Copán und endet mit dem Hinweis auf eine halbe Katun-Periode im Jahr 761. Rechts wird mit diesem Datum wieder begonnen und die 10 Tun später erfolgte Aufstellung der Stele später notiert. Es folgen dann Hinweise auf den Großvater, den 12. Fürsten von Copán, der in Personalunion wohl der 11. Herr war, dem man in Quiriguá gehorchte, und auf dessen Krieg im Westen (671).

## Östliches Guatemala

Die große Steinkröte **Zoomorph G** ließ 785 der 15. Fürst, Sohn und Nachfolger von Cauac Sky aufstellen, der bei seiner Thronbesteigung schon 60 Jahre alt war und einige Siege an seine Fahne geheftet hatte. Aus dem Maul des Tiers schaut ein Herrscher heraus, wohl der 14. Fürst, der im Jahr 785 verstorben war. Der Sohn Ka'an Balam (›Himmelshüter‹, mit Spitznamen Sky Xul = ›Himmelsende‹), verherrlicht in dem Text seinen Vater und dessen Taten, vor allem den Sieg über Copán. Die Höhe seiner Skulpturen, die andere Stelen in Copán weit überragen, sollte wohl auch die Unabhängigkeit betonen.

Die Ähnlichkeiten mit Copán gehen bei **Stele H** weiter, bei der die Inschrift auf der Rückseite in einem Flechtmuster angeordnet ist, das die Matte, auf der Herrscher zu sitzen pflegten, symbolisiert. Solch eine Schriftanordnung findet man auch auf Stele J in Copán und auf einer weiteren Stele in La Florida (Petén). Der sehr stark erodierte Text gibt das Datum 751 an, und damit handelt es sich um die erste Stele, die der 14. Fürst des Ortes aufstellen ließ.

*Politische und familiäre Bande zu benachbarten großen Dynastien sicherten Quiriguás Position als Zwischenhändler von Kakao, Jadeit und Salz im Fernhandel der Maya.*

Der gedrungene, etwas kindlich wirkende Herr auf der Front von **Stele I** (804) ist der 16. Fürst Quiriguás, der den Spitznamen Jade Sky (›Jadehimmel‹) von den Forschern bekommen hat. Auf der Rückseite ist der junge Fürst auf dem erhöhten Thron sitzend unter einem Himmelsband abgebildet. Seine Namensglyphen können Chakal U Ka'an (›Roter Mond-Himmel‹) gelesen werden, und er kam im Jahr 802 an die Macht.

**Stele J** (756) daneben stammt wieder vom 14. Herrn des Ortes und mag das Vorbild für das vorher beschriebene Monument gewesen sein. Hier erwähnt der Fürst, dass er Nachfolger des 13. Fürsten von Quiriguá ist, der wohl noch unter der Oberhoheit der Fürsten von Copán stand. Hinweise auf diese Situation findet man auf **Altar L** aus Quiriguá (653, ursprünglich nahe Altar M), der heute im MNGC ausgestellt ist. Dort wird Cha'ak Hasak (›Wurzel der Banane‹), der 13. Fürst Quiriguás, als dritter Erbsohn des 12. Fürsten von Copán genannt, der als Sieger über Quiriguá eine Prinzessin des Ortes geheiratet hatte. Cha'ak Hasaks Tochter sollte dann später einen Mann aus Pusilhá geheiratet haben, der den Familiennamen Tsul einbrachte. Das Wort bedeutet im Yukatekischen sowohl ›Hund‹ als auch ›Wirbelsäule‹, und das ist die Orts- oder besser Familienglyphe der Herrscher von Quiriguá und Pusilhá in Belize.

**Stele K**, wie Stele I etwas zwergenhaft, wurde vom 16. Fürsten, Jadehimmel, im Jahr 805 aufgestellt. Weiter südlich passiert der Weg rechts die Reste des Ballspielplatzes und links **Altar M**, einen kleinen Hundekopf mit der Glyphe Imix im Auge. Da die Glyphe Imix (›Brust‹) auch für *bak* (›Säugling‹) steht, ist hier im Jahr 734 ein Hinweis auf den jungen Sohn des 14. Fürsten gegeben worden.

Von den anderen Monumenten hier sind die beiden großen Monsterwesen Zoomorph O und P besonders interessant, da sie die besten Beispiele für den Symbolismus in der Kunst der klassischen Maya sind. Ihnen sind jeweils noch zwei so genannte Altäre zugeordnet, die aus riesigen, bis zu 60 t schweren Flusssteinen bestehen.

# Quiriguá

*Altar Zoomorph P, 795 aufgestellt vom 15. Fürsten. Unten vorn der Kopf des aufsteigenden Gottes, dessen Füße im das Zeichen Ik bildenden Glyphenband oben im Hintergrund stecken. Man sieht die Szene hier also auf dem Kopf stehend.*

**Zoomorph O** (790) stellt einen doppelköpfigen Himmelsdrachen dar. Der eine der Köpfe ist als Schädel ausgebildet. Der Drache symbolisiert also Anfang und Ende, Geburt/Leben und Tod. Der dazugehörige Altar trägt ein zentrales Schriftband, das in Form der Glyphe Ik (›Seele‹, ›Wind‹) angeordnet ist. Die Basis dieses T-förmigen Zeichens bildet ein Götterkopf als Symbol der Erde. In den Wolkenvoluten des Himmels am breiten Rand des Symbols tummelt sich ein ganzer Gott, wohl Itzamná, der Herr des Himmels. Der Text beginnt mit der Angabe 9.17.14.16.18., d. h. 9 Etsnab 7 Kankin bzw. 785, dem Jahr der Inthronisation des 15. Fürsten, und endet im Jahr 790. Dazwischen wird ein Abstecher in die 80 Jahre Herrschaftszeit der letzten beiden fürstlichen Vorgänger gemacht.

**Zoomorph P** ist eine dreiköpfige Komposition. Auf einer Seite ist in einem geöffneten Maul, dessen Lippen als Schriftband ausgeführt sind, ein Götterkopf abgebildet. Links neben dem Maul beginnt die Inschrift mit dem Datum der Aufstellung, 4 Ahau 13 Keh (795), und greift natürlich auf seinen Vorfahren Cauac Sky, den 14. Fürsten, im Jahr 771 zurück. Im anderen Maul auf der gegenüberliegenden Seite sitzt der 15. Fürst (Sky Xul) mit Schild in der Linken und Götterzepter in der Rechten, was andeutet, dass er schon einen Erben hatte. Auch hier sind auf den Lippen des Monstermauls Gruppen von Glyphen eingearbeitet. Oben ist ein weiteres Maul mit einem Götterkopf darin abgebildet. In die Augen der Monsterköpfe sind Glyphen eingearbeitet, und jeder freie Raum zwischen den Motiven ist mit Symbolen wie der Glyphe Tun (›Stein‹) bedeckt. Es scheint, als hätte der *horror vacui*, die Angst vor der leeren Fläche, die Künstler zu solcher Zierde angetrieben.

Der zugehörige Altar ist sogar noch reicher geschmückt, und zwar mit Darstellungen kosmologischer Vorstellungen. Im Zentrum des

## Östliches Guatemala

Gesamtbildes steht das Schriftband in Form des Zeichens Ik. Am kurzen Arm, dem Stamm des T-förmigen Zeichens, ist der Muan-Vogel, der Bote der Götter, mit Kopf, Flügeln und Krallen eingearbeitet. Aus dem Querbalken des gespaltenen T vom Ik-Zeichen steigt eine Götterfigur heraus, deren lange gespaltene Zunge Himmelssymbole trägt. Zwei Trodeln an der Krone des Gottes enden in Schlangenköpfen, und seine Hände halten Bänder, deren Enden kleinere Götterköpfe bilden. Letztere sind Hinweise auf die Sturmgötter, da sich in ihren Augen das Zeichen Ik (›Seele‹, ›Wind‹) befindet.

Die Herren, die diese Monumente aufstellen ließen, residierten in der ganz im Süden liegenden **Akropolis,** die in vier Phasen ausgebaut worden ist. Die frühesten Gebäude, die man bei Tiefgrabungen unter den späteren Bauten gefunden hat, werden zwischen 600 und 720 datiert. Auch damals stellten die Herren von Quiriguá schon Stelen auf, doch leider ist Stele T (692) stark zerstört und daher nicht ausgestellt. Eine Bestattung unter der **Plattform 1B-6** gehört ebenfalls in diese Zeit. Der Tote, dessen Zähne mit Jade eingelegt waren und dem eine Jadeperle, das Zeichen des Lebens, in den Mund gelegt worden war, könnte durchaus der Erbauer des ersten Palastes gewesen sein, dem man einen eigenen Grabtempel gestiftet hat.

Die zweite Bauphase, die nur sehr kurz war, setzt man zu Beginn der Macht des 14. Fürsten an (720–40). Die dritte Phase rechnet man ihm und seinen Nachfolgern zu, also der Zeit, zu der sich Quiriguá endlich aus der Abhängigkeit von Copán befreien konnte (740–810).

*Am Hafen von Livingston*

Die vierte und letzte Ausbaustufe ist in der **Audienzhalle B-1** am Südrand bestens durch eine Gesimsinschrift datiert, die im Jahr 810 von dem großen Ek' Kaan, dem 17. Fürsten des Ortes, angelegt wurde. Sie berichtet auch von einem Opfer des Yax Pak, des 16. Herrn von Copán, der wohl hier im Exil gelebt hat, nachdem er aus seiner Heimatstadt vertrieben worden war.

Quiriguá lag an der alten Handelsstraße zwischen dem oberen Motagua-Tal, wo viel Jade gefunden wurde, und dem Meer. Die familiären Verbindungen der Herrscherdynastie scheinen besonders in diese beiden Richtungen geknüpft worden zu sein, um den Handel zu sichern. Nach dem Ende der Dynastie wurde der Ort nicht vollständig verlassen, denn eine Chac Mool-Figur, die hier gefunden wurde und sich heute im National Museum of the American Indian in New York befindet, zeigt eindeutig, dass um 950 Einwanderer aus dem Norden zeitweilig hier Halt gemacht haben, bis sie wahrscheinlich nach Naco in Honduras weitergezogen sind.

Heute wird das ganze Umland von der amerikanischen Obstfirma Del Monte kontrolliert. Sie hat damit fast erreicht, was dem berühmten Reisenden und amerikanischen Repräsentanten John L. Stephens 1839 noch nicht gelang, da er den geforderten Kaufpreis von mehreren hunderttausend US-Dollar für zu hoch hielt.

## Puerto Barrios und Lívingston

Von Quiriguá kann man weiterfahren zur Hafenstadt **Puerto Barrios,** wo regelmäßig Boote nach Lívingston verkehren. Außerdem kann man Bootsausflüge in das sehr schöne Naturschutzgebiet Río Dulce unternehmen. Der Hafen hatte seine Blütezeit vor 30 Jahren, als die United Fruit Company von hier aus ihre Bananen verschiffte. Heute wirkt er etwas verschlafen und weist nur einige drittklassige Hotels auf.

Das kleine Städtchen **Lívingston** wird hauptsächlich von den dunkelhäutigen Garífuna bewohnt, aus deren bunten, auf Pfählen stehenden Holzhäusern an jeder Straßenecke die beliebte Reggae-Musik erklingt. Nicht nur das Ambiente entspricht der Karibik, auch die Speisen scheinen aus den Küchen der Kreolen und Rastafaris zu kommen. Einige kleine, aber nette Hotels laden zur Übernachtung ein, und man kann sich an den weißen Stränden ausruhen oder in idyllischen Wasserfällen baden (Siete Altares, 6 km entfernt).

## Castillo de San Felipe

Auf der Straße von Guatemala-Stadt nach Puerto Barrios, etwa 37 km hinter Quiriguá bei La Ruidosa, zweigt die Straße nach El Relleno und Tikal (CA-13) links ab. El Relleno ist ein bequemer Ausgangspunkt für Bootsfahrten ins Naturschutzgebiet Río Dulce. Im

Biotopo Chocón-Machacas kann man noch einige der seltenen Salzwasserseekühe sehen, die auch Manatis genannt werden.

Am Ausfluss des wunderschönen Lago de Izabal liegt die spanische Festung **Castillo de San Felipe de Lara**. Der Name bezieht sich auf den spanischen König Philipp II. und auf den spanischen Offizier Antonio de Lara. De Lara ließ die Festung, die im frühen 16. Jh. errichtet worden war, 1651 zum Schutz gegen Piraten ausbauen. Die Schäden eines Piratenangriffs 1684 hat Jacinto de Barrios Leal kurze Zeit später beheben lassen.

Die senkrechten, nur etwa 5 m hohen Mauern und die zwei vorspringenden Türme an den Ecken der Front entsprechen dem Festungsbau der Frührenaissance (1510) und sind kaum geeignet, Kanonenbeschuss zu widerstehen. Sie reichten aber durchaus, um mit Bogen und Speeren bewaffnete Indígenas abzuwehren, und dazu passen auch die Ziegeldächer über den Wehrgängen, die verhinderten, dass Brandpfeile der Gegner das Pulver der Verteidiger zur Explosion brachten. Auch die verwinkelten Innenräume scheinen eher zur Bequemlichkeit der Besatzung angelegt worden zu sein. Zur Festung gehört heute ein kleiner Park mit Restaurant, Schwimmbad und frei herumlaufenden Schildkröten.

## Naj Tunich

Weiter in Richtung Tikal endet die asphaltierte Straße in Poptún. Kurz vorher liegt links der Straße bei Km 101 die **Finca Ixobel**. Die amerikanischen Besitzer nehmen Gäste auf (Zimmer, Camping- und Schlafplätze) und organisieren Touren zu Fuß oder per Maultier zu den berühmten Höhlen von Naj Tunich dicht an der Grenze zu Belize (28 km).

**Naj Tunich** (›Steinhöhle‹) wurde erst 1979/80 von den Mayabauern Emilio und Bernabé Pop, Vater und Sohn, die in der Nähe siedeln, durch Zufall bei der Jagd entdeckt. Die Tropfsteinhöhle ist in einem Kalkstein- und Kalzitmassiv auf natürliche Weise entstanden, doch seit dem 4./5. Jh. haben Maya die Höhle, die für sie den Eingang zur Unterwelt (Xibalba) symbolisierte, für rituelle Handlungen besucht. Das beweisen Keramikscherben, die man in den Resten von kleinen Bauwerken im Eingang gefunden hat. Im 8. Jh. scheint die Höhle eine Art Wallfahrtsstätte gewesen zu sein, denn damals malte man figürliche Szenen und Glyphentexte an die Wand. Die Texte erwähnen Personen von mindestens drei verschiedenen fürstlichen Familien, sogar von Calakmul, das ca. 200 km weiter nördlich liegt. Die Schreiber/Künstler, man glaubt, mindestens drei Hände unterscheiden zu können, dürften in dem kleinen Ruinenort ganz in der Nähe gelebt haben. Für die Maya war Xibalba vornehmlich ein Platz des Bösen, aber auch gleichzeitig der Ort, wo es lebenswichtiges Süßwasser gab und wo man Fruchtbarkeitskulte vollzog.

*Castillo de San Felipe, Naj Tunich*

*Castillo de San Felipe*

Die figürlichen Darstellungen zeigen vornehmlich spärlich bekleidete Männer, die sich Blut aus dem Penis abzapfen, um es den Göttern als Speise anzubieten. Seltsamerweise taucht die bekannte Glyphe für ein solches Opfer in den Texten nicht auf. Ballspieler in ihrer Schutzkleidung, mit dem Ball auf der Treppe eines Juego de Pelota, hat man auch dargestellt, sicherlich weil das Spiel für die Wiedergeburt der Sonne (am Morgen) abgehalten wurde. Im ›Popol Vuh‹ der Quiché wird berichtet, dass die Zwillinge Hun Hunahpú und Vucub Hunahpú in die Unterwelt marschierten, um ihren Vater zu rächen, und von den Göttern der Unterwelt zum Ballspielen aufgefordert wurden. Zum Spiel kam es nicht, da die Götter ihnen eine Falle stellten und sie anschließend töteten.

Weitere Abbildungen zeigen in linearem Stil, nur mit schwarzer Farbe und teilweise sehr elegant gemalt, eine oder mehrere Personen, die Opfergaben bringen, in Gespräche vertieft sind und wohl auch einen Geschlechtsakt im Stehen vollziehen. Da häufiger auch Damen in den Texten erwähnt werden, hat man auch eine Verehrung der Mondgöttin Ix Cheel an diesem Ort in Erwägung gezogen. Unter den Stalaktiten dieser Höhle, vor spärlich erhellten Zeichnungen, erscheint dem Besucher die noch heute blühende Welt der alten Mayareligion seltsam und geheimnisvoll.

Die nächsten größeren Mayaruinen liegen an der Straße nach Tikal: links der Piste nach 20 km Ixtutz und rechts nach 30 km Ixcún.

# Die Petén-Region

## Tikal und Umgebung

Die berühmtesten Mayaruinen des Landes können auf dem Landweg von der Hauptstadt oder von Belize aus erreicht werden, was allerdings etwas beschwerlich ist, da die Straßen nicht durchgehend asphaltiert sind. Leichter ist es, nach Flores zu fliegen (zum Aeropuerto Internacional Santa Elena) und von dort per Bus oder Mietwagen in den großen Nationalpark zu fahren, dessen Hauptattraktion die Ruinen bilden. Da der Park gleichzeitig ein Naturschutzgebiet ist, haben hier auch viele Tiere eine sichere Bleibe gefunden. Meist sieht man auf der Wanderung zu den Ruinen Brüll- und Spinnenaffen, Ameisenbären, wilde Truthähne, Pekaris und Moctezuma-Goldpendel *(péndula de oro)*, schwarze Webervögel mit gelben Streifen an den Schultern.

Früher nahm man an, dass *tikal* mit ›In der Macht‹ übersetzt werden kann. Neuerdings schlagen L. Schele und D. Mathews, zwei sehr angesehene amerikanische Archäologen, nach der Abstammungsglyphe *mukul* (›Grab‹) als Namen für die Stadt vor, ohne dies allerdings näher zu begründen. Tatsächlich ist die besagte Glyphe ein dickes Bündel, das von einem kräftigen Knoten zusammengehalten wird. Daher sollte das Zeichen *Kuch K'ax* (›Last des Bündels‹) gelesen werden, was ein sehr guter Name für die einst mächtigste Stadt im Petén wäre. Schon der Name gibt also Anlass zu Kontroversen. Sicher ist allerdings, dass hier nicht vor 500 v. Chr. gesiedelt wurde, und dass der Ort jünger ist als z. B. El Mirador und Nakbé.

Bekannt war Tikal schon im 18. Jh. Doch die ersten Untersuchungen fanden erst 1848 statt. Nach sporadischen Besuchen früher Forschungsreisender des 19. Jh. führte das Carnegie Institute (USA) unter Leitung von S. G. Morley 1926–37 erste Ausgrabungen durch, die bis in unsere Zeit durch andere ausländische Institute und zuletzt durch das nationale archäologische Institut Guatemalas fortgesetzt wurden.

**Besonders sehenswert:**

Tikal ☆☆
Uaxactún ☆
Río Azul ☆
Yaxhá ☆
Nakum
Topoxté
Naranjo
Seibal ☆
Dos Pilas ☆
Altar de los Sacrificios

## Geschichte Tikals

Der kurze Abriss soll nicht nur ein geschlossener Überblick über die Geschichte Tikals sein. Er gibt auch die nötigen Informationen zu den Steinmonumenten, die sich im neuen Museum (Tikal-Stelenmuseum, TSM) am Eingang zu den Ruinen befinden. Von einigen der Stelen und Altäre sind Kopien angefertigt worden, die man an den ursprünglichen Standorten aufgestellt hat. Es ist vorteilhaft, zuerst das Stelenmuseum zu besuchen, wo man sich am großen Modell der Stadt einen Überblick verschaffen kann und die Nummern der Stelen an den Seiten oder hinten in Farbe aufgemalt sind. Das ältere Museum (Tikal-Museum, TM), mit zahlreichen Kleinfunden aus den Herrschergräbern, sollte man dann zum Schluss besichtigen.

◁ *Tempel I von Tikal*

*Petén-Region*

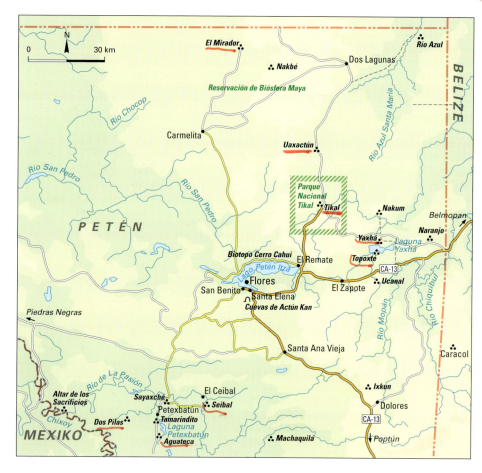

*Übersichtskarte der Petén-Region*

Die Nachfahren der ersten Siedler begannen bereits 300–200 v. Chr., öffentliche Gebäude auf großen künstlichen Plattformen anzulegen (von der Nord-Akropolis überbaut). Doch aus dieser Zeit bekommt der Besucher nur wenige Kleinfunde in den Museen in Tikal und im MNGC zu sehen. Größere Repräsentationsbauten wurden etwa ab 100 v. Chr. errichtet. Damals hat es wohl auch schon erste Fürsten am Ort gegeben. Zwei Mitglieder der ersten Dynastie scheinen in den Gräbern 166 (50 v. Chr.) und 85 (100 n. Chr.) unter der Nord-Akropolis bestattet worden zu sein. Eine kleine Fuchsitmaske mit Augeneinlagen aus Muschelschale ist im Tikal-Museum (TM) ausgestellt. Als Herrschaftszeichen trägt der Kopf ein Blütendiadem. Außerhalb von Tikal scheinen diese Herren keine große Rolle gespielt zu haben. Glyphentexte aus ihrer Zeit sind bisher nicht in Tikal gefunden worden.

# Tikal

Die historischen Informationen über die ersten Fürsten der zweiten Dynastie stammen ebenfalls nicht aus ihrer Zeit, sondern aus der ihrer Nachfahren. So wird der Gründer Yax Moch Xok oder Yax Kolol Xok (›Ersten Gehorsam herausziehend‹) zwischen 219 und 238 datiert. Die meisten späteren Herrscher bezogen sich in ihren Inschriften auf ihn. Meist gaben sie sogar die Nummer ihrer Nachfolge an. Letzteres trifft leider für die ersten acht Fürsten nicht zu, so dass nichts über die nächsten beiden Fürsten bekannt ist.

Der erste Herrscher, von dem eine Stele gefunden worden ist, war Voluten-Ahau-Jaguar (Stele 29, TSM), der wohl Xilah Balam (›Es richtete sich auf der Jaguar‹) hieß und 292 an die Macht kam. Er dürfte der 3. **Fürst** Tikals gewesen sein. Wie sein Nachfolger wird auch er im Text von Stele 31 (445, TM) vor 320 erwähnt. Der Text ist an dieser Stelle unklar und sagt nur, dass Mond-Null-Vogel oder K'alam Tsuk (›Arroganter Reiher‹), wohl der 5. **Fürst**, vor 317 gelebt habe. Glücklicherweise ist eine Jadeitplatte (Leidener Museum, Niederlande) bekannt, auf der dieser Fürst ebenfalls erwähnt wird. Das Datum der Platte, 320, hält man für sein Inthronisationsjahr. Es wird aber auch noch erwähnt, dass sein Vorgänger Chak Ich'ak hieß. Nach der Abbildung auf der Leidener Platte hat Tsuk mindestens einen Gegner sich zu Füßen gelegt, d. h. ihn besiegt.

Tsuks Sohn war Jaguarpranke II. bzw. Nohol Ich'ak (›Große Pranke‹), der als 7. **Fürst** an die Macht kam (Stele 28), weil seine Mutter Wak Chakal (›Sechste Große‹) ein paar Jahre mit ihrem Mann Muan regierte (Stele 2). Der 7. Fürst hat jedenfalls bis etwa 377 regiert und um 360 Uaxactún angegriffen. Außerdem scheint er Probleme mit dem ältesten Sohn Rauch-Frosch oder Yam Sihil (›Erstgeboren‹) gehabt zu haben. Nohol Ich'aks Macht muss um 376 sehr groß gewesen sein, denn damals ließ er seine Stele 5 in Uaxactún aufstellen. Sein Sohn Yam Sihil, der **8. Fürst,** mag von Río Azul Hilfe bekommen haben, wo er inschriftlich belegt ist. Er scheint mütterlicherseits vom Fürsten Xoch' oder Ikim (›Eule‹) abzustammen und dürfte höchstens zwei Jahre in Tikal regiert haben. Danach musste er sich vor dem neuen Fürsten nach Uaxactún zurückziehen, wo er bis 402 geherrscht hat.

Der **9. Fürst,** Locken-Nase oder Yax K'axul Uak (›Erster Erbe von Sechs‹), bestieg den Thron Tikals im Jahr 379, besiegte Río Azul um 392 und feierte 396 zusammen mit Uts Ek' Kan (›Guter schwarzer Stein‹), dem 7. Fürsten von Xultún (nordöstlich von Tikal) sein erstes Katun-Ende (9.18.0.0.0.). Yax K'axul stammte vom 6. Fürsten ab, sein Vater war Hul K'atun (›Pfeil-Krieger‹), der wohl selbst nicht an die Macht kam und dessen Mutter aus Kaminaljuyú kam. Vermutlich war Yax K'axul mit einer Prinzessin aus Xultún, seinem Verbündeten im Kampf gegen Río Azul, verheiratet. Wie kriegerisch diese Fürsten waren, zeigen ihre Titel Maah Bak (›Geborener Harter‹ oder Maah K'atun (›Geborener Krieger‹) und Chuen Bak'il (›Lasso-Künstler‹). Letzteres bedeutet nicht, dass sie Cowboys waren, sondern ist lediglich als Hinweis auf erbeutete Gefangene zu verstehen.

*Die hier zumeist doppelte Namensgebung der Fürsten von Tikal ist auf die Tatsache zurückzuführen, dass die Namensglyphen teilweise sehr unterschiedlich gelesen werden. Der erste Name entspricht jeweils den bisherigen Veröffentlichungen; der zweite Name mit der Übersetzung wird vom Autor vorgeschlagen (s. auch S. 61 ff).*

*Der 5. Fürst von Tikal auf der Jadeitplatte im Museum von Leiden.*

Herrscher von Stele 9, vermutlich der 15. Fürst von Tikal. Aufgestellt wurde Stele 9 504 n. Chr.

Etwa um 406 regierte in Tikal der **10. Fürst,** der Frosch-Himmel oder Sihil Kaan (›Geboren hoch‹) genannt wird. Zu seiner Zeit scheint sich Uaxactún wieder von Tikal gelöst zu haben. 16 Jahre später regierte schon der **11. Fürst** in Tikal. In Privatsammlungen gibt es einige Keramikgefäße, auf denen Sturm-Himmel oder Wakal Pan (›Banner-Beginn‹) als 11. Fürst notiert ist. Er ließ die berühmte Stele 31 aufstellen, und im Jahr 462 feierte man auf Stele 1 40 Jahre seines Herrschaftsbeginns. Er starb laut Stele 2 aber bereits 455 und wurde ein Jahr später in Grab 58 unter dem Tempel 5D-33 auf der Nord-Akropolis beigesetzt, wo man später auch seine Stele 31 vergrub. Er war auf jeden Fall ein jüngerer Bruder des 9. Fürsten. Wakal Pan hat seinen Vater Hul K'atun mehrmals auf Stele 31 erwähnt und wohl auch seinen eigenen Sohn nach ihm benannt bzw. auf der Schmalseite der Stele abgebildet. Gemäß Stele 26 von Uaxactún (MNGC) stand dieser Ort 445 nicht mehr unter Wakal Pans Herrschaft, sondern wohl unter der seines Sohnes.

Sein Nachfolger Gelbes Schwein, der **12. Fürst** Tikals, ließ die Stelen 9 und 13 anfertigen, deren Stil sich grundlegend von den Monumenten seiner Vorgänger unterscheidet. Kein Vorfahre ist bei ihm als Bild oder Symbol angezeigt, und statt des vorher üblichen Herrscherbündels trägt er einen einfachen Stab in der Hand. Sicher ist er kein Sohn des 11. Fürsten gewesen; und nur ein späterer Herrscher bezieht sich auf ihn. Sein Name lautet wahrscheinlich K'axul Ek' K'an Kit (›Erbe des schwarzen Stein-Vaters‹), was bedeutet, dass er mütterlicherseits ein Nachfahre des 7. Fürsten von Xultún war und wohl nur an die Macht kam, weil seinem Vorgänger kein Nachfahre während seiner Regierung geboren worden war. Viel ist nicht über ihn bekannt, doch dürfte er zwischen 468 und 480 für mehr als elf Jahre regiert haben. Vom **13. Fürsten** ist keine Stele gefunden worden. Lediglich auf einem Gefäß unbekannter Herkunft entdeckte man seinen Namen, der aber leider stark zerstört war. Daher wird er provisorisch Vogelschädel oder Maah K'ina Chan genannt.

Im Jahr 486 oder 488 bestieg der **14. Fürst,** Jaguarpranke-Schädel I. oder Hacham Ich'ak Lah (›Wahrer Prankenmann‹), als 32- oder 34-jähriger den Thron. In den zehn bis zwölf Jahren seiner Regierung hat er mindestens vier Stelen aufstellen lassen (3, 7, 15, 27; bis 495 datiert). Doch leider sind ihre Texte sehr stark zerstört, so dass wenig über seine Herrschaft bekannt ist. Nach dem Text auf Türsturz 37 in Yaxchilán hat Hacham Kontakt mit diesem Ort am Río Usumacinta (Mexiko) gehabt, vermutlich, weil seine Mutter von dort stammte. Außerdem scheint er verwandtschaftlich mit den Nachbarorten Bejucal und Xultún verbunden gewesen zu sein. Bereits 481, als er noch Kronprinz war, erscheint sein Name auf Stele 1 des benachbarten Ortes Corozal (4 km westlich). Um 498 war Uaxactún, die große Rivalin, wieder selbständig, sein Fürst wurde mit dem Herrscherbündel in den Armen auf seinen Stelen abgebildet. Dagegen ließ sich Hacham wie sein Vater, der 13. Fürst, im Profil mit einer Lanze in der Hand auf seinen Monumenten abbilden. Seine Waffe ist allerdings mit Bändern und Götterköpfen verziert und unterscheidet sich damit vom relativ schmucklosen Stab seines Vaters.

Über die Zeit nach 498 sind bisher sehr wenige Texte bekannt, deren Auslegung ist zudem noch sehr umstritten. In nur 29 Jahren haben vier Fürsten über Tikal geherrscht, was als Anzeichen für wenig sichere Zeiten gewertet werden kann. Im Jahr 505 hat in Uaxactún ein Fürst regiert, der vom 11. Fürsten Tikals abstammte und daher Thronansprüche hatte. Ob er auch Tikal kontrollierte, ist aber unklar. Trotz der Wirren wurden in dieser Zeit einige Stelen aufgestellt. Ein Sohn des 14. Fürsten errichtete mit Stele 6 (514) ein nur in Bruchstücken erhaltenes Monument, auf dem er sich wie sein Vater abbilden ließ.

Genau zehn Jahre vorher hatte die Frau Pakal (›Schild‹ oder ›Faltung‹) das Licht der Welt erblickt, die bereits 511 zur Thronerbin erklärt wurde. Mit Stele 23 (TSM) führte man damals einen völlig neuen Stil ein. Die Hauptfigur der Vorderseite ist frontal abgebildet, während die Eltern oder Kinder auf den Schmalseiten im Profil erscheinen. Ähnlich sind auch die Stelen 25 und 14 (517) ausgeführt worden. Die Dame dürfte jedenfalls für einige Jahre über Tikal geherrscht haben, vielleicht mit ihrem Mann zusammen oder für ihren noch zu jungen Sohn. Auf Stele 26 wird sie von einem Nachfahren erwähnt.

Erst der **19. Fürst** ist wieder einigermaßen gesichert. Der jüngere Bruder Frau Pakals, Lockenkopf oder Lakam (›Riese‹), scheint 527 an die Macht gekommen zu sein, nachdem er einen Gegner seiner Schwester aus Machaquilá besiegt hatte. Seine zwei Stelen 10 und 12, auf der großen Plaza vor der Nord-Akropolis, zeigen ihn frontal mit auswärts gedrehten Fußspitzen und einem Gegner zu seinen Füßen. Wie bei den Monumenten der Schwester ist das Relief extrem plas-

*Keramikgefäß aus einem Grab in Tikal, um 500 n. Chr. Einfluss aus Teotihuacán (Mexiko) zeigt sich in dem zylindrischen Gefäßkörper, den drei brettartigen Füßen und in den nach dem Brand aufgetragenen Pastellfarben.*

*Beschnitzte Knochennadel aus dem Grab des 26. Fürsten. Dargestellt ist die Büste eines Fürsten im Grußgestus über einem Tierschädel.*

tisch, weil der Hintergrund tief abgetragen worden ist. Sehr ungewöhnlich sind die Wespentaille des Fürsten und die unnatürlich ausladenden Hüften. Der Mann wird auch an Tempel VI als ein Vorfahre erwähnt. Auf Stele 10 beendet er das 13. Jahr des 4. Katun und knüpft damit die Verbindung zum 14. Herrscher und dessen Machtantritt im Jahr 488, der 40 Tun früher erfolgte. Der 19. Fürst hat mehr als ein Jahr regiert, doch sein Todesdatum ist nicht bekannt. Ihn oder einen seiner nächsten Nachfolger hat man in Grab 160 beigesetzt.

Dem **20. Fürsten,** der angeblich den gleichen Namen wie der 14. Fürst trug und wohl dessen Neffe war, wird Stele 26 (TSM), ohne Datum, zugeschrieben, doch erwähnt sie einen späteren Fürsten. Der 20. Fürst ist im Jahr 537 gestorben, als Doppelvogel, der Sohn des 14. Fürsten, die Herrschaft als **21. Fürst** antrat. Von ihm stammt Stele 17, die auf zwei Seiten eine lange Inschrift trägt. Er kam mit 40 Jahren an die Macht und beging 556 den Fehler, den Fürsten von Caracol anzugreifen. Doppelvogel besiegte zwar 556 Caracol, doch folgte 562 der Gegenschlag des Gegners. Der Herrscher von Tikal ist wohl im Verlauf dieses Kampfes gefallen, und die Stelen der Fürsten von Tikal wurden zerstört. Für die nächsten 30 Jahre wurden keine Stelen in Tikal aufgestellt, und die folgenden Fürsten von Tikal waren sicher vom Sieger in Caracol abhängig.

Vom **22. Fürsten** weiß man nur durch zwei bemalte Schalen, die in Grab 195 in Tikal gefunden wurden. Der Fürst hieß Tierschädel oder Kotkab (›Landadler‹), dürfte ein Sohn seines Vorgängers gewesen sein und war zur Zeit der großen Niederlage bereits 30 Jahre alt. Er scheint erst 567 an die Macht gekommen zu sein.

Auch die nächsten beiden Fürsten Tikals sind ungesichert, da ihre Namen nur auf Gefäßen erscheinen. So wird ein Mann Ek' Balam (›Schwarzer Jaguar‹) zunächst auf einem Gefäß als Schreiber des 22. Fürsten von Tikal erwähnt, auf einem anderen Gefäß dagegen als **23. Fürst.** Ek' Balam war wohl ein Sohn des 22. Fürsten und hatte zunächst als Schreiber für seinen Vater gearbeitet, bevor er um 580 selbst an die Macht kam. Anscheinend hat er aber nicht ohne Widerstand regieren können, denn auf Stele 1 aus El Encanto wird Hacham Ich'ak II. aus Tikal erwähnt, der 597–617 regiert haben soll, wogegen auf Stele 29 aus Naranjo berichtet wird, dass Ek' Balam noch 622 gelebt hat. Außerdem scheint Hacham Ich'ak II. auch Stele 26, mit antikisierendem Schriftstil, aufgestellt zu haben, auf der er als 13. Bündelträger nach dem 11. Fürsten bezeichnet wird. Er hat sich also zumindest zeitweilig als **24. Fürst** angesehen. Diesen Anspruch scheint aber auch ein Mann Eidechse oder Pach Kuk (›Letzter Spross‹) erhoben zu haben, der der Vater des 25. Fürsten war und nach einem Gefäß aus Tikal um 638 die Herrschaft antrat. Allerdings wird er nirgendwo explizit als Fürst von Tikal genannt, obwohl er der Sohn des Ek' Balam war. Zumindest hat man sich gegen 617 in den Vororten wieder durch Stelen verewigt, sich also über das Monumenten-Verbot aus Caracol hinweggesetzt, das zu dieser Zeit auch in Naranjo seinen Einfluss verloren hat.

Beim **25. Fürsten,** Schild-Schädel oder Pach Bak' (›Letztes Bündel‹), dem Sohn des Pach Kuk, ist das Todesdatum 679 gesichert. Der Mann fand als Gefangener des Fürsten von Dos Pilas den Tod. Der Fürst von Dos Pilas war ein Mitglied der Dynastie von Tikal und hatte sich bereits 625 selbständig gemacht, als man in Tikal um die Führung kämpfte. Pach Bak' hat dann versucht, den ›verlorenen Sohn‹ wieder an Tikal zu binden und erlitt dabei Schiffbruch (s. S. 249). Nach dem Tod von Pach Bak' scheint Tikal während drei Jahren von Dos Pilas kontrolliert worden zu sein. Doch mit der Krönung des **26. Fürsten** begann Tikals Renaissance. Der Mann mit den vielen Namen (s. S. 69) hat 682–734 über seine Heimatstadt regiert, die ihm den größten Teil der heute auf der Nord-Akropolis zu sehenden Bauten verdankt. Auch die beiden Tempel I und II an der Plaza davor sind von ihm oder für ihn erbaut worden. Bestattet worden ist er in Grab 116 unter Tempel I.

*Verzierter Knochen aus dem Grab des 26. Fürsten mit einer Totenfahrt: die Götter geleiten den Verstorbenen in die Unterwelt.*

Nach den ruhmreichen Taten seines Vaters konnte der **27. Fürst,** Yaxkin Caan Chak/Yik'in Kan K'awil oder Yaxil Kaan Hak' K'uil (›Kostbarer hoher geschätzter Göttlicher‹) 734 den damals sicheren Thron des mächtigen Tikal besteigen. Er ließ die Stelen 21 und 5 mit den dazugehörigen Altären 9 und 2 um 736 bzw. 744 aufstellen. Stele 21 steht mit dem Altar 5 vor dem Tempel der Inschriften. Der Fürst schuf sich damit seine ersten Monumente. Mit Stele 5 und Altar 2 auf der Terrasse vor der Nord-Akropolis hat er an die Taten seines Vaters angeknüpft, nicht zuletzt, weil er 743 einen Krieg gegen Yaxhá gewonnen hatte. Tempel IV, auf dessen drei geschnitzten hölzernen Türstürzen (in Basel, Museum für Völkerkunde, und im MNGC) man seine Taten bis 747 verherrlicht hat, sollte wohl das Symbol seiner Herrschaft werden. Das Datum seines Todes ist nicht bekannt; doch hat er mit Sicherheit bis 755 gelebt und wurde in Grab 196 unter Gebäude 5D-73 (Hügel südlich von Tempel II) bestattet.

*Namensglyphen des 25., 26., und 27. Fürsten von Tikal (von oben nach unten).*

Sein ältester Sohn, Dunkle Sonne, der **28. Fürst** von Tikal, war wohl schon 743 vom Vater als Herr des eroberten Yaxhá eingesetzt worden. Wohl aus diesem Grund verzichtete der Sohn darauf, das

Datum seiner Thronbesteigung in Tikal auf Stele 20 verzeichnen zu lassen. Stele 20 (MNGC) stand mit Altar 8 vor dem Zwillingspyramidenkomplex D. Wie sein Vorgänger hat er sich im Profil abbilden lassen. Er steht vor einem Jaguarthron und führt in der Rechten einen Stab mit drei Steinklingen. Wahrscheinlich hat er die Inschrift am Dach des Tempels der Inschriften anbringen lassen, den sein Vater bereits begonnen hatte.

Sein jüngerer Bruder Chitam (seine Namensglyphe ist der Kopf eines Bergschweins) kam 768 als 57-jähriger an die Macht und hat noch mindestens bis 791 regiert. Obwohl der **29. Fürst** die Stelen 22 und 19 aufstellen ließ, ist über seine Regierungszeit, die recht ereignislos verlaufen sein muss, nichts bekannt. Auch die dazugehörigen Altäre 10 und 6 liefern lediglich die Information, dass er Gefangene gemacht hat. Auf Stele 22 wird der Fürst im Profil mit einem bebänderten Stab oder Zepter, das er an die linke Schulter lehnt, abgebildet. Da Stele 22 in Komplex Q stand und Stele 19 in Komplex R, dürften beide Baugruppen von diesem Herrscher errichtet worden sein. Einer seiner Nachfolger hat im Jahr 810 Stele 24 in Auftrag gegeben. Noch 869 wurde Stele 11 mit dem Altar 11 aufgestellt; doch leider sind die Namen der Fürsten unleserlich und ihre Herrschaftsfolge ist auch nicht bekannt. Tikal ist danach nicht sofort aufgegeben worden; Ausgrabungen haben gezeigt, dass auch später noch kleine Gruppen von Menschen in einzelnen Gebäuden gelebt haben. Doch die Zeit der Fürsten, der Großbauten und der Steinmonumente war unwiderbringlich vorbei.

## Die Ruinen von Tikal

1979 wurden die 3000 Ruinen, die über eine Fläche von 16 km$^2$ verstreut sind, zum Weltkulturerbe erklärt. Da kaum ein Besucher die Zeit und die Energie hat, sich alles anzuschauen, sollte man sich auf das Zentrum und die wichtigsten Bauten in der Umgebung beschränken. Man kann die Ruinen ab 5 Uhr morgens besichtigen, wenn man in Tikal selbst übernachtet. Mit einem Stempel auf der Eintrittskarte kann man bis 20 Uhr bleiben, auch wenn offiziell um 18 Uhr geschlossen wird. Der Weg zu den Ruinen teilt sich nach etwa 200 m hinter einem mächtigen Ceiba, dem heiligen Baum der Maya. Links führt ein Pfad zum Tempel der Inschriften, den man zuletzt besuchen sollte. Geradeaus geht es zum Stadtzentrum, der rechte Pfad führt zu Komplex P im Norden. An der Kreuzung liegt ein kleines Restaurant, wo man sich erfrischen oder stärken kann.

Über den rechten Pfad gelangt man zunächst zu den beiden Komplexen Q und R, die jeweils im Osten und Westen von einer hohen Pyramide begrenzt werden. Die Anlagen können nach Auf- und Untergang der Sonne ausgerichtet sein. Beide wurden vom 29. Fürsten errichtet, der im Jahr 771, zum Ende eines Katun, Stele 22 mit einem Altar in dem Stelenhaus zwischen den beiden Pyramiden von

*Zwillingspyramiden, wie sie die Komplexe Q und R aufweisen, sind spätklassische Bauten, die vorklassischen Tempeln (Uaxactún, Gruppe E) nachgebaut wurden und wie jene nach der Sonne ausgerichtet waren. Findet man sie mit dem dazugehörigen Stelenhaus an anderen Orten, dann zeigen sie dort meist den politischen Einfluss Tikals an.*

*Tikal*

**Komplex Q** aufstellen ließ. Das Relief der Stele zeigt den Fürsten beim Ausstreuen eines Opfers, einer Zeremonie, die zum Abschluss eines Katun (20 Tun/Jahre) gehörte. Auf dem runden Altar oder Thronsymbol davor ist ein Gefangener abgebildet, und zwischen Flechtornamenten auf den Seiten sind auch Gefesselte zu sehen. Das Flechtmuster, ein Symbol für Herrschaft, zeigt wohl an, dass die Gefangenen selbst Fürsten gewesen sind.

Eine ganze Reihe von glatten Stelen stehen vor dem Aufgang zur Ostpyramide. Vielleicht waren sie einst mit Bildern und Texten

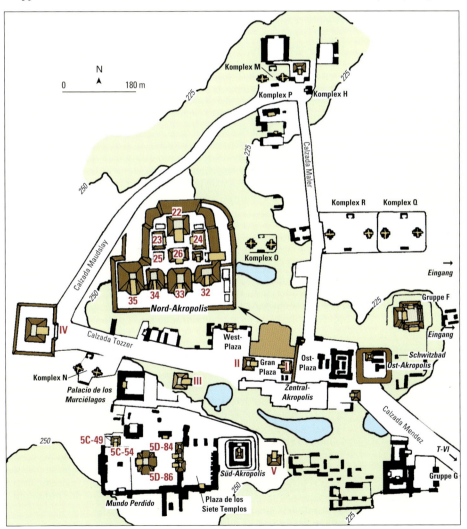

*Plan von Tikal mit vergößertem Ausschnitt der Nord-Akropolis (Mitte).*

bemalt, oder sie sind nur aufgestellt worden, um die lange Vorfahrenreihe des Fürsten zu symbolisieren. Genauso ging der 29. Fürst beim westlich anschließenden **Komplex R** vor, wo er 790 Stele 19 mit einem Altar aufstellen ließ, um ein weiteres Katun-Ende anzuzeigen. Hinter der östlichen Pyramide des Komplexes erreicht man die Calzada Maler, einen alten Sacbé, der nach einem berühmten deutschen Forscher benannt wurde. Maler hat Tikal zwischen 1895 und 1907 mehrmals besucht, um Ruinen und Monumente zu dokumentieren. Am Weg findet man ein sehr verwittertes Felsrelief.

Der Sacbé verbindet die Akropolis mit den Komplexen P, M und H im Norden, die aber wenig interessant sind, da Stele 20 (751) des 27. Fürsten heute im MNGC steht. Am besten geht man direkt nach Westen zur höchsten Pyramide Tikals. **Tempel IV** ist im Jahr 747 unter dem 27. Fürsten errichtet worden. Der schweißtreibende Aufstieg über Holzleitern und Wurzeln zur Cella des Tempels wird mit einem herrlichen Blick über das Ruinenzentrum Tikals belohnt, dessen höchste Spitzen aus dem Wald herausschauen. Der Blick ist so imponierend, dass er selbst im Film ›Krieg der Sterne‹ wiedererkannt werden kann. Von den Cella-Türen nach Osten blickend, sieht man die Tempel I und II der Nord-Akropolis und etwas weiter vorn Tempel III. Südöstlich davon wird die Süd-Akropolis von Tempel V überragt. Die alten, hölzernen Türstürze der Cella von Tempel IV sind entfernt worden. Man kann sie im MNGC und in Basel sehen.

Einer dieser Türsturze zeigt den prächtig gekleideten Fürsten, der mit Lanze und Schild bewaffnet in der Tür des Tempels steht. Das Portal ist als der geöffnete Rachen eines Monsters gearbeitet, über dem der göttliche Vogel schwebt, ein Bote der Götter. Auf dem anderen Türsturz sitzt ein Fürst mit Schild und Götterzepter in den Händen auf seinem Thron. Hinter ihm steht die riesige Gestalt eines verstorbenen Fürsten Ich'ak, der schützend seine Hände über den vor ihm Sitzenden hält. Wer der Beschützer sein soll, der 7. oder der 14. Fürst, ist nicht ganz klar. Tempel IV ist durch die Calzada Maudslay mit Komplex P im Norden verbunden und durch die Calzada Tozzer mit der Nord-Akropolis. Tozzer und Maudslay waren Forscher, die in Tikal gearbeitet haben: der Engländer Maudslay 1881 und der Amerikaner Tozzer 1910.

Südöstlich von Tempel IV schließt sich der **Komplex N** an, zwischen dessen Zwillingspyramiden der 26. Fürst 711 die Stele 16 mit dem Altar 5 aufstellen ließ. Beide sind heute im TSM, und Kopien nehmen ihren Platz in den Ruinen ein. Auf der Stele ließ sich der Fürst frontal im vollen Putz seines Rangs abbilden. Seine Gürtelschnalle zeigt den Kopf des Zeichens Ahau, am Pektoral hängt das Symbol des Bündels als Jademosaik gearbeitet, und seine Krone besteht aus einem Schädel mit riesigem Federbusch, der an seinen Vater Pach Bak' erinnern soll. Auffällig sind sein extrem langer Nasenpflock und das bebänderte Zepter, das er statt des früher üblichen Bündels an seine Brust drückt. Die kurze Inschrift bezieht sich auf das Datum, das Ende des 14. Katun.

*Eine der Zwillingspyramiden von Komplex Q, 771 vom 29. Fürsten als Zeremonialanlage erbaut.*

Der dazugehörige Altar 5 zeigt zwei Personen, die an einem Altar knien und sehr große, ungewöhnliche Hüte tragen. Beide haben Tiergesichter und werden daher Götter oder Priester sein, die Götter darstellen. Sie scheinen sich um das Opfer auf dem Altar, einen Schädel, zu streiten. Die lange Inschrift reicht 20 Jahre zurück (691–711) und erwähnt den Sieg über den Kronprinzen von Calakmul, den Sohn der Frau Tunil, wohl der 9. Herrin des Ortes. Außerdem hat man auch den früheren, entscheidenden Sieg über den Gegner Ich'ak aus diesem Ort (695) nicht vergessen. Die Szene wird auch als Hinweis auf eine Grabentnahme interpretiert.

Weiter östlich findet man dann die Mauern des **Palacio de los Murciélagos** (›Fledermauspalast‹), der aus U-förmig um einen rechteckigen Hof angeordneten Häusern besteht und für Empfänge oder Audienzen genutzt wurde, die schon damals recht langweilig sein konnten, wie eine große Zahl von eingeritzten Graffiti an den Wänden zeigt. Beim Hauptgebäude besteht der erste Stock aus zwei parallelen Reihen von Räumen, während das obere Stockwerk nur die Tiefe eines Raumes besitzt. Fenster in den Rückwänden sorgen für Licht und Ventilation, so dass im 8. Jh. der Aufenthalt hier sehr viel angenehmer war als in den älteren, höhlenartigen Räumen anderer Paläste.

Im Osten vor dem Palast ragt die Rückwand von **Tempel III** auf, der 810 vom 29. oder Fürsten oder einem seiner Nachfolger errichtet worden ist. Ein Aufstieg lohnt sich nicht, da der geschnitzte Türsturz seiner Cella heute fehlt. Dargestellt ist darauf ein unverschämt dickbäuchiger Fürst im Jaguarkostüm, mit einem Stock in der Hand vor seinem Thron stehend. Flankiert wird der Fürst rechts und links von zwei Untergebenen, die wie er in einer Hand eine Art Schlagring halten. Vor ihm dürfte der Kronprinz stehen, hinter ihm verbeugt sich ein Adliger beim Tanz. Vor dem Tempel im Westen standen die heute zerstörte Stele 24 und der Altar 5 mit Flechtmotiven und Götterköpfen an den Seiten. Tempel III scheint die letzte große Pyramide zu sein, die in Tikal errichtet worden ist.

Nur 150 m südlich des Fledermauspalastes befindet sich **Mundo Perdido,** ›Verlorene Welt‹, einer der frühesten Zeremonialbezirke Tikals, der auf einem Platz errichtet wurde, der schon 500 v. Chr. benutzt wurde. Der Komplex wird auf allen vier Seiten durch niedrige Plattformen und Tempel abgeschlossen. In seinem Zentrum ragt die klobige **Pyramide 5C-54** mit eingezogenen Ecken und Treppen an allen vier Seiten auf. An der Westseite wird die Haupttreppe mit den höchsten Stufen des Ortes von mächtigen Götterköpfen flankiert. Der Tempel ist mehrmals umgebaut worden, und sein heutiges Aussehen dürfte auf den 7. Fürsten (376) zurückgehen, dessen Stele 39 in der Cella des **Ahnentempels 5D-86,** direkt östlich des Haupttempels, aufgestellt worden war. Das Ahnenheiligtum ist fünfmal überbaut worden. Drei junge Männer wurden in ihm bestattet – vielleicht als Opfer zur Festigung des Baus. Die zentrale Pyramide und die Tempelchen an der Ostseite dieses Bezirks sind aber auch für die astronomische Beobachtung der Sonne verwendet worden.

An der **Pyramide 5C-49,** nördlich der zentralen kleinen Opferplattform, kann man mehrere Bauphasen erkennen (Treppe und Südwestecke). Der Bau wird wegen seiner Wandform auch Templo de Talud-Tablero genannt und als Zeichen für Einfluss aus Teotihuacán angesehen, da dort dieser Wandtyp dominierte. Wie die Untersuchungen an Bauten in El Mirador und Uaxactún zeigen, ist die Form wohl schon in präklassischer Zeit im Mayagebiet erfunden worden, nur die starke Rahmung des oberen Wandfelds, des Tableros, wird ihren Ursprung tatsächlich in Mexiko gehabt haben. Um 550 verlor Mundo Perdido seine Bedeutung, als die Hauptaktivitäten auf der Gran Plaza vor der Nord-Akropolis stattfanden.

Ca. 200 m südlich von Mundo Perdido hat man in einem kleinen Palast eine Ballspielmarkierung gefunden, eine Art Tor, das durch einen Federkreis oben die Bewegung der Sonne symbolisiert und darunter einen Ball zeigt, der das Spiel als Imitation der Sonnenbewegung erklärt. Auf dem Schaft ist eine Inschrift angebracht, die das Monument auf 377 datiert (MNGC). Der Palast mit seinen reichen Stuckornamenten an den Wänden ist für Besucher gesperrt.

Östlich von Mundo Perdido schließt sich die **Plaza de los Siete Templos** an. Die sieben Tempel oder Logenhäuser an der Ostseite, von denen der Name der Gruppe abgeleitet ist, sind zwischen 700 und 820 entstanden. Der mittlere und größte Bau, **Gebäude 5D-96,** trägt einen Stuckfries mit gekreuzten Knochen und Schädeln. Vor seiner Treppe steht eine glatte Stele mit dem dazugehörigen Rundaltar. Da an der Nordseite der Gruppe ein Juego de Pelota angelegt wurde, scheint der ganze Komplex mit dem Ballspiel und den dazugehörigen Zeremonien, darunter die Opferung der Verlierer, verbunden gewesen zu sein.

*Pyramide 54 des Komplexes Mundo Perdido*

Die sich im Osten anschließende **Süd-Akropolis** und **Tempel V** sind wenig interessant, da sie nicht ausgegraben sind. Die Akropolis scheint ein Palast oder sogar eine Fluchtburg für die letzten Fürsten des Ortes gewesen zu sein, und der dazugehörige Tempel V ist etwa um 700 errichtet worden. Zwischen diesen Bauten und der wuchtigen Gebäudemasse der Zentral-Akropolis liegen zwei große Zisternen, die zumindest teilweise künstlich erweitert worden sind. Sie scheinen ursprünglich der Steinbruch gewesen zu sein, aus dem die unzähligen Quader stammen, aus denen die Bauten in der Umgebung errichtet wurden.

Ein Pfad führt von der Süd-Akropolis direkt nach Norden zur Westseite der **Gran Plaza,** deren Schmalseiten die beiden hohen Pyramiden von Tempel II und I einnehmen, die beide vom 26. Fürsten errichtet wurden. Unter **Tempel I** ist der Erneuerer Tikals in Grab 116 mit allem Prunk 734 bestattet worden. Der Fürst lag ausgestreckt auf einer mit einer Matte bedeckten Bank. Mehr als 180 Jadeitschmuckstücke, die als Kollier, Arm-, Fußringe und als Ohrschmuck gearbeitet waren, schmückten ihn. In einer Ecke des Grabs lagen 37 Knochen mit eingeritzten Texten und Bildern. Das rekonstruierte Grab und viele Beigaben werden im alten Tikal-Museum (TM) gezeigt. Die beiden aus dem Holz des Sapotillbaums geschnitzten Türstürze in der Cella von Tempel I zeigen den Fürsten anlässlich seines Sieges über den Erzfeind aus Calakmul im Jahr 692 (heute in New York und Basel). – Seit 1996 ist der Aufstieg zur Cella verboten.

## Petén-Region

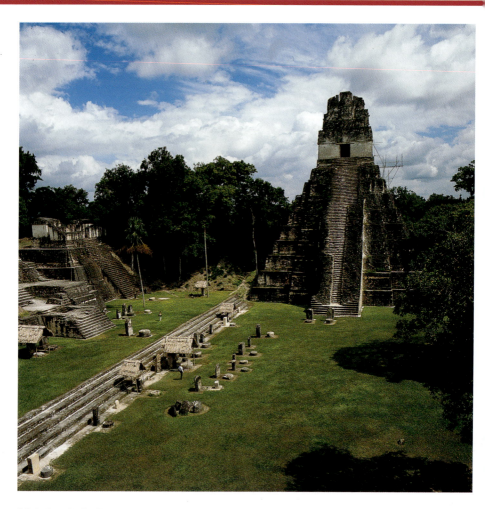

*Blick über die Große Plaza von Tikal mit Tempel I und die Stelenreihen vor dem Aufgang zur Nord-Akropolis.*

Ein kleines Problem ergibt sich bei der Datierung durch die Inschrift, das Todesdatum des Fürsten und die C14-Daten, die vom Holz gewonnen wurden, denn alle drei unterscheiden sich um ca. 30 Jahre. Wahrscheinlich wurde das Grab schon bei der Errichtung des Tempels angelegt, aber erst beim Tod des Fürsten geschlossen. Vermutlich sollten die Zwillingspyramiden Tempel I und II (695) an das Ende des 13. Katun nach dem Enddatum von Stele 31 (439) erinnern, die der 11. Fürst, das große Vorbild des 26., aufstellen ließ.

**Tempel II** an der Westseite ist etwas niedriger als sein Zwilling, besitzt aber die gleichen Formen: Hohe Terrassen mit Vor- und Rücksprüngen in den Wänden, leicht abgerundete Ecken und eine sehr steile Treppe, da die Grundfläche im Verhältnis zur Höhe der Pyramiden sehr gering ist. Sie zeigt also die typischen Merkmale der spätklassischen Architektur Tikals. Hinzu kommen noch die sehr schmalen Innenräume, die mit Kraggewölben überdacht sind, und eine Verstärkung, eine Art Rückgrat, an der Rückseite. Hier besteht der Tempel aus drei hintereinanderliegenden Räumen mit sehr dicken Wänden, die das immense Gewicht des meterhohen Dachkamms *(crestería)* tragen. Wie in Tikal üblich, sitzt dieser auf dem hinteren Drittel des Tempels und war an der Front mit einem riesigen Göttergesicht aus Stuck und Stein verziert. Ähnliche Köpfe flankieren auch den unteren Teil der Treppe. An ihrem Fuß plazierte man eine glatte Stele von 3,40 m Höhe mit dem dazugehörigen, ebenfalls unverzierten Altar.

Vor der Nord-Akropolis steht eine lange Reihe von Stelen und Rundaltären, die teilweise schon 562 von den Eroberern aus Caracol zerstört wurden, vor allem die Gesichter der Fürsten, denen man ihre magische Kraft nehmen wollte. Schon 686 begann unter dem 26. Fürsten die Renovierung der alten Tempel an der Front der Nord-Akropolis. Damals wurden die geschändeten Stelen wieder aufgerichtet, die alle auf einem Gründungsdepot mit Muscheln und Obsidian- oder Feuersteinklingen bizarrer Form fußen.

Von den **Stelen** der zweiten Reihe sind von rechts nach links folgende Reliefs relativ gut erhalten: Die zehnte von rechts ist Stele 12 (527) vom 19. Fürsten. Das jüngste Monument Tikals ist Stele 11 (869) als neunte in der Reihe, und in der Mitte daneben sieht man Stele 9 (475) des 12. Herrschers (Bild im Profil, mit Stab in der Hand und Schrift auf den beiden Schmalseiten). Stele 18, die 14. von rechts, stammt vom 9. Fürsten und trägt mit 396 das älteste Datum in der Reihe. Die noch ältere Stele 4 (386, 7. Fürst) ist eine Kopie (vierte von links in der zweiten Reihe). In der dritten Reihe auf dem erhöhten Vorplatz stehen ganz rechts Stele 10 (486) und einige sehr schöne Altäre. In der Mitte vor der Treppe zur Akropolis und zu Tempel 33 stellte der 27. Fürst eine weitere Stele auf (Stele 5, 744).

Die Tempel hinter diesen Stelen- und Altarreihen wurden zur Verehrung der vergöttlichten Ahnen angelegt. In ihrem Innern bestattete man die Fürsten Tikals. In Grab 195 des ersten Tempels rechts (Tempel 32), ist der 21. Fürst beigesetzt (562), im großen Mitteltempel 33 der 11. Fürst (457, Grab 48). Die großen Götterköpfe aus Stuck unter dem Plastikdach gehören zu dem Grabtempel. Der war schon einmal renoviert worden, bevor ihn der 26. Fürst rund 250 Jahre später überbauen ließ, nachdem er die berühmte Stele 31 dieses Vorfahren in der alten Cella des Tempels mit feierlicher Zeremonie beigesetzt hatte. Im Grab des Tempels 34, links, hat man um 406 den 8. Fürsten bestattet. In diesem Tempel ließ der 26. Fürst später die Stele 26 eines Vorfahren unter der Bank in der Cella zur letzten Ruhe betten.

Die große Plattform hinter den drei Tempeln überdeckt eine ältere Plattform mit mehreren Tempeln und Fürstengräbern aus der Zeit um 50 v. Chr. Die heute sichtbaren Tempel oben dürften zur Verehrung der frühen Fürsten der zweiten Dynastie angelegt worden sein (zwi-

# Petén-Region

**Plan der Zentral-Akropolis von Tikal**

1 Residenz des 6. Fürsten
2 Residenz des 26. Fürsten
3 Residenz des 29. Fürsten
4 Zeremonienhaus der Männer

■ Residenzen
■ Männerhäuser
■ Audienzhallen
■ Tempel-Cellae
■ Zauberhaus
■ Tribünen
■ Treppen
■ Steilwände

schen 300 und 500). Die ganze Nord-Akropolis ist also nichts anderes als ein ›Palast‹ für die verstorbenen Fürsten Tikals.

Auch die Tempel rechts und links vor der Akropolis scheinen diesem Zweck gedient zu haben. Südlich der großen Plaza liegt die **Zentral-Akropolis,** der Palast der lebenden Fürsten von Tikal. Diese Lage ist bestimmt nicht unbeabsichtigt, denn sie verbindet den Nordwesten mit dem Tod und den Südosten mit dem Leben, und noch heute glauben die Indígenas, dass der Zugang zur Unterwelt im Westen liegt. An der Westecke führt eine Treppe zum Palast hinauf, der aus einem Gewimmel von Höfen, Häusern, Galerien und Treppen besteht und in rund 600 Jahren zu seinem letzten Bestand ausgebaut wurde. Der erste Hof ist noch unberührt, der zweite Hof, G oder 2, südlich von Tempel I, dürfte die Privatresidenz der Fürsten gewesen sein. Jedenfalls ist das mehrräumige, lange Haus an der Südseite etwa zur Zeit des 29. Fürsten erbaut worden und war bis 800 in Benutzung. In den teils mehrstöckigen Gebäuden an der nördlichen Hofseite wohnten wohl die Mitglieder der königlichen Familie. Ein schmaler Gang erlaubt den Zugang zu einer Art Veranda, von der aus man dem Ballspiel auf dem Platz südlich von Tempel I zusehen konnte. Der einräumige Bau an der Westseite des Hofes ist vermutlich eine Art Palastkapelle gewesen.

Der anschließende Hof (F/3) weist an der Nordseite eine große Thronhalle auf, die dem 26. Fürsten (um 695) zugeschrieben wird. Das sich nach Süden öffnende Gebäude an der südlichen Hofseite soll dagegen von seinem Nachfolger stammen (740). Ein schmaler Gang führt südlich des Hofes zwischen Gebäuden für Diener und Ausrüstung durch Hof E/4, der vom 29. Fürsten um 760 renoviert worden ist, nach Osten zum tieferliegenden Teil des Palastes. Das Gebäude in der Südwestecke von Hof 4 mit dem Göttervogel als Stuckrelief an seinem Dach wird als Zauberhaus interpretiert. Treppen führen von dem Verbindungsgang zur Zisterne im Süden hinab.

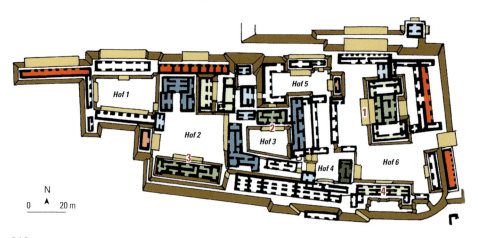

*Tikal*

*Zentral-Akropolis, Hof 2; Blick auf die ehemaligen Audienzhallen, die später zu Wohnräumen umgebaut wurden. Im Hintergrund Tempel I und die Nord-Akropolis.*

Das größte Gebäude weiter östlich, im Winkel zwischen zwei Höfen, wird dem 7. Fürsten zugeschrieben, da man in einem von drei Depots neben Opfergaben ein Gefäß mit dem Namen dieses Herrschers gefunden hat. Es ist mit Abstand das ausgefeilteste Gebäude des ganzen Palastkomplexes, nicht nur, weil es je eine sich nach Osten bzw. Westen öffnende Thronhalle mit dazugehörigen Treppen hat, sondern auch, weil es zusammen mit den Häusern im Süden und Norden, die sich direkt anschließen und jeweils einen kleinen Innenhof aufweisen, einen eigenen kleinen Palast bildet. Von der Thronhalle hatte man zur Zeit des 7. Fürsten freien Ausblick auf die Nord-Akropolis, denn die heute fünfstöckigen Gebäude sind wie die meisten anderen Bauten der Zentral-Akropolis erst im Lauf der Jahrhunderte hinzugefügt worden. Die große Plattform, auf der alle sichtbaren Gebäude stehen, entstand aus dem Baumaterial älterer, eingeebneter Bauten.

Nördlich dieses Palastteils schließt sich die **Ost-Plaza** an, zu der auch ein kleiner Ballspielplatz gehört. Ganz in der Nähe passiert man auf dem Weg nach Osten eine Plattform mit Talud und Tablero, die mit Zwillingskreisen, dem Symbol für die Augen des Regengottes in Teotihuacán, und mit Symbolen für die Venus geschmückt ist.

Der Weg führt von hier nach Osten zum Eingang zurück und passiert dabei links die Reste eines Schwitzbades (Gebäude 5) und den teilrestaurierten spätklassischen Palast Grupo F. Man kann vor dem Ballspielplatz auch direkt nach Südosten zum **Templo de los Inscrip-**

*Petén-Region*

*Ballspielplatz zwischen der Gran Plaza und der Ost-Plaza von Tikal; darüber die Tribünen der Zentral-Akropolis.*

ciones gehen. Nach etwa 500 m passiert man rechts einen unberührten Palastkomplex und gelangt nach etwa 1,5 km zu besagtem Tempel, der nur noch für Spezialisten von einem gewissen Interesse ist, da er inzwischen von Besuchern sehr beschädigt worden ist. Diese modernen Graffiti sind mit ein Grund dafür, dass die Ruinen in Zukunft nur noch mit einem Führer in geschlossenen Gruppen zu besichtigen sein sollen. Der Tempel der Inschriften dürfte 736 vom 27. Fürsten angelegt worden sein, denn seine Stele 21 steht am Fuß der Treppe. Das Besondere an diesem Tempel ist der lange Text aus Stuckglyphen, der an seinem Dach angebracht worden ist. Der schlecht erhaltene Text enthält zahlreiche Daten, die zum Teil sogar in vorgeschichtliche Zeit zurückreichen.

Der Gang durch das Ruinengelände und die Datierungen der einzelnen Gebäude zeigen übrigens recht eindeutig, dass es in Tikal neben einer vertikalen Stratigraphie, d. h. Bauten und Böden, die übereinander gelegt wurden, auch eine horizontale Abfolge gab, denn nicht alle Gebäude sind gleichzeitig benutzt worden. Damit verlieren auch die Schätzungen einer hohen Einwohnerzahl ihre Grundlage. Wahrscheinlich haben in Tikal nie mehr als etwa 25 000 Einwohner zur gleichen Zeit gewohnt.

Bevor man Tikal verlässt, sollte man noch einen kurzen Blick in das alte **Tikal-Museum** werfen. Dort ist nicht nur die berühmte Stele 31 des 11. Fürsten (445) mit dem längsten frühklassischen Text ausgestellt, man kann auch einige der schönsten Grabbeigaben bewundern, die in Tikal gefunden wurden. Stele 31 zeigt auf der Frontseite den 11. Fürsten mit all seinen Insignien und Symbolen der Abstammung und der Vorfahren. Auf den beiden Schmalseiten sind zwei Personen abgebildet, die nach der Mode von Teotihuacán gekleidet sind, wahrscheinlich Adlige aus Kaminaljuyú, die in die Herrscherfamilie von Tikal eingeheiratet hatten; einer könnte der Vater des 11. Fürsten gewesen sein. Der 26. Fürst hat später die Kronen dieser beiden Herren für seinen Kopfschmuck übernommen. Unter den Keramikgefäßen sind hervorzuheben die frühen Typen mit zylindrischem Körper und drei brettartigen Füßen, die im 4. und 5. Jh. gefertigt wurden, und die so genannten Codex-Vasen aus dem 7. und 8. Jh., von denen einige Szenen aus dem Palastleben zeigen. Zu den kostbarsten Jadeitobjekten gehören die Masken, die aus zahlreichen Teilen und Materialien zusammengesetzt sind. Sehr interessant sind auch die verzierten Knochen aus dem Grab (735) des 26. Fürsten, deren Dekor auf einigen Wandtafeln vergrößert gezeigt wird. Bemerkenswert ist die Szene einer Bootsfahrt: Götter paddeln einen Herrscher über das Wasser der Unterwelt zum Land der Toten. Hinter einer Glaswand ist das Grab des 26. Fürsten nachgebaut worden. Die hellblauen Stuckfiguren aus einem Grab stellen den Gott Bolon Tsakab dar, der für die menschliche Fortpflanzung zuständig war.

## Uaxactún

Die unscheinbar wirkenden Ruinen des Erzrivalen von Tikal, etwa 28 km nördlich von Tikal, sind in der Trockenzeit problemlos mit einem Bus über eine recht gut aufbereitete Piste zu erreichen. Eine gute Orientierung bildet der ›Flughafen‹ – ein Grasstreifen in Nord-Süd-Richtung beim modernen Dorf Uaxactún. Die Hauptbauten sind östlich und westlich davon in drei großen Gruppen zusammengefasst. Uaxactún ist zwar nicht so groß und eindrucksvoll wie sein Rivale Tikal, besitzt aber doch einen eigenen Reiz durch eine gewisse Ungestörtheit und interessante Details.

Zahlreiche beschriftete Stelen und Altäre, mit Texten verzierte Keramik und Wandmalereien konnten wie Spotlights nur kurze Phasen der 1000-jährigen Geschichte des Ortes und seiner Herrscher beleuchten, zumal viele der steinernen Inschriften sehr stark durch Erosion zerstört wurden. Im Präklassikum dürfte der Ort zunächst bedeutender gewesen sein als Tikal. Um 200 v. Chr. hat man hier erstaunliche Großbauten errichtet, die der nördliche Nachbar erst rund 100 Jahre später kopierte. Die geschichtlichen Quellen des Ortes beginnen genau wie bei seinem Nachbarn aber erst Anfang des 4. Jh. zu sprudeln (328, Stele 9; die Inschriften der wahrscheinlich früheren Stelen 8 und 10 sind heute leider nicht mehr lesbar), bevor Ich'ak, der 7. Fürst von Tikal, sich politisch in Uaxactún einmischte. Einige Zeit danach scheinen die Bewohner Uaxactúns eine Wehrmauer errichtet zu haben, um einen Angriff Tikals aus dem Süden besser abwehren zu können. Der Angriff erfolgte im Jahr 378; Rauch-Frosch von Tikal eroberte den nördlichen Stadtstaat, der sich gegen ihn als Thronfolger gestellt hatte. Uaxactún besaß damals nicht nur eine eigene Dynastie, sondern verwendete ihren Namen auch schon in den Inschriften. Mitglieder der Herrscherfamilie scheinen vor dem

Eroberer nach Norden geflohen zu sein, wo sie in die Herrscherfamilie Yaxchiláns einheirateten. Ihr Familienname wurde später als eine der beiden Abstammungsangaben von Yaxchilán verwendet. Die nächsten 60 Jahre wurden dann Stelen von den Herren, die väterlicherseits aus Tikal stammten, in Uaxactún errichtet. Ab 558 scheint man für rund 150 Jahre keine ›Stammbäume‹ mehr gepflanzt zu haben. Erst wieder 711 (Stele 1) berief sich ein Uaxactún-Fürst auf den Gründer und wird daher selbständig gewesen sein. Noch 889 stellte ein Nachfahre die Stele 12 auf. Er wird der 32. oder 33. nominelle Fürst des Ortes gewesen sein, denn um 830 regierte der 29. Fürst in der langen Reihe der Herren von Uaxactún (Stele 13), dessen Sohn und Nachfolger Chakal (›Großer‹) genannt wurde.

Wandmalereien von Gebäude B-XIII in Uaxactún und Szenen auf Keramikgefäßen zeigen in bewegten, lebensnahen Bildern Szenen vom Hof der Herren von Uaxactún. Mit Trinkgelagen, Ballspielen und von Musik begleiteten Tänzen scheinen die hohen Herren ihren religiösen und herrschaftlichen zeremoniellen Pflichten nachgekommen zu sein, bei denen sie sich aber gewiss auch amüsiert haben. Priester wurden schwarz dargestellt, da in Maya *ek'* sowohl ›schwarz‹ als auch ›Priester‹ bedeutet.

Die kleine Gebäudegruppe H, im Osten der Landebahn, liefert einen ersten Eindruck aus der Frühzeit Uaxactúns, denn hier entdeckte man unter den Resten eines späteren Tempel eine präklassische, nahezu quadratische **Pyramide (E-VII sub)** mit jeweils einer großen Treppe an den Seiten, die von riesigen Tier-Menschen-Köpfen aus Stuck flankiert werden. Diese Tempelplattform, auf der einst eine Cella aus Lehm, Holz und Stroh gestanden hat (300 v. Chr. bis 150 n. Chr.), wurde in drei Phasen errichtet. Die unteren vier, sehr niedrigen Plattformen mit leicht schrägem Talud und Tablero gehören zur ersten Bauphase. Die fünfte, sehr viel höhere, Plattform wurde während der zweiten Phase errichtet. Bei den unteren Absätzen werden die Stuckköpfe auch von Nebentreppen flankiert. Hier scheinen Schlangenköpfe als Zier modelliert worden zu sein. Während der dritten Phase hat man Jaguarköpfe mit halb menschlichen Zügen verwendet, womit vielleicht eine Veränderung der religiösen Vorstellungen zu verbinden ist.

Die Tempelfront weist nach Osten, und wenn man auf dem vorletzten Absatz steht, kann man über die Tempel östlich davon die Sonnenstände anpeilen. An der Ostecke des Tempels E-1 (links) geht die Sonne am 21. Juni auf, über der Mitte des Tempels E-II geht sie am 21. September und März auf und rechts von Tempel E-III am 21. Dezember. Das ist sicher kein Zufall sondern zeigt, dass die Tempel mit einem Sonnenkult verbunden waren.

Direkt vor Tempel E-II hat ein Fürst von Uaxactún im Jahr 356 die Stele 19 aufstellen lassen, und davor wurde ein Rundaltar plaziert. Im gleichen Jahr wurde links davon auch Stele 18 aufgepflanzt und rechts davon wohl auch eine dritte Stele. Im Jahr 505 plazierte ein späterer Fürst die Stele 20 vor der Treppe von Tempel E-VII sub. Auf

*Uaxactún, Tempelpyramide E-VII sub mit den riesigen Göttermasken, die typisch sind für prä- und frühklassische Sakralbauten der Maya.*

der Stelenfront wird der Fürst mit dem Bündel der Herrschaft im Arm von zwei Gefangenen flankiert, und auf den Schmalseiten sind jeweils zwei weitere, in die Knie gezwungene Gefangene abgebildet. Vermutlich sind sie Opfer gewesen, die der Sonne Kraft für ihren Aufgang geben sollte.

Weiter nordöstlich hat man in der **Gruppe H** am Südhof unter dem Gebäude H-10 vorklassische Palastbauten gefunden, deren Wände mit großen Monster- und Götterköpfen, Fürstenbildern und Mattenmotiven aus Stuck geschmückt waren. Hier scheinen die präklassischen Herren des Ortes residiert zu haben. Vielleicht weisen die kleinen Tierköpfe an den großen Köpfen der Götter und Monster auf deren Namen hin.

Das politische und religiöse Zentrum Uaxactúns lag während der klassischen Zeit (300–900) im Westen der Landepiste und war entlang einer breiten Straße (Sacbé) angelegt worden, die von Südosten nach Nordwesten verläuft. Am Südende des Sacbé lag auf drei niedrigen Terrassen ein religiöses Zentrum mit den Haupttempeln A-1 und A-9 auf der Mittelachse. Da vor dem Tempel A-1 an der Nordseite der Terrasse zahlreiche Stelen (u. a. 8 und 11) und Altäre aufgestellt waren, dürfte es ein Ahnenheiligtum gewesen sein, das um 380 angelegt wurde. Der Tempel A-2 nordwestlich davon ist wohl als letztes öffentliches Gebäude im Ort genutzt worden, denn vor seine Front stellte man 830 Stele 13 auf und 889 Stele 12.

Gegenüber dem letzten Tempel liegt der große **Palastbezirk** mit unzähligen Räumen, der acht Mal erweitert und umgebaut wurde. Zuerst standen nur drei Audienzhäuser um den zentralen Hof auf einer Plattform. Dann wurde der Hof etwas erhöht, und in der dritten Phase wurde ein viertes Gebäude zwischen den Hof und die Plattformtreppe gesetzt. In der fünften Phase errichtete man rechts und

*Petén-Region*

*Palastbezirk von Uaxactún*

links vom letzten Bau zwei weitere Gebäude. In der nächsten Phase wurde die Plattformtreppe durch ein langes Verwaltungshaus ersetzt, das von zwei neuen Zugangstreppen flankiert wird. Außerdem setzte man zwei weitere Bauten an der Front auf die Plattform. In der siebten Phase ersetzte man das nordwestliche Audienzhaus durch eine langgestreckte Halle mit drei Türen, die Front des Palastes wurde darüber hinaus durch eine große, erhöhte Empfangshalle und eine breite Treppe neugestaltet. Links der Plattform fügte man einen kleinen ebenerdigen Bau und eine Treppe zur Audienzhalle, den Dienstboteneingang, an. In der letzten Phase wurde an der linken Seite eine große, langgestreckte Loge errichtet, wo sich die Fürsten während öffentlicher Anlässe aufhielten. Die westliche alte Audienz verlor ihren Dachkamm und erhielt einen zweiten Stock. Nach Norden und Westen vergrößerte man die Plattform und errichtete weitere Verwaltungsräume. An der Südostecke stellte man vor einer Altarplattform zwei Altäre auf. Stele 6, die den Eroberer aus Tikal mit Keule und Wurfbrett in den Händen und Vogel am Hut zeigt, wurde erst von den Archäologen hier plaziert.

Folgt man dem Sacbé nach Norden, passiert man die antiken Steinbrüche und ein Wasserreservoir (Zisterne). Vor B-8, dem ersten Tempel rechts, stand einst Stele 6 zusammen mit Stelen 4 und 5 – das war also das Siegesmonument (378) des Eroberers aus Tikal. Davor erstreckte sich der Ballspielplatz (Juego de Pelota) an einem großen Platz, dessen nördlichen Abschluss ein großes, vielräumiges Eingangsgebäude auf einer Plattform bildet. Dahinter liegt ein von Plattformen umgebener Hof mit dem Tempel B-3 an der Nordseite. Diese Bauten hat aber nach ihrer Untersuchung im Jahr 1927 der Urwald wieder verschlungen. Weitere, wenig interessante Baugruppen sind im Westen und Norden der Gruppe B zu finden.

# Río Azul

Wer viel Zeit und großes Interesse an der Mayakultur hat, kann auf einem dreitägigen Ausflug von Uaxactún mit einem geländegängigen Fahrzeug nach Norden fahren (nur während der Trockenzeit, mit einheimischer Begleitung) und die größtenteils unausgegrabenen Ruinen von Río Azul (›Blauer Fluss‹) besuchen. Sie liegen nahe dem Ländereck von Belize, Guatemala und Mexiko. Etwa 15 km hinter dem Dorf Sartenej biegt man bei den Ruinen von Dos Lagunas nach rechts ab und überquert nach etwa 35 km den Río Azul, nach dem die Ruinen benannt sind. Beim Dorf Ixcanrío biegt man nach Norden ab. 3 km weiter führt die Abzweigung links zum Ostrand des Ruinengeländes.

Río Azul war etwa seit dem 9. Jh. v. Chr. besiedelt. Seine erste große Blütezeit erlebte der Ort 250 v. Chr. bis 250 n. Chr. Nach einer Schwächephase von rund 200 Jahren hinterließen Mitglieder der örtlichen Dynastie die ersten bekannten schriftlichen Informationen. Kurze Zeit später kam es – vielleicht weil Tikal sich schneller entwickelt hat und möglicherweise sogar Krieg gegen Río Azul führte – zu einer neuen Schwächeperiode. In der Zeit zwischen 600 und 900 scheint die Macht des Ortes wieder gewachsen zu sein. Keramikfunde deuten an, dass man damals starke Verbindung zur Puuc-Region in Yucatán hatte. Um 830 ist die alte Mayastadt dann wahrscheinlich von dem ehemaligen Handelspartner überfallen und abgebrannt worden. Vielleicht ist dabei sogar ein großer Teil der Bevölkerung nach Norden zwangsumgesiedelt worden, denn kurz danach hat man Río Azul aufgegeben.

Die Stadt wurde auf dem östlichen Ufer in einem Bogen des Flusses angelegt. Im Süden und Osten schützte man sie durch einen Kanal und einen Trockengraben. Außerhalb der Stadt lagen die Felder, die man teilweise durch Gräben entwässerte oder deren Niveau man durch Aufschüttung erhöhte. Gehöfte der Bauern, Siedlungen der Handwerker und Landsitze der Fürsten lagen zwischen den Feldern. Holzbrücken überspannten den Trocken- und den Wassergraben. An der Ostseite der Stadt hat man um 500 eine große Pyramide erbaut, damals wohl der Haupttempel von Río Azul (A 1-5), heute ein völlig überwachsener Hügel. Östlich davon liegt die palastartige Priesterunterkunft A-11, nördlich der Palast der weltlichen Herrscher des Ortes. Im Osten gab es eine Art Ballspielplatz und ein großes Wasserreservoir. Im Westen schließt sich an der Palastecke der Hinterhof des Tempelkomplexes B-11 an.

Ohrpflock aus Jadeit, gefunden in einem Grab in Rio Azul. Es handelt sich um ein Vexierbild, das einen Göttervogel von oben mit ausgebreiteten Flügeln (weiß) und Schwanz (hellgrün) zeigt. Über dem Vogelkopf (grau) die Glyphe ›k'axul‹ (= Erbsohn); darunter die Halskette (blau) ist das Zeichen für ›hak kal‹ (= geschätzte Macht); der Vogelkopf bildet die Glyphe für eine Baktun-Periode.

Um 1984 hatten Raubgräber das **Grab 1** eines Fürsten unter Tempel C-1 geplündert, der laut der roten, gemalten Inschrift an den Wänden seiner Gruft im Jahr 417 geboren war. Götterköpfe, die in den Details auch die Glyphe Chun (›Ursprung‹) enthielten, rahmten das Datum an der schmalen Stirnseite der Gruft. Vermutlich ist hier der 5. Fürst der lokalen Dynastie bestattet gewesen, dessen Eltern der 11. Fürst von Tikal, Sturm-Himmel, und die Frau Vogelkralle gewesen sein könnte. Da der Sohn vor der Inthronisation geboren wurde, konnte er in Tikal selbst nicht Herrscher werden, und da er in Río Azul fremd war, wurde er nicht beim Haupttempel beigesetzt. Zwei kleine Nischen in den beiden Längswänden dienten als Ablage für Beigaben. Zwei breite Bänder aus Götterköpfen und Glyphensymbolen bildeten zusammen mit Mattenmustern die Eingangsrahmen des Grabs. Leider ist das Grab noch ein zweites Mal von Raubgräbern besucht worden, die Teile der Malerei zerstört haben.

Eine zweite Gruft unter den Vorbauten des höchsten Tempels (A 1-5), **Grab 12,** ist ebenfalls ausgeraubt worden. Hier hat man in Rot die vier Himmelsrichtungen an den Wänden gekennzeichnet und in Schwarz den Namen des 6. hohen Herrschers von Río Azul mit dem Datum seiner Beerdigung (8 Ben 16 Kayab, 9.0.14.8.13. bzw. 450) notiert. Der Mann hieß wahrscheinlich Ah Kalis Há (›Wasserkalebasse‹). Die vier kleinen Tempel auf dem Vorbau der großen Pyramide sind wohl die Grabtempel der Herrscher 3–6 von Río Azul.

Der Haupttempel dürfte das Grab des Gründers oder seines ersten Nachfolgers beherbergen. Der Name des 6. Fürsten ist auch auf einem zylindrischen Gefäß von typischer Teotihuacán-Form belegt, das aber auch ein totonakisches Reliefdekor aufweist und daher wohl ein importiertes Gefäß ist, auf das nachträglich der Name des Fürsten gemalt wurde. Es befindet sich heute im Detroit Institute of Art (USA). Die Inschrift von Stele 1 (392) vor dem Tempel erwähnt einen Fürsten Sak Balam/Koh, der wohl der Vater des Kalis gewesen ist und auch als erster Fürst bezeichnet wird.

Unter dem Tempel fand man drei frühklassische Altäre mit den Darstellungen von Adligen und einige Schmuckstücke mit sehr ausgefeilten Symbolen in Opferdepots. Die Jadeitzierscheibe eines Ohrpflocks trägt die Ritzzeichnung eines Göttervogels, dessen Kopf Baktun zu lesen ist, was man als Hinweis auf den Beginn des 9. Baktuns (435) werten darf. Darüber ist das Symbol für K'axul (›Erbsohn‹) angebracht. In ein anderes Gründungsdepot hat man eine Muschel gelegt, die in als feine Ritzzeichnung den Kopf einer Frau zeigt. Die Dame trägt eine Kopfbedeckung in Form eines Kormorans und eine Kartusche mit Glyphen. Wahrscheinlich hieß die Fürstin Ich Ch'om (›Kormoran-Kralle‹). Möglicherweise war sie die 10. oder 11. Herrin von Tikal.

Glücklicherweise fanden Archäologen zwei weitere, jedoch unbeschädigte Grüfte. **Grab 19** in C-1 war an den Wänden mit Götterköpfen bemalt, die K'uil (›Göttlichkeit‹) zu lesen sind. Der Tote war auf einer Trage auf dem Rücken liegend beigesetzt worden und mit

*Río Azul*

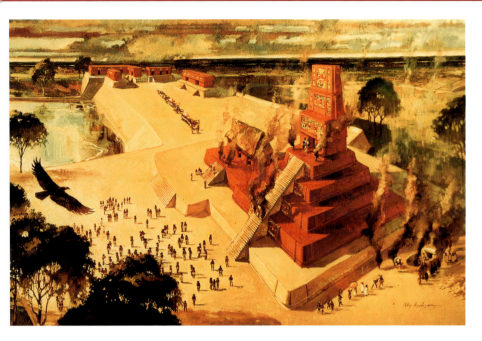

*Rekonstruktion eines Tempels von Río Azul, dem größten frühklassischen Zentrum im Petén*

Tüchern aus Baumwolle und anderen Fasern bedeckt. Neben ihm hatte man Tongefäße mit Lebensmitteln aufgestellt. Jadeperlen lagen um ihn herum, die als Schädel von Tier- und Menschenköpfen gestaltet waren. Es könnte sich dabei um Hinweise auf besiegte Gegner handeln. Einige Gefäße haben zylindrische Körper und drei brettartige Füße, eine Form, die in Teotihuacán üblich war. Hier sind sie aber wohl nur kopiert worden, da die Deckel typische Mayaköpfe als Griffknopf haben. Ein Kugelgefäß mit flachem Deckel und dickem Henkel ist mit mehreren Glyphen bemalt und diente der Lagerung von Kakaobohnen. Leider fehlt der Name des Fürsten, weil zwei Glyphenblöcke, die erst nach dem Brennen aufgemalt wurden, abgesplittert sind. Die wichtigsten Funde aus dem Grab sind heute im MNGC ausgestellt und werden auf das Ende des 5. Jh. datiert.

**Grab 23** enthielt eine ähnliche Bestattung. Man vermutet daher, dass in beiden Gräbern Verwandte des Toten von Grab 1 lagen. Unter den Beigaben dieses Grabs waren zwei aus den Kiefern von Pekaris geschnitzte Figürchen, die zu einer Halskette gehörten. Sie zeigen jeweils den Kopf eines Menschen in dem geöffneten Rachen eines Tieres. Die fleischlosen Tierkiefer bedeuten bei Zahlen in Kopfform den Wert 10. Es könnte sich also bei dem Toten um den 10. Herrn von Río Azul oder um einen Nachfahren des 10. Fürsten von Tikal handeln. Auch eine kleine menschliche Figur, aus einem Hirschknochen geschnitzt, gehört zum Schmuck des Toten, in dessen Armbeuge die Tonfigur eines jungen Mannes lag, vielleicht eines Erben. Auf einer vorspringenden Felsnase in der Grabdecke hat man als Teil einer Art Mondglyphe, die ›Ende‹ bedeutet, die Glyphe Ik (›Seele‹, ›Wind‹) gemalt. Darunter stellte man einen Jaguarkopf oder das Erdmonster frontal dar. Im Stirnband des Wesens scheint der Schriftzug Maah Kinah Ek' zu stehen, was als Priestertitel gedeutet werden kann. Auch dieses Grab dürfte um 500 angelegt worden sein.

Der Tempel auf der großen Zentralpyramide ist noch bis zur Dachzone, die mit Stuckglyphen verziert ist, erhalten. Da Raubgräber Teile der Inschrift herausgebrochen haben, sind Daten bisher nicht zu rekonstruieren. Doch die Namensglyphe der Herrscherfamilie ist identifiziert worden (*xoch*, ›Riss/Spalte‹). Diese Kopfglyphe findet man auch auf einigen Gefäßen in privaten Sammlungen. Wahrscheinlich enthält die Glyphenvariante mit einer Knotenfrisur auch den versteckten Hinweis auf die Bindung K'ux T'an (›Vertrag‹) zwischen Tikal und Río Azul auf der Basis einer Eheschließung.

Zwei Gefäße unbekannter Herkunft tragen Glyphentexte, die auch einen *hotan* (›Helfer‹) des 5. Fürsten von Río Azul erwähnen, der um 501 drei Jahre an der Macht war und als Sohn der »geliebten Frau« des 5. Fürsten bezeichnet wird. Er hieß vielleicht K'uk' (›Quetzal‹, ›Spross‹) und scheint denselben Vater gehabt zu haben wie der 6. Fürst. Eines der Gefäße zeigt eine Audienz vor dem väterlichen Fürsten, der wie einer der hinter ihm sitzenden Ratgeber dabei an einer Blüte riecht; sehr kriegerisch scheint er nicht gewesen zu sein.

## El Mirador

Tikal und Río Azul waren im 6. Jh. nicht die einzigen großen Zentren dieser Region. Nur 60 km weiter westlich fand man an der Grenze zu Mexiko die große Ruinenstadt El Mirador, wenige Kilometer östlich davon liegen Naachtún und La Muralla. Zwischen Río Azul und Uaxactún gab es zur gleichen Zeit auch die Zentren La Honradez und Xultún, wo mehr als ein Dutzend lokaler Fürsten einen eigenen Familiennamen führten und nur kurze Zeit von Tikal abhängig waren. Von Uaxactún führt eine 28 km lange Urwaldpiste in nordöstlicher Richtung nach Xultún, die meist so überwachsen ist, dass man Motorsägen und Seile braucht um den Weg für Jeeps freizumachen.

Auch El Mirador ist bei Regenzeit nur mit entsprechendem Gerät in einem mehrtägigen Ausflug vom Lago Petén Itzá aus zu erreichen; bei Trockenheit reicht ein Geländewagen aus. Man verlässt das Nordufer des Sees gegenüber von Flores und fährt bis Carmelita (80 km) auf einer recht guten Piste. Von hier führt eine ca. 50 km lange Urwaldpiste in Richtung Norden über Dos Lagunas nach El Mirador. Ein provisorischer Landeplatz erlaubt den einfachen, aber teuren Anflug per Hubschrauber, Pilot und Fluggerät kann man aber nur am nationalen Teil des Flugplatzes von Ciudad de Guatemala mieten.

Lange Zeit hielt man die Riesenbauten von **El Mirador** für ein Werk der klassischen Maya, doch nach neueren Grabungen aus dem

## El Mirador

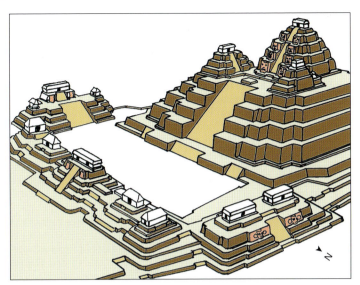

*El Mirador, perspektivische Rekonstruktion des Tempelkomplexes El Tigre aus frühklassischer Zeit. Die roten Flächen tragen Göttermasken aus Stuck.*

Jahr 1979 muss man die Entstehung der wichtigsten Gebäude wohl in der Zeit um 150 v. Chr. ansetzen. Um 250 scheint der Ort seinen Höhepunkt überschritten zu haben. Seine Besiedlung im Klassikum war nurmehr unbedeutend. Das Zentrum El Miradors bedeckt eine Fläche von rund 4 km² und war durch ein Netz von Sacbeob mit seinen Vorstädten in der weiteren Umgebung (einem Gebiet von 16 km²) verbunden.

Der Anfahrtsweg endet links vom vorklassischen Pyramidenkomplex **Monos** (500 v. Chr.; *mono*, ›Affe‹), auf dem drei Tempel lagen. Die Haupt-Cella oben wird auf einer der unteren Plattformen rechts und links durch vorgesetzte kleine Tempelchen betont.

Nur 200 m weiter nördlich ragt der Komplex **El Tigre** mit einer neun Stufen hohen Pyramide, dem vielleicht höchsten Gebäude der Maya, gen Himmel. Die Hauptpyramide weist ähnliche eingezogene Ecken auf wie die klassischen Tempel von Tikal und Piedras Negras, die also nur alte Formen kopieren. Sie umgibt ein Ring kleiner Bauten, die alle auf einer gemeinsamen großen Plattform stehen. Auf der fünften Plattform flankieren zwei kleine Pyramiden mit Tempeln die leicht nach hinten versetzte, mittlere und etwas höhere Pyramide mit der Hauptcella. Ihre Treppe wird auf den Seiten von Stuckköpfen eingefasst. Die Haupttreppe und die Front sind nach Osten zum Sonnenaufgang ausgerichtet. Das etwas größere **Gebäude 34** an der Ecke im Nordosten scheint eine kleine Residenz gewesen zu sein. Sein Stuckdekor ist teilweise noch erhalten. Meist bildete man große Götterköpfe ab, deren Ohrpflöcke schon Herrschaftssymbole wie die Glyphen K'ax (›Bündel‹) und Ich'ak (›Jaguarpranke‹) enthielten. Letztere war vielleicht sogar der Name des ersten lokalen Fürsten.

*Petén-Region*

Das Gegenstück zu dieser Anlage bildet der nach Westen ausgerichtete Tempelbezirk Danta in etwa 800 m Entfernung.

Östlich vom Tigre-Komplex schließt sich mit kleinen Pyramiden, Audienzhallen, Zeremonialhöfen und Zisternen die **Akropolis** an. Hier sind auch Fragmente von Stelen gefunden worden, die in einigen Fällen noch Reste von Inschriften aufweisen. Die Glyphen sind als feine Linien eingeritzt und entsprechen in ihrer Technik den frühen Schriftzeichen auf den Monumenten von Kaminaljuyú und den frühesten Texten aus Yaxchilán. Die figürlichen Darstellungen scheinen sich auf Fürsten mit großen Götterkronen zu beschränken, wie sie auch auf einer Stele von Nakbé erscheinen.

Die Pyramide León im Norden der Akropolis dürfte die Grabpyramide eines Herrschers von El Mirador gewesen sein. Als Paläste oder Residenzen scheinen der Komplex Cascabel im Norden und der Komplex IV im Osten gedient zu haben. Der große Tempelkomplex Tres Micos könnte die symbolische Südostbastion des Stadtzentrums gewesen sein.

Da auch die anderen Ruinen am Wege zumindest teilweise aus vorklassischen Zeiten stammen, scheint die Region im Norden Guatemalas die Wiege der klassischen Mayakultur gewesen zu sein. Die Bewohner dieser Zentren sind sicher nicht spurlos verschwunden. Doch ihre Nachfahren scheinen sich mit der Verlagerung der politischen Schwerpunkte in anderen Städten angesiedelt zu haben. Manchmal kehrte man nach längerer Abwesenheit wieder in die frühen Städte zurück.

## Nakbé

Ein gutes Beispiel für die Wiederbesiedlung verlassener Städte liefern die Ruinen von Nakbé, die in der Hauptsache aus zwei großen Zeremonialkomplexen bestehen. 15 km nördlich von Carmelita zweigt bei den Ruinen von El Tintal ein Weg über die Ruinen von Güiro (15 km) nach Nakbé (30 km) ab.

*Präklassische Stele 1 aus Nakbé, die zwei Fürsten im Gespräch zeigt (ca. 100 n. Chr.).*

Der **Westkomplex,** der aus Tempeln und Residenzen besteht, entstand um 500 v. Chr. Die Wände seiner Plattformen schmückten große Götterköpfe, die aus Stein gearbeitet waren, aber nachträglich mit einem Stuckmantel überzogen worden sind. Auch Hinweise auf runde Pyramidenstrukturen und eine sehr frühe Stele mit dem Bild zweier Herrscher hat man hier gefunden.

Nakbé war wohl wie El Mirador, El Tintal und Uaxactún eine wichtige Station auf dem zentralen Handelsweg, der von der Halbinsel Yucatán nach Süden führte. Diesem Handel verdankten die Bewohner auch ihren Wohlstand, der sich in den frühen Großbauten am deutlichsten manifestiert. Wahrscheinlich sind die frühen Bewohner Nakbés jedoch im späten Präklassikum (100 v. Chr. bis 250 n. Chr.) in Orte wie Uaxactún und El Mirador gezogen, die sich politisch und wirtschaftlich damals schneller entwickelt haben.

Der **Ostkomplex** wurde dagegen in spätklassischer Zeit voll ausgebaut (600–900). Politische Unsicherheit oder Niederlagen großer klassischer Zentren im 6. Jh. (vgl. Tikal) könnten damals zur Emigration eines Teiles der Bevölkerung geführt haben und zur Neubesiedlung alter, lange vorher aufgegebener Zentren. Im Ostkomplex hat man neben einigen Gräbern unter den Fußböden der Räume auch sehr viel Codex-Keramik gefunden.

## *An der Laguna Yaxhá*

## Yaxhá

Von der Straße von Flores nach Belize, die noch immer nicht ganz asphaltiert ist, etwa 30 km hinter der Abzweigung nach Tikal, führt eine holprige Piste über die schmale Landbrücke zwischen den Seen Yaxhá und Sacnab in Richtung Norden nach Yaxhá. Für den Besuch sollte man einen Mietwagen nehmen oder eine organisierte Tour in Flores buchen, da die Piste während der Regenzeit meist unbefahrbar ist und man ein Boot braucht, um auch Topoxté, eine Insel im See Yaxhá, leicht besichtigen zu können.

Yaxhá ist sicher schon in präklassischer Zeit (800 v. Chr.) besiedelt gewesen. Um 500 erhielt es ein Netz von befestigten Straßen, das im Mayagebiet sonst nicht üblich war, wohl aber in Teotihuacán im Hochland von Mexiko. Man vermutet, dass dieser Einfluß über Kaminaljuyú, wo die Teotihuacanos vertreten waren, nach Yaxhá gekommen ist, wahrscheinlich durch die Ehe eines örtlichen Fürsten

*Stele 11 zeigt einen frühklassischen Fürsten von Yaxhá im Stil von Teotihuacán (ca. 435 n. Chr.).*

## Petén-Region

*Perspektivische Rekonstruktion der Ruinen von Yaxhá*

■ *Steilwände*

■ *Palastbezirke*

■ *Tempelpyramiden*

■ *Ballspielplätze*

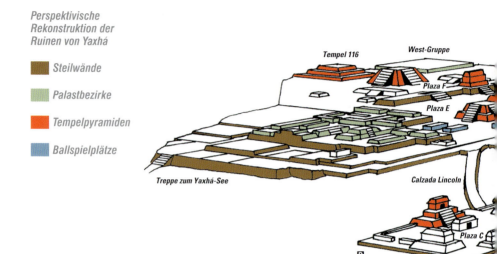

mit einer Dame aus dem Zentrum im Hochland von Guatemala. Ganz sicher ist der Ort noch bis etwa 900 besiedelt gewesen. Er war lange Zeit (5.–6. Jh.) neben Tikal ein führendes Zentrum im Petén. Der 11. Fürst von Copán behauptet sogar, dass seine Mutter aus Yaxhá stammte. Im Jahr 651 machte der 1. Fürst von Dos Pilas in Yaxhá einen Staatsbesuch.

Die kriegerischen Einfälle des 14. Fürsten von Naranjo im Jahr 710 und des 26. Tikal-Fürsten im Jahr 734 waren sicher weit weniger erfreulich. Nur drei Jahre früher hatte Yaxhá mit Pusilhá in Belize Verbindung aufgenommen, doch nach dem Sieg Tikals regierte dessen Kronprinz für kurze Zeit über Yaxhá. Naranjo griff 798/799 erneut den Ort am See an. Yaxhá verlor den Kampf, und eine seiner Fürstentöchter heiratete den 19. Fürsten von Naranjo. Xamak, ein Sohn aus der Zwangsehe, wurde als Vasenmaler berühmt. Mehrere wunderschöne Gefäße im Codex-Stil, von seiner Hand bemalt (ca. 820), sind bisher identifiziert worden.

Der Eingang zum Ruinengelände, das bisher kaum ausgegraben wurde, liegt bei **Plaza C,** die von kleinen Hügeln – ehemaligen Pyramiden – umgeben ist. Um 485 ließ sich ein Fürst des Ortes auf Stele 6, heute nur noch in Fragmenten erhalten, auf einer Göttermaske stehend in Seitenansicht, ohne Federn an der Krone, darstellen. Die Pyramide im Westen hat man so angelegt, dass man von ihrer Treppe aus nach Osten blickend die Sonne über die Ecken der Tempel an der gegenüberliegenden Seite des Platzes anpeilen konnte. Diese Anordnung fand man auch bei der vorklassischen Gruppe E in Uaxactún.

Nordwärts führt eine kurze Straße zur **Plaza B,** an deren Westseite vor einer verfallenen Pyramide Stele 11 steht, die einen Fürsten mit Teotihuacán-Symbolen des Regengottes (breite Ringe um die Augen)

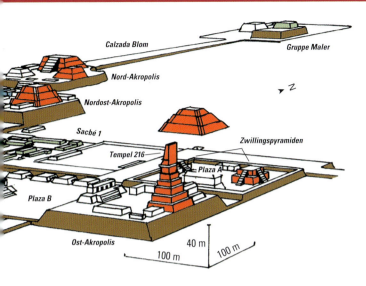

und frontalem Gesicht zeigt (vor 435?). Gegenüber der Akropolis stand auf einer künstlichen Terrasse eine vorne offene Halle für die Besucher oder Zuschauer von Festlichkeiten. Die Gebäude dürften in frühklassischer Zeit als Zeremonialzentrum gedient haben.

Die **Ost-Akropolis,** östlich davon, weist mit der Pyramide 216 das höchste Gebäude von Yaxhá auf, das zwischen 700 und 900 angelegt und genutzt worden ist. Die Opferdepots von 216, die man unter dem Cellaboden gefunden hat, enthielten mehr als 1000 Jadestücke, von denen aber nur 38 bearbeitet waren.

Die im Norden anschließende Plaza A mit den **Zwillingspyramiden** *(piramides gemelos)* dürfte um 734 angelegt worden sein, als die Fürsten von Tikal in Yaxhá das Sagen hatten. Zu den beiden Pyramiden gehört ein Stelenhaus im Norden, wie es im Spätklassikum in Tikal üblich war. Nördlich von 216 führt ein Weg nach Osten in Richtung Nakum und zurück zum Eingang. Ein kleiner Pfad zweigt nach Westen ab, zu den leider erodierten Reliefs auf einer Felsschulter.

Westlich von Plaza A schließt sich ein Palastbezirk an. Sacbé 1 führt nach Westen weiter zur Nord-Akropolis. Von hier kann man über die Calzada Lincoln, einen alten Sacbé, zur Plaza C zurückkehren. Die Südseite von Plaza D nimmt ein Palastbezirk ein. Davor lag eine Art Ballspielplatz.

Die Westseite der **Plaza E** bildet die lange Plattform 119, eine Besucherhalle. Im Norden und Osten liegen zwei erhöhte Bezirke, die Nordost- und die Nord-Akropolis, die als riesige Hügel erhalten sind, von denen die Nord-Akropolis der ältere Bezirk sein mag. Vor ihr hat man einen kleinen Ballspielplatz angelegt. Ganz sicher handelt es sich bei beiden Akropolen wie in Tikal um Ahnentempel und wohl auch um Gräber der Herrscher von Yaxhá in spätklassischer Zeit. Die

*Petén-Region*

beiden Stelen 13 und 31 auf Plaza E zeigen Fürsten in Frontalansicht mit nach außen gedrehten Fußspitzen und dem Kopf im Profil. Auf Stele 13 steht der Fürst Muan (793) vor einem Opfertisch. Auf Stele 31 drückt er ein Bündel an die Brust und rühmt sich eines Gefangenen. Zu seinen Füßen hockt ein Kind oder Zwerg. Der Kleine spielt mit einem Tierkadaver (?), in dem ein Speer steckt.

Im Westen schließt sich die **Plaza F** mit einer zentralen Pyramide an, die mit ihren Treppen an allen vier Seiten in frühklassischer Zeit erbaut worden sein kann. Es ist möglich, dass Plattform 119 zur Pyramide gehörte; denn in Verbindung mit ihr ergibt sich eine Ausrichtung auf den Sonnenaufgangspunkt, während die Pyramide 116 im Westen auf den Sonnenuntergang ausgerichtet ist. Ein kleiner Palast- oder Wohnbezirk liegt etwas nördlich davon.

Die Calzada Blom führt nach Norden zur Maler-Gruppe, benannt nach einem berühmten deutschen Archäologen, die zwar wenig interessant ist, aber einen guten Eindruck von der Weitläufigkeit der Ruinen vermittelt.

## Nakum

Schon 1905 wurden die im tiefsten Urwald versteckten Ruinen erstmals erforscht. Obwohl auch heute noch dort gegraben wird, braucht man in der Trockenzeit ca. 3 Std zu Fuß, um von Yaxhá nach Nakum zu gelangen. Als Belohnung für diese Strapaze erwarten den Besucher ungewöhnliche Bauten in malerischer Umgebung und eine Durchfurtung des Río Holmul. Da 1999 ein Touristenzentrum bei Yaxhá eingerichtet werden soll und dann auch Nakum besser zugänglich werden dürfte, werden die Ruinen kurz beschrieben. Zur Zeit ist ein Besuch nur während der Trockenzeit sinnvoll, und auch dann nur, wenn der Weg in gutem Zustand ist.

Von den mehr als 20 Stelen, die in Nakum gefunden worden sind, tragen nur einige Fragmente lesbare Inschriften, die auf 771–849 datiert werden können. Stele D z. B. wurde zum Beginn des 1. Katun im 10. Baktun aufgestellt, und auf Stele C (820) wird ein Herrscher Muan erwähnt, bei dem es sich um den gleichnamigen Fürsten aus Yaxhá handeln mag. Die meisten Stelen haben eine glatte Oberfläche und waren wohl zur Zeit der Aufstellung (9. bis 10. Jh.) bemalt.

Die **erste Plaza** im Osten des Zentrums wird an drei Seiten von hohen, spätklassischen Pyramiden und rechts von einer großen Akropolis begrenzt, deren Propyläen 44 Räume aufweisen. Dahinter gruppieren sich an der Nordseite um einen Innenhof ein Wohnbereich, im Süden ein Sakralbereich mit Pyramide und dahinter, im Osten, mehrere kleine Bauten um eine große Pyramide mit kleinem Thronraum auf der oberen Plattform. Hier kann man wie die früheren Herrscher einen herrlichen Rundblick über Nakum genießen.

Vor **Tempel C** an der Nordseite der ersten Plaza steht eine stark erodierte Stele. Teile der Treppe sind erhalten. Sein Dachkamm

*Stele 13 aus Yaxhá, 793 von Fürst Muan aufgestellt.*
*Orange: vergöttlichter Vorfahre*
*Rosa: Glyphe k'ul, ›Vertreter‹*
*Braun: Name Muan*
*Olivgrün: Jadeitschmuck*
*Gelb: Bündel als Zeichen der Macht*
*Beige: Glyphe ahau, ›Fürst‹*
*Hellblau: Muscheln, Zeichen der Fruchtbarkeit*
*Violett: Opferschale*

scheint dreigeteilt gewesen zu sein und wirkt wie die Scheintürme des Rio-Bec-Stils in Mexiko. Vermutlich hat es um 800 Verbindungen zu dieser Region 150 km weiter nördlich gegeben.

**Pyramide A,** an der Westseite der Plaza, ist sicher während der spätklassischen Zeit erbaut worden. Neben Teilen des Dachkamms sind auch Türstürze aus dem Holz des Sapotillbaums erhalten.

Hinter Tempel C liegen die beiden **Pyramiden V und U,** deren Fronten nach Süden ausgerichtet sind. Die beiden Bauten mit der dazugehörigen Stele dürften um 800 entstanden sein. Hinter Pyramide A führt der Sacbé Calzada Périgny (erster Erforscher der Ruinen) hangaufwärts über Treppen zur Plaza Mayor (›Hauptplatz‹), zu der unscheinbaren Merwin-Gruppe und zum Palast W.

## Topoxté

Da der Wasserstand der Laguna Yaxhá in einzelnen Jahren um mehr als 1 m schwankt, kann die Insel wie 1999 durch einen Sumpfstreifen mit dem Festland verbunden sein. Leicht und problemlos lässt sich Topoxté immer mit dem Boot von Yaxhá aus erreichen.

Nicht nur die bezaubernde Lage an der höchsten Stelle einer Insel im Yaxhá-See gibt den Ruinen etwas Außergewöhnliches. Auch der Zustand der Gebäude ist zum Teil recht gut. Es handelt sich um die einzigen sehenswerten Bauten aus der Zeit zwischen 900 und 1400 in der Region. Auch die beiden benachbarten Inseln sind in dieser Zeit bewohnt gewesen. Man vermutet, dass auf Canté einfache Leute gewohnt haben, während Adlige oder Höhergestellte auf Paxté saßen und dort auch ein Zeremonialzentrum unterhielten. Der Sitz der meisten Adligen und des Fürsten war aber sicher auf Topoxté, wo auch das religiöse Zentrum lag. Vermutlich haben im 13. und 14. Jh. hier sogar die Itzá gesessen, die nach dem Fall von Chichén Itzá aus Yucatán geflüchtet sind.

Im Zeremonialzentrum, oben auf der Hügelspitze, überwiegen breite Säulenhallen, wie sie vor allem in nachklassischen Ruinen von Yucatán zu finden sind. Die Mauern bestehen meist aus zwei Schalen mit gut bearbeiteten Steinblöcken, und der Zwischenraum ist mit festgestampftem Geröll und Mörtel ausgefüllt.

Der große **Tempel C,** ziemlich im Zentrum der Anlage, weist eine Vorhalle und vier Säulen in den Türen auf. Die alten Rundsäulen sind später quadratisch ummantelt worden. Seine Dachkante ähnelt im Profil sehr den Bauten aus Nordyucatán. An der Nordostecke hat man in Grab 23 einen geköpften Mann als Bauopfer beigesetzt. Wie an vielen anderen Orten auch wurde später eine weitere Person in Grab 21 unter der Treppe bestattet. Vor Tempel C errichtete man eine kleine Plattform für Tänze und Opfer.

Nordwestlich davon liegen am Hang der Terrasse die beiden einzigen skulptierten **Stelen** des Ortes. Sie beweisen, dass die Insel auch in spätklassischer Zeit (700–900) bewohnt war; Keramikfunde gehen

## Petén-Region

*Perspektivische Rekonstruktion der Ruinen von Topoxté*

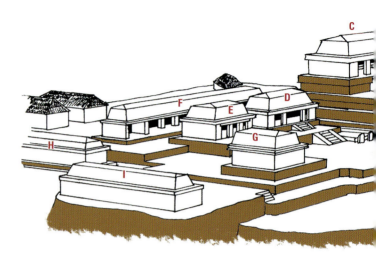

sogar bis ins Präklassikum zurück. Auf dem Fragment von Stele 1 ist der Oberkörper eines Mannes abgebildet, und Stele 2 zeigt auf der Vorder- und Rückseite einen stehenden Mann mit einer Lanze in der Rechten. Auf der Frontseite trägt er auch noch einen Schild mit Götterkopf als Schmuck. Der Mann auf der Rückseite scheint etwas älter zu sein und hält den Kopf vorgebeugt. Die begleitenden Glyphen sind leider nicht mehr lesbar, ein Datum scheint zu fehlen.

Da in der Pyramide A weiter südlich das Grab eines spätklassischen Adligen gefunden wurde (Grab 49), das reiche Beigaben enthielt, und die Keramik dieser Zeit in Yaxhá der von Topoxté ähnelt, darf man eine enge Beziehung zwischen beiden Orten postulieren. Vor einem zweiten Tempelgebäude sind zahlreiche unverzierte Stelen und Altäre aufgestellt worden, die wohl ursprünglich alle mit Stuckbildern oder polychromer Bemalung versehen waren. Solche Stelen wurden vor allem im frühen Postklassikum (900–1000) aufgestellt. Die breiten Pfeilerhallen B, H, I und F sind wohl noch später entstanden.

Etwa 20 km südlich des Sees Yaxhá liegen die beiden kleinen Ruinen **Yaltutu** und **Ucanal**. Im ersten Ort hat man lediglich eine Reliefstele gefunden, im zweiten dagegen sieben Stelen und drei Altäre mit Inschriften. Ucanal hat sich wohl im 7. Jh. unter eigenen Fürsten selbstständig gemacht. Stele 4 (MNGC), das schönste und besterhaltene Monument des Ortes, zeigt den 13. Fürsten in seinem 10. Jahr (849) beim Ausstreuen eines Opfers. Fürst und Kronprinz, der selbst schon wieder Vater war, stehen auf einem Gefangenen. Über ihnen schwebt, von der Visionsschlange umschlungen, ein Vorfahre, bewaffnet mit Wurfbrett und Speer, der als Einwanderer aus dem Norden gekommen war.

*Topoxté, Naranjo*

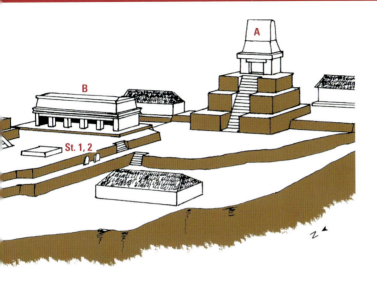

## Naranjo

Fährt man, statt zur Laguna Yaxhá abzubiegen, auf der CA-13 weiter in Richtung Belize, zweigt kurz vor der Grenze im Ort Melchor de Mencos eine sehr schlechte Piste nach links in Richtung Norden ab. Hinter Bambonal folgt man der Querstraße nach Westen. Ein anderer, ebenso beschwerlicher Pfad führt von Yaxhá nach Naranjo (nicht zu verwechseln mit dem modernen Ort El Naranjo). Der Ruinenort, in dem seit 1999 restauriert wird, ist besonders wegen seiner zahlreichen Stelen interessant, aus deren Texten man die wichtigsten Ereignisse der Geschichte seiner Fürsten herauslesen kann. Die meisten der Stelen stehen heute im MNGC und auf der Plaza in Melchor de Mencos.

Die ersten fünf Fürsten des Ortes sind nur aus dem langen Text von Altar 1 bekannt, der heute im Museum Popol Vuh in Ciudad de Guatemala steht. Um 470 sollte der mythische Gründer der städtischen Dynastie gelebt haben, und um 525 kam der 5. Fürst, Bolon Kal (›9/Viel Macht‹), an die Regierung. Erst über den 6. Fürsten wird auch auf anderen Monumenten berichtet, und mit ihm befinden wir uns in der geschichtlichen Phase des Ortes. Er kam wohl um 544 an die Macht und konnte sich um 546 von der Oberhoheit des Herrn von Calakmul befreien. Über die beiden nächsten Fürsten ist nichts Näheres bekannt. Sie können nur sehr kurze Zeit regiert haben. Der 9. Fürst, Sohn des 7. Herrschers, hieß wahrscheinlich wie der 6. Fürst Yam Ts'ib (›Erster Schreiber‹) und dürfte zwischen 553 und 606 regiert haben. Er war wohl noch als Kronprinz verantwortlich für die Loslösung von Calakmul. Er muss ein Wunder an Langlebigkeit gewesen sein, denn nach seinen eigenen Angaben hat er mehr als 50

*Die Mayafürsten Naranjos schmückten sich mit einem Zusatztitel Ah Sakal (Weber) und rühmten sich ihrer künstlerischen Fähigkeiten.*

*Petén-Region*

Jahre regiert (Stelen 16, 17, 25, 27 und 38). Er wurde später von seinen Nachfolgern immer wieder als größter Vorfahre angeführt (Stelen 3, 28 und 31).

Aus der Herrschaftszeit des 10. Fürsten (606–26) sind keine wichtigen Ereignisse überliefert. Er scheint aber beim Kampf gegen Caracol (Belize) gefallen zu sein. Sein Nachfolger, der 11. Fürst, der wohl Homol (›Welle‹) geheißen hat, war von Caracol abhängig. Entweder zeichnete er sich 627 als Ballspieler aus, oder er machte damals seinen ersten hohen Gefangenen. Drei Jahre später wurde er vom Fürsten Caracols gefangen genommen, der sich mit Calakmul verbündet hatte. Wahrscheinlich wollte Calakmul sich bei seinem abtrünnigen Untertanen revanchieren. Im Jahr 630 wurde der Fürst von Naranjo vom Herrn Caracols gefangen oder getötet, und noch 632 schwebte die dunkle Wolke des Krieges über dem Ort.

Die Herren von Caracol ließen noch 642 eine Glyphentreppe in Naranjo anlegen, auf der ihr Sieg und ihre Hoheit verkündet wurden, wofür man sogar einen alten Türsturz verwendete. Der 12. Fürst von Naranjo dürfte kurz nach 630 an die Macht gekommen sein, war aber mindestens bis zum Jahr 642 von Caracol und seinem Fürsten abhängig. Dann stellte er seinen ersten eigenen ›großen Stein‹ auf, Stele 15, die leider stark zerstört und nur teilweise erhalten ist. Zu der Zeit wird er auch die Zusammensetzung der Siegestreppe so verändert haben, dass das Monument der Niederlage zum Siegeszeichen wurde. Er scheint familiäre Bindungen sowohl zu Tikal als auch zu Calakmul geknüpft zu haben, denn sein Nachfolger und Sohn Chak (›Großer‹) wird 20 Jahre nach seiner Geburt von seinem Vater mit der Abstammung aus Calakmul und Tikal erwähnt. Chaks Vater, Hakal (›Geschätzter‹), hatte sich 666 mit einer Gesandtschaft die Hand einer Prinzessin aus Tikal gesichert (Stele 1), die von Ich'ak abstammte. Die Dame ist wohl der Grund dafür, dass in den Gräbern der Tikal-Herrscher sehr viele Gegenstände aus Naranjo gefunden wurden, die wohl so etwas wie ein Brautgeld waren. Ein Thronfolger

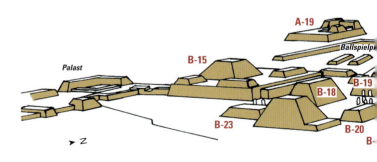

*Perspektivische Rekonstruktion der Ruinen von Naranjo*

*Naranjo*

aus Seibal war bei Chaks Inthronisation im Jahr 680 anwesend (Stelen 4 und 5), der schon 657 seinen ersten Gefangenen gemacht hatte (Stele 11).

Chak, der 13. Fürst, strafte seinen Namen Lügen, denn er tat sich in keiner Weise hervor. Doch als er 682 die Frau Wak Mek'ah Al Kaan (›Sechste gehobene Tochter des Himmels‹) aus Dos Pilas heiratete, wendet sich alles zum Besseren (s. S. 71). Besonders nachdem sie 688 einem Erben das Leben geschenkt hatte und diesen im Alter von fünf Jahren als solchen bestätigte, ging es mit Naranjo aufwärts (Stelen 3, 18, 24, 29, 31). Dieser Sohn, der Rauchendes Eichhörnchen oder K'ak' Tiliw genannt wird, aber wohl eher Ch'a Ik T'ulil (›Des Nachfolgers Atem‹) hieß, regierte 693–725. Angeblich war er mit 14 Jahren für das Zungen-Blutopfer eines Mannes aus Ucanal oder Aguateca verantwortlich (Stele 22). Nicht weniger als acht Stelen ließ er im Laufe seiner 32 Jahre währenden Regierungszeit aufstellen (Stelen 1, 2, 21, 22, 23, 26, 28 und 30; Stelen 2, 22 im MNGC). Im Vergleich zu anderen Fürsten hat er ganz schön Propaganda betrieben – vermutlich war er längst nicht so groß, wie er gern gewesen wäre.

Sein erster Sohn wurde ca. 706 geboren (Stele 21). Sein erster Gefangener scheint der Fürst von Yaxhá im Jahr 711 gewesen zu sein. Zu der Zeit hielt K'ak' Tiliw auch Verbindung zu Caracol, dem alten Feind. Im gleichen Jahr betrauerte er den Tod eines Freundes (Stele 23), 712 nahm er einen Fürsten von Ucanal gefangen (Stele 1), und in den Jahren danach scheint er sich auf Opfer an die Götter beschränkt zu haben (Stelen 28, 30). Erst 725 machte er wieder einen Gefangenen (Stele 18). Dann wurde er in Naranjo angegriffen und getötet, so dass ihn seine berühmte Mutter überlebte (726, Stele 18).

Sein Nachfolger, Pach Cha Balam (›Letzter freier Jaguar‹) oder Pach Chachak (›Letzter Brauner‹), scheint nur eine eigene Stele hinterlassen zu haben, was vermuten lässt, dass Naranjo damals zeitweilig wieder von Fremden kontrolliert wurde (Stele 37, datiert 744).

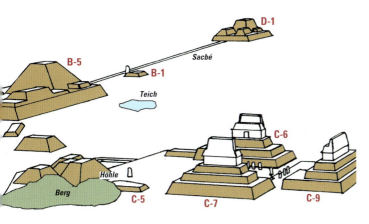

*Raubgräber mit ihrer Beute. Naranjo verzeichnete im Jahr 1998 einen Rekord an Raubgrabungen, doch nun ist die Regierung bemüht, die Ruinen besser zu sichern und für Besucher leichter zugänglich zu machen.*

*Lakam Tun oder Chak Tun (›Großer Stein‹) ist die Bezeichnung für eine Stele in den meisten Inschriften aus klassischer Zeit.*

Die Krönung des 15. Fürsten, der wohl ein jüngerer Bruder seines Vorgängers war, wird nur in Verbindung mit dem Machtantritt des 16. Herrschers erwähnt (Stele 6). Der neue Mann, Chakil Kil Lah (›Bedeutender Stein-Schädel‹) kam 755 an die Macht und hat bis ca. 779 regiert (Stelen 6, 19, 20, 34). Er selber scheint nicht sehr erfolgreich gewesen zu sein, vermutlich weil er zu alt war. Doch der Nachfolger Chak K'uil Bat (›Große göttliche Axt‹) hat schon 773 als Krieger die Verantwortung für den Staat übernommen, sechs Jahre vor seiner Inthronisation, und sie erst um 800 mit seinem Tod wieder abgegeben (Stelen 8, 12, 13, 14, 35). In der recht ereignisreichen Zeit hat er eine Frau aus Nim Li Punit geheiratet, 28 Gefangene gemacht, sich mit dem Fürsten von Calakmul angefreundet und ihm später Angst eingejagt. Er führte außerdem drei Kriege und zeugte einen Sohn, für den er vor seiner Geburt sein Blut geopfert hat (Stele 19, Jahr 775). Wegen seiner vielen Gefangenen hat er einen Paktanil (›Folterer‹) benötigt, der später sein Nachfolger wurde und Vater des 19. Herrschers war (Stele 12).

Dieser Paktanil hat zwischen 798 und 800 acht Kriege im Feindesland geführt und auch einen ›Großen‹ von Yaxhá in Fesseln gelegt. Seine zahlreichen (27) Gefangenen waren wohl mit ein Grund dafür, dass er 800–13 Naranjo regiert hat (Stelen 7 und 10). Sein vier Jahre jüngerer Bruder Cha Kabil (›Freies Volk‹ oder ›Braunes Volk‹) folgte ihm 814 auf den Thron und herrschte bis 820 (Stele 32). Seine politischen Verbindungen reichten zu dieser Zeit sogar bis nach Machaquilá, das damals die führende Stadt im Westen war. Xamak, ein Gefäßmaler aus der Fürstenfamilie von Naranjo und Yaxhá, machte in der Zeit Furore. Später scheint ein Zweig der Familie noch für kurze Zeit im benachbarten Xunantunich das Zepter innegehabt zu haben.

Die Ruinen, die östlich eines Sumpfgebietes liegen, betritt man von Süden. Dicht am Ufer fand man die Überreste recht unscheinbarer Komplexe, die ein Handwerksviertel gewesen sein könnten. Zwischen diesem Uferviertel und einem Hügel im Osten liegt das Stadtzentrum mit der Glyphentreppe an der **Pyramide B-18** in der Mitte. Vermutlich ließ der 12. Fürst oder einer seiner Nachfolger, nachdem Naranjo von der Oberhoheit Caracols befreit war, vor der Treppe die Stele 9 aufstellen. Der sehr schlanke Fürst steht mit riesiger Federkrone und dem Herrschaftsbündel auf dem Rücken eines Gefangenen, während seine fast ägyptisch anmutende Frau, rechts vom lebenden Thron, demütig den Kopf vor ihm senkt. Über dieser Szene hat man eine Göttersitzung festgehalten und das Schriftband eingearbeitet. Der Tempel B-18 war also für Naranjo zunächst ein Schandmal und dann ein Siegessymbol.

Vor dem **Gebäude B-23**, südlich davon, pflanzte man zwei ›große Steine‹ ein. Errichtet wurde der Tempel wohl in der Zeit des 12. Fürsten (657) zusammen mit Stele 11, die diesen als Krieger mit Schild und Stab über einem zusammengekrümmten Gefangenen zeigt. Der 18. Fürst hat dann 810 seine Stele 10 (nur Schrift) danebengestellt, um seine Abstammung deutlich zu dokumentieren.

Auf dem langen **Doppelgebäude B-20** im Osten des Platzes hat sich zwischen 593 und 613 der 9. Fürst und erste freie Herrscher des Ortes im Profil mit einem Stab in der Hand darstellen lassen. Später stellte die 13. Fürstin, die aus Dos Pilas stammte, die Stele 18 (726, nur Schrift) vor dem südlichen Gebäudeteil auf, um an die Taten der Vorfahren ihres Mannes symbolisch anzuküpfen. Dem Beispiel folgten später die Eltern des 19. Fürsten, mit ihren Stelen 33 (780) und 34 (769?) weiter nördlich. Auf Stele 33 sieht man einen Krieger mit Stab und Wurfbrett auf einem fast babyhaften Gefangenen stehen. Die Frau mit langem, durchgehendem Gewand auf Stele 34 ist kaum noch zu erkennen.

Vor **Gebäude B-19** an der nördlichen Platzseite präsentierte sich mit den Stelen 12 (800), 13 (781) und 14 (790) der 17. Fürst. Stele 13 zeigt ihn mit Götterzepter in der Rechten und Bürste/Fächer (?) in der Linken auf einem Gefangenen stehend. Auf den Stelen 12 und 14 steht er auf einem von Gefangenen getragenen Podest und drückt das Herrschaftsbündel an die Brust.

**Gebäude B-4** etwas weiter nordwestlich diente drei Fürsten als Hintergrund für ihre Monumente. Auf Stele 6 drückt der 16. Fürst das Herrschaftsbündel an die Brust (755). Ebenso verhält sich der 18. Fürst, allerdings steht er auf einem Gefangenen. Der 17. Fürst ließ sich dagegen auf Stele 8 (780) auf einem Gefangenen mit einer Lanze in der Rechten abbilden, was durchaus seinem Namen Chak K'uil Bat (›Große göttliche Axt‹) entspricht. Die beiden **Gebäude B-32** und **B-33** im Hof hinter B-4 dienten wohl dem Ballspiel. Links und rechts davon liegen zwei Paläste bzw. deren Reste. Ein alter Mayaweg (Sacbé) führt an der **Plattform B-1** mit Stele 36 vorbei nach Norden zum Komplex D. Die Stele trägt nur eine kurze Inschrift, die 790 als Datum nennt.

Vor der **Hauptpyramide D-1** des Nordkomplexes wurden mit den Stelen 38, 39 und 40 mehrere frühe Fürsten verewigt. Nur Stele 38 (593) ist recht gut erhalten und zeigt den 9. Herrscher, der einen reichgeschmückten Stab mit der Rechten an seine Brust schlägt.

Südwestlich des Komplexes D liegt am Ufer des Sumpfes die Baugruppe A. Vor dem **Tempel A-13,** der an der Front eine von zwei Minipyramiden flankierte Plattform besitzt, hat man drei ›große Steine‹ gefunden. Auf Stele 1 steht der 12. Fürst breitbeinig mit Schild und Lanze in der Rechten auf einem Götterkopf, dessen Nase das Symbol Ich'ak (›Pranke‹) aufweist, und damit den Hinweis auf einen Vorfahren aus Tikal liefert.

Auf dem Rückweg kann man kurz vor dem Ausgang noch einen Abstecher nach Osten machen und die **Gruppe C** hinter einem Hügel besuchen. Der mächtige Bau an der Nordseite des Hügels war wohl als ›Hüter‹ einer dahinterliegenden kleinen Höhle zu verstehen, die sicher für Fruchtbarkeitsrituale genutzt worden ist. Stele 35 vor ihrem Eingang schmückt das Bild eines Mannes, der mit beiden Händen eine große Fackel vor der Brust hält. Er steht auf einem Podest mit Wasserrosen als Schmuck (799). Die Hügelspitze scheint um 731 zum Tempel ausgebaut worden zu sein, vor dem man die Stele 41 aufstellte, deren Relief vielleicht den mythischen Gründer der Dynastie in frühklassischer Schrittstellung darstellt. Im Osten schließt sich ein von drei Pyramiden gerahmter Sakralkomplex an.

Vor der **Pyramide C-6** fand man die Stelen 21, 22 und 23 (702–11) des 14. Fürsten, Rauchendes Eichhörnchen, dessen Mutter auf Stele 24 vor dem Tempel gegenüber C-7 mit einer Blutopferschale in den Händen über einem Gefangenen aus dem Westen gezeigt wird (702). Ihr Sohn ließ sich auf Stele 21 (707) mit Lanze und Schild bewaffnet über einem Gefangenen darstellen. Auf Stele 22 (702) hockt er als junger Mann auf einem hohen Thron in Form eines Götterkopfes. Zu seinen Füßen kniet ein hagerer Bärtiger, gefesselt und die Arme flehend erhoben. Um 711 kehrte man zur üblichen Darstellung zurück und bildete den Fürsten mit dem Götterzepter in der Hand auf einem flach ausgestreckten Gefangenen stehend ab. Stele 32 (820) vor der Pyramide an der Ostseite zeigt den 19. Herrn von Naranjo auf einem Thron sitzend, zu dem eine Glyphentreppe hinaufführt.

Auf einer Plattform an der Basis der Pyramide hat man vier weitere Monumente gefunden. Auf Stele 28 (719) sieht man den 14. Fürsten mit Götterzepter und Bürste in den Händen. Auf Stele 25 (693) scheint der breithüftige 9. Fürst das Herrschaftsbündel an die Brust zu drücken. Dieser Fürst ist auch auf Stele 27 abgebildet (554), von der allerdings nur noch ein Bruchstück mit einem Bein und Inschriftenresten darauf gefunden worden ist. Schließlich wurde auf Stele 31 (721) die 13. Fürstin, die das Herrschaftsbündel an sich drückt, gewürdigt. Es handelt sich bei C-9 eindeutig um ein Ahnenheiligtum, während die anderen Tempelbauten mit Stelen davor eher Herrschaftstempel sind, vor denen die Fürsten sich verewigt haben.

# Am Río de la Pasión

## Seibal

Nur 16 km flussaufwärts von Sayaxché liegen auf den Hügeln am rechten Ufer in der Nähe des heutigen Dorfes El Ceibal die Ruinen einer Mayastadt, die wie Altar de los Sacrificios, fast 100 km weiter flussabwärts, ein großes, wichtiges Handelszentrum in klassischer Zeit gewesen ist. Problemlos und eindrucksvoll ist eine Bootsfahrt von Sayaxché nach Seibal, die Piste zwischen den beiden Orten ist dagegen manchmal nicht zu benutzen.

Der moderne Name ›Platz des Ceiba‹ leitet sich von den markanten Bäumen ab, die den Maya heilig waren und die die Ruinen für Jahrhunderte geschützt und überschattet haben. Der Ort Seibal war nach den archäologischen Befunden schon um 900 v. Chr. besiedelt und erlebte seinen ersten Höhepunkt etwa um 200 v. Chr. Etwa 500 Jahre später scheint der Ort plötzlich aufgegeben worden zu sein. Gegen 650 haben Emigranten das alte Zentrum erneut besiedelt, und rund 70 Jahre später begannen die Quellen seiner Geschichte zu sprudeln, d. h. klassische Inschriften in Seibal und andernorts berichten über das Schicksal der Stadt und seiner Fürsten.

*Perspektivische Rekonstruktion der Gruppe A von Seibal*

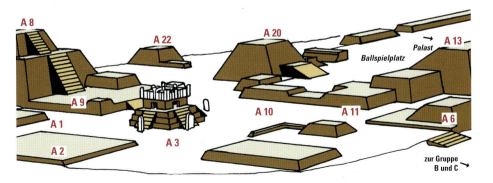

Die früheste bisher erkannte Erwähnung des Ortes und seines Fürsten erscheint in Dos Pilas auf Stele 15 im Jahr 721. Seibal wurde zu dieser Zeit in die Kriege hineingezogen, die bereits seit 30 Jahren immer wieder zwischen Tikal und Dos Pilas aufflammten. Seibals Fürst Chak Bolay (›Ozelot‹) scheint dabei, auf der Seite Tikals stehend, einen Angriff gegen den Herrscher von Dos Pilas, das 30 km weiter westlich liegt, verloren zu haben. Im Jahr 735 holte dann der 3. Fürst von Dos Pilas zum Gegenschlag aus und besiegte den Erben des Chak Bolay, eroberte Seibal und zerstörte die Inschriften dessen Vaters – zumindest behauptete das der Sieger.

Dos Pilas war jedenfalls so erfolgreich, dass eine Treppe mit Inschrift in Seibal installiert wurde (747)). Ihr Text erwähnt Ereignisse, die bis zur Inthronistation des ersten Herrschers von Dos Pilas (88/90 Jahre früher) zurückreichen, und berichtet auch von einem Erben in Seibal, der dem 4. Fürsten von Dos Pilas untertan war.

Spätestens nach 761, als Dos Pilas von seinen früheren Untertanen aus Aguateca besiegt worden war, machte sich Seibal mit fremder Hilfe wieder selbständig und stellte auch wieder Stelen seiner Fürsten (Stele 4?) auf. Doch auch die neue Herrlichkeit währte nicht sehr lange, denn um 800 scheinen Fremde den Ort erobert und zeitweilig kontrolliert zu haben, so dass Einflüsse mexikanischer Hochlandkulturen zum Tragen kamen. Dies wird nicht nur durch die Verwendung von fremden Schriftzeichen belegt, sondern auch durch einen unterschiedlichen Stil in den Reliefs (Stelen 2, 3 und 14). Die Eindringlinge scheinen nicht nur in Seibal, sondern auch in anderen Orten am Río de la Pasión Fuß gefasst zu haben (Altar de los Sacrificios und Ucanal). In Seibal haben sie sogar die Stele eines früheren Fürsten (Stele 7) umgekehrt eingepflanzt.

Im Jahr 830 kam ein Adliger, Ho Ts'u Tah (5-Herzbesitzer), aus Ucanal mit einigen Begleitern nach Seibal. Er und seine Nachfolger bildeten für die nächsten 40 Jahren eine neue Dynastie. Unter ihnen erlebte die Kunst des Ortes eine Renaissance des klassischen Mayastils, die bis 889 oder 914 währte. Um 930 ist Seibal endgültig aufgegeben worden.

Die Ruinen des alten Mayazentrums erstrecken sich über mehr als 3 km am Fluss entlang. Die meisten Bauten, z. B. Siedlungskomplexe der einfachen Bauern, sind heute nur als kleine, völlig überwachsene Hügel zu sehen. Doch von den vier großen Zeremonialzentren im Stadtgebiet sind drei um 1964 wenigstens teilweise ausgegraben worden. Der Pfad vom Landesteg führt durch ein kleines Tal direkt zum Sacbé, zur alten Mayastraße, die einst das südliche Zeremonialzentrum B mit den weiter nördlich gelegenen Palastbezirken bei den Gruppen A und C/D verband.

Nach links abbiegend gelangt man zur **Ruinengruppe B.** Hier steht neben dem Bau 79, dem einzigen Rundtempel in Seibal, ein für diesen Ort ebenfalls einmaliger zoomorpher Altar. Ähnliche Altäre sind aber aus Quiriguá und Copán bekannt, und meist symbolisieren sie die Erde als Monster oder Schildkröte. Hier nun ist der Altar wie eine

*Seibal*

*Stele 19 von Seibal, Cukumatz als Windgott Ehecatl mit Entenschnabel*

Thronplattform gearbeitet, deren Sitzfläche mit einem Jaguarfell bedeckt ist. Die Thronbeine sind, ähnlich wie in Chichén Itzá, als Atlanten gearbeitet.

Ungewöhnlich an dem Rundbau ist die zweite kleine Treppe auf der Rückseite. Im Hochland von Mexiko werden solche Rundpyramiden mit dem Windgott Ehecatl in Verbindung gebracht. Dieser Gott wird auch auf Stele 19 von Seibal (heute in Gruppe A, s. S. 243) als Mensch mit Entenschnabel abgebildet. Die Indizien sprechen also dafür, dass der den klassischen Maya fremde Gott von Einwanderern nach Seibal gebracht worden ist, und dass der Rundtempel erst nach 800 errichtet wurde. Bei den Cakchiquel, die wohl zu diesen Einwanderern gehört haben, wird der Gott Ehecatl, der mit Quetzalcóatl (›Gefiederte Schlange‹) identisch ist, Cukumatz genannt. Auch eine in Seibal sehr häufig gefundene Reliefkeramik scheint von diesen Einwanderern bevorzugt worden zu sein, denn sie zeigt häufig Personen mit Speer und *atlatl*, einem Wurfbrett, das die Maya kaum benutzt haben.

Geht man auf dem Sacbé zurück, dann stößt man am Nordende auf die alte Querstraße, die die Komplexe A und C/D miteinander verbindet. An der Kreuzung steht die imponierende **Stele 14**, die das Relief eines Fürsten im frühklassischen Stil zeigt, d. h. mit den Beinen in leichter Schrittstellung im Profil. Der Herrscher trägt eine Axt in der Rechten und einen kleinen Schild *(pak)* in der Linken. Seine Krone besteht aus einem Götterkopf, der mit einer Schädelglyphe (*lahun*, ›Zehn‹) und einem Jaguarschwanz im Nacken verziert ist. Sein runder Ohrpflock zeigt im Innern die Glyphe *hak* (›geschätzt‹). An den Hand- und Fußgelenken sind Götterköpfe als Schmuck angebracht, die *k'ul* (›Vertreter der Gottheit‹, ein Fürstentitel) zu lesen sind. Der Anfang der Inschrift an der Basis ist zerstört, doch am Ende wird ein K'axul Chak K'ul (›Erbfolger eines großen Fürsten‹) genannt, der wohl die Stele mit dem Bild seines Vaters aufstellen ließ. Vielleicht handelt es sich hier um den 10. Fürsten, der Seibal im 6. Jh. regiert hat. Stele 15 daneben ist leider völlig zerstört.

Der recht große, um vier Haupthöfe angeordnete, kaum ausgegrabene Palastbereich der **Gruppen C/D** rechts ist nur für Archäologen sehenswert; der Laie sollte sich nach links zur **Gruppe A** wenden, wo der Sacbé im südlichen Hof zwischen Gebäude 6 im Norden und Gebäude 4 im Süden endet.

Mitten auf der Plaza errichtete der Fürst Wat'ul (nach L. Schele und P. Mathews, 1998), dessen Name wohl Wal Yik'al Chak Lah (›Sohn des Mächtigen Großes Haupt‹) zu lesen ist, oder sein Nachfolger zum 1. Katun-Ende im Baktun 9 (849) die quadratische **Pyramide A 3** über den Resten eines älteren Baus. Mit ihren Treppen an allen vier Seiten und den davor stehenden vier Stelen, die durch eine fünfte in der zentralen Cella ergänzt werden, symbolisiert diese Pyramide die Welt und die Glyphe *kal* (›Macht‹). Die Stelen stellen die Weltenbäume der vier Kardinalrichtungen und das Zentrum der Welt dar, auf denen der Regengott Chaak bei seiner jährlichen Weltreise ruhte, und von deren Früchten er sich ernährte. Die mit falschen Gewölben überdachten Räume des Tempels trugen ursprünglich an den Fassaden eine mit Stuckfiguren verzierte hohe Attika. Über den vier Eingängen waren überlebensgroße plastische Figuren von Fürsten angebracht. An den Ecken und in den Zwischenräumen hat man weitere zwölf Fürsten abgebildet. Die Flächen zwischen den Personen schmückte man mit Pflanzen- und Tiermotiven. Die Figuren addieren sich zusammen mit den vier Stelen vor den Treppen zur

Zahl 20, und nach den Inschriften betrachtete sich Wal Yik'al als 20. Fürst seiner Dynastie.

Der Tempel mit seinen vier Eingängen, den sich rechteckig kreuzenden Zentralpassagen und den vier Nebenraumhälften stellt bisher ein Unikat der Mayaarchitektur dar. Unter der Stele im Zentrum waren in einem Opferdepot drei große, unbearbeitete Jadebrocken abgelegt, die möglicherweise die drei Tun-Glyphen symbolisieren, aus denen die so genannte Ortsglyphe gebildet wird. L. Schele vermutet,

*Pyramide A-3, das Ahnenheiligtum von Seibal*

dass die Glyphen drei Herdsteine sein sollen, die irgendwie mit der Sternkonstellation des Orion verbunden waren. Folgt man der Meinung, sollte die Orts- oder Dynastieglyphe *habab* (›Feuerstelle‹) gelesen werden. Die oberste Tun-Glyphe bildet aber mit ihren Nebenzeichen eine eigene Glyphe, die *halal* (›Pfeil‹, ›Wahrheit‹) oder *hallal ek'* (›Komet‹) zu lesen ist, und die zwei unteren Glyphen sind *bak'* (›Knochen‹, ›Bündel‹) oder *pik* (›Vielzahl‹, ›Überladung‹) zu lesen. Zusammen können die Glyphen mit ›Wahrheit der Menge‹ übersetzt werden.

**Stele 11** vor der Osttreppe beginnt mit dem Datum 6 Kawak 17 Sip (14. März 830), an dem das ›zentrale Haus‹ (so nennt man den Tempel 3 in den Inschriften) vom Titelträger Ah 9-Tun-Tah (9 Stein-Besitzer), der unter der Herrschaft des Ho Tsú Tah von Ucanal stand, fertiggestellt und geweiht wurde. Diese Zeremonie sahen der 4. Erbe der örtlichen Dynastie und acht alte Adlige. Einen Katun und einen Tag später, im Jahr 849, ließ der Fürst Wal Yik'al, der auch den Titel oder Namen Chak Kilek' Ak (›Großer Zeitpriester der Schildkröte‹) trug, anlässlich seines ersten Katun-Wechsels die Stele aufstellen. Er ließ sich mit einem Gefangenen zu seinen Füßen beim Ausstreuen von Opfergaben abbilden. In der Linken hält er einen Stab, und die Insi-

*Stele 8 aus Seibal; Fürst mit Jaguarpranken präsentiert den Kopf eines Gottes*

gnien seiner Herrschaft sind die Embleme an seinem großen Jadekollier. Die Menschenköpfe sind *ahau* (›Fürst‹) zu lesen. Ein übergroßer Kopf und eine riesige Federkrone, die mit vielen unterschiedlichen Symbolen wie Himmelsband und Seerose verziert ist, betonen seine hohe Bedeutung. L. Schele glaubt, dass der siegreiche Fürst auf allen fünf Stelen des Tempels in verschiedenen Ornaten dargestellt ist, doch dies trifft den Texten und dem Aussehen der Personen nach nicht zu.

**Stele 10** vor der Nordtreppe zeigt einen Fürsten, der mit einem Jaguarfell als Rock bekleidet ist und das Symbol der Himmelsschlange an die Brust drückt. Er trägt eine Krone, die geflochten zu sein scheint und mit Federn sowie einem Götterkopf geschmückt ist. Außerdem ziert ein Bart seine Oberlippe. Auch hier ist das Aufstellungsdatum das 1. Katun-Ende im Jahr 849, und es wird das Ausstreuen von Kostbarkeiten erwähnt. Der Text lautet:»Geopfert hat der Ah Hun K'inil (›Herr der ersten Gelegenheit‹) den Mann Cha Lahun (›Freier Zehnte‹), der 9-Tun-Tah (›9-Stein-Besitzer‹, ein Titel von bisher unbekannter Bedeutung) des Wal Yik'al war. Die Größe der Macht des Oberherren sahen der große Fürst von Tikal, der Kan Ts'u Kilek' von Calakmul und der vierte Bakab von Lik (Motul de San José) im Steinhaus von Seibal.«

**Stele 9** vor der Westtreppe zeigt einen jungen Mann mit befiederter Götterkopfkrone, der ebenfalls das Symbol der Himmelsschlange an die Brust drückt. Der Text lautet hier:»Zum Datum 849 sah der Kan Ah (›Stolzer Herr‹) seinen Bündelbeginn und die Erscheinung eines Vorfahren im Maul einer Visionsschlange. Das war nach der Inthronisation von Hu K'inil Ts'ibak (›Erster Priester hat geschrieben‹), des 21. Nachfahren von Seibal, der auch den Titel 9-Tun-Tah trug. Viermal umkreisten die acht Bakabs (Stellvertreter) das Gründungsdepot vor der Stele.«

**Stele 8** vor der Südfront des Tempels zeigt einen Fürsten mit Jaguarpranken als Händen und Füßen, der den Kopf eines großen Gottes präsentiert. Der Text berichtet:»Das Katun-Ende 849 war das Zeitende des Wal Yik'al Kilek' Ak', des 20. Nachfahren von Seibal, und Hacawitz von Tollan (Tula) war anwesend bei der Zeremonie im Haus (A 3) auf dem Platz« (nach Schele und Mathews, 1998).

**Stele 12** im Tempel zeigt einen jungen Mann mit Manikin-Zepter (stellt den Gott Bolon Tsakab dar) in der Rechten und einem Schild in der Linken, der mit einem Götterkopf verziert ist. Das Auge des Fürsten ist gerahmt und in seiner Krone ist ein Reiher *(sakbak)* abgebildet. Der Stelentext ist kaum noch lesbar, doch kann man erkennen, dass es sich um den Erben des Titels 9-Tun-Tah handelt. Alles deutet darauf hin, dass die Stelen nicht viermal den selben Fürsten zeigen, sondern vier Personen, die am selben Datum in Rang und Ehren standen oder dazu aufgestiegen sind. Der ganze Tempel wird damit zu einer Art Ahnenheiligtum.

Als Ahnenheiligtum war der Tempel A 3 auch der richtige Ort für spätere Fürsten, um dort ihre Stelen aufzustellen. Auf **Stele 1** ist ein Fürst Muan 869, als er bereits ein Jahr an der Macht war, mit seiner Lanze in der Hand dargestellt. In seiner Krone sind neben einem Reiherkopf auch vier zu einem Knoten verflochtene Schlangen abgebildet. An seinem Kollier hängt ein Schildkrötenpanzer als Zeichen seiner Herrschaft. Kopf, Unterleib und Füße sind im Profil dargestellt, nur der Oberkörper ist frontal zu sehen, was ein Rückgriff auf ein viel älteres Darstellungsschema ist. Die ikonographischen Details entsprechen klassischer Mayakunst, doch die gesamte Darstellung wirkt atypisch, als hätte man hier auch andere Stilelemente verwendet, was ein Hinweis auf die Herkunft aus einem Geschlecht der Einwanderer sein kann.

Die **Stele 19,** die Cukumatz/Ehecatl mit Entenschnabel zeigt, kann ebenfalls zu diesem fremden Stil gezählt werden (s. S. 239). Sie sollte nach 800 eingepflanzt worden sein und gehörte vielleicht zu dem kleinen Tempel zwischen A 6 und A 4. Die Inschrift an der Basis beginnt mit dem Tag 1 Ben, der dem toltekischen Tag 1 Wasser entspricht. Cukumatz entspricht Quetzalcóatl (›Gefiederte Schlange‹) in der Náhuatl-Sprache und war ein Titel der Herrscher von Tula. Vermutlich ist diese Stele sogar nach 880 von einer neuen Gruppe Einwanderer aufgestellt worden, denn Quiché und Cakchiquel marschierten während ihrer langen Wanderschaft durch den Subkontinent bestimmt nicht als geschlossener Verband, sondern in mehreren großen Gruppen.

**Tempel A 9** an der Nordwestecke des Platzes, der mit dem anschließenden kleinen Gebäude 8 einen eigenen Vorplatz hatte, war mit den Stelen 13, 20 und 17 ausgestattet. **Stele 13** stand ein paar Meter vor der Treppe von A 9 und zeigt einen Fürsten mit Schlangen an Rock und Gürtel. Das Relief ist definitiv dem Fremdstil zuzuordnen, was durch die zapotekisch wirkende Datumsglyphe 7 Wasser am Anfang der Inschrift bestätigt wird. Sein Name sollte Sakbak gewesen sein, und er wird als im Osten geborener *Batab* (›Stellvertreter‹) bezeichnet. Vor dem Mund des Mannes ist eine für die Mayakunst atypische Sprechvolute, und seine Linke scheint amputiert zu sein. In der Rechten offeriert er ein Opfer. Die großen Schlangen an seinem Lendenschurz mögen ein Symbol für ein Blutopfer sein, das er aus seinem Penis zwischen 850 und 880 abgezapft hat.

**Stele 20,** direkt am Fuß der Treppe zur höchsten Pyramide Seibals (A 9), besteht nur aus Schrift und dürfte nach ihrem Datum 889 (7 Ahau 8 Yaxkin, 10.03.00.00.) aufgestellt worden sein. **Stele 17** steht oben auf der Pyramide. An ihrer Basis ist ein Jaguar abgebildet, wie auf Stele 1 in La Amelia. Wahrscheinlich war der Auftraggeber beider Stelen sogar derselbe Mann, der letzte Fürst von Dos Pilas, der um 790 verzweifelt versuchte, die letzten Reste des großen Reiches seiner Vorfahren zusammenzuhalten. Auch Pyramide A-9 scheint also eine Art Ahnenheiligtum gewesen zu sein, vor dem spätere Fürsten ihre Stelen aufstellen ließen, um ihre Abstammung und die Rechtmäßigkeit ihrer Herrschaft zu dokumentieren.

Vor **Gebäude A-6** stand einst die Stele 3, die heute im MNGC ausgestellt ist. Im oberen von drei Registern sind hier zwei in eine Diskussion vertiefte Götter abgebildet, die nach den zapotekischen Datumsglyphen darüber 7-Krokodil (entspricht Maya 7-Imix) und 5-Krokodil hießen. Darunter ist im Eingang eines Steinhauses, der als Tierrachen gestaltet wurde, ein Fürst mit dem Opfer, das er anlässlich der Geburt seines ersten Sohnes im Jahr 810 machte (Al Yax Kan Ah,›Erster Sohn des ersten Hohen‹). Im unteren Register sitzt ein Junge vor einem Trommler mit Affenmaul. Es scheint sich um ein Monument für einen der Fürsten der Einwanderer zu handeln; der anthropo-zoomorphe Musiker soll wohl Batz (Affe), den Gott der Künstler, verkörpern.

Im Norden, hinter den langen niedrigen Gebäuden A-10 und A-11, schließt sich der **Nordplatz** an. An seiner südlichen Westseite erhebt

*Seibal*

*Stele 14 aus Seibal, wahrscheinlich eine der spätesten datierten Stelen des Petén.*

sich die große Pyramide A-20, neben der ein Ballspielplatz im Mayastil liegt. Gegenüber erhebt sich die mächtige Pyramide A-13, deren Inschriftentreppe über die Eroberung durch die Fürsten von Dos Pilas berichtet. Nördlich davon befindet sich Gebäude A-14, das zu einem Palastbezirk gehört.

Vor der Pyramide stehen drei Stelen, die zwischen 780 und 800 von einem oder zwei Fürsten in der Zeit der Unabhängigkeit errichtet worden sind. **Stele 5** (780) zeigt einen knienden Untertanen vor einem beleibten Fürsten, der als Ballspieler gekleidet ist. **Stele 6** (771) war ganz mit heute kaum noch lesbarem Text bedeckt und **Stele 7** (800) zeigt einen weiteren fetten Fürsten im Ballspieldress auf einem Glyphenpodest. Ähnlich plumpe Darstellungen von Fürsten ohne Hals findet man auch auf Stele 1 in Aguateca und auf einer Stele in Sayaxché aus der gleichen Zeit; der Stil scheint also zeitspezifisch zu sein. Der Schutzgürtel für Spieler, der die Nieren und andere Organe schützen sollte, ist hier bis unter die Achselhöhlen hochgezogen. An einem Knie trägt der Fürst eine Schutzbinde. Der Gürtel ist so unbequem, dass man damit kaum Ball spielen kann; der Mann hat hier wohl nur angegeben. Der Text auf beiden Seiten der Figur enthält zwei Daten und berichtet vom Erbsohn eines Herrschers unbekannter Abstammung (Ka Mak). Die das Podest bildenden Glyphen erwähnen einen sechsten Sohn der Familie Ka Kan (2-Schlange, entspricht der Ortsglyphe von Calakmul), der ein Vorfahre des dargestellten Ballspielers war.

Allem Anschein nach waren die Gebäude um den Nordplatz das weltliche und religiöse Zentrum von Seibal vor 800. Erst später ist der Südplatz angelegt worden, auf dem dann auch ältere Stelen aus anderen Stadtbezirken aufgestellt wurden. **Stele 2,** die ursprünglich zwischen den Stelen 1 und 3 stand, brach beim Versuch des Abtransportes im 20. Jh. am Hals. Der frontal dargestellte Mann oder Gott mit hoher Götterkrone auf dem Haupt trägt wohl ein Wurfbrett in der Rechten und den dazugehörigen Speer in der Linken. Nur die hohe Krone entspricht dem Stil der Mayakunst, der Rest ist dagegen eher als toltekisch zu bezeichnen und wohl erst um 900 angefertigt worden.

## Machaquilá

Das relativ große Ruinengelände von Machaquilá liegt etwa 35 km südöstlich von Seibal, beiderseits des gleichnamigen Flusses. Trotzdem wird ein Besuch zu einer Art Expedition, denn der Ort ist noch am leichtesten mit einer langen Bootsfahrt über den Río de la Pasión und den Río Machaquilá zu erreichen. Bei der Mündung des Río Machaquilá in den Río de la Pasión liegen die Ruinen von Tres Islas und La Reforma III. Die relative Unberührtheit der Stätte und die landschaftliche Schönheit entlang der Flüsse machen den Besuch von Machaquilá zu einem Erlebnis.

Auf dem Südufer des Río Machaquilá liegt das zeremonielle Zentrum der Stadt, das ursprünglich vom Fluss aus nur am Nordkomplex vorbeigehend betreten werden konnte. Zwei Doppelpyramiden (5,6 und 7,8) an der Nord- und Südseite und Pyramide 4 an der Westseite ragen aus der quadratischen Plattform heraus und bildeten mit dem zentralen Hof wohl eine Adelsresidenz. Vom Platz im Süden davon führt eine Treppe im Westen auf eine große Plattform, deren Südseite größtenteils von einer langen, großen Pyramide (Bau 34) eingenommen wird. Ihre Treppe lag auf der Südseite, und auf ihr dürfte die Thronhalle gestanden haben, in der der Fürst Platz nahm, um wichtigen öffentlichen Ereignissen beizuwohnen.

Südöstlich davon liegt der innere Zeremonialhof, der von Plattformen und Pyramiden umgeben ist. Die große Plattform an der Südseite trug wohl vier Gebäude, die eine Art Palast bildeten. Auf den Plattformen 37 und 36 standen früher lange, vorn offene Hallen, Logen für bedeutende Beobachter der Zeremonien. Die große Pyramide 22 an der Nordostecke des Platzes dürfte der Haupttempel des Ortes gewesen sein. Im Osten seiner nach Süden ausgerichteten Treppe schließt sich der ›Dynastiehof‹ an.

Vor den vier Ahnenheiligtümern, den Pyramiden 20, 19, 17 und 16 an seiner Nord- und Westseite, standen einst 15 Stelen und vier Altäre, die Visitenkarten der Herrscher. Der Ort ist erst 1957 entdeckt worden, doch schon 1970 hat man die Stele 2 gestohlen und über Belize und Mexiko nach Los Angeles gebracht. Sie sollte für über 200 000 US-Dollar verkauft werden, doch wurde sie 1981 zurückgegeben und steht heute im MNGC.

Die Stelen waren ähnlich wie in Piedras Negras zu Gruppen zusammengestellt. Die erste Gruppe umfasst die Stelen 1–4, die Cha K'in K'uil II. (›Gefürchteter Göttlicher‹), der auch Rauch Kin II. oder Kin

*Machaquilá*

Stele 3 aus Machaquilá, Umzeichnung der Hauptfigur, 800 n. Chr. aufgestellt.
Hellgrün: Quetzalfedern
Grün: Seerose
Rosa: Götterköpfe, Glyphe k'ul, ›Vertreter‹
Olivgrün: Jadeitschmuck
Orange: Glyphe ahau, ›Fürst‹
Braun: Manikin-Zepter als Zeichen des Gottes Bolon Tsakab
Gelb: Rock aus Jaguarfell

Chak I. genannt wird, in den Jahren 800, 816 und 820 aufstellen ließ. **Stele 2** zeigt den Fürsten, den Herrn von fünf Gefangenen und »östlichen Spross des göttlichen Kriegers«, mit Manikin-Zepter in der Rechten und Götterschild in der Linken. Er beugt sich zu einem Adligen herab, der ihm kniefällig ein Geschenk, das Zeichen der Geburt eines Kindes, anbietet. Der Fürst ist frontal abgebildet und nur sein Kopf wird im Profil gezeigt. Ähnlich ist er auch auf **Stele 3** dargestellt, allerdings ohne Adligen. Auf der Inschrift auf der Rückseite der Stele wird auch das Datum 12 Ok 18 Mol (26. Juni 800) erwähnt, an dem man im Ort eine totale Sonnenfinsternis beobachten konnte.

Der Vater dieses Fürsten stammte wahrscheinlich aus Naranjo im Nordosten, wo Machaquilá mehrfach inschriftlich erwähnt ist, und hat eine Prinzessin von hier geheiratet. Der Fürst hatte 798 als 28-

*Petén-Region*

jähriger Mann die Macht ergriffen und eine Frau aus Cancuén (40 km weiter südlich) oder Acul (im Gebiet der Laguna Petexbatún) geheiratet. Sein Sohn, der ihm auf den Thron folgte, ließ die Stelen 5, 6, 7, 8 und 9 aufstellen.

Auf **Stele 5** (840) ist der Nachfolger Hun Tsak Tok' (›Erstes Blut Feuerstein‹) mit einer Fackel in der Rechten wiedergegeben. Seine Krone ziert ein Vogelkopf ohne Unterkiefer, und sein Rock besteht aus Jaguarfell. Die Fackel (tok') mag als Hinweis auf den Namen zu verstehen sein. Kurios ist, dass der Mann bei der Aufstellung der Stele mit 28 Jahren genauso alt wie sein Vater auf Stele 2.

Stele 6 ist völlig zerstört, aber auf **Stele 7** (831) wird dieser Fürst neun Jahre früher als Sieger bezeichnet und in prachtvollem Ornat mit einem Manikin in der Rechten gezeigt. Er war damals erst 19 Jahre alt und hatte bereits fünf Jahre die Herrschaft inne. Sein Vater kann also nicht besonders alt geworden sein, und der Sohn ließ zu seiner Inthronisation 826 seine **Stele 8** aufstellen, seinen ersten ›großen Stein‹. Stele 9 (682?) daneben dürfte von einem der Vorfahren stammen. Nach 840 sind hier keine Stelen mehr von Herrschern in Auftrag gegeben worden, und Tok' ist daher der letzte bekannte Fürst von Machaquilá. Der besiegte Gegner von Stele 7 wird jedoch manchmal als sein Sohn und Nachfolger interpretiert, da die Glyphe *wal* sowohl Sohn als auch Gegner bedeuten kann.

Vor Tempel 17 standen die vier Stelen 10, 11, 12, 13, die zwischen 731 und 761 eingepflanzt worden sind. Etsnab K'uil oder Chak, der Auftraggeber dieser Monumente, wird auf Stele 10 mit Schild und Manikin dargestellt, auf Stele 12 drückt er ein Bündel in Form der Himmelsschlange an die Brust. Auf Stele 11 ist die lange Inschrift interessant, die angibt, dass er 741 bereits 20 Jahre regiert hat und der Sohn des vorherigen Fürsten Cha K'in K'uil I. und seiner Frau K'uk' ist, die vor 720 gelebt haben. Da Etsnab K'uil wohl kaum ganze vier Katun, also 80 Jahre lang, regiert hat, kann man davon ausgehen, dass in der Zeit bis zur Errichtung von Stele 2 noch ein anderer Fürst gelebt hat. Tatsächlich wird in einer Reliefplatte – leider unbekannter Herkunft – 773 ein Tach Matan (›Wilder Adliger‹) genannt, Herr von Cancuén und Machaquilá, der am Begräbnis eines Zeitgenossen teilnahm. Stele 13 mit dem Bild eines riesigen Fürsten könnte noch von Etsnab K'uil stammen.

Leider sind die Stelen 14–17 vor dem nächsten Tempel alle sehr stark verwittert. Sie können zwischen 720 und 800 aufgestellt worden sein oder sogar vor 700, denn um 667 wurde ein Fürstensohn von Machaquilá vom Herrn aus Dos Pilas besiegt.

## Dos Pilas

Im Gebiet der Laguna Petexbatún, ca. 20 km südwestlich von Sayaxché, liegen auf einer Distanz von nur 10 km die klassischen Mayaruinen von Dos Pilas, Arroyo de Piedra, Tamarindito, El Excavado

*Die besondere Attraktion von Dos Pilas liegt in seinen zahlreichen Stelen und Reliefs, in seiner herrlichen Lage und relativen Unberührtheit. Denn die meisten Touristen scheuen nicht zu Unrecht den beschwerlichen Weg per Boot und zu Fuß: Den Ort erreicht man von Sayaxché aus mit dem Boot bis zum Hotel El Caribe (30 Min.), von dort aus sind es noch drei Stunden zu Fuß.*

## Machaquilá, Dos Pilas

und Aguateca. Die antiken Orte sind auf den Hügeln zwischen den beiden Quellen eines Nebenflusses des Río de la Pasión angelegt worden. Zumindest Tamarindito war schon um 500 besiedelt. Seine Herrscher stellten bereits 551 ihre skulptierten Stelen auf (Stele 4). Nur 50 Jahre später scheint der 23. Fürst von Tikal in Dos Pilas einen Außenposten installiert zu haben, der im Jahr 625, während der Herrschaft des Nachfolgers von Ek' Balam, des 24. Fürsten von Tikal, von dessen zweitem Sohn regiert wurde. Dieser zweite Sohn Balah Kan Kawil (nach L. Schele) wird auch Flint Sky God K genannt und hieß wahrscheinlich Bak'alah Makan Na/Ah Chakal (›Es hat sich herumgewälzt in geschlossener Mutter der Große‹) Nach seiner Abstammung führte die Dynastie von Dos Pilas den gleichen Familiennamen wie die Herrscher von Tikal. Außerdem ließen sich die Fürsten von Dos Pilas auf ihren Stelen mit Eulen- und Adleremblemen darstellen, womit sie wohl auf die früheren Herrscher von Tikal, ihre Vorfahren, hinweisen wollten.

*Paul Schellhas hat 1904 die Göttergestalten in den drei Codices (heute in Dresden, Paris und Madrid) mit Buchstaben benannt. Gott K ist wohl identisch mit Bolon Tsakab, der für menschliche Nachkommenschaft zuständig war.*

Nach einer Versammlung der Herrscher von Tikal und Dos Pilas im Jahr 631 begann sich Dos Pilas 648 von Tikal zu lösen. Zunächst heiratete Chakal eine Frau aus dem Hause Itzán (30 km nordwestlich). Um seine Hausmacht zu vergrößern oder um Alliierte zu gewinnen, nahm er später noch eine zweite Frau. Da er wohl erbost darüber war, dass er nicht der nächste Fürst von Tikal wurde, ist er dann eine Allianz mit dem Fürsten von Calakmul eingegangen, zu dessen Inthronisation er 657 in dessen Residenz reiste. Im gleichen Jahr begann der Kampf gegen den 25. Fürsten von Tikal, der angeblich zwei Jahre später, im Alter von 20 Jahren, nach Palenque floh (L. Schele), so dass Dos Pilas endgültig unabhängig wurde.

Erfolglos griff Tikal im Jahr 662 den Fürsten von Dos Pilas an, um ihn unter seine Oberhoheit zu zwingen. Chakal wandte sich danach zunächst anderen Gegnern zu und besiegte u. a. 664 den Erben von Machaquilá, ca. 50 km weiter südöstlich. Als nächstes schmiedete Chakal eine Allianz der Fürsten im Gebiet der Laguna Petexbatún.

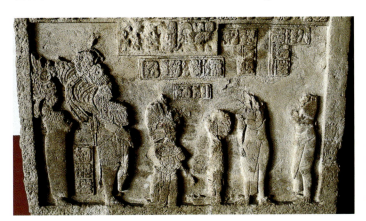

*Reliefplatte 19 aus Dos Pilas zeigt das Blutopfer des Thronfolgers im Jahr 636; die Platte befindet sich heute im MNGC.*

*Petén-Region*

Dann wandte er sich 672 und 677 gegen Tikal, das aber erst 679 besiegt wurde. Der 25. Fürst von Tikal wurde gefangengenommen und endete auf dem Opferaltar. Bei der Gelegenheit mag Chakal sogar Tikal erobert und teilweise zerstört haben. Um gegen neue Angriffe Tikals gewappnet zu sein, verheiratete Chakal eine Tochter seiner zweiten Frau 682 nach Naranjo. So konnten er und die neuen Verwandten den verhassten Gegner mit Calakmul zusammen von drei Seiten angreifen.

Chakal konnte in der Folge seine Herrschaft festigen, wobei ihm die Verbindung zu Calakmul half. Er verleibte um 692 sogar Aguateca seinem Reiche ein und ließ dort Stele 5 aufstellen. Außerdem begann man danach auch Varianten der alten Abstammungsglyphe zu verwenden, vielleicht weil Dos Pilas nun so mächtig war, dass man sich nicht mehr auf Tikal berufen musste. Im gleichen Jahr konnte der 26. Fürst von Tikal den Herrn von Calakmul und engen Verbündeten von Dos Pilas gefangennehmen. Doch bis zu seinem Tod um 698 scheint Chakal selbst nicht mehr von Tikal belästigt worden zu sein. Sein Erbe, der 673 geborene 2. Fürst, Pach Chak K'uil (›Letzter großer Göttlicher‹), trat 698 die Herrschaft an und nahm zunächst wieder Verbindung zu Calakmul auf (702).

Im Jahr 705 gebar ihm seine Frau einen Erben. Das Ende des 14. Katun im Jahr 711 wurde in Dos Pilas (Stele 14) und Arroyo de Piedra (Stelen 1 und 7) verewigt. Bei einem Krieg im Norden seines Reiches (717) blieb der 2. Fürst von Dos Pilas siegreich; im selben Jahr feierte er den 1. Katun seiner Herrschaft. 721 setzte er seinen Sohn oder Bruder in Arroyo de Piedra als Statthalter ein. Doch im selben Jahr hatte er auch wieder zu kämpfen. Seine Frau stammte wahrscheinlich aus Nim Li Punit und daher feierte er 724 ein 13. Jahresende, das für die dortige Dynastie wichtig war.

Pach Chak K'uil, der auch Itz K'awil genannt wird, starb am 22. Oktober 726 durch die Hand des 26. Fürsten von Tikal, in dessen

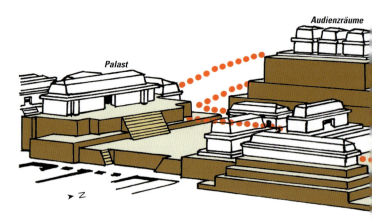

*Dos Pilas*

Grab ein Knochen mit dem Todesdatum des Gegners gefunden wurde. Nur fünf Tage später wurde er in Dos Pilas beigesetzt, wo sein Grab 1991 entdeckt wurde. In einer kleinen Grabkammer legte man den Fürsten mit seinem Kollier und einer großen Krone aus Quetzalfedern, Muscheln und Perlmutt auf dem Rücken ausgestreckt zur Ruhe. Links von seinem Kopf deponierte man eine Gesichtsmaske und rechts eine große Tonschale. Zu seinen Füßen plazierte man weitere Tongefäße sowie Obsidian- und Feuersteinklingen. Dann wurde das Grab vor den Augen von 28 fremden Fürsten versiegelt. 71 Tage später bestieg in Dos Pilas der 3. Fürst, dessen Mutter aus Calakmul stammte, den Thron. Sein Name lautete Tonil Wal Ka (›Männlicher Sohn Zwei‹), und er war wohl im Jahr 705 geboren worden. Der junge 3. Fürst begann im Jahr 731, als sein erster Katun endete, den Kampf gegen Seibal, der bis 735 zur Gefangennahme des Kronprinzen, zu seiner Opferung und zur Eroberung des Ortes führte. Die Inschriften von Seibal wurden gelöscht und ein Statthalter eingesetzt. Dies scheint die größte Tat des 3. Fürsten gewesen zu sein, denn noch Jahre später führte er den Beinamen ›Zerstörer des Reiches von Balam‹, obwohl er sieben weitere Gefangene gemacht hat. Ein Jahr später sah er mit seiner Frau aus Cancuén oder Acul zu, wie seinem Sohn im Beisein von 28 fremden Fürsten und zwei anderen Erben das erste Mal Opferblut aus dem Penis abgezapft wurde. Das sicher schmerzhafte, aber nicht ungewöhnliche Ritual wurde in Dos Pilas auf Reliefplatte 19 abgebildet (MNGC, 10 Imix 9 Yaxk'in, 9.15.4.16.1. bzw. 636). Auf einer Thronbank von Dos Pilas notierte man später den Todestag seiner Frau (741) und sein Ableben im Jahr 742.

Schon ein Jahr vor dem Tod von Tonil Wal Ka hatte sein Sohn, Chak K'uil (›Großer Göttlicher‹) in Aguateca die Regierung übernommen, und nun folgte er seinem Vater als 4. Fürst auf den Thron von Dos Pilas. Als sich der Heimatort seiner Mutter gegen seine Herrschaft auflehnte, zerstörte er ihn und rühmte sich auch noch dieser

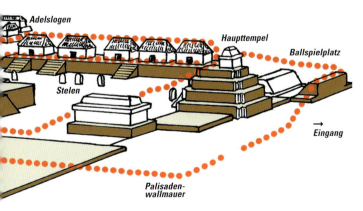

*Perspektivische Rekonstruktion der Hauptgruppe von Dos Pilas; rot gepunktet ist der Verlauf der Behelfsmauern des Spätklassikums.*

## Petén-Region

*Brandrodung zählt zu den größten Problemen der Urwaldregionen Mittelamerikas. Im Gebiet der Laguna Petexbatún bedrohen diese Praktiken außerdem noch die aus weichem Kalkstein bestehenden Bauten und figürlichen Monumente.*

Tat. In Seibal ist er zwischen 744 und 747 sehr aktiv gewesen. Doch dann scheinen sich einige abhängige Stadtstaaten wieder selbständig gemacht und sogar Dos Pilas angegriffen zu haben. Die Errichtung einer provisorischen Schutzmauer aus Holz in Dos Pilas und das Versiegen der inschriftlichen Quellen am Ort deuten jedenfalls das Ende der dortigen Dynastie an. Die so genannte Ortsglyphe von Tikal, die die Fürsten von Dos Pilas zwei Jahrhunderte benutzt hatten, wurde noch bis 807 von Fürsten aus Aguateca und La Amelia verwendet, die wohl von der vernichteten Dynastie abstammten.

Die Ruinen von Dos Pilas verteilen sich über eine Fläche von 2 km$^2$ in hügeligem Gelände. Zwischen der Vielzahl von kleinen Gehöften, Wohnsitze von Bauern und Handwerkern, die meistens auf Hügelkuppen oder an Abhängen angelegt worden sind, heben sich zwei große Zeremonialzentren deutlich ab, da sie auf markanten Erhebungen des Terrains liegen. Die Hauptgruppe im Westen und der Komplex El Duende, etwa 1 km weiter östlich, bilden die beiden Zentren des Stadtgebietes.

Im Norden und Westen wird die **Hauptgruppe** von langen, schmalen Plattformen gerahmt, auf denen früher einmal vieltürige Hallen gestanden haben, die wohl als **Adelslogen** zum Schutz für Zuschauer dienten. Die breite, von drei großen Steinplatten flankierte **Treppe 1** an der westlichen Plattform trägt Glyphentext und wurde wohl um 724 vom 2. Fürsten des Ortes angelegt. Fast ein Dutzend **Stelen** und Altäre sind auf dem Platz aufgestellt worden: Stele 1 stellte der 2. Fürst 706 auf; mit Stele 3 zelebrierte der 3. Fürst seinen Sieg über Seibal (735); Stele 4 stammt aus der Zeit des 4. Fürsten (742).

Vor der **Haupttempel** an der Ostseite, hinter der ein Ballspielplatz mit den Reliefplatten 11 und 12 liegt, hat man die Stelen 7, 8 (3. Fürst um 727, nur Schrift) und 9 (1. Fürst, um 682) gefunden. Dies deutet

an, dass diese Pyramide ein Ahnenheiligtum der Fürsten von Dos Pilas war.
Der größte Teil der südlichen Platzseite wird von einer breiten Plattform eingenommen, deren Treppe 2 eine lange Glypheninschrift trägt. Auf der flankierenden Reliefplatte 6, an der Westseite der Treppe, wird der Vater des 1. Fürsten erwähnt, der 23. Fürst von Tikal. Der Text von Platte 7, am Ostende der Treppe, – sie wurde früher Stele 13 genannt – erinnert an den 1. Herrn von Dos Pilas und seinen Verbündeten aus Calakmul. Die Gebäude auf der Plattform, die ebenfalls mit Reliefplatten verziert waren und um 682 angelegt wurden, dienten wohl als **Audienzräume** der Fürsten des Ortes.
Weiter südlich hinter diesem Bau umschließen drei große Gebäude einen erhöhten Platz, den öffentlichen Hof des **Palastes,** an dessen westlicher Seite die mit Glyphen bedeckte Treppe 4 zu einem Wohnpalast hinaufführte, der wohl auch noch vom 1. Fürsten errichtet worden ist. Etwas tiefer liegt westlich davon ein zweiter, auf allen Seiten von Gebäuden umschlossener Palasthof.
An vielen Stellen sind unter den Pyramiden und Gebäuden Gründungsdepots mit Opfergaben gefunden worden. Meistens handelte es sich bei den Präsenten um Feuersteinklingen, in einigen Fällen aber auch um bis zu acht Menschenopfer, mit denen der Schutz der Götter gesichert werden sollte. In den letzten Jahren hat man entdeckt, dass an den Steilhängen der bebauten Hügel Höhlen existieren, die teilweise bis unter die Gebäude reichen und schon in frühklassischer Zeit für Opferzeremonien genutzt wurden.

**El Duende,** etwa 1 km weiter östlich, ist ebenfalls ein Palast mit dazugehörigem Tempel gewesen. An der nördlichen Hügelseite, wo sich einst der Hauptaufgang befand, wurden auf halber Höhe des Hanges die Stelen 14 und 15 (717 und 721) des 2. Fürsten aufgestellt, der wahrscheinlich den Bau dieser zweiten Residenz begonnen hat. Direkt vor der Treppe zur Hauptpyramide pflanzte man die Stelen 11, 12 und 13 ein. Letztere wurde für den 1. Fürsten angefertigt, so dass der Tempel dahinter als Ahnenheiligtum interpretiert werden kann. Der eigentliche Palast schließt sich südlich der Pyramide an. Auch diese Residenz ist um 760 mit Palisaden befestigt worden.

*Quer durch den Palast haben die Bewohner von Dos Pilas um 760 eine Palisadenmauer gezogen, die fast den gesamten Zentralbezirk umschloss und den Zeremonialbereich zu einer Festung umfunktionierte. Damals hatte man es so eilig, dass sogar eine Inschriftentreppe unvollendet blieb. So sieht man, dass die Bildhauer zunächst die rechteckigen Kartuschen durch Schleifrillen getrennt haben, und erst später die Glyphen selbst eingearbeitet wurden.*

## Aguateca

Südwestlich von Seibal liegen am westlichen Ufer der Laguna Petexbatún in herrlicher Landschaft weitere Ruinenorte: Arroyo de Piedra, Tamarindito, El Excavado und Aguateca. Sie alle haben für kurze Zeit zum Reich der Fürsten von Dos Pilas gehört (650–760), waren aber früher und auch später oftmals selbständig.
Die Haushügel von Aguateca konzentrieren sich um eine 100 m lange und 3 m hohe, zentrale Plattform, auf der der Zeremonialplatz lag. Zwar sind keine nennenswerten Bauten zu beschreiben, doch findet man hier die Fragmente einiger der schönsten Stelen des Petén.

## Petén-Region

*Stele 7 aus Aguateca, aufgestellt um 790 vom Lokalfürsten Chak Sakbak, der hiermit seine Unabhängigkeit von Dos Pilas dokumentierte.*
*Hellgrün: Quetzalfedern*
*Orange: Glyphe mek', ›Bündel‹, das Zeichen der Herrschaft*
*Grün: Seerose*
*Rot: Vögel*
*Braun: Manikin-Zepter*
*Olivgrün: Jadeitschmuck*
*Gelb: Bündel als Zeichen der Macht*
*Beige: Kopfglyphe ahau, ›Fürst‹*
*Rosa: Glyphe k'ul, ›Vertreter‹*

Erreichbar ist der Ort per Boot von Sayaxché innerhalb 1 Std. Die Lage auf einem Plateau hoch über dem See macht Aguateca zu einer natürlichen Festung. Dieser Charakter wird noch durch die steilen Schluchten betont, die die Vorstädte vom Zentrum abtrennen, das nur über einen alten künstlichen Damm mit ihnen verbunden ist.

**Stele 1** ließ Chak K'uil, der 4. Fürst von Dos Pilas, im Jahr 741 aufstellen, vor allem um an seine Inthronisation, seine Opfertätigkeit und seinen Sieg über Acul in jenem Jahr zu erinnern. Der junge Fürst ist als Opfernder dargestellt, und im Text wird erwähnt, dass er schon zwei Gefangene gemacht hatte und dass die alten Gegner aus Tamarindito ihm, der zuächst für seinen Vater nur Aguateca regiert hatte, nun gehorchten.

**Stele 2** zeigt Tonil Wal Ka, den 3. Fürsten von Dos Pilas, im Jahr 736 mit Speer und Schild bewaffnet über einem Gefangenen stehen und mit Jaguarpranken als Füßen. Hier wird die Opferung des Fürsten von Seibal und die Zerstörung der städtischen Inschriften gefeiert. Außerdem nennt man den Vater des 3. Fürsten. Im Jahr 731 ließ Tonil Wal Ka zum 15. Katun-Ende Stele 3 aufstellen, auf der er mit Götterzepter und Schild abgebildet ist. Stele 4 ist leider in mehrere Stücke zerbrochen, ihre Inschrift kaum lesbar. Wie auf Stele 6 ist auch hier ein Fürst mit Lanze abgebildet worden.

**Stele 7**, ebenfalls zerbrochen, konnte zeichnerisch rekonstruiert werden. Sie zeigt einen reich gekleideten Fürsten mit Götterzepter in der Hand. Seine Krone zieren in einem Federwald Vögel, die an Seerosen naschen. Nach der Inschrift handelt es sich um einen Fürsten Chak Sakbak, der hier um 790 als Gegenspieler von Dos Pilas herrschte. Seine drei Gefangenen, sein Alter von 60 Jahren und die 18 von ihm abhängigen Fürsten werden ebenfalls erwähnt.

Anscheinend hat man nach 790 in Aguateca keine Stelen mehr aufgestellt. Die in kleine Teile zerbrochene Stele 7 dürfte von Sakbak stammen, erwähnt aber auch ein Datum 692 vom ersten Fürsten aus Dos Pilas, um die ruhmreichen hohen Vorfahren zu ehren. Der Ort scheint auch über eine eigene Dynastie oder einen eigenen Namen verfügt zu haben.

## Tamarindito

Der nächste große spätklassische Ort, Tamarindito, besteht aus zwei großen Zeremonialzentren, die auf den zwei höchsten Hügeln der Gegend liegen. Der Ort ist zwar nur wenig erforscht worden, war aber ein Tummelplatz von Raubgräbern und liegt lediglich 3 km von Arroyo de Piedra entfernt. An den Hängen der Berge haben die Bauern auf kleinen Höfen gelebt, die meist aus drei bis vier Häusern bestanden, und auf künstlichen Terrassen Mais, Bohnen und andere Gemüsesorten angebaut.

Der **nordöstliche Zeremonialbezirk** besteht aus einem freien Platz, an dessen Nordseite ein Palastkomplex liegt. Seiner Südseite

*Tamarindito, La Amelia*

*Die bislang noch nicht ausgegrabene Pyramide aus dem nordöstlichen Zeremonialbezirk von Tamarindito.*

gegenüber steht eine große Pyramide. Letztere hat auf halber Höhe einen markanten Absatz. Vor ihrer Treppe standen die Stelen 3, 4 und 5. Wahrscheinlich haben hier die Fürsten, die die beiden Orte Arroyo de Piedra und Tamarindito regierten, um 550 residiert. Von hier aus – die lokalen Wächter nennen die Pyramide nicht zu Unrecht El Mirador (›der Aussichtspunkt‹) – reicht der Blick bis zur Laguna Petexbatún.

Später, als man zu Dos Pilas gehörte, wurde das **südwestliche Zeremonialzentrum** angelegt, das sich um einen nördlichen und einen südlichen Platz gruppiert. Im Norden befindet sich eine große Hauptpyramide mit beschrifteter Treppe 1. Sie ist wie die meisten dieser Treppen von den Archäologen nach der Ausgrabung wieder mit Erde bedeckt worden, um eine Zerstörung durch Erosion und Räuber zu verhindern. Auf der Plattform westlich davon fand man die Stele 2. Auf dem südlichen Platz, dessen Westseite offen ist und auf dessen östlicher Seite der fast ganz geschlossene Palasthof liegt, hat man weitere zwei Treppen mit Glyphen, die Stele 1 und zwei Reliefplatten entdeckt. Anscheinend haben die Künstler des Ortes bei der Herstellung der Monumente so viel Können gezeigt, dass sie auch in anderen Orten wie Aguateca und Dos Pilas gearbeitet haben.

# La Amelia

Wer von Sayaxché aus mit dem Boot den Río de la Pasión hinabfährt, kann etwa 10 km vor Altar de los Sacrificios am linken Ufer auch noch La Amelia, ein weiteres klassisches Mayazentrum besuchen, das relativ übersichtlich ist und einige Stelen, Reliefs an den Wänden und verzierte Treppen aufweist. Stele 1 zeigt einen Fürsten Balam, der

*Petén-Region*

über einem Jaguar tanzt (807), und die Stelen 3–6 sind wohl alle vor 760 angelegt worden, als der Ort noch selbständig war. Ab etwa 760 war man dann dem 4. Fürsten von Dos Pilas untertan, und ein Nachkomme dieses Herrschers hat nach 760, als man wieder unabhängig war, die Treppe 1 anlegen lassen. Bemerkenswert sind auch die vielen **Reliefplatten** mit Abbildungen von gefallenen Kriegern und Ballspielern (?).

## Altar de los Sacrificios

Bei der Bootsfahrt von Sayaxché aus kann man auch leicht einen kurzen Stop am linken Ufer einlegen, in dem Dreieck, wo sich der Río de la Pasión mit dem Río Salinas zum Usumacinta vereinigt. Die Ruinen von Altar de los Sacrificios liegen auf einer Strecke von etwa 2,5 km entlang der beiden Flüsse.

Altar de los Sacrificios (›Altar der Opfer‹) war schon zwischen 900 und 300 v. Chr. von einfachen Bauern besiedelt, die erst um 600 v. Chr. begannen, ihre Holz- und Strohhütten auf flachen, künstlichen Plattformen zu errichten und die ersten öffentlichen Bauten anzulegen. Ab etwa 300 v. Chr. nahm die Bevölkerungszahl rapide zu, und in den beiden westlichen Hauptgruppen wurden bis etwa 550 n. Chr. zahlreiche schlichte Zeremonialbauten angelegt.

Die nordwestliche **Gruppe 2,** mit einem zentralen Platz, der von drei Tempeln und einem Palast gerahmt wird, scheint das frühklassische Herrschaftszentrum des Ortes gewesen zu sein. An der südlichen Platzseite errichtete man eine neun- bis zehnstufige Pyramide mit glatten, senkrechten Wänden und vier Absätzen in der Treppe an ihrer Nordseite (B-1). Hier stellte man zwischen 483 und 591 die Stelen 10–13 auf der Treppe auf, und nur Altar 3 wurde, wie sonst üblich, auf dem Platz positioniert. Für alle Steinmonumente verwendete man

*Zentrale Figuren von einem Keramikgefäß aus dem Grab einer Fürstin in Altar de los Sacrificios.*

## Altar de los Sacrificios

Steinerne Nachbildung eines Thronkissens aus Altar de los Sacrificios. Nach dem Stil der Glyphen zu urteilen, wurde es in frühklassischer Zeit aufgestellt. Vor Ort werden solche Monumente meist ›Altäre‹ genannt.

hier, anders als im restlichen Petén, wo weicher Kalkstein bevorzugt wurde, einen sehr harten rötlichen Sandstein.

**Stele 12** trägt Inschriften auf beiden Schmalseiten und zeigt vorne einen Fürsten im Profil, mit den Füßen in leichter Schrittstellung, wie es zu der frühen Zeit üblich war (524). Der Text erwähnt einen Fürsten und sein viertes Jahr; er endet an der linken Schmalseite mit der so genannten Ortsglyphe, dem Namen des Dynastiegründers von Altar de los Sacrificios und der Angabe, dass der Fürst der vierte Nachfahre war. Der große Komplex an der Ostseite des Platzes dürfte der Palast der Herrschenden gewesen sein.

In der östlichen Hälfte des Stadtgeländes liegen um einen Nord- und Südhof angeordnet über 20 Gebäude. **Pyramide A-1** ist einmal überbaut worden und hat, wie alle Pyramiden des Ortes, wohl nur ein Gebäude aus Lehm oder Holz mit Strohdach getragen, obwohl falsche Gewölbe schon im Frühklassikum zur Überdachung von Gräbern des Ortes konstruiert worden sind. Möglicherweise ist ein dahinterliegender Palast vom Fluß fortgespült worden. Vor der Pyramide standen die Stelen 4 (642, nur Schrift), 5 (638, nur Schrift) und 6 (leer), die wohl von einem Herrscher und seiner 636 verstorbenen Frau stammen und einen Hinweis für die Datierung des Gebäudes liefern. Südlich der Pyramide, zwischen den beiden Plätzen, spielte man auf dem Juego de Pelota zu Ehren der Götter Ball. Stele 9 vor dem Ballspielplatz ist auf das Jahr 633 datiert und trägt das Relief eines mit Ausnahme des Kopfes frontal abgebildeten Mannes.

*Petén-Region*

An der Westseite des Nordhofes stehen vor der langgezogenen **Plattform A-2** die Stelen 1 (643), 2 (672) und 3 (692). Auch hier kann es sich nur um einen Herrscher und seinen Nachfolger handeln, so dass die Stelen dieses Hofes insgesamt von drei Fürsten des Ortes aufgestellt wurden. Stele 8, mit dem Bild eines Herrschers (628), und Altar 2 (627) in der Mitte des Hofes dürften für den ersten dieser drei Herren angefertigt worden sein.

Bei dem Gebäude A-2 hat man im **Grab einer Fürstin**, die wohl aus Seibal stammte, eines der schönsten vielfarbigen Gefäße der Maya gefunden. Die im Codex-Stil bemalte Vase (755) zeigt Tänzer in unterschiedlichen Kostümen: Ein Mann im Jaguarfell verbeugt sich tanzend vor einem sitzenden Mann und einer Frau mit Jaguarfüßen, die ein Gefäß in den Händen hält. Vor zwei Mischwesen, Menschen mit Tierköpfen, tanzt ein weiterer Mann mit einer Schlange.

Bis etwa 770 wurden weiterhin Stelen aufgestellt, und einige von ihnen dürften ursprünglich in die Gebäude eingesetzte Reliefplatten gewesen sein. Dann schweigen die schriftlichen Quellen, wahrscheinlich weil die Fürsten von Dos Pilas auch diesen sehr wichtigen Handelsort eroberten, zu dem auch El Pabellón, nur 3 km entfernt, gehörte. Nach dem Niedergang der Eroberer übernahmen andere Orte der Region – etwa Motul de San José – die Führungsrolle in dem Gebiet, und Altar de los Sacrificios wurde um 950 aufgegeben.

## Piedras Negras

Schwer zugänglich und nur mit dem Boot erreichbar liegen am Südufer des Río de la Pasión (Río Usumacinta) die bereits wieder vom Urwald überwucherten Ruinen von Piedras Negras (›Schwarze Steine‹). Da diese antike Mayaresidenzstadt nur auf dem Fluss von Sayaxché oder vom mexikanischen Agua Dulce nach der Durchquerung von Stromschnellen unterhalb von Yaxchilán aus zu erreichen ist, wird sie eher selten besucht. Dennoch erscheint eine etwas intensivere Beschreibung des Ortes und seiner Dynastie sinnvoll. Zum einen haben viele der reliefierten Stelen von Piedras Negras ihren Weg in verschiedene Museen der Welt gefunden, und zum anderen sind der Fundort und seine Stelen von großer forschungsgeschichtlicher Bedeutung.

Tatiana Proskouriakoff, eine amerikanische Zeichnerin und Forscherin russischer Abstammung, hat 1960 an diesen Stelen und ihrer Aufstellung in Gruppen den Beweis erbracht, dass deren Inschriften nicht von Göttern und Gestirnen berichten, sondern von Menschen, d. h. von den Herrschern des Ortes. Ihr Ergebnis widersprach der damals postulierten Lehrmeinung und wurde nur durch die Datenanalyse erreicht, ohne dass die Forscherin die Glyphen wirklich lesen konnte. Ihre Identifikationen für wichtige Glyphengruppen, die von Geburt, Tod und Inthronisation der Fürsten berichten, wurden teilweise erst 30 Jahre später verifiziert.

## Piedras Negras

Die meisten der skulptierten Stelen, Throne und Wandbilder befinden sich heute im MNGC. Eine ganze Reihe von Stelen sind aber nach ihrer archäologischen Publizierung zerbrochen und geraubt worden. Sie wurden noch in den letzten Jahrzehnten von verschiedenen Museen und Privatpersonen gekauft, obwohl ihre Herkunft bekannt war, und auch, dass es sich um Diebesgut handelte.

Zwischen den schwarzen Kalksteinen im Fluss, die während der Regenzeit häufig überflutet sind und zum heutigen Namen der archäologischen Stätte führten, findet man auch die Reste von Felsreliefs. Sie dürften eine Art Ortsschild gewesen sein, denn die Hauptruinen ziehen sich über eine Strecke von 2 km flussabwärts am Ufer entlang. Das Trockental *(arroyo)* eines Nebenflusses des Usumacinta scheint als Südwestgrenze fungiert zu haben. Die Gebäude des Ortes gruppieren sich um drei große Zeremonialplätze, die auf künstlichen Terrassen in drei Stufen an den natürlichen Hängen der Hügel angelegt worden sind, wobei das Terrain genial für Verteidigungs- und Repräsentationszwecke genutzt wurde.

Nach den Funden der recht begrenzten Grabungen am Ort zu urteilen – Keramik und Kleinfunde – begann man mit dem Bau dieser Anlagen bereits in frühklassischer Zeit (300–500). Das Ende der Bautätigkeit wird auf ca. 800 datiert. Amerikanische Archäologen interpretierten Piedras Negras im Rahmen ihrer Entwicklungsmodelle für die Mayakultur als eine ›*gateway city*‹ der klassischen Zeit. Nach ihrer Theorie war der Ort ab etwa 500 die ›Hauptstadt‹ einer

*Perspektivische Rekonstruktion der Ruinen von Piedras Negras*
1 Schwitzbad
2 Ballspielplatz
3 Stelen 38/39
4 Stelen 1 bis 8
5 Stelen 9 bis 11
6 Propyläen
7 Audienzhalle mit Thron 1
8 ältere Residenzen

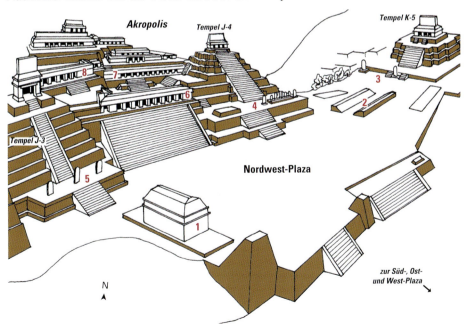

*Petén-Region*

Grenzregion, d. h. Zentrum der Verwaltung und des Handels am nördlichen Rand des Mayasiedlungsgebietes, das erst seine Bedeutung verlor, als sich die Maya weiter nach Norden ausbreiteten. Die Analyse der Inschriften und der bisher untersuchten Gebäude liefert allerdings ein etwas anderes Ergebnis.

Auf der ersten und untersten Plattform am Fluss gruppieren sich um die **Süd-Plaza** fünf Hauptgebäude, von denen einige zu den ältesten Tempel- und Repräsentationsbauten des Ortes gehören. Vor der am besten erhaltenen, dreistufigen **Pyramide R-3** an der Südseite des Platzes stand einst Stele 29, die erst irgendwann in den vergangenen 40 Jahren zerbrochen wurde und von der ein Fragment in einer japanischen Privatsammlung gelandet ist. Die Front war mit einer Inschrift bedeckt, in der vom ersten unabhängigen Herrscher des Ortes Yam Mek' (›Erstes Bündel‹) berichtet wurde (539). Yam Mek', der wohl auch die Stele 30 (534) vor diesem Gebäude aufstellen ließ, hatte als Vorgänger einen Fürsten namens Muan oder Chich Chaak (›Vogel des Regengottes‹), der um 514 Herr von Yaxchilán war und in Piedras Negras auf der Reliefplatte 12 (früher fälschlich als Türsturz interpretiert und Lintel 12 genannt) Geschenke oder Abgaben von drei untergebenen Fürsten mit Götterköpfen *(k'ul,* ›Vertreter‹

*Piedras Negras*

Reliefplatte 3 aus Piedras Negras, heute im MNGC. Gezeigt wird der 11. und letzte Fürst des Ortes bei einer Audienz im Kreise des Hofes.

Orange: Hofstaat
Gelb: abhängige
  Fürsten
Rosa: Kronprinz und
  sein Hofstaat
Grün: Thron, auf dem
  der Fürst in der
  Sitte von Piedras
  Negras im Schnei-
  dersitz hockt
Rot: Lanze als Zeichen
  des erfolgreichen
  Kriegers
Hellblau: Ohrring der
  Göttermaske an der
  Thronwand, Zeichen
  der Macht
Hellgrün: Abgaben der
  abhängigen Fürsten

entgegennimmt. Offensichtlich handelt es sich bei der Pyramide R-3 um einen Tempel, der an die Unabhängigkeit der Dynastie von Piedras Negras erinnern sollte.

Vor dem **Tempel R-5** an der westlichen Hofseite standen einst die Stelen 32–37, die der Mann Kos (›Geier‹), der 5. Fürst des Ortes, zwischen 642 und 672 in Abständen von fünf Jahren *(hotun)* aufstellen ließ (Stele 35 steht im Rautenstrauch-Joest-Museum in Köln). Er war 639 an die Macht gekommen. Da seine Mutter P'ok (›Krone‹), die Frau des 3. oder 4. Fürsten von Piedras Negras, nicht aus der führenden Familie des Ortes stammte, war ihres Sohnes Herrschaftsanspruch zumindest dubios. Aus diesem Grund hat er wohl den Tempel, der an seine Regierung erinnern sollte, neben dem des Gründers errichten lassen.

Auch Reliefplatte (Lintel) 4, das in der Wand eingelassen war, berichtet in Bild und Text über ihn und seine Vorfahren. Nach der vom Gebäude O-13 stammenden Reliefplatte 2, einem der schönsten Reliefs im MNGC, kontrollierte er 638 fünf Fürsten. Einen sechsten unterjochte er im gleichen Jahr mit Waffengewalt, was ihm den Beinamen K'axak Mak (›Bindend den Staat‹) einbrachte. Ähnliches hatte vor ihm schon der 1. Fürst im Jahr 518 vollbracht.

*Petén-Region*

*Stele 40, 746 aufgestellt vom 10. Fürsten von Piedras Negras, heute im MNGC, zeigt ihn beim Streuopfer über dem Grab seiner Mutter.*

Kawal (›Stolzer‹), der 3. Fürst von Piedras Negras, ließ 608, nach seiner Inthronisation im Jahr 603, am Südplatz vor der **Pyramide R-9** die Stele 25 aufstellen. Er stammte aus der Familie K'in (›Sonne‹), die neben der Linie Bal Kal (›Inhalt der Macht‹) die Führungsrolle am Ort spielte. Auf der Frontseite ist der Herrscher unter dem Göttervogel Muan im Schneidersitz auf seinem Thron abgebildet, ein Darstellungsschema, das spätere Herrscher in Piedras Negras ebenfalls verwendeten. Die Stele wurde zerschnitten, ein Fragment befindet sich heute im Linden-Museum in Stuttgart.

Sein Nachfolger, der 4. Fürst, kam 613 an die Macht, und hat vor demselben Gebäude die Stelen 26 (628), 27 (623) und vor dem Tempel des Gründers die Stele 31 (638) aufstellen lassen. Sowohl Stele 26 als auch Stele 31 zeigen den Fürsten mit einem Stab, dessen oberes Ende mit dem Kopf eines Reihers *(sakbak)* geschmückt ist, und einer riesigen Krone aus Jade und Federn. Die Jadeplättchen bilden einen Helm in Form des Kopfes eines Ozelots *(chak bolay)*, und sind wohl als Hinweis auf den Namen des Fürsten zu verstehen, der zwischen zwei Gefangenen stehend aus dem Rachen des Tieres blickt.

An der Nordseite der Plaza diente eine lange nach Norden und Süden offene Pfeilerhalle als eine Art Loge für adlige Zuschauer, die Zeremonien auf dem öffentlichen Platz im Süden oder ein Ballspiel auf dem Juego de Pelota im Norden davon beobachten wollten. Ganz eindeutig war die Süd-Plaza ein Ort öffentlicher Zeremonien der ersten Fürsten von Piedras Negras, später diente er als eine Art Einführung in die Geschichte der örtlichen Dynastie.

Nordöstlich dieser Gebäude befindet sich die **Ost-Plaza.** In den Hang an der Nordostseite des Platzes ließ Hun K'atun Lah Xokil (›Erster Krieger ganz gehorsam‹), der letzte bekannte Fürst des Ortes, nach seiner Inthronisation 781 vor der Pyramide O-13, die wohl schon einer seiner Vorgänger errichtet hatte, die Stelen 11–16 als ›künstliche Bäume‹ neu aufrichten. Auch die großen Altäre 3, 4 und 5 (Symbole von Thronplattformen) ließ der 749 geborene Fürst bis zum Jahr 810 (Altar 4) davor aufstellen.

Der Tempel scheint vom 11. Fürsten als Symbol der Verbindung zwischen Vergangenheit, dem Südplatz, und Gegenwart, der Akropolis, wo er wie seine Vorgänger residierte, angesehen worden zu sein. Die Symbolik wird noch durch die Tatsache bestätigt, dass die Stelen teilweise von seinen Vorgängern stammen: Auf Stele 16 (766) zelebriert der 9. Fürst Molah (›Vereiniger‹) seinen Herrschaftsbeginn (757). Vor ihm steht bittend oder auch bewundernd seine Frau, die Mutter des 10. Fürsten. Der Bau entspricht mit den eingezogenen Ecken der Pyramidenbasis und der breiten Pfeilerhalle vor der kleinen, doppelräumigen Cella, auf der einst der mächtige, mit bunten Stuckreliefs verzierte Dachkamm saß, den Petén-Tempeln der klassischen Zeit. Geschmückt war er mit den Reliefplatten (Lintel) 1, 2 und 3. Die mit Text erläuterte Abbildung von Platte 3 (MNGC) zeigt den 11. und letzten Fürsten auf seinem Thron sitzend, umgeben von seinem Hofstaat, mit Untergebenen zu seinen Füßen. Ein ähnlicher

*Piedras Negras*

Stele 12 von Piedras Negras, Detail mit den Gefangenen, die zu Füßen des Fürsten sitzen. Die Stele ließ der 11. Fürst 795 errichten.

Thron mit Rückenlehne in Form einer großen Göttermaske ist in der Akropolis gefunden worden. Stele 12 (795, MNGC) zeigt diesen Fürsten in einer sehr naturalistischen Darstellung auf seinem Thron sitzend, hoch über Gefangenen und Beamten auf der Treppe davor.

Vor dem kleineren **Tempel O-12** an diesem Platz standen die Stelen 22 (756) des 8. Fürsten und 23 (726) des 7. Fürsten namens Sakbak), der nur 724–29 regiert hat. Zu seiner Zeit war der Einfluss des benachbarten Yaxchilán in Piedras Negras so groß, dass vielleicht sogar von einer Abhängigkeit gesprochen werden kann.

An der Nordwestseite des Ostplatzes führte eine sehr breite Treppe zur höher gelegenen Terrasse mit der **Nordwest-Plaza,** an deren gegenüberliegender Seite die mächtige Akropolis mit Tempeln und Palastbauten aufragt. Links der Freitreppe fand man die Reste eines Schwitzbades. Vor dem Tempel K-5 an der Nordostecke des Platzes liegt der zweite Ballspielplatz der antiken Siedlung. Nach der Darstellung eines alten Steinreliefs wurde in Piedras Negras mit einer Art Schläger gespielt, aber auch hier dürfte *pok* (›Ballspiel‹) ein Teil von Kriegs- und/oder Fruchtbarkeitsritualen gewesen sein. Schon der 5. Fürst hat den Tempel K-5 errichtet und die Stelen 38 (682) und 39 (677) davor aufstellen lassen, die aber bereits bei ihrer Entdeckung (1895) durch Erosion sehr stark zerstört waren.

Die Freitreppe zum Palastbereich der Akropolis wird von zwei Pyramides flankiert, rechts Tempel J-4 und links Tempel J-3. Vor dem Tempel J-3 hat sich Sots Hak' Hun Tun (›Fledermaus im neuen 1.

*Petén-Region*

*Es wird vermutet, dass die Dame K'atun, Frau des 6. Fürsten, aus dem Ort Mani im Norden der Halbinsel Yucatán kam, was erklären würde, warum ein Schmuckstück aus Jade im Cenote von Chichén Itzá gefunden wurde, auf dem das 13. Jahr der Inthronisation ihres Mannes notiert ist. In den Gräbern, die man im Palastbereich ausgegraben hat, sind andere Jadeplättchen als Grabbeigaben gefunden worden, die sich ebenfalls auf Daten des fürstlichen Ehepaares beziehen. Es hat den Anschein, als hätten Höflinge und Familienmitglieder das Datum der Krönung wie den Beginn einer neuen Zeitrechnung benutzt. Ganz eindeutig erlebte Piedras Negras unter diesem Fürstenpaar seine Blütezeit.*

Jahr‹) verewigt, der 8. Fürst, der 701 geboren wurde und 729–57 regiert hat. Seine Stelen 9 (736), 10 (741) und 11 (731) zeigen ihn zunächst in seinem Thronsaal sitzend bei der Betrachtung eines Menschenopfers, das das Wachstum der Pflanzen fördern sollte (Stele 11). Fünf Jahre später scheint er als Gefangener vor einem Fürsten Ich'ak (›Pranke‹) abgebildet zu sein (Stele 9). Der Name des Siegers ist mit der Kopfbedeckung angezeigt, die auch ein Zeitgenosse aus Aguateca (Stele 2) trägt. Der gleiche Mann, mit großen Jaguarpranken als Füßen, steht auf Stele 10 beschützend hinter dem auf seinem Thronpolster sitzenden Fürsten aus Piedras Negras. Sehr glücklich scheint die Herrschaftszeit dieses Fürsten nicht gewesen zu sein. Er musste wohl zeitweilig sogar nach El Cayo auf der anderen Seite des Flusses ausweichen, wo seine Nachfahren später regiert haben.

Die Stele 40 (746, heute ebenfalls im MNGC) zeigt den 10. Fürsten von Piedras Negras, Lahun Chakam (›10-Großer‹), beim Streuopfer über dem Grab seiner verstorbenen Mutter. Er trägt er den gleichen Spitzhut wie sein Vater, der 8. Fürst, auf Stele 9, d. h., er war wohl nicht unabhängig.

Ganz anders erging es dem 6. Fürsten, Wal Chikul (›Sohn des Zeichens‹), der die Stelen 1–8 vor der Pyramide J-4 aufstellen ließ. Geboren 664, kam er 687 an die Macht und lebte bis 723. Im Jahr seiner Inthronisation heiratete er die Frau K'atun aus dem Haus Akbal. Während der Hochzeit verstarb sein Vater, der 5. Fürst von Piedras Negras. Seine ersten Stelen 6 (687), 8 (692), 2 (697) und 4 (702) zeigen ihn als Thronbesteiger, jungen Mann und siegreichen Fürsten. Ein Katun nach seiner Inthronisation wurde auf Stele 1 (707) seine Frau K'atun abgebildet, die auch auf den Rückseiten der Stelen 2 und 6 erscheint und mindestens drei Kinder geboren hat.

Damals dürfte auch der große **Akropolispalast** zwischen und hinter J-3 und J-4 angelegt worden sein. In seinen drei großen Höfen und langen Pfeilerhallen wurde selbst der Erbsohn Balam von Yaxchilán, der im Boot den Fluss hinabgefahren war, bei der Inthronisation des 11. Fürsten als Gast empfangen. Er und weitere Besucher dürften in den älteren Residenzen am Gipfel des Akropolishügels im Nordwesten untergebracht worden sein.

Eine breite Freitreppe führte zu den Propyläen hinauf, einer breiten Pfeilerhalle, hinter der sich der erste, für Audienzen genutzte Hof befunden hat. In J-6, dem Gebäude an der nördlichen Hofseite, wurde der berühmte **Thron 1** gefunden, den der 11. Fürst Hun K'atun für sich anfertigen ließ. Der Kalksteinthron gilt als ein Meisterwerk darstellender Kunst und ist eine der Hauptattraktionen im MNGC. Die Augen der Göttermaske, die die Rückenlehne des Thrones bildet, sind durchbrochen und enthalten die Büsten der Eltern des Fürsten. Auf den Beinen und dem Rand des Thrones berichtet die Inschrift über ein Ballspiel seines Vaters Bak/Imix K'in Xokil, über die Inthronisation des K'atun ein Jahr später (1 Kan 7 Yaxkin, 9.17.10.09.04. bzw. 781), über einen Krieg und über seine Geburt (749). Sein Vater Bak K'in Xokil (›Harte Zeitrechnung‹) scheint selbst nicht regiert zu

264

haben, war aber wohl der Bruder des 10. Fürsten und unterstützte den Herrschaftsanspruch seines Sohnes.

Die Gebäude um den folgenden **zweiten Hof** enthalten die Wohnräume der fürstlichen Familie. Ein etwas älterer Privatbereich, von früheren Fürsten errichtet und benutzt, dürften die Gebäude um den **dritten Hof** gewesen sein, an deren Nordseite sich die alten fürstlichen Audienzhallen erheben. An die Nordflanke des Akropolishügels angelehnt errichtete man den Tempel J-29, dessen Erbauer und Funktion noch nicht bekannt sind.

Die fast wieder überwachsenen Ruinen, die um 1935 von einem Team der University of Pennsylvania ausgegraben wurden, vermitteln beinahe wieder den Eindruck, wie ihn Teobert Maler gehabt haben muss, als er 1895 als erster Wissenschaftler die Gebäude und ihre Reliefs untersuchte. Dies und die expeditionsartige Anreise mit ihren landschaftlichen Reizen machen den Besuch von Piedras Negras durchaus lohnend.

*Reliefplatte 4, angefertigt zwischen 642 und 672 für den 5. Fürsten von Piedras Negras. Detail mit der Figur des Fürsten, vor dem seine Krieger die Beute eines Raubzuges aufgehäuft haben.*

**Honduras**

# Honduras heute

Auf einer Fläche von 112 088 km² leben in Honduras rund 6 Mio. Staatsbürger; die Zahl der illegalen Bewohner ist dabei nicht berücksichtigt. Etwa 45 % der Einwohner wohnen in den Städten, der Rest in Dörfern und Einzelgehöften auf dem Land. Die Hauptstadt Tegucigalpa hat etwa 814 000 Einwohner und die nächstgrößere Stadt, San Pedro Sula, rund 500 000. Die größte Bevölkerungsdichte ist im Westen des Landes an der Küste und im Bergland zu finden, während der Osten aus dünn besiedelten hügeligen und tropischen Urwaldregionen besteht.

Die durchschnittliche Lebenserwartung liegt bei 65 Jahren, die Kindersterblichkeit bei 6,4 % und das Analphabetentum bei 27 %. Rund 80 % der Bevölkerung sind Mestizen, etwa 10 % gehören zu den Schwarzen, Mulatten oder Zambos, und 5 % sind Weiße altspanischer Abstammung. Die Geburtenrate liegt bei etwa 3,8 % und die Sterberate bei 0,7 %.

Ca. 86 % der Bevölkerung sind katholischen Glaubens, 3 % gehören zu protestantischen Kirchen, der Rest hängt wie früher heidnischen Religionen an oder zählt zu den Garífuna (s. S. 23).

Amtssprache ist Spanisch, an der Karibikküste und auf den Inseln wird aber zum Teil nur Englisch und Garinagú gesprochen. Als indigene Sprachen hört man im Osten außerdem noch Miskito oder Jicaque und Paya, deren Ursprung unbekannt ist. Im Hochland ist Lenca weit verbreitet, das zur Mizocuaven-Gruppe gezählt wird, zu der auch das in Chiapas (Mexiko) verbreitete Mixe-Zoque zählt. Ganz im Westen sprechen die Indígenas Chortí, eine Mayasprache, bei der das sonst übliche ›k‹ durch ›r‹ ersetzt ist. Eine kleine Enklave von Náhuat-Sprechern (Pipil) ist nordwestlich von Comayagua zu finden. Ganz im Süden ist am Pazifik auch noch Choluteca vertreten, das zur Makro-Otomangue Gruppe gehört, wie das Otomí in Nordmexiko. Diese Sprachgruppenverteilung deutet an, dass es in vorspanischer Zeit drei oder vier Einwanderungsphasen gegeben hat.

Nach der Verfassung von 1982 ist Honduras Präsidialrepublik, Staatschef ist seit 2002 Ricardo Maduro. Das Parlament (Congreso Nacional) mit 128 Mitgliedern wird alle vier Jahre gewählt. Unterteilt ist das Land in 18 Departamentos und den Distrito Federal (Bundesdistrikt). Nicht vergessen darf man den großen Einfluss der USA, der besonders an der Existenz mehrerer Militärbasen und den vielen ›Armeeberatern‹ zu erkennen ist. Erst Anfang 1999 setzte Präsident Carlos Flores Facussé zwei seiner Minister ab, da sie sich etwas zu negativ über die Irak-Politik der USA geäußert hatten.

Im November 1998 kam das Land durch den Hurrikan Mitch in die Schlagzeilen. Der Wirbelsturm hat aber hauptsächlich den Osten des Landes verwüstet und besonders viele Opfer in Tegucigalpa gefordert. Im Westen des Landes hielten sich die Schäden im Rahmen und sind schnell wieder repariert worden. In diesem Teil des Landes

**Besonders sehenswert:**

Copán ☆☆
El Puente
Gracias de Lempira ☆
San Manuel de Colohete ☆
San Pedro Sula, Museo de Antropología ☆
Omoa, Fortaleza de San Fernando ☆
Trujillo
Comayagua ☆
Tegucigalpa

◁ *Kirche Virgen de los Dolores in Tegucigalpa*

# Honduras

waren die Straßen schon wenige Monate später wieder vollständig befahrbar; auch kleinere Brücken, die zerstört waren, konnten provisorisch instandgesetzt werden. Im Osten hat der Sturm zu großen Überschwemmungen geführt, die schwere Schäden auf den Inseln vor der Küste und auf den Bananenplantagen im Tiefland angerichtet haben.

Volk und Wirtschaft des Landes leiden immer wieder unter solchen Wirbelstürmen, aber mehr und beständiger werden sie durch die überwältigende Abhängigkeit von den USA behindert: 40 % der Einfuhren kommen aus den Staaten, 65 % der Ausfuhren gehen dorthin. Importiert werden vor allem Maschinen, Transportmittel – besonders auffällig sind die vielen ausrangierten gelben US-Schulbusse –,

*Übersichtskarte des westlichen Honduras*

*Im Land der Chortí*

*Landschaft im Tal des Rio Copán mit einer Hütte der Chorti-Maya.*

Brennstoffe und Nahrungsmittel. Exportiert werden u. a. Kaffee, Bananen, Krebse und Weichtiere, Holz, Zucker, Baumwolle und Bergbauprodukte (Silber-, Zink- und Platinerze). Bis heute hat das Land ein jährliches Außenhandelsdefizit von ca. 100 Mio. US-$. Ein Grund für das Ungleichgewicht sind die Knebelverträge der großen Kaffee- und Fruchtkonzerne, in denen der Pflichtverkauf der Ernten schon ein Jahr vorher festgelegt ist, aber kein Pflichtankauf, so dass alle Risiken bei den Pflanzern liegen.

## Exkurs: Im Land der Chortí

Das heutige und wohl auch traditionelle Siedlungsgebiet der Chortí umfasst den östlichen Teil Guatemalas und einen schmalen Streifen im westlichen Honduras. Die Ruinen von Copán, Quiriguá und Los Higos werden ihren Vorfahren zugeschrieben. Chortí bedeutet ›Maiszüchter‹. Der Begriff ist eine Art Beiname des Stammes, der ursprünglich Chan geheißen haben soll, was in ihrer Sprache Schlangen bezeichnet. Der Überlieferung nach stammen sie von diesen Tieren ab. Ihre Anführer werden Hor Chan (›Führer Schlange‹) genannt. Mais ist immer noch wie im Klassikum das Hauptnahrungsmittel und wurde nach der Mythologie der Chortí von einem Zwitterwesen (halb Schlange, halb Echse) geschaffen.

Die Chortí sind seit der Kolonialzeit an ihrer typischen Bekleidung gut zu erkennen: Männer tragen weiße weite Hemden über langen weißen Hosen und haben im Freien fast immer einen Strohhut auf dem Kopf sowie eine Machete zur Hand, während die Frauen bunt gewebte Röcke und hell bestickte Blusen tragen. Neben der katholischen Religion hat sich die alte autochthone Religion sehr stark

269

erhalten. Priester und Priesterin wird man je nach Dorftradition durch Abstammung oder durch die Wahl der Mitglieder eines religiösen Rates. Kleine Tempelhäuser für ihre Rituale werden manchmal auch mit Kreuzen geschmückt, es überwiegen aber die alten heidnischen Symbole, wie z. B. das kosmische Diagramm der fünf Punkte. Das Sonnenjahr wird von den Chortí in 18 Perioden von 20 Tagen und einer Periode von fünf Tagen unterteilt. Daneben benutzen sie aber auch den Ritualkalender von 260 Tagen, der in kleinere Perioden von 9, 13, 20 und 52 Tagen unterteilt wird und vom 8. Februar bis zum 25. Oktober reicht. Das ist der Zeitraum, in dem die Bauern auf den Feldern beschäftigt sind, die restlichen hundert Tage des Jahres gelten als Ruhezeit.

Die Stammesmitglieder der Chortí sind Fremden gegenüber meist recht verschlossen. Außerdem war das Gebiet in den letzten Jahrzehnten eine Domäne der Guerillas, was zu einer starken Präsenz des Militärs und einem repressivem Verhalten gegenüber den Chortí führte.

## Copán

Wenn man von San Jacinto (Guatemala) aus nach Honduras fährt, passiert man auf der unbefestigten Straße in malerischer Landschaft eine Vielzahl von kleinen Dörfern und einfachen Hütten, deren Bewohner heute wie vor 1500 Jahren das sehr fruchtbare Schwemmland in den Flusstälern und kleine Felder an den Steilhängen bebauen. Heute wie damals begehen sie, in ihrem Drang immer mehr Anbaufläche zu schaffen, den großen Fehler, die Steilhänge zu roden, womit sie der gefährlichen Erosion Tür und Tor öffnen.

Nur 12 km hinter der Grenze bei El Florido, wo man ständig wechselnde Gebühren bezahlt, erreicht man das moderne Dorf Copán mit guten Ess- und Übernachtungsmöglichkeiten und einem kleinen Museum an der Plaza Central. Liebhaber der Mayakultur sollten auf jeden Fall hier übernachten und zwei Tage für den Besuch der nur 2 km entfernten Ruinen von Copán (›Holzbrücke‹) einplanen. Schon vor dem Dorf Copán kann man rechts der Straße in den Feldern am Río Copán hin und wieder merkwürdige, überwachsene Hügel sehen, die Ruinen antiker Dörfer und Residenzen, die zu Copán gehörten.

### Geschichte Copáns

Die Geschichte des Ortes beginnt mit dem ersten Datum des Gründers seiner Dynastie. Der Yax K'uk' Moo (›1. Papagei‹) genannte Fürst gibt das Jahr 426, das Ende einer 10-Tun-Periode (10 Jahre zu 360 Tage), als Anlass für seine Inschrift an. Doch auf einem Pekari-Schädel, der in Grab 1 gefunden worden ist, hat man bereits im Jahr

Altar Q aus Copán; aufgestellt vom 16. Fürsten. Links hocken (von innen nach außen) der 1. und 2. Fürst; gegenüber der 16. und 15. Fürst von Copán.

376 von einem Xil Ah (›Erhöhter Mann‹) berichtet, der sich damals auf den Thron der Fledermausfamilie von Copán setzte. Die Glyphe der Familie oder des Ortes wird aber auch als Xukpi, eine Vogelart, gelesen (so Schele und Mathews, 1998). Den Schädel hat wohl nicht Xil Ah, sondern einer seiner Nachfahren in Auftrag gegeben, und der Fürst kann daher nicht als historisch gesichert gelten. Auf einigen späteren Stelen (1 und 17) wird noch weiter, bis zu den Jahren 159 und 160, zurückgegriffen, vielleicht nur, um die lange Besiedlung des Ortes zu beschwören, die sogar bis in das erste vorchristliche Jahrtausend zurückreicht. Auch sind eine Reihe von Informationen zur Geschichte späterer Herrscher nicht zeitgenössisch, sondern stammen von ihren Nachfahren, die sich oft Jahrhunderte später auf die angeblichen Taten ihrer Vorfahren beziehen.

Der 1. Fürst, Yax K'uk' Moo, hat wahrscheinlich 394 den Thron bestiegen und bis etwa 435 regiert. Er wird als Bündelfürst seines Ortes bezeichnet und scheint bereits 426 den Kampf gegen einen Nachbarn im Westen mit Hilfe seines Sohnes und Nachfolgers gewonnen zu haben. Erst nach diesem Sieg führte er das Bündel (K'ax) als Zeichen seiner Herrschaft an. Der 2. Fürst, Ich'ak (›Pranke‹), der Spross des Gründers, ist bereits 426 zum Nachfolger erklärt worden. Er eroberte für seinen Vater das Land im Westen und hat spätestens 445 in Copán geherrscht. Er hat wahrscheinlich den Vorläufer des Templo Papagayo, unter der großen Inschriftentreppe, für sich und Yax K'uk' Moo errichtet. Im Jahr 465 scheint er sich auch in den Besitz von Quiriguá gesetzt zu haben. Kurz danach muss er gestorben sein.

Der 3. Fürst wird ›Mattenkopf‹ genannt, da die Kopfglyphe, mit der sein Name geschrieben wird, eine Matte als Hut oder Krone zeigt. Er dürfte 465–79 über Copán und Quiriguá regiert haben. Ihm oder seinem Nachfolger werden das Gebäude Sub 26 unter 10L-26 (Pyramide mit der Treppe der Inschriften = Tempel 26), der berühmte Templo Papagayo und die Stele 63 zugeschrieben. Der nächste Herrscher, Cu Ix oder Kawakal Ich'al Kal (›Donnerzeichen der Macht‹), regierte die beiden Städte seines Vorgängers etwa 479–85 als 4. Fürst von Copán bzw. als 3. Fürst in Quiriguá. Über die beiden nächsten Herrscher ist wenig bekannt – nicht einmal die Namen des 5. und des 6. Fürsten sind gesichert. Sie dürften aber nicht länger als bis 499 an der Macht gewesen sein. Der 5. Fürst wird in den Glyphentexten schlicht ›Fünfter‹ genannt, und der 6. Fürst hieß wohl Tsol Bak' (›Ordnungsbündel‹).

Der 7. Fürst, Seerose-Jaguar oder Chak Bolay (›Ozelot‹), kam etwa 499 an die Macht. Er ließ die Stelen E, 15 und 16 aufstellen und hielt bereits Verbindung zu dem Ort Caracol in Belize. Vermutlich hat er bis 547 regiert und wohl auch den Tempel Sub 11 errichtet. Sein Nachfolger Ek' Bal (›Schwarzer Inhalt‹), der 8. Fürst, hat wohl nur vier Jahre regiert, denn ihm folgte im Jahr 551 schon der 9. Fürst von Copán, der Sakal Luk (›Weißer Ameisenbär‹) hieß und nur zwei Jahre regierte.

Im Jahr 553 bestieg der 10. Fürst von Copán, der Mond-Jaguar genannt wird, aber wohl eher Pay Bolay (›Listiger Margay‹) hieß, den Thron. Obwohl er bis 578 regiert hat, ist von ihm nur bekannt, dass er die wichtigen Zeitenden nach 10 und 20 Tun in seiner Funktion als Priester gefeiert hat und bis 564 mindestens neun Gefangene machte. Aus seiner Regierungszeit ist die Stele 9 mit dem dazugehörigen Altar erhalten, und er wird auch mit dem Tempel Rosalila in Verbindung gebracht, den er wohl begonnen hat.

Himmelsfackel wird der 11. Fürst genannt, der wahrscheinlich Chawak Chan (›Große Schlange‹) hieß. Er wurde 563 geboren und übernahm als 15-jähriger 578 die Regierung seiner Heimat. Sicher hat der Junge mit der Unterstützung seiner Mutter regiert, die wohl aus Yaxhá stammte. Daher schweigen die Quellen auch über die ersten 25 Jahre seiner Regierung. Erst 613 gebar ihm seine Frau aus Pusilhá (Belize) oder Quiriguá den zweiten Sohn, der sein Nachfolger wurde. Er ließ die Stelen 7 und P sowie Altar Y anfertigen und hat anscheinend nominell auch über Quiriguá geherrscht. Die Stele 7 steht heute im Museum des Dorfes Copán, etwa dort, wo der Herrscher sie vor 1300 Jahren hat aufstellen lassen. Er hat vermutlich auch den von seinem Vorgänger begonnenen Tempel Rosalila fertiggestellt.

Sein Nachfolger, meist Rauch-Imix-Gott-K genannt, trug wohl den Namen Oxlahun Chak K'uil (›13. Großer Göttlicher‹), denn er war das Nesthäkchen des vorherigen Herrschers und erst als Zweiter in der Erbfolge angesetzt. Seine Krönung zum 12. Fürsten von Copán

(s. S. 68) war also nur möglich, weil sein älterer Bruder vor ihm gestorben ist, und er über 80 Jahre alt geworden ist. Unter seiner Herrschaft stieg Copán zum dominierenden Zentrum des südlichen Mayagebietes auf, was er durch eine Vielzahl von steinernen Monumenten ins rechte Licht rückte.

Als dieser größte Herrscher Copáns 695 starb, folgte ihm als 13. Fürst sein Sohn 18-Kaninchen, der wohl Waxaklahun K'ax Chun (›18. des Bündelursprungs‹) hieß, auf den Thron. Er hat um 651 als vierter Sohn seines Vaters das Licht der Welt erblickt und erhielt seinen irreführenden Namen, weil auch die Thronerben mitgezählt wurden, die niemals an die Macht gelangten. Herr 18-Kaninchen konnte auf den Errungenschaften seines Vaters aufbauen, doch in seiner Herrschaftszeit bis 738 konnte er weder politisch noch militärisch seinem großen Vater das Wasser reichen. Das war wohl der Grund für seine große Bautätigkeit und sein übertriebenes Imponiergehabe. Er hatte auch die Oberhoheit über die ehemalige Kolonie Quiriguá geerbt, doch selbst die Tatsache, dass seine eigene Frau eine Prinzessin aus diesem Ort war, konnte er nicht nutzen, denn er wurde 738 vom Fürsten von Quiriguá getötet.

Mag er auch kein sehr glücklicher Herrscher gewesen sein, ein begnadeter Bauherr war er sicherlich, denn viele traumhaft schöne Bauten Copáns, die immer noch viel von ihrem alten Glanz ausstrahlen, verdanken wir seinen Aufträgen und seinem Reichtum. Für ihn schufen die Steinmetzen Copáns einige der schönsten Herrscherdarstellungen der Maya, wobei sie qualitativ recht beachtliche vollplastische Werke hervorbrachten, wie man sie sonst nur in Toniná (Mexiko) gefunden hat. Familiäres Glück kann man ihm dagegen nicht gerade nachsagen, da sein erster Sohn 723 im Alter von neun Jahren verstarb.

Namensglyphe des 13. Fürsten von Copán, der meist 18-Kaninchen genannt wird.

## Honduras

Sofort nach seinem Tod im Jahr 738 übernahm Rauch-Affe, der Chamak Yal (›Fuchs-Sohn‹) geheißen haben könnte, als 14. Fürst die Macht in Copán. In den elf Jahren seiner Herrschaft (bis 749) ließ er Stele 61 (738) aufstellen und das so genannte Popol Na (›Versammlungshaus‹, 10L-22A) auf der Akropolis erbauen. Da er auf Altar N sein eigenes Inthronisationsdatum neben dem des Vorgängers anführt, dürfte er ein Sohn des 13. Fürsten gewesen sein.

Der 15. Fürst, gemeinhin Butz Yip genannt, der aber wohl Chakil Bak' (›Wichtiges Bündel‹) hieß, kam 749 an die Macht und regierte bis 763. Er ließ die Stelen M (756) und N (761) aufstellen und erbaute auch den Tempel 10L-26 mit der unglaublichen Inschriftentreppe, die den – leider nicht mehr vollständig zu rekonstruierenden – längsten erhaltenen Text der klassischen Zeit aufweist. Er scheint mehr mit der Vergangenheit als der Gegenwart beschäftigt gewesen zu sein, was sicher eine gewisse Machtlosigkeit dokumentiert. Dazu passt auch, dass er eine Prinzessin aus Palenque heiratete, einem Ort in Mexiko,

*Der 16. Fürst von Copán, Darstellung an seinem Grab, dem Tempel 18 in Copán.*

der längst auf dem Weg in die Bedeutungslosigkeit war. Es wundert bei dieser Verbindung nicht, dass der Sohn und Nachfolger nach dem berühmtesten Vorgänger aus Palenque, dem Fürsten Pakal II., Yax Pak (›Erstes Morgenlicht‹ oder ›Erster Gärtner‹) genannt wurde (bei Schele und Mathews, 1998, heisst er Yax Pasah).

Der neue Herrscher, der 16. Fürst von Copán, bestieg 763 den Thron. Er hatte zwei Helfer (oder Söhne), die ihn beim Regieren unterstützten, und einen der beiden bestimmte er nur wenige Tage nach seiner eigenen Krönung zum Erben. Yax Pak lebte wie sein Vater mehr in der Vergangenheit als in der Gegenwart, denn er stellte 766 den kleinen Altar G2 in der Form einer Visionsschlange, dem Symbol für beschworene Vorfahren, zwischen den Stelen des 13. Fürsten auf dem Haupthof vor der Akropolis auf.

Drei Jahre später begann er dann, den Tempel 11, den der 7. Fürst errichtet und der 13. Fürst umgebaut hatte, zu erweitern und zum Tempel seines Ruhmes zu gestalten (bis 790). Im Jahr 775 stellte er zum Ende einer 5-Tun-Periode die Altäre Q und W auf. Auf dem berühmten Altar Q in der Akropolis bildete man alle Fürsten des Ortes mit ihren Namen oder Beinamen ab. Stelen waren für Yax Pak uninteressant oder zu teuer, denn nur mit der Aufstellung von Altären feierte er die verschiedenen 5-Tun-Enden seiner Regierungszeit. Lediglich zur Erinnerung an seinen 1. Katun als Herrscher ließ er Stele 8 pflanzen. Bei der Einweihung von Gebäuden agierte der Herr von Copán als Priester: 781 weihte er Gebäude 9M-18 in einem Vorort im Nordosten der Akropolis für einen adligen Schreiber, wie er es auch bei Gebäude 9N-8 im selben Jahr tat. Dies zeigt recht eindeutig, dass er nicht mehr wie seine Vorfahren über eine nahezu göttliche Stellung verfügte und auf das Wohlwollen seiner Adligen angewiesen war. Seinen letzten eigenen Bau, Tempel 18 und wohl sein Grab, weihte er im Jahr 801.

Die folgenden Jahre scheint er mehr und mehr nur noch als oberster Zeremonienmeister fungiert zu haben, der selbst 810 noch an einem Opfer in Quiriguá teilnahm. Im Jahr 820 ließen seine Nachfahren, die wohl nicht mehr über Copán geherrscht haben, postum die kleine unscheinbare Stele 11 zu Ehren Yax Paks aufstellen. Noch übler als Yax Pak erging es seinem Nachfolger, der wohl nicht sein Sohn war. Der 17. Fürst wird U Kit Tok genannt. Er kam 822 an die Macht, konnte aber nicht einmal seinen Altar L mit dem Datum seiner Inthronisation beim Ballspielplatz fertigstellen lassen. Mit dem unvollendeten Monument enden die geschichtlichen Nachrichten über die Herren von Copán.

## Besichtigung der Museen und der Ruinen

An der Südostecke der Plaza Central des Dorfes liegt das alte **Museum Copáns,** das einige der schönsten Kleinfunde dieser Ruinenstätte präsentiert. Nach der üblichen Einführung in die Kultur der Maya und der Datierung der einzelnen Phasen im ersten Raum, rechts der Kasse, gelangt man im Patio zu Stele 7, die der 11. Fürst, dessen Mutter anscheinend aus Yaxhá stammte, am Ende des 9. Katun (613) aufstellen ließ. An Steinmonumenten ist sonst noch der Altar T zu beachten, den der 16. Fürst 783 im Dorf aufgestellt hat, wo heute das Speisezimmer der Pensión Marina ist. Der Text kündet von der Vollendung des 1. Katun der Regierung des 16. Fürsten.

Altar U erinnert dagegen an das 30 Tun-Jubiläum der Inthronisation im Jahr 793 (also 30 x 360 Tage nach der Krönung) und an die Dienstantritte zweier Verwandter, die 13 x 365 Tage auseinander lagen. Aufgestellt wurde das Monument, laut Inschrift zum 5. Jahresende des 18. Katuns im Jahr 795. Ganz ungewöhnlich sind die beiden steinernen Nachbildungen des Hüftgürtels *(yugo)* von Ballspie-

## Honduras

lern, die eine Verbindung zu Kaminaljuyú und seiner Kultur andeuten. Noch ausgefallener sind zwei Goldfragmente, die im Gründungsdepot von Stele H (730) geopfert worden sind und entweder aus Costa Rica, Panama oder sogar Peru stammen. Man darf darüber rätseln, wie viele Jahre es gedauert hat, bis sie nach der Herstellung

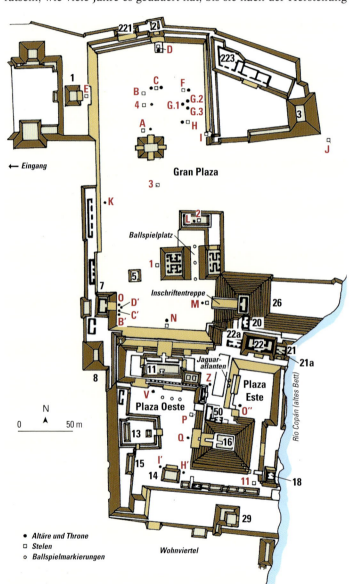

Plan der Akropolis von Copán

■ Steilwände

▨ Treppen

● Altäre und Throne
□ Stelen
○ Ballspielmarkierungen

## Copán

unter der Stele abgelegt worden, und durch wie viele Hände sie im Tauschhandel gegangen sind.

Sehr eindrucksvoll sind ein steinerner Thron aus der nahen Umgebung von Copán, der mit zwei verschlungenen Schlangen verziert ist, die zahlreichen Jadeobjekte und die teilweise wundervoll antropomorph geformten Obsidianklingen, die als Grabbeigaben oder Gründungsgeschenke vergraben worden sind. Unter den Vollplastiken ist der junge Maisgott sicher als Meisterwerk einzustufen. Ganz besonders interessant sind auch die Deckel von Räuchergefäßen, die man in einem Grab unter der Treppe der Inschriften gefunden hat. Der Tote wurde während der Zeit des 12. Herrschers (7. Jh.) beigesetzt. Die plastischen Figuren auf den Deckeln werden wegen ihrer zylindrischen Kopfbedeckung als Schreiber identifiziert. Wahrscheinlich sind es aber Darstellungen der Herrscher Copáns. Die Figur mit den Ringen um den Augen dürfte der 12. Fürst selbst sein, der als Regengott Chaak maskiert ist, und der Tote war höchstwahrscheinlich einer seiner Söhne, der noch vor ihm gestorben ist.

*Die einem Turban ähnliche Kopfbedeckung vieler Fürsten Copáns scheint typisch für den Ort gewesen zu sein und wird mit dem Beruf des Schreibers in Verbindung gebracht. Sie scheint mit einem farbig bemalten Band aus Pflanzenfasern gewickelt worden zu sein.*

Auf dem Weg vom Dorf zu den Ruinen im Osten passiert man nach 1 km an der Straße links die Stele 8, die einzige Stele des 16. Fürsten, Yax Pak, die er anlässlich der ersten 20 Jahre seiner Herrschaft 782 aufstellen ließ. Etwas weiter folgen dann auf der linken Straßenseite Kopien der Altäre T und U (s. S. 275f) vom gleichen Fürsten. Wie die nächsten Stelen auf der gleichen Straßenseite einige Meter weiter zeigen, folgte Yax Pak nur dem Beispiel seines großen Vorgängers, des 12. Fürsten, der die Stelen 5 (667) und 6 (692) aufstellen ließ. Stele 6 zeigt ihn auf der Höhe seiner Macht als gestandenen Mann, also idealisiert, da er bereits 79 Jahre alt war, mit einem Cape über den Schultern, das durch die Gesichter des Regengottes Chaak und Krallen *(ich)* den Begriff ›Großes Zeichen‹ *(chak ich)* zu symbolisieren scheint. Auch sein zylindrischer Kopfputz ist mit Regengottbildern (Ringaugen) und dem Symbol für Jahresende verziert. Letzteres, eine dreieckige Spitze, verflochten mit einem Rechteck, stellt vermutlich ein Peilinstrument zur Beobachtung der Gestirne dar und ist vielleicht von Einwanderern aus Mexiko, den Pipil, mitgebracht worden, die heute in El Salvador leben.

Hinter dem Eingangshaus mit der Kasse und einem Modell der Ruinenanlage am Ostende des Parkplatzes verläuft der Zugang weiter nach Osten zur Kartenkontrolle. Rechts biegt ein botanischer Lehrpad ab, der durch das ehemalige Wohnviertel Copáns führt. Im Osten endet der Zugang an der **Gran Plaza,** nachdem man Kontrolle und einige Fragmente von Stelen, Bauplastik und steinernen Wasserröhren, die Däniken als Schutzhüllen für Elektrokabel identifizierte, passiert hat. Sein jetziges Aussehen verdankt der große Zeremonialplatz der Stadt seinem 13. Fürsten (18-Kaninchen oder ›18. des Bündelursprungs‹), der 695–738 regiert hat.

Gleich links steht auf einer Plattform am Nordwestrand der Gran Plaza die **Stele E** (618) des 11. Fürsten; doch jeder Besucher wird magisch angezogen von den großen Gestalten links der kleinen **Pyra-**

# *Honduras*

*Stele A des 13. Fürsten, aufgestellt 731 n. Chr.*

mide 4 im Zentrum des Platzes. Die sakrale Plattform symbolisiert mit je einer Treppe auf jeder Seite die Weltvorstellung der Maya mit den vier Weltenbäumen, und sicher ist sie Schauplatz von Opfern, Tänzen und anderen Zeremonien gewesen.

**Stele A,** direkt vor der Nordseite, steht auf einem kreuzförmigen Gründungsdepot und hinter einem kleinen Altar. Sie wurde 731 vom 13. Fürsten am Ende des 15. Katun aufgestellt und zeigt ihn in sehr hoch erhabenem Relief auf der Front. Die restlichen drei Seiten sind mit einer langen Inschrift bedeckt, die u. a. vom Sieg eines Ballspielers, eines Nachfahren des 11. Herrn von Copán, und vom Tod des Gegenspielers erzählt. Auch ein Fest für den Ackerbau wird erwähnt, dem der 13. Fürst beiwohnte. Am Ende nennt man Palenque im Norden, Copán im Süden, Calakmul im Osten und Dos Pilas oder Tikal im Westen, womit die Welt der klassischen Maya mit ihren größten Zentren umrissen ist.

Weiter nördlich wächst die ebenfalls auf den 13. Fürsten zurückgehende **Stele 4** (731) aus dem Boden. Mit der riesigen Federkrone, die vom Kopf bis zu den Hacken reicht, gleicht der Fürst nordamerikanischen Prärieindianern. Unerklärbar sind die Seile unterhalb der Knie, üblich dagegen die Ahau-Köpfe am Gürtel (Symbol seines Titels), die Süßwasserschnecken am Gürtel (als Zeichen für Fruchtbarkeit) und das Herrschaftsbündel in seinen Armen mit den Schlangenköpfen an den Enden. Im Text auf dem Rücken erwähnt der 13. Fürst das 15-Tun-Ende fünf Jahre früher und das Ende des 7. Baktun im Jahr 352 v. Chr. in Verbindung mit einem Gott oder mythologischen Vorfahren.

Das nächste Monument weiter nördlich, **Stele B** (731), zeigt den Fürsten ähnlich wie auf dem vorherigen Monument. Hier sind die kleinen Nebenfiguren und die Götterköpfe auf den Seiten sehr viel besser zu erkennen. An seinem ›Zylinder‹ sind Krallen befestigt, ein Symbol für den 2. Fürsten, und das kreuzartige Symbol dazwischen stellt den heiligen Ceiba-Baum und gleichzeitig den Stammbaum der Familie dar. Die beiden ›Elefantenrüssel‹ ganz oben seitlich sind tatsächlich wohl Köpfe von Papageien und symbolisieren den Dynastiegründer. Die beiden Hockenden dazwischen dürften seine Söhne sein. Die Inschrift ist auf beiden Seiten angebracht und setzt sich auf der Rückseite mit einigen Kartuschen fort, die in die Augen und den Mund des riesigen Götterkopfes eingearbeitet sind. Auf der Nasenwurzel des Gottes hockt ein Fürst mit untergeschlagenen Beinen. Nach neuen Untersuchungen soll die traubenähnlichen Symbole am Götterkopf die Glyphe Tun (›Stein‹) bilden. Der Text berichtet von dem 15. Katun-Ende und dass 18-Kaninchen der 13. Fürst ist, sowie von seinem Sohn Kon Kal (›Machtsucher‹).

Vor und hinter der nächsten **Stele C** stehen zwei Altäre, von denen einer als doppelköpfige Schildkröte gearbeitet ist, das Symbol für die Erde. Stele C (711) trägt noch Spuren ihrer roten Bemalung und zeigt an der Vorder- und Rückseite jeweils einen Fürsten. Der bartlose Herr wird wohl der 13. Fürst sein, und der Mann mit dem Kinnbart

*Copán*

*Stele B auf der Großen Plaza von Copán; Detail mit dem Antlitz des 13. Fürsten, man beachte die typische, einem Turban ähnliche Kopfbedeckung.*

mag sein Vater sein. Beide tragen das Bündel und sind durch ihre Kleidung als Herrscher zu identifizieren. Der Text geht 4671 Jahre vom Datum 711 zurück, also in das Reich der Sage. Dann folgen weitere Angaben, die auf sehr merkwürdige Weise verschlüsselt sind: Das Datum 6 Ahau 13 Kayab liegt genau 147 Tage vor dem Tod des 12. Fürsten (695), und ein Stern scheint dieses Ereignis angekündigt zu haben. Ein anderes Datum scheint sich mit dem Jahr 834 auf die Zukunft zu beziehen.

An der Nordseite der Plaza steht **Stele D** mit einem Altar vor einer kleinen Treppe mit beschrifteten Stufen. Die Treppe trägt zwei Daten (728 und 748) und wurde vom 14. Fürst angelegt. Die Stele D ließ der 13. Fürst im Jahr 736, zwei Jahre vor seinem Tod, aufstellen. Hier ließ sich der Fürst mit einem künstlichen Bart darstellen, und der Text auf der Rückseite ist nicht in den üblichen Glyphen geschrieben, sondern in ganzen menschlichen Figuren. Die ›Kanonenkugel‹ hinten an der Basis ist ein natürlicher Geröllenschluss von härterem Stein in dem durch Ablagerung entstandenen Sandstein der Stele. Der Sandstein ist härter als der sonst verwendete Kalkstein, aber auch schwerer zu bearbeiten und hat hin und wieder solche Einschlüsse, um die herumgearbeitet werden muss. Die Steine sind etwa 500 m weiter im Nordwesten gebrochen worden. Der Altar davor wurde erst 771 vom 16. Fürsten geordert.

**Stele F** (721), an der Ostseite der Plaza, zeigt den 13. Fürsten mit einem kiemenartigen Bart in den Mundwinkeln. Hier sind die Glyphen auf der Rückseite durch die Schlingen eines Seils zusammengehalten. Der dazugehörige Altar besteht auf einer Seite aus einem Götterkopf, an dessen Schläfen zwei Jaguare liegen, und auf der anderen Seite ist der auf den Armen liegende Gott des Herrscherbündels abgebildet.

*Honduras*

Die drei **Altäre G.1–3** südlich davon wurden im Jahr 800, zur Zeit Yax Paks, des 16. Fürsten, aufgestellt. Altar G.1, ein für die Erde stehendes Krokodil mit zwei Köpfen, hat auf der einen Seite menschliche Arme, die auf der anderen Seite entfleischt sind, so dass hier Leben und Tod symbolisiert sind, die die Menschen in ihrem Rachen verschlingen. Die Inschrift erwähnt einen Mann Bak', der als Helfer und/oder Bruder des Fürsten gilt, im letzten Jahr dann aber plötzlich zum Gott erklärt wurde. Der Altar G.3 ist dagegen als doppelköpfige Schlange gestaltet und trägt das Datum 766. Der dritte Altar G.2. ist dem ersten ähnlich und trägt das Datum 795.

Südlich davon ragt die **Stele H** (731) gen Himmel, die das Bild einer Frau mit einem langen Netzrock aus Perlenschnüren zu tragen scheint. Die Person wird aber auch als Mann gedeutet, der als Maisgott verkleidet ist. Vermutlich handelt es sich um die Frau des 13. Fürsten, die wohl aus Quiriguá stammte. An der langen Treppe, die zu den Bauten am Nordende der Westseite des Platzes aufsteigt, sparte der 13. Fürst bei seiner Renovierung die Stele I (677) seines Vaters und Vorgängers pietätvoll aus.

An der Ostseite der Plaza, am Anfang des Weges zu den Vororten, ließ der 13. Fürst seine **Stele J,** die als Haus mit Dachkamm ausgeführt ist, bereits 702 aufstellen. Die Seite zum Platz hin ist unter der Strohdachimitation wie die Front eines Steinhauses (mit Tür und Fenstern) und gleichzeitig als gespaltener Götterkopf ausgeführt. Augen, Mund und Schläfen werden durch ein Band aus Glyphen

*Altar G 3 auf der Gran Plaza*

betont. Die Daten greifen 252 Jahre in die Vergangenheit zurück. Auf der Rückseite ist das Glyphenband zum Muster einer geflochtenen Matte angeordnet. Hier wird nicht nur das Inthronisationsdatum des Aufstellers (695) erwähnt, sondern auch das seines Vaters und Vorgängers (628). Auf den Schmalseiten hat man eine merkwürdige Reihe von elf aufeinanderfolgenden Jahresenden notiert.

Auf dem Weg zurück zur Platzmitte und zu Stele 3 (652) des 12. Fürsten kommt man am Nordende des **Ballspielplatzes** vorbei, wo oben der unvollendete Altar (Altar L, 822) des letzten Fürsten von Copán liegt. Der Ballspielplatz ist mehrmals um- und überbaut worden, das letzte Mal wohl auf Befehl des 16. Fürsten im Jahr 775. Von oben hat man eine gute Aussicht auf die **Logengebäude** entlang des Spielfeldes und die plastischen Papageienköpfe, ein Hinweis auf den 1. Fürsten oder/und auf K'inich Kak Moo, den Gott der Sonne.

Die **Stele 2** (652) daneben ließ der 12. Fürst aufstellen wie auch die Stele 1 (667) an der Westseite des Ballspielplatzes. Auf Stele 2 hat der Fürst Oberschenkel vom Format eines Gewichthebers, und seine Krone besteht aus einem Jaguarkopf mit Götterhaupt und Blättern, die *chak* zu lesen sind. Zusammen mit dem Jaguarkopf symbolisiert die Krone wohl den Namen des Vaters Chak Bolay und die Hand, die als Glyphe *k'al* (›abschließen‹) zu lesen ist, deutet dessen Tod an.

Ein großes Stoffdach überspannt die **Inschriftentreppe** mit dem längsten Glyphentext aus klassischer Zeit. Leider hat man bei den ersten Grabungen vergessen, die genaue Lage der herabgestürzten Stufen zu dokumentieren, und so konnte der Text nur in kleinen Teilen rekonstruiert werden. Steinerne Herrscher sitzen auf ihren Thronen in der Mitte der Treppe, die zum Tempel 26 hinaufsteigt. Zwischen den Texten sind ab und an auch Bilder liegender Gefangener eingefügt. Das Götterkopfpodest am Treppenfuß kann als Altar oder Thron interpretiert werden.

*Die Frau des 13. Fürsten (oder dieser selbst) auf Stele H in Copán, datiert 731 n. Chr.*

Unter dem heute sichtbaren Tempel sind drei Vorgängerbauten durch Tunnelgrabungen untersucht worden. In dem ersten Tempel wurde Stele 63 (435) des 2. Fürsten gefunden. Etwas zurückgesetzt und gut doppelt so hoch (10 m) wie sein Vorgänger war der zweite Tempel, Mascarones, in dem das Grab 37-4 gefunden wurde, dessen Beigaben im alten Museum ausgestellt sind. Zwei junge Männer sind bei seiner Gründung für göttlichen Schutz als Opfer vergraben worden. Mit der nächsten Bauphase wurde die Höhe erneut verdoppelt, dieser Tempel wird als **Estructura Esmeralda** bezeichnet. Der letzte Tempel und damit die Treppe entstand 757 unter dem 15. Fürsten, dessen Stele M auch vor der Treppe steht.

Vor der Treppe an der Südseite der Plaza stellte dieser Fürst 761 **Stele N** auf. Doch auf der Basis erwähnt er neben seiner eigenen Krönung (749) auch die seines Vorgängers und Vaters (738). An der Südwestecke des Platzes kommt man über eine moderne Treppe zum **Tempel 11** hinauf, den Yax Pak, der 16. Fürst, bereits 769 auszubauen begann. An einen Vorgängerbau setzte er zunächst die untere Empore an der Südseite an, später folgte der Tempel, dessen acht Tür-

## Honduras

*Die berühmte Inschriftentreppe von Copán, davor Altar M.*

rahmen mit Inschriften bedeckt worden sind. Der Mann hat viel schreiben lassen, aber wenig erzählt, denn er wiederholt nur stereotyp die Daten und Ereignisse, die auf seinen Altären auch schon notiert sind. Die Türen im Norden und Süden führen auf eine Art Balkon (773), auf dem der Herrscher Huldigungen des Volkes entgegennehmen und zu ihm reden konnte.

An den Außenwänden neben dem Zugang zur inneren Plattform waren Kieferknochen von Schlangen skulptiert worden, so dass man beim Eintreten in das Maul eines Monsters eindrang. Die erhöhte Plattform wurde von einem Relief mit der langen Reihe der früheren Herrscher getragen, die rechts und links vom Krönungsdatum (6 Kaban 10 Mol bzw. 763) Yax Paks sitzen. Der Dynastiegründer sitzt links von Yax Pak, direkt bei der Schrift gegenüber. Da hier 20 Personen abgebildet sind, dürften einige Personen dabei sein, die zwar Erben waren, aber den Thron niemals bestiegen.

Östlich dieser Rednertribüne kommt man zum **Gebäude 22a**, dem so genannten **Popol Na** (›Versammlungshaus‹), das kürzlich aus den herabgestürzten Steinquadern wiederaufgebaut wurde. An der Ecke links hat man den großen Steinkopf einer alten Frau gefunden, der heute im Museo Lítico de Copán (MLC) ist. Die Fassade des Popol Na ist mit Flechtmustern, Glyphengruppen, in Ik-Nischen hockenden Fürsten *(ik* = ›Seele‹, ›Wind‹) und dem Tag 9 Ahau verziert worden. Seinen Namen verdankt dieses Haus den Flechtmustern *(pop)* und den eingebauten Sitzbänken in seinem Innern. Das Datum 9 Ahau entspricht dem Jahr 746 (09.15.15.00.00. bzw. 9 Ahau 18 Xul), und der 14. Fürst dürfte der Bauherr gewesen sein.

**Gebäude 22** daneben, mit Göttermasken an den Ecken, besticht durch seinen unglaublichen inneren Eingang. Die erhöhte Plattform zum inneren Raum ruht auf Glyphen und Schädeln. Letztere bilden zugleich die Basis der Türrahmung. Die Schädel werden als Hinweis auf die begrabenen Vorfahren in der Unterwelt gedeutet, auf denen die Bakab (Hilfsgötter, die den Himmel tragen) hocken. In den Voluten an den Türecken sind kleine menschliche Gestalten versteckt. Die Rahmen können auch als geöffnete Schlangenrachen angesehen werden. Man vermutet, dass hier der 13. Fürst ab 695 sein Blut aus der Zunge oder dem Penis gezapft hat, um wegen Blutverlusts über Visionen mit den Vorfahren in Verbindung zu treten. Es kann aber auch nur der Raum gewesen sein, in dem der vergöttlichte Herrscher thronte, um seinen Untertanen den Eindruck einer übersinnlichen Erscheinung zu vermitteln.

**Gebäude 21a** rechts daneben, von Yax Pak (771), ist gewiss solch ein Thronhaus gewesen. Der Blick über die **Plaza Este** (Osthof) zur westlichen Treppe bleibt sicher bewundernd an den steinernen, aufrecht paradierenden Jaguaren sowie am Mittelabsatz mit dem großen Götterkopf als Schmuck hängen. Erstere sind als Zeichen der Macht und Größe zu verstehen. Dieser Teil der Akropolis scheint wie geschaffen für den Empfang von untergeordneten Fürsten. 1997 hat man unter den Tempeln am Platz zwei Gräber mit den Bestattungen eines Fürsten und seiner Frau gefunden, vermutlich des Gründers der örtlichen Dynastie und seiner Gemahlin. Wenige Tage nach der Freilegung sind beide Gräber ausgeraubt worden.

An der Ostseite, südlich von **Gebäude 20,** das mit den Reliefs von Fledermäusen geschmückt war, kann man am Steilabfall sehen, dass der Río Copán im Lauf der Jahrhunderte einen Teil der Akropolis davongespült hat. Zwischen Bauschmuck und Jaguarstatuen suche man sich einen Weg zur Südostecke des Hofes, die von dem **Tempel**

*Detail des Türrahmens an Gebäude 22*

*Honduras*

*Die Rekonstruktion des Tempels Rosalila gibt eine gute Vorstellung von der bunten Bemalung, mit der ursprünglich wohl alle Großbauten der Maya geschmückt waren.*

18 (810) eingenommen wird. Hier hat sich Yax Pak viermal als bewaffneter Krieger abbilden lassen. Wahrscheinlich hat er den Bau als seinen Totentempel geplant, denn eine Treppe führt hinten in eine ausgeraubte Grabkammer. Von der Rückseite gelangt man an der Südseite von **Pyramide 16** vorbei zur so genannten **Plaza Oeste** (Westhof). Dabei schaut man nach links auf den Palastbereich hinab, wo die Fürsten einmal gewohnt haben.

Direkt beim Hofrand stehen die beiden Altäre H' (682) und I' (692), die Thronbänke des 12. Fürsten. Vor der Treppe der großen Pyramide 16 stellte Yax Pak 776 den **Altar Q** auf (Kopie, Original im MLC). An den vier Seiten sind alle 16 legitimen Herrscher Copáns auf ihren Namensglyphen sitzend wiedergegeben (manchmal auch mit Spitznamen). Die Opferfläche ist ganz mit Glyphen bedeckt, die von Yax Paks Inthronisation (763), von Taten des Dynastiegründers (426) und dem Zeitenende berichten. Lange ist die Reihe der Herrscher als ein astronomischer Kongress interpretiert worden, bei dem eine Kalenderreform festgelegt worden sein soll.

**Stele P,** links vor der Pyramide, pflanzte der 12. Fürst 623 als Kronprinz zu Ehren seines Vaters, und er dürfte auch die Errichtung der Pyramide 16 befohlen haben. In deren Innern hat man bei Tunnelgrabungen den sehr gut erhaltenen **Tempel Rosalila** entdeckt, der im Museo Lítico nachgebaut worden ist. An der Südseite von **Tempel 11** hat Yax Pak 771 eine Art Tribüne mit beschrifteten Stufen anlegen lassen, die von Fackeln tragenden Mischwesen flankiert werden. Mit

*Copán*

den drei Markierungssteinen im Hof davor wird dieser Bauteil als Imitation eines Ballspielplatzes gedeutet.

Von hier kann man nun direkt zum Ausgang zurückkehren und dann das Museum am Parkplatz besuchen. Das **Museo Lítico** (MLC) betrat man durch eine künstliche Höhle, die den Weg in die Unterwelt symbolisiert. Da die moderne Dachkonstruktion 1998 einzustürzen drohte, wurde dieser Eingang gesperrt, heute betritt man das Museum durch den früheren Ausgang. Die ganze Front des Rosalila-Tempels ist hier nachgebaut worden. Die dominierende rote Farbe der Stuckreliefs führte zur Namensgebung. Unten hat man den Göttervogel, den Vucub Caquix des Popol Vuh, als Motiv verwendet. Aus seinem geöffneten Schnabel schaut ein menschliches Gesicht. Die herausgedrehten Flügel ergeben durch ihre Fiederung die Glyphe für den Muan-Vogel (einen Götterboten); diese Glyphe bezeichnet auch einen Monat.

Über der Tür ist ein Herrscherkopf mit Götterkrone angebracht, der rechts und links von Schlangenkiefern gerahmt wird. In ihrem Rachen, an der Oberkante des Tempels, sind Reste von Glyphen zu erkennen. Das Zentrum des Dachkamms wird durch eine weitere Göttermaske verschönt. Darüber wölbt sich der Körper der doppelköpfigen Himmelsschlange oder -eidechse. Die Rachen öffnen sich zum Rand hin. Die riesige Halle ist mit Skulpturen, Reliefs und den schönsten Exemplaren des originalen Bauschmucks gefüllt. Dazu gehört auch das Original von Altar Q und der so genannte Kopf der alten Frau, die von manchen auch als Mann interpretiert wird. Sehr eindrucksvoll ist ein vollplastischer Götterkopf mit Haarschmuck in Form eines Reihers, der gerade einen Fisch verschlingt. Nicht übersehen sollte man die sehr hässlichen Fledermäuse, die laut dem Popol Vuh der Quiché in der Unterwelt ihr Unwesen trieben und von Gebäude 20 auf der Akropolis stammen.

*Fledermaus als Steinskulptur im Museo Lítico. Die Fledermaus war das Totem einer mächtigen Herrscherfamilie.*

*Einige Mayaforscher meinen, dass es zum Ende der Dynastie zu einer Revolte gekommen sei. Die Beamten und Schreiber hätten sich gegen die absolute Macht der Fürsten gewehrt und den 17. Herrscher schließlich sogar vertrieben oder getötet. Es ist durchaus möglich, dass die einfache Bevölkerung von Copán in der frühklassischen Zeit von Maya aus dem Norden überrannt worden ist, die sich dann als regierende Elite am Ort etabliert haben. Die ›innere Revolte‹ wäre dann nichts anderes als der Versuch gewesen, sich vom Joch der Fremdherrschaft zu befreien.*

An einem zweiten Besuchstag kann man den Ursprungsort der so genannten ›inneren Revolte‹ gegen die letzten Herrscher von Copán besuchen. Östlich der Akropolis zweigt etwa 2 km hinter dem Haupteingang rechts eine Piste ab, die nach **Las Sepulturas** führt. Dort sind mehrere große Wohnkomplexe erhalten, in denen die niedrigen Adligen des Landes gelebt haben. Die Häuser sind in mehr als 40 Gruppen um zentrale Höfe zusammengefasst und haben oft zwei oder mehr Räume. Gewöhnlich findet man die Räume direkt am Hof, mit einer oder mehreren Wandbänken ausgestattet, und die meisten Fronten weisen nur spärlichen Reliefschmuck auf. Diese Bauten kann man als eine Art Empfangshäuser oder Wohnzimmer interpretieren.

Unzählige Gräber *(sepulturas)* hat man in den Höfen, Häusern und Kapellen (Hausheiligtümer) unter den Fußböden gefunden. Viele Tote waren schlicht in Erdgruben bestattet worden, die mit unbearbeiteten Steinplatten an den Wänden verstärkt waren. Bessergestellte leisteten sich richtige kleine Grüfte aus behauenen Steinen, die mit großen Quadern verschlossen wurden.

Meist gibt es an einer Seite der Höfe mehrere zusammenhängende Gebäude, die das Arbeitsquartier bildeten. Hier haben u. a. die Handwerker gelebt, die die kostbaren Reliefs und Statuen der Akropolis schufen oder die feinen, bemalten Keramiken. Reich sind sie mit ihrer Arbeit sicher nicht geworden, denn außer einigen recht schönen Jadeobjekten ist in ihren Gräbern wenig Wertvolles gefunden worden. Die schönsten Teile des Bauschmucks aus den Gruppen 9M-18 und 9N-8 sind ins MLC gebracht worden.

Keramikfunde aus einigen Gräbern und Häusern beweisen, dass Copán nicht mit dem Ende seiner Herrscherdynastie verlassen wurde, sondern dass Menschen, allerdings in geringer Zahl, weiter in den klassischen Bauten lebten. Selbst 200 Jahre später benutzten diese Bewohner noch Plumbate-Keramik, die zu der Zeit im nördlichen Hochland Guatemalas produziert wurde. Keramikfunde aus Copán

*Wohnhäuser bei Las Sepulturas*

zeigen allgemein eine größere Ähnlichkeit zu gleichzeitigen Keramiken im Norden und Osten von Honduras als zu den Waren der großen Mayazentren im Norden. Die in klassischer Zeit in Copán produzierten so genannten Copador-Gefäße haben oft eine Creme- oder Orangefarbe, eine aufpolierte Oberfläche und aufgemalte Verzierungen in Schwarz, Orange und Rot. Typische Motive sind sitzende oder halb liegende Personen, große geometrische Muster, stilisierte Vögel und Pseudoglyphen – Schriftzeichen ähnlich, aber ohne jeden Zusammenhang. Vergleichbare Dekorationen findet man z. B. im Ulúa-Tal im Nordosten. Copador-Gefäße wurden von Copán aus nach Osten, nach Santa Bárbara (Gualjoquito) und Comayagua zum Beispiel, exportiert. Handelsbeziehungen bestanden auch zum Tal des Río Chamelecón (Nordosten) und nach Chalchuapa im Süden (El Salvador). Ihre Keramik scheinen die Händler Copáns im Westen gegen Kakao und Obsidian eingetauscht zu haben und im Osten gegen Marmor, der zu Gefäßen verarbeitet wurde, und Meeresmuscheln sowie Jadeit (im Süden und Norden).

# El Puente

Von Copán kommend, biegt man 6 km vor La Entrada nach links in Richtung Norden ab, um die Ruinen von El Puente zu erreichen. Nach etwa 3 km passiert man links eine alte spanische Brücke *(puente)*, nach der das Ausgrabungsgelände benannt wurde. Seit 1980 hat man hier gegraben und dabei schon über 200 Strukturen oder Hügel entdeckt; 1989 wurde El Puente zum nationalen Kulturgut erklärt.

Im kleinen **Museum** am Eingang präsentiert man die schönsten Steinplastiken, die einst Pyramiden und Paläste zierten, und kostbare Kleinfunde. Neben der lebensgroßen Statue eines Fürsten im Copán-Stil (8. Jh.), die in die Wand eines Palastes oder Tempels eingelassen war, verblassen die skurrilen Nagelköpfe mit ihren dicken Steinzapfen ein wenig. Die Fratzengesichter dürften apotropäischen, also Unheil abwehrenden Charakter gehabt haben. Außerdem ist ein Kopf mit den Zügen des aztekischen Regengottes Tláloc (9. Jh.?) zu sehen. Unter den zahlreichen Kleinfunden – Keramik, Steinklingen, Jadeitschmuck – ist neben den Copador-Keramiken, die sowohl von Adligen als auch vom gemeinen Volk benutzt wurden und wohl in Copán produziert worden sind (s. oben), auch ein Steingefäß mit der Inschrift Yax Paks von Copán zu beachten, das man im benachbarten Ruinenort Arbra gefunden hat.

Gleich neben dem Eingang liegen die kleinen Gebäude einer typischen **Adelsresidenz** aus der spätklassischen Zeit (600–900). Die wichtigsten Gebäude konzentrieren sich um eine 14 m hohe Pyramide und fünf Zeremonialplätze weiter nördlich. Auf dem Weg dorthin (500 m) passiert man einige Hügel in den Viehweiden, Reste von Pyramiden und Plattformen. Sicher hat dieses Zentrum im 6. und 7.

*Honduras*

Jh. unter der Oberhoheit von Copán gestanden. Es ist wahrscheinlich sogar von Siedlern aus der Stadt gegründet worden, scheint sich dann aber, als den Herrschern Copáns die nötige Führungskraft fehlte, im 8. Jh. selbständig gemacht zu haben. In seinem Einflussbereich stand zu dieser Zeit dann sicher auch das benachbarte Los Higos (20 km in nordwestlicher Richtung, für Besucher gesperrt), während Río Amarillo (gesperrt, auf halbem Weg nach Copán, am Fluss) weiter zur Mutterstadt gehörte. Eine Stele aus Los Higos trägt das Datum 9.7.10.0.0. (583), das in die Herrschaftszeit des 11. Fürsten von Copán fällt. Der dort erwähnte Stadt- oder Geschlechtername taucht auch auf Stele A (731) in Copán auf.

Vor der Pyramide an der Südseite der **ersten Plaza,** dem Schauplatz öffentlicher Zeremonien, hatte man um 850 eine glatte Stele nebst einem Rundaltar/Thronsymbol aufgestellt, und der Tempel diente wohl der Verehrung der vergöttlichten Vorfahren. Den Blick auf die zweite Plaza versperrt die große Pyramide, deren Treppe nach Norden ausgerichtet ist. Die üblichen überdachten Logengebäude lagen an der Westseite. Im Norden und Osten begrenzten Palasträume den rechteckigen Platz. Gut erhalten sind die Thron- oder Audienzräume mit ihren Wandbänken an der Nordostecke der Plaza. Auch die üblichen Adoratorien bzw. Zeremonialplattformen in der Platzmitte fehlen nicht.

*Statue des Mayafürsten Lempira, des letzten Gegenspielers der spanischen Conquistadoren im Hochland.*

## Gracias de Lempira

In La Entrada, an der Strecke von Copán (64 km) nach San Pedro Sula (104 km), biegt die Straße nach Süden Richtung Santa Rosa de Copán ab. Kurz vor diesem Zentrum der Tabakverarbeitung zweigt eine Nebenstraße nach Gracias de Lempira ab (46 km). Der ehemals Gracias a Dios genannte Ort in einem Flusstal am Fuß der Pacayas-Berge hat sich sein koloniales Flair erhalten. Einstöckige Häuser mit roten Ziegeldächern und hübschen Innenhöfen flankieren mit groben Flusssteinen gepflasterte Straßen, über denen die spanische Festung auf einer Hügelkuppe am südwestlichen Stadtrand wacht.

Der 1536 von Hauptmann Juan de Chavez gegründete Ort, wurde dank der Fürsprache des Conquistadors Alvarado 1544 zum Sitz des Verwaltungsrates von Mittelamerika (Audiencia de los Confínes) bestimmt, verlor diese Ehre jedoch bald an Antigua in Guatemala und hatte 1620 nur noch 60 spanische Einwohner. Danach prosperierte der Ort weil in seiner Umgebung Indigo angebaut wurde und schließlich ab dem 18.Jh. Tabak.

**San Marcos,** die Hauptkirche des Ortes, liegt an der Südseite der Plaza und ist nach Osten ausgerichtet. Zwar scheint man mit ihrem Bau bereits im 17. Jh. begonnen zu haben, doch ihre heutige Fassade ist sicher erst im 19. Jh. entstanden. Es fehlen die typisch barocken Stuckornamente, auch wenn Halbsäulen und Statuen in den Nischen Barockaltäre nachahmen. Von oben blickt der Apostel Markus mit

*Gracias de Lempira*

*Kirche San Marcos in Gracias de Lempira*

seinem Wappentier, dem Löwen, auf die Gläubigen hinab, während Statuen der vier Evangelisten in Nischen der ersten Ordnung sogar in den Türmen stehen. Zum späteren Umbau gehört auch die weiße Holzdecke im Innern.

Südlich der Kirche schließt sich die ehemalige **Casa Real** mit wappengeschmücktem Portal (17. Jh.) an, in der heute eine kirchliche Behörde untergebracht ist. Im Schatten der hohen Bäume auf der Plaza kann man sich bei einem *refresco* (Erfrischungsdrink) erholen und die Statue Lempiras, des großen Gegenspielers der Spanier, begutachten.

Nur zwei Blocks weiter nördlich errichtete man aus Steinen, Ziegeln und Adobe um 1770 die Kirche **La Merced** mit ihrer prachtvollen Barockfassade. Die unteren vier Statuen stellen Heilige des Mercedarierordens dar, dessen Gründer Pedro Nolasco oben, unter Maria mit dem Kinde, abgebildet ist. Neben Pflanzenornamenten bilden das Wappen des Ordens und zwei Medaillons mit Schriftzügen den Stuckschmuck der Fassade. Die nach Norden ausgerichtete Kirche ist wegen Renovierung geschlossen, und auch der schöne Barockaltar bedarf einer Überholung.

Die kleine, sternförmige Festung **Castillo San Cristóbal** auf dem Hügel geht in ihrem Entwurf auf Renaissancezeichnungen aus Italien (16. Jh.) zurück. Das Glacis, Abschrägungen an der Basis zur Abwehr von Mineuren und ihren Tunneln, wurde aus unbearbeiteten Flusssteinen errichtet, die Mauern darüber aus Felsquadern und Ziegeln. Die Schießscharten sind so schmal, dass sie nur von Gewehrschützen benutzt werden konnten; die zwei Kanonen (1802) aus Sevilla vor dem Eingang sind also eine spätere Ergänzung. Die Festung

*Etwa 6 km südlich von Gracias de Lempira gibt es die heißen Quellen von Aguas Termales, die mehr und mehr einheimische Besucher anlocken, die in kleinen, neueröffneten Hotels in Gracias Unterkunft finden.*

# Honduras

wurde wohl zum Schutz der Stadt gegen Überfälle der Xinca-Indígenas errichtet. Zuletzt war sie während des ›Fußballkriegs‹ bemannt, als man Angriffe aus El Salvador befürchtete.

## San Manuel de Colohete

Etwa 30 km südwestlich von Gracias liegt das kleine Dorf San Manuel de Colohete. Seine einmalige Dorfkirche vermittelt einen Eindruck vom Schmuck und Reichtum, der zur Kolonialzeit in vielen Kirchen zu finden war. Mitte des 18. Jh. schuf man hier ein Juwel von Kirche im Stil des Hochbarock mit maurischen und lokalen Zügen. Dies zeigt sich schon an der Fassade, wo die salomonischen Säulen zu Tortillastapeln umgeformt sind und die Nischen der Heiligen Kielbögen überspannen. Die meisten Wandflächen sind mit einem dichten Netz von Medaillons, Blüten und Voluten aus Stuck bedeckt. Im Innern wird diese Pracht sogar noch übertroffen, zum einen durch die feine Holzdecke und zum anderen durch die Vielpassbögen mit ihren einspringenden Zwickeln, auf denen das Dach ruht. Gerade das letztgenannte Detail erinnert an maurische Paläste in Spanien, wie die Alhambra von Granada.

# An der Karibikküste

## San Pedro Sula

Der wirtschaftliche Aufschwung dieser kleinen Kolonialstadt im Tal des Río Ulúa begann Anfang des 20. Jh., als die United Fruit Company, in der Region ihre großen Bananenplantagen anlegte. Später folgten dann Coca Cola und Pepsi Cola mit Produktionsstätten und Davidoff mit einem Betrieb zur Zigarrenherstellung. Außerdem gibt es heute Kaffeeröstereien, Brauereien und Bekleidungsfabriken. Die ca. 500 000 Einwohner sind eine bunte Mischung aus Einheimischen und Ausländern. Die Stadt gilt nun als Wirtschaftszentrum des Landes und weist das höchste Pro-Kopf-Einkommen auf. Dies war neben der Zerstörung durch Unwetter der Hauptgrund dafür, dass von der alten Stadt nichts als der Friedhof mit den zahlreichen, fast monumentalen Grabsteinen erhalten blieb. Betonbauten ersetzten die zerstörte oder abgerissene Architektur der Kolonialzeit.

Die Stadt bietet eine große Auswahl an Hotels und Restaurants und eignet sich als Ausgangspunkt für Ausflüge nach Puerto Cortés und den Parque Nacional de Cusuco mit seinen herrlichen Wasserfällen, seiner reichhaltigen Flora und Fauna und seiner unglaublichen Aussicht. Im Bereich von Kultur und Architektur hat San Pedro Sula eine neoklassizistische Kathedrale, die erst 1985 fertiggestellt wurde,

## San Pedro Sula

vor allem aber ein interessantes Museum zu bieten, das zwei Blocks nördlich vom Parque Central mit der Kathedrale liegt.

Das 1994 eröffnete **Museo de Antropología e Historia** bietet einen guten Überblick über die vorspanischen Kulturen an Río Ulúa und Río Chamelecón, wo sich die wichtigsten archäologischen Zeugnisse des nordwestlichen Honduras befinden.

Zur Ulúa-Region gehören die Fundstätten Las Flores, Travesía, Santa Ana, Cerro de Palenque, Playa de los Muertos und Tehuma, in der Nähe von El Progreso. Am mittleren Río Chamelecón bilden die Fundorte La Sierra und Naco 25 km südwestlich von San Pedro Sula, sowie Santa Ana westlich der Stadt eine eigene Region, zu der vielleicht auch Colonia Care am Unterlauf des Flusses gezählt werden kann. Bis auf einige Ausnahmen hat man an diesen Fundorten nur vereinzelt Reste von größeren Bauten entdeckt; kleine Grabungen förderten meist nur Kleinfunde wie Keramik, Steinobjekte und Knochen aus Bestattungen zutage.

Die bekanntesten Objekte fand man in den Gräbern in **Playa de los Muertos,** die zwischen 400 v. Chr. und 200 n. Chr. in einer Art Friedhof neben Wohnbereichen angelegt worden sind. Die Bauern und Flussfischer des Ortes errichteten ihre Häuser aus Holz und Stroh und produzierten eine Keramik, die in zwei zeitlich aufeinanderfolgende Phasen eingeteilt wird. Die auffälligsten Gefäße haben kugelige oder menschliche Gestalt und eine lange Tülle. Ihre Oberfläche ist häufig nur teilweise durch Polieren auf Hochglanz gebracht

*Das Museum in San Pedro Sula informiert nicht nur über alte Mayakulturen, sondern auch über die reizvolle Kolonialkunst der Region. Anhand von Fotos wird die Entwicklung der Stadt nachgezeichnet; auch gibt es Wechselausstellungen zu regionalen Themen.*

*Plaza Central von San Pedro Sula. Die lebendige Provinzstadt lohnt vor allem wegen des guten Museums einen Besuch.*

worden. Ähnlichkeiten der Keramikdekoration weisen auf Handel mit dem Norden und eine Seeverbindung nach Belize hin. Über die frühe klassische Periode (200–600) ist bisher wenig bekannt, doch für das Ende der klassischen Zeit (600–900) gibt es Informationen aus **Cerro de Palenque,** dem befestigten Ort auf einem Hügel und einer an seinem Fuß angelegten Siedlung mit Höfen, Haushügeln und einem Ballspielplatz, die sich über eine Fläche von 24 ha erstreckt. Zur gleichen Zeit war auf der anderen, östlichen Seite des Río Ulúa auch der Ort **Travesía** besiedelt.

Grobe Steinplastik war in dieser Zeit an diesen Orten üblich, und die auffälligsten Funde sind Gefäße der so genannten **Ulúa-Polychrom-Keramik,** die von Copán-Motiven beeinflusst ist. Bestechend wirken Kugelgefäße mit kleinen Ösen für Seile und menschlichen Figuren, die ein Zierband stützen. Das Band aus geometrischen Figuren ist unter dem Rand angelegt. Aus der gleichen Zeit stammen aber auch Gefäße mit aufgemalten Pseudoglyphen, Chaak-Köpfe mit langen Nasen, Becher mit Tieren im Codex-Stil und in Modeln geformte menschliche Tonfiguren. Stilistische Vergleiche führten zur Annahme, dass damals Handelsverbindungen ins Tal des Río Chamelecón bestanden und sogar bis nach El Salvador im Süden.

Nachklassisch (900–1500) datiert werden die Funde aus den Plätzen Naco und Santa Ana. **Naco** scheint wohl ein Ort gewesen zu sein, der von Einwanderern aus Mexiko um 900 besiedelt wurde. Die mehrfarbige Bemalung der Keramik aus diesem Ort beschränkt sich hauptsächlich auf einfache geometrische Motive wie Flechtmuster, Zickzacklinien und stilisierte Vögel. Aus den Ruinen stammt auch der steinerne Kopf eines Menschen mit Entenschnabel, der den aztekischen Windgott Ehecatl verkörpern soll. Die Haus- und Tempelplattformen der Anlage waren mit Steinen verkleidet und trugen eine rot bemalte Stuckschicht. Außerdem entdeckte man hier und in der Höhle von Quimistán kleine Kupferglöckchen, die teils örtlicher Produktion sind, aber in einigen Fällen aus dem Westen Mexikos zu stammen scheinen.

*Polychrome Ulúa-Keramik im Museum von San Pedro Sula*

Das Museum in San Pedro Sula stellt sehr übersichtlich und informativ Fundstücke aus diesen und anderen Orten aus. Im ersten Raum des Obergeschosses sticht die Steinskulptur eines Herrschers von Copán hervor. Im zweiten Raum wird ein Einblick in das Alltagsleben der Indígenas gegeben; ausgestellt sind Werkzeuge und Lebensmittel. Im dritten Raum sind die olmekischen Großplastiken aus Los Naranjos an der Küste am auffälligsten. Eindrucksvoll ist auch der Granittorso eines sehr realistisch dargestellten Menschen, der auf eine Besiedlung um 500 v. Chr. schließen lässt. Im nächsten Raum sollte die Ulúa-Keramik mit ihren dunklen und etwas steifen Menschenbildern beachtet werden und natürlich auch die phantastischen Marmorgefäße aus dem Tal des Río Chamelecón. Die Kopie eines Papageienkopfes aus Copán bildet den Hintergrund für die auf Keramik dargestellten Ballspielszenen. Im fünften Raum zeigen große, mit Tierfiguren verzierte Metates Verbindungen zu Kulturen in Nicaragua und Costa Rica auf, während im sechsten Raum Keramik aus Naco (um 1200) überwiegt.

Unter den Exponaten des Untergeschosses sind die spanischen Waffen und Rüstungsteile, ein Marmorgefäß mit Mayaglyphen und einem gefangenen Spanier als Relief sowie ein ovales Marmormedaillon aus dem 19. Jh. hervorzuheben. Das Gefäß zeigt, dass die klassische Mayatradition noch im 16. Jh., als die Spanier ins Land kamen, lebendig war.

*In der kleinen Cafeteria im Park neben dem Museum kann man auch essen und die Kopie einer Copán-Stele bewundern.*

## Puerto Cortés

Lange Zeit der wichtigste Hafen des Landes für den Export von Bananen, wurde Puerto Cortés 1987 zur Freihandelszone erklärt. Die 65 000 Einwohner zählende Stadt verfügt über einige gute Hotels, Restaurants, Badestrände und über das Korallenriff Picuda 5 km vor der Küste sowie die Reserva Biológica de Cayes Zapatillos (Sapodilla Cayes), ein Naturschutzgebiet auf den 45 km vor der Küste gelegenen Inseln.

Gegründet wurde die Hafenstadt, heute Endpunkt einer der vielen Eisenbahnlinien, die im Uluá-Tal für den Transport der Bananen gelegt worden sind, vom spanischen Eroberer Gil Gonzáles Vávila. Der war hier gestrandet und hatte dabei alle seine Pferde verloren. Daher nannte man den neuen Ort zunächst Puerto de Caballos (›Pferdehafen‹). Der englische Pirat Cristopher Newport eroberte 1602 die Hafenstadt und der gleiche Husarenstreich gelang etwas später dem französischen Freibeuter Jeremias. Zu Ehren des berühmten Eroberers von Mexiko wurde die kleine Siedlung auf der Halbinsel dann 1850 auf ihren heutigen Namen umgetauft. Aus der Kolonialzeit sind keine Bauten erhalten, doch ist Puerto Cortés ein recht beliebtes Ziel von Rucksackreisenden, weil annehmbare Hotels als Ausgangspunkt für kleine Ausflüge dienen können. Von hier aus kann man per Boot den **Parque Nacional Punta Sal** besuchen. Kanäle, Lagunen und Mangrovendickichte sorgen für eine einzigartige Landschaft, in der unzählige Vögel brüten.

Etwa 8 km weiter östlich liegt an einem Kanal, der die Laguna de Alvarado mit dem Meer verbindet, das Garífuna-Dorf **Travesía** mit seinen typischen Holzhäusern auf hohen Stützen und kulinarischen Spezialitäten wie *pan de coco* (›Kokosbrot‹) und *tapado*, ein Fladen aus dem Mehl der Yuccawurzeln.

## Omoa

Der 15 km südwestlich von Puerto Cortés gelegene Ort hat neben einigen pittoresken Restaurants an der Hafenmole als Attraktion die Festung **Fortaleza de San Fernando** vorzuweisen, die die Küstenregion vor Piratenangriffen schützen sollte. Nachdem der Freibeuter Henry

# Honduras

*Fortaleza de San Fernando in Omoa, eine mächtige Festung gegen die karibischen Freibeuter.*

*Charles II. von England (1660-85) adelte den berüchtigten Freibeuter Henry Morgan nach seinen erfolgreichen Raubzügen im Dienst der Krone und setzte den Sir als Gouverneur von Jamaica ein.*

Morgan, der damals auf der Insel Isla de Roatán vor der Küste sein Hauptquartier hatte, die ältere, rechteckige Renaissancefestung vorübergehend erobert hatte, wurde im Jahr 1756 neben der alten Anlage der erste Teil der neuen Festung errichtet, deren Wehranlagen zwischen 1759 und 1773 beträchtlich verstärkt wurden. Doch alles Bauen mit Ziegeln und Quadern aus Korallenstein half nicht: 1779 nahmen die Engländer die Festung ein. Im Jahre 1831 haben Konservative aus Honduras, die nach Belize geflüchtet waren, Omoa erobert, wurden aber im gleichen Jahr von Francisco Morazán besiegt.

Entsprechend der Bedeutung, die damals Land- und Schiffskanonen in der Kriegsführung zukam, besteht die Festung aus drei relativ niedrigen Eskarpen (dreieckige Vorsprünge), deren schräge, einen dreieckigen Hof umschließende Mauern den Aufprall der Kanonenkugeln abschwächen sollten. Außerdem legte man zwei Verteidigungsringe an, deren innerer den äußeren überragte. Durch die Erweiterung schuf man eine Art Ober- und Unterburg, die getrennt verteidigt werden konnten. Große, niedrige Schießscharten für die Kanonen wechseln auf den Mauerkronen mit runden Schützenhäuschen, so genannten Pfefferbüchsen, ab. Die schrägen Böden der Schießscharten erleichtern das Ausfahren der Kanonen, reduzieren zugleich das Zurückrollen aufgrund des Rückstosses und verringern den toten Winkel vor der niedrigen Außenmauer, die zur Abwehr von Sturmangriffen diente. Die Kanonen konnten dicht über die Köpfe der Verteidiger des Außenrings hinweg in die Reihen der Angreifer schießen. Der tunnelartige Zugang machte jeden Angriff auf das Tor zu einem Kamikaze-Unternehmen.

Das Schießpulver lagerte man in der Waffenkammer auf Steinbänken, unter die heiße Steine gelegt werden konnten, um es trocken zu halten. In den fünf Küchen wurde nicht nur für den Kommandanten, die Offiziere und die Mannschaften gekocht, sondern auch für die aus dem Inland eintreffenden Begleiter der Erztransporte. Da die Festung die Sammelstelle für den Tribut an die spanische Krone war, brachte man die Gold- und Silbererze aus den Minen bei Comayagua hierher, wo das Metall mit Hilfe von Quecksilber extrahiert wurde. Das in den Doppelwänden zylindrischer Behälter zirkulierende Wasser kühlte das giftige Lösungsmittel im inneren Kessel. Die meist in Dienst gepressten Arbeiter brachte man im Innenhof unter, wo sie von den Mauern aus überwacht werden konnten.

*Nach der Unabhängigkeit funktionierte man die Festung zum Gefängnis um, in dem die Gefangenen an 30 kg schwere Eisenkugeln gekettet wurden. Informationen zur Festung und zu ihrer Geschichte erhält man im Besucherzentrum am Eingang.*

## Trujillo

Honduras besitzt zwischen dem modernen Hafen La Ceiba und der alten Stadt Trujillo seine schönsten Strände. Trujillo, die Hauptstadt des Departamento Colón zählt nur etwas mehr als 10 000 Einwohner, die Spanisch, Französisch, Englisch und Garinagú sprechen. Die Stadt hat dörflichen Charme und ist vom Tourismus noch weitgehend unberührt.

Bereits in vorspanischer Zeit hat es an der Bucht ein Fischerdorf mit Händlern gegeben, die Verbindung nach Costa Rica hatten und dort Jadebeile in menschlicher Gestalt erstanden. Schon Kolumbus hatte auf seiner vierten Reise 1502 vor der Küste ein Handelsboot der Maya von Yucatán gesehen. Der neue spanische Ort wurde 1525 gegründet und nach der Heimatstadt Francisco Pizarros, des aus der Estremadura stammenden Eroberers von Peru, Trujillo genannt. Elf Jahre später weihte Papst Paul III. von Rom aus die Franziskanerkirche des Ortes zur ersten Kathedrale von Honduras, doch schon 1561 wurde der Bischofssitz nach Comayagua verlegt.

Anfang des 18. Jh. gelang es den Engländern, von den Islas de la Bahía aus – heute ein von Trujillo aus per Fähre erreichbares Bade- und Tauchparadies – Teile der Küstenregion zu erobern. Um 1800 landeten von der Insel St. Vincent vertriebene Garífuna hier, denen etwas später auch Franzosen folgten, was das babylonische Sprachgemisch in Trujillo erklärt. Seit dem Zweiten Weltkrieg existiert in der Nähe auch der US-Militärstützpunkt Puerto Castilla. Im 19. Jh. wurden neben den noch heute ausgeschifften Bananen von Trujillo aus auch Häute, Gummi, Holz und Kokosnüsse exportiert.

Die Festung **Fortaleza de Santa Bárbara,** zwischen Plaza Central und Meer, besteht aus mehreren kleinen, mit Kanonen bestückten, befestigten Plattformen, die zum Land hin durch kleine Mauern geschlossen waren. Die Anlage mit ihren Magazinen, Unterkünften und Schilderhäuschen wurde bereits 1590 nach Plänen von Juan

Bautista Antonelli, der sich als Stadtplaner von Antigua Guatemala qualifiziert hatte, zur Abwehr von Piratenangriffen errichtet.

Die klassizistische Kathedrale **San Juan Bautista** an der Plaza Central wurde 1809 nach Plänen des aus Honduras stammenden Manuel Nacas fertiggestellt; die Turmuhr setzte man erst 1899 ein. Recht interessant sind die größtenteils reichlich verfallenen Villen aus der Blütezeit Trujillos (19. Jh.), die Stadtresidenzen reicher Pflanzerfamilien, zu denen auch die portugiesische Familie Melhado gehörte.

Im privaten **Museo Arqueológico Rufino** (Ende 6a Calle) findet man neben einer Menge Kuriositäten auch präkolumbische Keramik aus der Region und die schon erwähnten Beile aus Jadeit.

Auf dem **Cementerio Viejo**, am Südrand der Stadt, kann man sich anhand der recht überwachsenen und verwitterten Grabsteine bestens über die Geschichte der Stadt informieren. So ist z. B. 1860 William Walker nach seiner Hinrichtung hier bestattet worden. Walker war ein Amerikaner, der versucht hatte, im Lauf des amerikanischen Bürgerkriegs ein Südstaatenfreundliches Regime in Nicaragua und Honduras zu errichten (s. S. 47).

# Im Land der Silberberge

Das Tal des Río Humuya, der seine Wasser und die seiner Nebenflüsse wie Río Cuyamapa und Río Sulaco in den Río Ulúa ergießt, bildet eine natürliche Passage nach Süden und erlaubt relativ leichten Zugang zu dem in den Pazifik fließenden Río Goascorán (El Salvador). Savannenartige Vegetation auf den Schwemmlandböden in den Tälern und Kiefernwälder an den Berghängen, die bis auf ca. 2000 m ansteigen, sorgen für eine menschenfreundliche Umgebung mit angenehmen Hochlandklima. Sicher führten diese natürlichen Gegebenheiten zu der relativ dichten Besiedlung in vorspanischer Zeit, und auch die Spanier dürften davon und natürlich von den Edelmetallen in den Bergen angezogen worden sein. Landschaftliche Schönheit, kolonialzeitliche Bauten und fast unberührte Ruinenstätten, die kaum als solche zu erkennen sind, können als Touristenattraktionen angeführt werden.

## Comayagua

Comayagua liegt im Tal des Río Humuya, rund 650 m über NN. Die Spanier gründeten Santa María de Comayagua 1537, doch zerstörten die Indianer die Dorfkirche gleich nach der Weihung. Bis zu seiner Niederlage im Jahr 1540 regierte Fürst Lempira ganz in der Nähe, danach wurde die zerstörte spanische Siedlung unter dem Namen Valladolid La Nueva neugegründet und wieder aufgebaut. In der

# Comayagua

Umgebung hat E. George Squier, ein amerikanischer Archäologe, um 1850 noch mehr als 300 Hügel und Plattformen gezählt: Las Vegas, Yarumela und Tenampua (Pueblo Viejo). Letzteres war eine späte festungsähnliche Siedlung, die die früheren Orte im Tal überschaut. Während der klassischen Zeit (200–900) lag das Zentrum der Besiedlung weiter nördlich beim Zusammenfluss von Río Humuya und Río Sulaco.

Im Jahr 1543 wurde Comayagua zur Stadt erhoben und wegen seiner Lage Villa de Valladolid de Concepción de Comayagua genannt. Schon 1557 wurde in den Minen der Umgebung Silber abgebaut und nach Spanien verschifft. Bereits ein Jahr später baute man die Kirche La Merced, und schon bald zelebrierte hier ein Bischof die Messe. 1573 wurde Comayagua Hauptstadt der Provinz Honduras, und die 100 spanischen Bewohner beherrschten nicht weniger als 58 Indígena-Dörfer in der Umgebung und selbstverständlich auch die übrigen 2500 Bürger gemischten Blutes. 1632 wurde hier die erste Universität Mittelamerikas eingerichtet.

Comayagua wurde 1827 von Truppen aus Guatemala zerstört. Damals hatte die Stadt schon 18 000 Einwohner. Bis 1880 galt Comayagua als die bedeutendste Stadt des Landes. Diesen Rang verlor es erst, als der Regierungssitz nach Tegucigalpa verlegt wurde. Heute lebt die Stadt zum Teil von einem in der Nähe gelegenen Camp der Armee, wo honduranische Soldaten von US-Beratern ausgebildet werden.

Die wichtigsten und schönsten Gebäude aus der ›glorreichen‹ Kolonialzeit, die Casa Real (Rathaus, 1741), die Kathedrale und die Gouverneursresidenz, liegen an oder nahe der Plaza Central. Die **Kathedrale** wurde erst zwischen 1703 und 1724 erbaut. Vorher hatte man sich mit einem Provisorium, der Kirche La Merced, begnügen

*Der amerikanische Altertumsforscher Ephraim George Squier (1821–88) kam als Geschäftsträger der USA 1849 nach Mittelamerika, schrieb einige Bücher und fungierte 1863/64 als Kommissar seines Landes in Peru. Ab 1868 vertrat er Honduras als Generalkonsul und wurde 1871 Präsident des Anthropologischen Institutes in Honduras.*

*Überreste der kolonialzeitlichen Münze in Comayagua*

# *Honduras*

*Fassade der Kathedrale von Comayagua*

müssen. Angeblich legte bereits 1580 Erzbischof Gaspar Andrade den Grundstein zur Kathedrale – es hat dann nur etwas gedauert, bis sie fertiggestellt war. Die Retablo-Fassade zeigt die übliche vertikale Gliederung durch Halbsäulen und Pfeiler. Horizontal ist sie durch drei hohe Architrave geteilt. Auch die üblichen Nischen für Heiligenstatuen fehlen nicht. Doch der Stuckschmuck mit durchbrochenen Giebeln und floralen Motiven bedeckt nicht alle Flächen, wie sonst im Barock üblich, sondern scheint nur punktuell eingestreut zu sein. Die fast rokokohaft wirkenden flachen Stuckreliefs bestehen aus den bekannten Weinranken, Rosetten und Flechtmustern. Die Palmen- und Sternmotive findet man dagegen nur sehr selten; hier hat man sich also deutlich von Antigua, dem großen Kunstzentrum im Norden, abgesetzt. Ähnlichen, allerdings sehr viel ärmeren Bauschmuck kann man auch an Kirchen in El Salvador und Nicaragua sehen.

Der recht klobige Glockenturm links wirkt wie angesetzt und gehört mit dem Eingang zum ehemaligen Friedhof zu den noch aus dem 16. und 17. Jh. erhaltenen Bauteilen. Der Glockenstuhl ist mit einer Uhr (1582) ausgestattet, die ein Geschenk vom spanischen König Philipp II. sein soll. Die große Rosette über dem Portal symbolisiert mit ihren Strahlen die 18 Dörfer, die beim Bau der Kathedrale geholfen haben. Die sehr flache Hauptkuppel wird von zwei kleineren Kuppeln flankiert, und alle sind mit farbigen Kacheln aus örtlicher Produktion geschmückt, deren Vorbilder in Puebla (Mexiko) zu suchen sind. Mit Kacheln hat man auch die Stützen an den Außenwänden verziert und sie damit gegen Erosion geschützt.

Der Hauptaltar, wie die Kirche der Unbefleckten Empfängnis geweiht, wird durch die Marienstatue zentriert, die im Stil des Juan

Martínez Montañés aus Sevilla ausgeführt ist. Dominierend stehen die vergoldeten, gedrehten Säulen vor der Wand mit den zahlreichen Statuen im Barockstil. Ein sehr schöner Seitenaltar ist ebenfalls Maria geweiht. Er ist in Mosaiktechnik zusammengesetzt und zeigt unten Szenen aus der Jugend Mariens und Jesu, die freudigen Mysterien. Oben wurde mit der Passion das Thema der traurigen Mysterien gewählt. Ganz oben in der Mitte zeigt man die Krönung Mariens und rechts davon, in achteckigem Rahmen, die Aufnahme Mariens in den Himmel. Der guatemaltekische Künstler Vicente de la Parra (geb. um 1667) schuf den Altar nach einem Kontrakt von 1708 für die Summe von 380 Silber-Pesos in nur 6 Monaten. Er war ein Schüler des Guatemalteken Agustín Núñez und scheint in Comayagua gestorben zu sein, kaum älter als 45 Jahre.

Man sollte auch einen Blick in die **Capilla del Rosario** werfen, deren Kuppel mit Stuckpalmen bedeckt ist und auf vier Zwickeln mit Erzengeln in sehr flachem Relief ruht. Der barocke Altar weist hier statt der Statuen nur Bilder auf, die in der Reihenfolge von unten nach oben und im Zickzack von links nach rechts zu lesen sind. In dieser ungewöhnlichen Anordnung wird hier die Geschichte Mariens erzählt.

Die Gemeindekirche **La Merced,** ganz in der Nähe, die nur vorübergehend als Kathedrale diente, ist ursprünglich aus luftgetrockneten Lehmziegeln *(adobe)* erbaut worden. Doch ihr heutiges Aussehen verdankt sie der Renovierung nach dem schweren Erdbeben von 1774. Die Marienstatue in der Nische über dem Portal, die Virgen de la Merced (›Jungfrau der Gnade‹), soll in Spanien angefertigt worden sein. Mit dem geschweiften Giebelbogen und zwei Girlanden und Feliden als Schmuck entspricht die schlichte Fassade dem Typ der Dorfkirche, wie er in Honduras und El Salvador im 17. und 18. Jh. üblich war. Der Glockenturm scheint später angesetzt worden zu sein. Der Innenraum ist einschiffig, mit einer Holzdecke überdacht und verfügt über einige geschnitzte und teilvergoldete Altäre, die wohl von örtlichen Künstlern geschaffen worden sind (18. Jh.).

Adobe wurde auch meist bei der Errichtung von Privathäusern verwendet, deren Fassaden durch Stuckrahmen und schmiedeeiserne Gitter an Türen und Fenstern verziert wurden. Ein weiterer Adobe-Bau, die Wallfahrtskirche **San Sebastián** am südlichen Stadtrand, entstand im 18. Jh. Während der politischen Unruhen von 1827 diente die Kirche den Truppen aus Guatemala als Lager und wurde dabei stark beschädigt. Neben den in den Boden eingelassenen Gedenktafeln für angesehene Persönlichkeiten ist vor allem der Barockaltar zu beachten, dessen bewegte Darstellungen der regionalen Flora und Fauna echtes Lokalkolorit vermitteln.

In Comayagua scheint es im 18. Jh. eine Gruppe von Künstlern gegeben zu haben, die bei ihren Arbeiten Wert auf lokalen Bezug gelegt haben. Dies kann man besonders gut bei einem Besuch des **Museo Colonial** erkennen, das gegenüber der Iglesia San Francisco in einem neoklassizistischen Gebäude (19. Jh.) untergebracht ist.

Ausgestellt ist neben einigen präkolumbischen Funden aus der Umgebung vor allem Kirchenkunst aus der Kolonialzeit, daher auch die Bezeichnung Museo Eclesiástico (4a Calle NO).

Zu den bedeutendsten Werken der lokalen Künstler gehören sicher eine hl. Barbara von Blas de Mefa und ein hl. Joseph von Calasanza von Zepeda. Eine Christusdarstellung aus dem 19. Jh. wirkt fast wie eine Ikone und dürfte dem neobyzantinischen Stil zugerechnet werden. Ein interessantes Detail sind die mit Elfenbein eingelegten Rahmen einiger Ölbilder. Sehr beeindruckend sind auch die Silberkronen. Sie gehörten zu Passionsfiguren, die bei Prozessionen mit echten Gewändern bekleidet durch die Stadt getragen wurden. Der Silberbaldachin für eine Monstranz stammt angeblich aus einer mexikanischen Schule. Die Silbergeräte des Bischofs López Portillo, zu denen auch ein Diadem aus vergoldetem Silber zu zählen ist, gehören sicher zu den kostbarsten Objekten.

Unter den archäologischen Exponaten stechen aufgrund ihrer künstlerischen Qualität die kleinen Steinstatuen von Fürsten aus der Umgebung hervor. Steinerne Großplastik ist, abgesehen von der Gegend um Copán, in Honduras äußerst selten und lässt sich weder einem besonderen Stil noch einer bestimmten Zeit sicher zuordnen. Auffällig ist die figürliche Bemalung der schon erwähnten Ulúa-Keramiken, die wahrscheinlich auch im Tal des Río Comayagua produziert worden sind. Objekte aus Grünstein, meist als Jade bezeichnet, in den meisten Fällen aber Jadeit, Serpentin oder Albit, bilden den wertvollsten Teil der Ausstellung, denn hier ist eine Gruppe erkennbar, die eigenständige Merkmale aufweist.

*Mayavase im Museo Colonial von Comayagua*

Am Zusammenfluss von Río Comayagua und Río Sulaco wurde 1984 ein großer Staudamm fertiggestellt. Bevor große Teile der beiden Flusstäler überflutet wurden, hatte man dort im Gebiet El Cajón bei gründlichen archäologischen Untersuchungen u. a. einen Ort mit vier großen Zeremonialplätzen, großen Pyramiden und vielen Haushügeln entdeckt. Im heute überschwemmten Salitrón Viejo fand man über 2000 Albit- und Jadeitobjekte, vor allem in Gründungsdepots und – zerstört oder verstreut – unter vielen Pyramiden- und Plattformbasen. Die Zerstörung war Teil des rituellen Tötens, mit dem ein alter Sakralbau entweiht wurde, bevor man einen neuen Tempel oder eine Terrasse darüber errichtete.

Während vorklassische (bis 200 n. Chr.) Grünsteinobjekte, meist Perlen, Beile und Ohrpflöcke, als Symbole des Lebens oft als Grabbeigaben ihre letzte Funktion fanden, war dies in Salitrón und an anderen Orten in Honduras zur klassischen Zeit (200–600) kaum mehr der Fall. Das früher so geschätzte Material scheint nun nicht mehr mit Individuen in Verbindung gebracht worden zu sein, oder die Vorstellungen vom Totenreich hatten sich geändert. In nachklassischer Zeit wurde Grünstein so gut wie gar nicht mehr verwendet.

Bei den figürlichen Grünsteinobjekten aus Salitrón kann man folgende Themengruppen unterscheiden: realistische und stilisierte menschliche Köpfe, realistische und stilisierte Tierköpfe (meist

Schlangen und Fische) sowie eine Sondergruppe mit Bildern von Buckligen, Schildkröten und Mayagöttern. Köpfe der ersten Gruppe weisen teils die runden Formen der Maya auf und teils eckige, grobe Züge, wie sie in Costa Rica oder Westmexiko üblich waren. Wegen des Materials und der Technik kann man davon ausgehen, dass fast alle Objekte in Honduras hergestellt worden sind. Die stilisierten Tierköpfe sind meist Dreiecke mit etwas abgesetzten Ohren und nur angedeutetem Mund. Bei den naturalistischen Tierköpfen fallen die häufig stark umrandeten Augen auf, die an mexikanische Regengottformen erinnern. Bucklige waren bei den Maya als Zauberer und Spaßmacher geachtet, und Schildkrötenpanzer sind in der klassischen Zeit ein Herrschaftssymbol gewesen. Die großen, halbkreisförmigen Kollieranhänger, oft mit Kreisen und Menschengesichtern verziert, sind dagegen fast einzigartig.

Die in der Klassik erreichte Kunstfertigkeit der Steinschleifer in Honduras zeigt sich auch in formschönen Marmorgefäßen, die sicher in den Gebieten El Cajón und Yojoa, nördlich des gleichnamigen Sees, hergestellt wurden. Viele dieser Objekte sollen im neuen Archäologischen Museum in Tegucigalpa (s. S. 305) ausgestellt werden, dessen Eröffnung für Ende 1999 geplant ist.

## Tegucigalpa

Die Stadt ›Silberberg‹, von ihren Bewohnern ›Tegus‹ genannt, hat zusammen mit ihrer Schwesterstadt Comayagüela, am anderen Ufer des Río Choluteca, lediglich 814 000 Einwohner und ist damit eine der kleinsten Hauptstädte Mittelamerikas. Sie ist auch die einzige Metropole, die nicht an der Panamericana liegt. Die drei Brücken, die beide Stadtteile so bequem miteinander verbinden, erwiesen sich 1998 beim Hurrikan Mitch als eine katastrophale Fehlkonstruktion, denn sie bildeten mit der Erde und den Bäumen, die von den Hängen am Oberlauf herabgespült wurden, einen künstlichen Damm, der einen Teil der Stadt in einen Stausee voller Trümmer und toter Tiere verwandelte, in dem auch sehr viele Einwohner starben.

Tegus war 1537 nichts anderes als ein Camp von Goldsuchern, die bei der Brücke Puente Soberanía nach Gold wuschen. Später hat man dann in den nahegelegenen Bergen Silber abgebaut. El Rosario bei San Juancito war die größte Silbermine des Landes. Im Jahr 1570 wurde Tegucigalpa daher zur Colonia Real de Minas erhoben – mit dem Auftrag, die Kassen des Königs von Spanien zu füllen, in denen immer Ebbe herrschte. Die Audiencia von Guatemala in Antigua erhob Tegucigalpa 1578 zur *alcaldía mayor* mit Bürgermeister und Richter. Stadtrechte bekam der Ort aber erst 1824. 1880 verlegte man den Regierungssitz des Landes hierher. Fehlende Verkehrsverbindungen waren wohl der Hauptgrund für die späte Entwicklung, was die Erhaltung schöner Bauten aus der Kolonialzeit und der frühen Epoche der Unabhängigkeit begünstigte.

*Honduras*

Im Schatten der Bäume des **Parque Central** steht die Statue von Francisco Morazán, des Nationalhelden, Generals und Gründers des Staatenbundes von Mittelamerika (s. S. 75).

Nachdem die alte Pfarrkirche 1746 abgebrannt war, erbauten lokale Handwerker im Verein mit Spezialisten aus Comayagua und Guatemala an gleicher Stelle nach Plänen von Gregorio Naciancino Quiroz zwischen 1756 und 1765 die neue Kirche, die dem Erzengel Michael geweiht wurde. Nach den Erdbeben von 1809 und 1899 ist die jetzige **Catedral de San Miguel** sehr gut restauriert worden, so dass die heutige Fassade dem ursprünglichen Entwurf gleicht. Die Front der Kathedrale wird durch die beiden Türme, den mittleren altarähnlichen Teil und die beiden Seitentore in fünf unterschiedlich hohe Segmente unterteilt. Die Form des Giebels über den mächtigen horizontal gegliederten Pfeilern (Almohadillado-Motiv) wird über den Seitenportalen wiederholt. Letztere sind wohl 1882 errichtet worden, als der Bischof von Comayagua nach Tegucigalpa umzog, denn nach einem Dekret des Papstes dürfen nur Kathedralen drei Fronteingänge haben.

Die Statuen in den Nischen stehen Spalier für den hl. Michael in der Mitte über dem oktogonalen Fenster und dem Hauptportal. Ungewöhnliches Detail der Seitenportale sind die Dienste in der

*Tegucigalpa*
1 *Parque Central*
2 *Catedral San Miguel*
3 *Palacio del Distrito Central*
4 *El Paraninfo*
5 *Palacio Legislativo*
6 *Palacio del Presidente (Museo Histórico)*
7 *Teatro M. Bonilla*
8 *Iglesia San Francisco*
9 *Iglesia Virgen de los Dolores*
10 *Museo Nacional*

Gestalt von Nixen, die die Pfeiler zu tragen scheinen. Auf dem großen Platz vor dieser Rokokofassade beginnen die prachtvollen religiösen Prozessionen, für die die Stadt berühmt ist.

Das Innere der einschiffigen Kirche überspannt ein großes Tonnengewölbe, ein weiterer Hinweis darauf, dass der Bau zunächst nur als Pfarrkirche diente. Zwei Seitenkapellen neben der Vierung der zentralen Kuppel ergänzen den Grundriss zum lateinischen Kreuz. Der Hauptaltar, ein wahres Schnitzwunder, füllt die ganze Rückwand der Kirche und wird durch die Seitenfenster beleuchtet. Die Statue der Jungfrau Maria in der Mitte schützt der Erzengel Michael in einer künstlichen Grotte darunter. Geholfen wird ihm dabei von den restlichen Erzengeln in den Seitennischen. Opulente Arabesken und blattartige Giebel über den Nischen zieren die Altarfläche, der zierliche, filigrane Säulchen vorgestellt sind, die keinerlei tragende Funktion haben. Die einzelnen Elemente entsprechen dem Rokokostil, doch die Dichte der Ornamente steht noch in der Tradition des Barock. Im Altar befindet sich auch das aus 20 Teilen zusammengesetzte Silbertabernakel in Form eines Granatapfels, wegen der vielen Samenkerne Symbol für die Verbreitung des Glaubens.

Im gleichen beeindruckenden Stil ist die vergoldete Holzkanzel geschnitzt. Der Pelikan ist das Symbol für christliche Nächstenliebe, und der zierliche Thronwagen auf dem Kanzeldach scheint das Triumphgefährt für Glaube und Wahrheit zu sein, das bei den Prozessionen mitgezogen wurde. Die Kanzel soll von Vicente Gálvez aus Antigua geschaffen worden sein, der auch der Schöpfer des Hauptaltars gewesen sein könnte. Von seiner Hand – oder zumindest aus der selben Zeit – stammt ein Seitenaltar in einer Nische mit maurischem Kielbogen. Hier sind die Voluten des Baldachins über dem oberen Bild so ausgeführt, dass sie dem geöffneten Jaguarrachen ähneln, der häufig als Krone von Mayaherrschern auf Stelen zu finden ist. Auch das monolithische Taufbecken, das wohl noch aus der ersten Kirche ist, sollte nicht unbeachtet bleiben. Im Kathedralmuseum werden Schmuck, Gemälde und Skulpturen aus der Kolonialzeit gezeigt.

Der blaue Palacio del Distrito Central, 1930 am Parque Central aus Holz und Marmor vom Río Chamelecón erbaut, will mit seinem historisierenden Stil und dem Tempelportal nicht so recht zur Kathedrale passen. Einen Block weiter südlich ist im ehemaligen Kloster der Mercedarier neben der Iglesia La Merced (17. Jh.) im 19. Jh. die Universität untergebracht worden. Heute zeigt man hier im Zentrum **El Paraninfo** mit wechselnden Ausstellungen die Kunst des Landes, zu der wohl auch die beiden Büsten von Pater José Trinidad Reyes, dem Gründer der Universität, und einem weiteren Nationalhelden, José Trinidad Cabañas, auf dem Platz davor gehören. Die Südseite der Plaza beherrschen die Betonpfeiler, auf denen der **Palacio Legislativo** (1952–55) steht. Zwischen ihnen stellte man Skulpturen im Stil des sozialistischen Realismus von Mario Zamora auf, um die wichtigsten Berufsgruppen des Landes zu ehren: Bauern, Handwerker und Bergleute.

# Honduras

*Die Kathedrale San Miguel in Tegucigalpa*

Im **Palacio del Presidente,** westlich der Calle Bolivar, ist heute das Museo Histórico untergebracht, das mit seinen Exponaten über die Zeit nach 1821 informiert. Der Bau vom Anfang des 20. Jh. ist in Anlehnung an französische Bauten im neoklassizistischen Stil errichtet worden. Gotische Spitzbogenfenster und Hängebögen über den Säulen des runden Eckturms zeigen diese Einflüsse besonders deutlich. Zinnen an der Dachkante und Pfefferbüchsen am Eckturm sind wie die turmbewehrte Flussseite Details der Festungsarchitektur – nicht unpassend, wenn man die militärische Herkunft der meisten Staatschefs des Landes bedenkt. Der Stuckschmuck des Turms setzt sich aus dem großen Landeswappen und einer Kette zusammen, die von fünf Löwen getragen wird. Die Tiere symbolisieren die fünf Länder des Mittelamerikanischen Staatenbundes.

Im klassizistischen Stil errichtete man Ende des 19. Jh. den alten **Nationalpalast** am Südende der 4a Calle, der heute Ministerien beherbergt. Zwei Blocks weiter westlich versuchten sich die Reichen des Landes 1905 mit dem **Teatro Manuel Bonilla** einen kulturellen Anstrich zu geben. Der spanische Architekt Cristóbal de Prats entwarf den Bau, und Zúñiga Figueroa aus Honduras malte ihn aus.

Drei Blocks östlich des Parque Central wurde schon im 16. Jh. der Grundstein für die älteste Kirche der Stadt, die **Iglesia San Francisco,** gelegt. Unter Bischof Antonio de Guadalupe López Portillo wurde sie völlig neu in größeren Ausmaßen und in einem pseudomaurischen Stil errichtet. Nur Zepedas Gemälde des Erzengels Michael aus dem

18. Jh. verdient wirklich Beachtung. Ende des 19. Jh. wurde die Kirche als Kaserne verwendet. Heute dient sie als Offiziersschule, wird jedoch momentan restauriert.

In ihrem Viertel Barrio Abajo (5a Avenida/6a Calle) begannen nach der Abwerfung des spanischen Jochs freigelassene Sklaven, Garífuna und Mulatten 1732 mit dem Bau ihrer Kirche **Virgen de los Dolores.** Ihre Fassade (s. Abb. S. 266) entspricht in den wesentlichen Zügen der der Kathedrale. Nur wurden hier keine Doppelpfeiler verwendet und zusätzlich achteckige Fenster in den beiden Türmen eingesetzt. Außerdem hat man die Fassade mit glasierten Keramikstatuen weiblicher Heiliger geschmückt. Vermutlich erhielt die Fassade der Kirche, die 1910 restauriert worden ist, erst um 1915 ihr heutiges Aussehen. Die Engelköpfe über den Turmfenstern und die Fruchtbündel darunter sind etwas Besonderes, während die Symbole der Passion, ein brennendes Herz, ein Nagel und gekreuzte Lanzen am Giebel, häufiger verwendet wurden. Die kachelgedeckten Zeltdächer der Türme unterscheiden sich ebenfalls vom Vorbild der Kathedrale, und das Ganze wirkt schon beinahe klassizistisch. Im Innern sind Reste von bunten Wandmalereien erhalten und Teile einer Holzdecke im pseudomaurischen Stil, wie er Ende des 18. Jh. in Honduras, z. B. in der kleinen Dorfkirche von San Manuel de Colohete (40 km südöstlich von Copán, s. S. 290) angewendet worden ist.

Im Stadtteil El Bosque liegt der **Parque La Concordia,** der mit phantasievollen Miniaturnachbildungen berühmter Mayamonumente bestückt worden ist, etwa der Kukulcán-Pyramide aus Chichén Itzá in Mexiko oder der Stele C aus Copán. Ganz in der Nähe findet man auch das **Museo Nacional,** das 1981 in der Villa Roy, der ehemaligen Residenz des Staatschefs Julio Lozano Díaz (erbaut 1946), untergebracht wurde. Das Gebäude ist italienischen Landvillen der Renaissance nachempfunden. Neben alten europäischen Möbeln werden Exponate zur kolonialzeitlichen und jüngeren Geschichte des Landes gezeigt. Auf dem Gelände ist auch das Instituto de Antropología y Arqueología de Honduras untergebracht. Das neue Museum für vorspanische Funde soll Ende des Jahres 1999 eröffnet werden.

Das **Monumento de la Paz,** auf einem Hügel im Süden der Stadt, erinnert an den blutigen Bürgerkrieg. Ein Kuriosum ist der **Parque de las Naciones Unidas,** auch El Picacho genannt, mit monumentalen Nachbildungen von Mayakunstwerken.

Etwa 7 km östlich der Hauptstadt liegt die neokoloniale **Basílica Suyapa,** der Hauptwallfahrtsort des Landes. Der Bau wurde in 25 Jahren mit Fenstern aus Mexiko und einem Altar aus Spanien fertiggestellt. Eine nur 8 cm große Marienstatuette gilt als Schutzpatronin des Landes und des Heeres und wird besonders in der ersten Februarwoche verehrt. Mit Besuchen in Valle de Ángeles und San Juancito kann man sich einen Einblick in Leben und Arbeit der Bergleute verschaffen, die hier bis zum 19. Jh. Gold- und Silbererze abgebaut haben.

*Palacio del Presidente, heute das Historische Museum von Honduras*

# El Salvador

# El Salvador heute

Im kleinsten Staat Mittelamerikas leben auf 21 041 km² rund 6 Mio. Menschen, davon ein Viertel in der Hauptstadt San Salvador und rund 45 % insgesamt in den Städten des Landes.

Die Bevölkerung setzt sich aus 89 % Mestizen, 10–15 % Indígenas und 1 % Weißen altspanischer Abstammung zusammen. Im Durchschnitt liegt die Lebenserwartung bei 64 Jahren, die Säuglingssterblichkeit bei 5,3 %, die Geburtenrate bei 3,3 % und die Sterberate bei 0,8 %. Die Amtssprache ist Spanisch, daneben werden aber auch noch Pipil, Choluteca und Lenca gesprochen. Die sehr hohe Analphabetenrate von 27 % ist zum Teil auf die Wirren des 12-jährigen Bürgerkriegs zurückzuführen, der 1992 endete. Fast 92 % der Bewohner sind katholischen Glaubens; Protestanten machen nur eine kleine Minderheit aus.

El Salvador ist eine Präsidialrepublik (Präsident Armando Calderón Sol), und seine Verfassung wurde zuletzt 1991 geändert. Der Präsident wird alle fünf Jahre gewählt und kann nicht wiedergewählt werden. Die 84 Mitglieder des Parlaments werden alle drei Jahre von allen Bürgern über 18 Jahren gewählt (Wahlpflicht). Das Land ist in 14 Departamentos eingeteilt und seit 1853 unabhängig, wurde jedoch im Lauf seiner Geschichte immer wieder von Guatemala und den USA militärisch beeinflusst.

Wirtschaftlich geht es in den letzten Jahren aufwärts, da die Regierung alles versucht, um ausländisches Kapital ins Land zu locken. Ein gutes Straßennetz und die Einbindung in den internationalen Flug- bzw. Schiffsverkehr sind weitere Vorteile. Mit verschiedenen Programmen versucht die Regierung, den Anteil an Facharbeitern in der Bevölkerung zu erhöhen, die zu über 40 % in der Landwirtschaft beschäftigt ist. Niedrige Lohnkosten – ein Basislohn von 0,50 US-Dollar pro Stunde – bilden ebenfalls einen Anreiz für Investitionen. Den Tourismus versucht man durch die Anlegung von Nationalparks und die Eröffnung neuer Hotels anzukurbeln. Importiert werden Maschinen, Transportmittel, Stahl, Eisen, Chemikalien, Weizen und Rohöl. Rund 40 % aller Güter kommen aus den USA, für die gleichzeitig gut 40 % aller Exporte bestimmt sind. Exportiert werden Kaffee (60 %), Baumwolle, Zucker, Gold und Gemüse (vor allem nach Guatemala).

**Besonders sehenswert:**

San Salvador
Joya de Cerén ☆
Santa Ana ☆
Metapán
Chalchuapa
Tazumal
Santa Leticia
Quelepa

# San Salvador

Die Hauptstadt San Salvador (›Heiliger Erlöser‹) schmiegt sich auf 700 m Höhe im Valle de las Hamacas, dem ›Tal der Hängematten‹, an den Fuß des Volcán de San Salvador (2000 m). An einer der Traumstraßen dieser Welt, der Panamericana, gelegen und mit guten

◁ *Kathedrale in San Salvador*

# El Salvador

San Salvador
1 Catedral Metropolitana
2 Plaza Barrios
3 Palacio Nacional
5 Teatro Nacional
4 Plaza Morazán

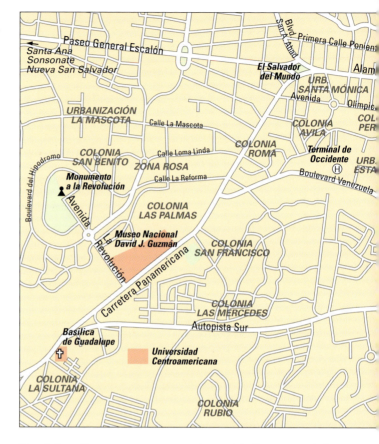

Hotels bzw. Restaurants gesegnet, eignet sich die Metropole hervorragend als Ausgangspunkt für Ausflüge in alle Teile des Landes.

Als eine Art Vorläufer San Salvadors kann man Cuscatlán ansehen, die 1054 gegründete Hauptstadt der Pipil im nahe gelegenen Zalcoatitlán-Tal, deren Bewohner die Spanier erst nach mehrmaligen Anläufen um 1528 besiegen konnten. Die erste spanische Siedlung San Salvador, die Gonzalo de Alvarado, ein Bruder Pedros, 1525 gegründet hatte, war innerhalb eines Jahres von den Pipil zerstört worden. Diego de Alvarado gründete im Auftrag seines Cousins Jorge de Alvarado San Salvador neu in der Region um die Iglesia el Rosario. 1546 erhielt diese Siedlung das Stadtrecht. Am 5. November 1811 ließ Pater José Maria Delgado seinen Ruf zur Unabhängigkeit hier mit Glockengeläut untermalen. Nach Jahren der Kämpfe und Unruhen wurde San Salvador 1835 zur Hauptstadt der Mittelamerikanischen Föderation erhoben, nach deren Auflösung kürte man sie zur Kapitale des neuen Landes El Salvador.

# San Salvador

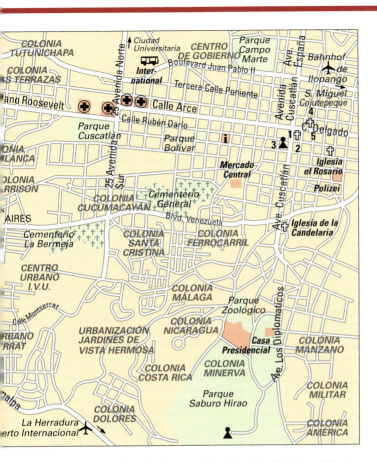

Der Vulkan San Salvador ebenso wie zahlreiche Erdbeben führten immer wieder zu Zerstörungen in San Salvador. So auch am 10. Oktober 1986, wo ein Erdbeben der Stärke 7,5 auf der Richter-Skala große Teile der Stadt dem Erdboden gleich machte. Im Jahr 1989 gelang es den Guerilleros für einige Tage, Teile der Metropole zu besetzen. Die gewaltsame Vertreibung durch das Militär kostete zahlreiche Menschenleben und war mit erheblichen Sachschäden an Gebäuden verbunden.

Fast ein Viertel der Landesbevölkerung lebt in dieser Millionenstadt (1,5 Mio. Einwohner) mit ihren noblen Vororten am Hang des Hausberges. Die meisten Hotels der gehobeneren Klasse liegen an der Westseite der Stadt, dicht bei der Zona Rosa mit ihren Restaurants, Clubs und Diskos und dem **Monumento a la Revolución.** Die Kopf und Arme gen Himmel streckende Monumentalfigur wurde 1956 vom Ehepaar Cevallos aus vielfarbigen Steinen in Mosaiktechnik errichtet und ist der Revolution von 1948 gewidmet. Für den

# El Salvador

Besuch der historischen Bauten in der Innenstadt, dem **Casco Viejo**, nimmt man am besten ein Taxi, denn die Gegend am Parque Libertad ist nicht gerade das sicherste Viertel der Metropole.

Die Fassade der **Catedral Metropolitana,** in der der während des Bürgerkriegs ermordete Kardinal Romero beigesetzt wurde, hat Fernando Llort mit einem 1998 fertiggestellten Landschaftsbild aus bunten Kacheln geschmückt. Auf dem Platz davor steht das Reiterstandbild von General Barrios, der sich 1858 an die Macht putschte, das Land 1860–63 als gewählter Präsident regierte und den Kaffeeanbau eingeführt haben soll. An der Westseite der Plaza ragt der mächtige, klassizistische Klotz des **Palacio Nacional** auf, vor dessen imposantem Säuleneingang die vom spanischen König Alonso XIII. 1924 gestifteten Statuen von Kolumbus und der spanischen Königin Isabella stehen. Das weitläufige Gebäude nimmt einen ganzen Block ein und weist einen schönen Innenhof auf. Der Bau, ein Entwurf des Architekten José Emilio Alicaine (1905), ersetzte den 1889 durch Feuer zerstörten Staatspalast von 1870, von dem, wie es scheint, noch Kacheln und Fenstergitter wiederverwendet worden sind.

Rechts hinter der Kathedrale steht in einem kleinen Park auf der **Plaza Morazán** das Monument von General Morazán, der 1839 die Föderation der Mittelamerikanischen Staaten gegen den aus Guatemala angreifenden Carrera verteidigte. Das Monument vom Anfang des 20. Jh., in bestem französischen Stil, besteht aus einem Marmorsockel mit Darstellungen griechischer Göttinnen und der Bronzestatue Morazáns. Die Südseite des Platzes wird von der in einem ›Pseudo-Renaissance-Stil‹ gestalteten Fassade des **Teatro Nacional** (1886) eingenommen, das ganz dringend einer Renovierung bedarf. Die Stuckarbeiten der in unterschiedlichen Stilen gehaltenen Räume sind recht interessant, die roten Plüschsessel, die zahllosen Logen und die Kristalleuchter aus Österreich dagegen eher amüsant.

Die neugotische **Iglesia el Rosario,** am Parque Libertad zwei Blocks östlich der Plaza Barrios, ersetzt die 1986 durch Erdbeben zerstörte ältere Kirche gleichen Namens und beherbergt das Grab des Freiheitskämpfers José Maria Delgado. Etwa 1 km südlich der Plaza Barrios ragen die hohen Ziegelmauern der **Iglesia de la Candelaria** auf. Außen weist lediglich die Fassade der 1816 geweihten Kirche barocken Bauschmuck auf, während im Inneren des dreischiffigen Gotteshauses sowohl die korinthischen Säulen als auch die geschnitzten Holzaltäre diesem Stil zuzuordnen sind.

Das **Museo Nacional David J. Guzmán** an der Avenida La Revolución westlich der Altstadt ist seit Frühjahr 1999 wegen Umbau geschlossen. Es ist benannt nach D. J. Guzmán (1845–1927), der seine große Sammlung präkolumbischer Funde stiftete und 1883 zum ersten Direktor des Museums ernannt wurde. Etwa 1,5 km weiter südlich errichtete man im Stadtteil Colonia La Sultana bis 1953 die neokoloniale Wallfahrtskirche **Basilica de Guadalupe** zu Ehren des berühmten Marienbildes in Mexiko City. Die hübsche, außen blendend weiße Kirche verfügt über reich geschnitzte Holztüren, eine wirklich beeindruckende Holzdecke und runde, rotierende Fenster mit Glasmalerei.

Das Nationalmonument des Landes, **El Salvador del Mundo,** steht auf dem Verkehrskreisel Plaza las Americas westlich der Altstadt. Anlässlich des Ersten Eucharistischen Kongresses in El Salvador im Jahr 1942 enthüllt, musste es bereits 1990 restauriert werden. Es wurde als Teil des Mausoleums für Präsident Manuel Enrique Aranjo (1911–13 im Amt) von seiner Familie gestiftet. Auf dem aufwendigen Sockel aus Carrara-Marmor ruht eine Weltkugel, auf der der Erlöser steht. Die Statue soll die Kopie einer Christusfigur sein, die der Franziskaner Silvestre García 1777 geschaffen hat.

Sehr attraktiv ist im Süden der Stadt (3 km entfernt) der **Parque Balboa,** in dem sich zwei bizarre Felsformationen erheben, die die **Puerta del Diablo** (›Tür des Teufels‹) bilden. Von der Spitze hat man einen herrlichen Blick auf den Ilopango-See und den Pazifik. Nur 4 km weiter steht in **Panchimalco** eine der schönsten Kolonialkirchen des Landes. Man hat sie zum Nationaldenkmal erklärt. Die breite und niedrige Fassade mit nur angedeuteten Türmen und seltsam steif wirkenden Säulen, zwischen denen acht Statuen plaziert sind, soll 1725 erbaut worden sein, erscheint aber fast klassizistisch streng und ist wohl später verändert worden. Wahre Prachtwerke sind die platerresken Holzschnitzereien an Kanzeln und Altären, die sehr viel niedriger sind und weniger Säulen aufweisen als zeitgleiche Altäre in Mexiko und Guatemala. In ihren breiten, flachen Formen erinnern die Schnitzereien an Silbertreibarbeiten (span.: *platería*). An hohen Feiertagen werden im Ort Volkstänze aufgeführt. Viele Bewohner sind Pancho, die zur Mayagruppe der Pipil gehören.

*Freunde monolithischer Skulpturen mögen einen Abstecher von Nueva San Salvador, dem alten Santa Tecla, zum Hafen La Libertad machen. In der Küstenebene sind viele Skulpturen-Fundorte links und rechts der Straße bekannt: Comasagua, La Redonda, Las Bartolinas, Ixcacuyo und Chiltiupán westlich dieser Straße und San José Villanueva östlich davon. Man braucht für den Besuch einen eigenen Wagen und Spanischkenntnisse, um nach den Fundplätzen fragen zu können, kann sich aber auch einer der angebotenen archäologischen Touren anschließen.*

## Von San Salvador Richtung Norden

Fährt man von San Salvador nach **La Palma,** einem Zentrum des Kunsthandwerks, das besonders durch seine naive Malerei bekannt geworden ist, kommt man durch zwei erwähnenswerte Orte. Kurz hinter Tonacatepeque mit seiner hübschen Kirche (18. Jh.) hat man bei La Caña monolithische Figuren entdeckt. Nordöstlich von Aguilares liegen die Ruinen von **Cihuatán** mit einem recht eindrucksvollen Ballspielplatz (um 700). Seine einstigen Bewohner mögen zur Gruppe der Maya gehört haben. Weiter gen Norden wird der größte Stausee des Landes, Embalse Cerrón Grande, überquert und Tejutla mit seiner Kolonialkirche passiert.

Man kann in La Palma übernachten, wo auch Gemälde des bekannten salvadorianischen Künstlers Alfredo Linares in der gleichnamigen Galerie verkauft werden. Interessant sind neben der von Fernando Llort ausgemalten Dorfkirche vor allem die mehr als 100 Werkstätten und Geschäfte, in denen Kunsthandwerk aus Holz, Leder und Ton hergestellt und verkauft wird.

# El Salvador

## Von San Salvador nach Westen

### Joya de Cerén

Gleich hinter Nueva San Salvador und den hübschen natürlichen Swimmingpools von Los Chorros (links der Straße) biegt die Panamericana nach Nordwesten ab. 20 km weiter erreicht man die rechte Abzweigung nach Tonacatepeque und Cerén.

1976 stieß man beim Ausheben von unterirdischen Getreidesilos in Joya de Cerén unter der 5 m starken Ascheschicht eines Vulkanausbruchs auf Reste von Häusern, die zunächst für zeitgenössisch gehalten wurden. Zwei Jahre später begann man mit einem Forschungsprogramm und Ausgrabungen im Zapotitán-Tal. Dabei

*Übersichtskarte von El Salvador*

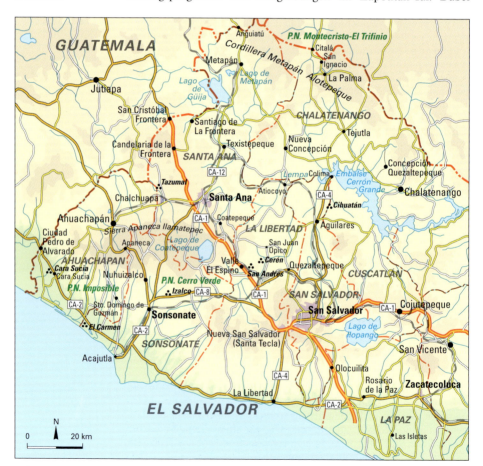

konnte eine Besiedlung von der präklassischen bis zur nachklassischen Zeit (200 v. Chr. bis 1400) nachgewiesen werden.

Schon bald zeigte sich auch, dass die Bauten von Joya de Cerén (›Juwel von Cerén‹) um 600 mit der Asche des Vulkans Laguna Caldera bedeckt worden sind. Den Ascheregen kündigten erkennbare Vorzeichen an, denn die Gebäude waren verlassen, und kein Bewohner ist in oder in der Nähe der Häuser getötet worden. Häuser und Felder des kleinen Dorfes geben einen guten Einblick in das tägliche Leben der nichtadligen Bevölkerung um die Mitte des Klassikums. Daher wurde der oft als Pompeji Amerikas bezeichnete Ort zum Weltkulturerbe erklärt.

Im kleinen **Museum** am Eingang sind einige interessante Funde ausgestellt. Dazu gehören auch die Reste von Maispflanzen und Gemüse, die man auf den Feldern bei den Häusern gefunden hat. Sehr eindrucksvoll sind die bemalten Keramikgefäße, von denen eines sogar Pseudoglyphen im Stil der Ulúa-Keramik (Honduras) über einem Liegenden aufweisen. Die Rekonstruktion eines Hauses hilft Besuchern, die Ruinen besser zu verstehen. Bisher sind mehrere Häuser in drei Gruppen freigelegt worden, die alle zu einem Dorf gehört haben und deren Bewohner eine Art Arbeitsteilung gepflegt haben, denn spezielle Werkzeuge sind nur in bestimmten Gebäuden gefunden worden. Die Form der Steinwerkzeuge entspricht der vergleichbarer Objekte aus Costa Rica und Nicaragua, während die Keramik Parallelen zu Waren aus Honduras und Guatemala zeigt. Der große Topf mit dem Gesicht eines Adligen in erhabenem Relief diente wohl als Räuchergefäß oder Stövchen. Er ist heute das Prunkexponat im kleinen Grabungsmuseum.

Die erste Häusergruppe ist weniger interessant, an den beiden anderen sind dagegen bemerkenswerte Details erhalten. Alle Häuser stehen auf festen, erhöhten Lehmplattformen. Die Wände sind ebenfalls aus Lehm geformt, aber nicht aus luftgetrockneten Ziegeln (Adobe), obwohl dieses Baumaterial bekannt war. Sie sind mit senkrechten Holzbalken verstärkt, die nur über die Dachkonstruktion horizontal verbunden sind. Vier runde Lehmsäulen, die separat hergestellt und angesetzt wurden, dienten ebenfalls der Stabilisierung der Bauten, trugen aber nicht das Dach. Sie mögen daher eine Art Symbol für die vier Weltenbäume, die für die vier Himmelsrichtungen stehen, gewesen sein. Eingebaute Wandbänke und -nischen sind in fast allen Häusern zu finden. Die Funktion der mit Erde, Wasser und Pflanzenresten gefüllten Tontöpfe, die in der Mitte der Haupträume vom Dach herabhingen, konnte bisher nicht geklärt werden. Vielleicht enthielten sie ein Mittel zur Verteibung von Ungeziefer oder Insekten.

Die dicken Mauern hielten die Räume relativ kühl. Um die Sonneneinstrahlung auf die Wände zu reduzieren, wurden sogar tief reliefierte Gittermuster eingearbeitet, die Schattenflächen erzeugten. Alle Häuser verfügten über eine Art überdachter Veranda vor dem Haus, auf der gearbeitet wurde. In einem Fall ist sie sogar breiter als das Haus selbst, wodurch der Grundriss die Form des Symbols Ik (›Seele‹, ›Wind‹) erhielt. Eine Sauna vor den Häusern, die wie ein Backofen aussieht und mit Holz und Stroh überdacht war, zeugt von der Reinlichkeit der Bewohner. In einer Nische hat man breite, mit Stuck überzogene Pflanzenfaserbänder gefunden, die zunächst als Codex gedeutet wurden, aber wohl nur bemalte, breite Stirnbänder gewesen sind, die zu einer Art Turban gewickelt wurden, wie sie die Herrscher von Copán auf vielen ihrer Stelen tragen.

Das Dorf mag zum Zeremonialzentrum von San Andrés (weiter westlich bei der Panamericana) gehört haben, wo sich unter künstlichen Hügeln Pyramiden, ein Juego de Pelota und Plattformen verstecken. Die Ruinen sind in spät- und nachklassischer Zeit aus vulkanischen Blöcken errichtet worden. Sie wirken nicht zuletzt durch die aufzementierten Schutzschichten wenig beeindruckend, werden aber gerne von Einheimischen als Picknickplatz genutzt.

## Santa Ana

Die 300 000 Einwohner zählende Stadt ist Verwaltungssitz des gleichnamigen Departamento. Von den Indígenas wird sie Cihuatehuacán (›Platz der heiligen Frau‹) genannt. Sie weist keine kolonialzeitlichen Bauten auf; doch rund um die Plaza Central findet man einige recht kuriose Gebäude aus den ersten Jahrzehnten des 20. Jh.

Alles überragt die **Kathedrale** (1905–36) mit einer seltsamen Mischung verschiedener Stilelemente. Dominierend ist der neugotische Stil mit spitzbogigen Doppelfenstern und Türen, doch dazwischen ist Rustika-Mauerwerk nachgeahmt worden, das dem Renaissancestil zugerechnet werden kann. Die Schmuckpaneele an der Basis, mit Dreipassbögen und ovalen Rosetten wirken ebenso barock wie die Girlanden am Architrav. An den Seiten imitierte man außerdem europäische Backsteingotik, wie sie in Polen, Pommern und Mecklenburg zu finden ist. So prachtvoll der Bau auch von außen erscheinen mag: trotz einiger kolonialzeitlicher Statuen und Gemälde wirkt er innen karg. Doch anlässlich des Namenstags der hl. Anna verwandelt sich das Kirchenschiff zwischen dem 22. und dem 26. Juni in ein Meer buntgekleideter Gestalten.

Wie die Kirche entspringt auch das **Nationaltheater,** schräg gegenüber der Kathedrale, dem Geltungstrieb reicher Kaffeebarone. Der historisierende Stil mit den Arkaden und Balkonen an der Front ist eine Mischung aus Barock- und Renaissanceelementen. Statuen und Gefäße zieren Giebel und Simse des 1910 mit einer Aufführung von Verdis *Rigoletto* eröffneten Theaters, das als Anwort auf das 1881 eröffnete Theater in der Hauptstadt gewertet werden kann. Als Letzteres 1910 abbrannte, zogen dessen Mitarbeiter nach Santa Ana um und sorgten bis zur Wirtschaftskrise in den dreißiger Jahren für ein gehobenes Kulturprogramm, das dann bis 1978 durch Filmvorführungen ersetzt wurde.

Ebenfalls im historisierenden Stil ist das **Rathaus** im Westen der Plaza errichtet worden, und vom Anfang des 20. Jh. stammt auch das neokoloniale Gebäude an der Nordwestecke. Der postkoloniale Charakter der Innenstadt ist bisher nur an wenigen Stellen durch moderne Betonbauten gestört worden.

## Metapán

Wenn man auf der CA-12 von Santa Ana nach Norden fährt, gelangt man dicht an der Grenze zu Guatemala, am Cerro Miramundo (›Weltenblick‹), zum herrlichen **Parque Nacional Bosque Nebuloso Montecristo.**

In **Metapán** (Náhuat, ›Fluss der Maguey-Agave‹) haben seit dem 13. Jh. Chortí-Maya gelebt, die bei Ankunft der Spanier schon größtenteils von den Pipil verdrängt worden waren. Elemente ihrer Sprache sind aber noch im lokalen Dialekt zu erkennen. Der Ort, dessen Einwohner bereits 1811, beim ersten Aufruf zur Unabhängigkeit, alle spanischen Beamten vertrieb, verfügt über zwei sehr ansehnliche Kolonialkirchen. Die Iglesia del Cavallo (›Kirche des Pferdes‹, 18. Jh.) etwas außerhalb des Ortes verblasst neben der Pfarrkirche Parroquia San Pedro (1736–43, seit 1953 Nationalmonument) mit ihrer für El Salvador erstaunlich hohen Fassade und den Glockendurchbrüchen im Giebel. Bei späteren Restaurierungen hat man einen Teil des Stuckschmucks im klassizistischen Stil verändert, und auch die Statuen in den Nischen fehlen heute. Doch der Altar trägt immer noch einen Teil seines barocken Silberschmucks. In den Katakomben unter der Kirche haben sich die Bewohner bei Angriffen während des Bürgerkrieges versteckt.

*»Mein Land ist klein, so unendlich klein, dass ich nicht weiß, wo all seine Toten untergebracht werden können.« (Zitat eines Einheimischen)*

## Chalchuapa und Umgebung

Nur 15 km westlich von Santa Ana steht in der Kleinstadt Chalchuapa, wo 1885 die Armee El Salvadors den von Guatemala eindringenden Justo Rufino Barrios besiegt und getötet hat, eine recht interessante Kolonialkirche, die sogar mit dem großen guatemaltekischen Architekten Diego de Porres (1677–1741) in Verbindung gebracht wird. Er soll mit Architekturbüchern von Sebastiano Serlio als Vorlage gearbeitet haben, der während der Renaissance (Mitte des 16. Jh.) in Italien und Frankreich gelebt und publiziert hat.

Die Errichtung der Kirche wurde sicher 1723 begonnen, doch gerade die Fassade ist später (um 1870) sehr vereinfacht worden, so dass sie heute klassizistische Züge aufweist. Ionische und dorische Halbsäulen gliedern die Front in der Vertikalen und durchgehende, unverzierte Gesimse in der Horizontalen. Der Vorgängerbau dieser Kirche war schon 1563 dem Apostel Jakob (Santiago) geweiht worden, dessen Statue heute in einer Nische über dem Portal steht.

# El Salvador

*Gefäß aus El Salvador, bemalt im Stil der Mixteken-Kultur (bei Oaxaca, Mexiko, ca. 13. bis 15. Jh.). Dargestellt ist ein Fürst unter einem Band mit Pfeilmuster, das einen Kriegszug andeutet.*

Unterhalb der Glockenöffnungen der Espadaña stellte man außerdem noch eine Marienstatue auf. Reste des ursprünglich sehr viel reicheren Fassadenschmucks kann man an den Pfeilersockeln, an der Umrandung des Hauptportals und an einigen Details an den anderen Kirchenseiten erkennen. Sehr beeindruckend ist die Reiterstatue Santiagos, des Maurentöters und Schutzheiligen Spaniens, auf der zentralen Kuppel. Der Fries aus heimischen Früchten und die Stuckengel an der Rückseite sind ungewöhnliche Details, wie sie vor allem auch für Guatemala (Ciudad de Guatemala und Almolonga) belegt sind. Die Erzengel halten Kriegsstandarten und tragen Federdiademe, indianische Kronen, die an die päpstliche Tiara erinnern. Der Uhrenturm aus Holz und Stuck, hinter der Fassade auf dem Kirchendach, wurde 1874 hinzugefügt.

Im Innern fußen die Pfeiler auf monolithischen Basen, was sehr ungewöhnlich ist. An den vergoldeten und geschnitzten Zedernholzaltären fallen die außergewöhnlichen Kanneluren und Schnitzereien der salomonischen Säulen auf, die Bilderrahmen, deren geometrische Ornamente an Einlegearbeiten erinnern und die doppelköpfigen Habsburgeradler an der Spitze. Da die Altäre schon französische Einflüsse zeigen, sich aber noch auf die Habsburger beziehen, dürften sie in der Zeit um 1710, also während des Spanischen Erbfolgekriegs, entstanden sein oder kurz danach.

Von den Statuen sind vor allem der hl. Isidor mit Schaufel und Schultertasche, die Virgen de los Dolores mit einer blutenden Brustwunde und der Gründer des Dominikanerordens Santo Domingo de Guzmán zu erwähnen. Alle wichtigen Elemente der lokalen Sakralkunst aus der späten Kolonialzeit und der folgenden Freiheitsepoche sind in dieser Kirche zu finden. Dazu gehört auch das Ölgemälde des Jüngsten Gerichts, dessen obere Figuren am Faltenwurf der Gewänder gotische Steifheit zeigen und beim Erzengel darunter barocke Bewegtheit.

Rings um die Kleinstadt Chalchuapa sind in den letzten 70 Jahren vier archäologische Fundstätten untersucht worden – Tazumal, Casa Blanca, Pampe und El Trapiche –, die wohl die zu unterschiedlichen Zeiten benutzten ›Stadtteile‹ ein und desselben Ortes sind, der von 500 v. Chr. bis etwa 1200 bewohnt war. El Trapiche liegt ganz im Norden und Tazumal im Süden des Ruinengebietes. Insgesamt hat man auf einer Fläche von 3 km$^2$ 58 große und 87 kleine Hügel gezählt, die meist um große Plätze herum angelegt worden sind. Die großen Hügel können als Tempel oder Thronhallen und die kleinen als Plattformen für Privathäuser gedeutet werden.

Der älteste Stadtteil dürfte **El Trapiche** gewesen sein. Seine fast 22 m hohe, konische Pyramide ähnelt sehr stark einem olmekischen Bau in La Venta an der Golfküste von Mexiko. Dieses mittelklassische Bauwerk (500 v. Chr.) kann durchaus als künstlicher Berg interpretiert werden, auf dessen Spitze man den Göttern des Himmels opferte, so wie man vorher in Naturheiligtümern auf Bergspitzen den Göttern seine Ehrerbietung erwiesen hat.

Aus derselben Zeit stammen auch kleine, handgeformte, weibliche Tonfigürchen mit schlitzförmigen Augen und stark betonten Hüften, die als Grabbeigaben verwendet wurden und zeigen, dass die Ahnen bei der Zeugung von Nachkommen helfen sollten, ein Glaube, der auch im Vorderen Orient um 1500 v. Chr. nachzuweisen ist. Die Keramik aus El Trapiche kann mit Gefäßen aus Kaminaljuyú verglichen werden, und die Usulután-Keramik, die an den cremefarbenen Wellenlinien auf orangefarbenem Untergrund zu erkennen ist, wurde auch im Petén gefunden (bis 200).

Pyramide E3-1, die erste des Ortes, ist um 100 überbaut worden. Aus dieser Zeit stammt wohl auch **Monument 1,** das an ihrer Basis gefunden wurde. Dieses feine Relief zeigt einen hockenden Fürsten, der in seiner ausgestreckten Linken einen federgeschmückten Jaguarkopf hält. Er wird als Trophäenkopf eines besiegten Feindes interpretiert. Ein Vergleich mit klassischen Mayastelen, etwa aus Yaxchilán, lässt aber eher darauf schließen, dass es sich um das Symbol für die Geburt eines Erbfolgers handelt. Auch die Krone des Mannes entspricht mit dem Menschengesicht im geöffneten Tierrachen den üblichen Kopfbedeckungen der Mayafürsten.

Acht lange Glyphenreihen scheinen die historischen Informationen zu dem Relief geliefert zu haben. Leider sind sie wegen starker Erosionsschäden größtenteils unlesbar. Man kann aber noch in der zweiten Reihe unten eine Distanz von 10/15 Uinal, also Monaten, im Mayastil erkennen. Solch ein Fürst war mit Begleitung in einem Grab unter der Hauptpyramide beigesetzt worden. Junge, geopferte Männer sollten die Stellung des Toten auch in der Unterwelt sicherstellen.

Man scheint damals schon Papier aus Rinde oder Agaven hergestellt zu haben; denn es wurden auch geriffelte Hämmer gefunden, mit denen solche Materialien bearbeitet wurden. Um 250 ist die ganze Anlage beim Ausbruch des Vulkans Ilopango von einer Ascheschicht überdeckt worden. Viele der kleinen Funde und auch der Steinmonumente werden im Museum von Tazumal und im Museo Nacional in der Hauptstadt zu sehen sein, wenn sie wieder geöffnet sind.

Die Bewohner dieser älteren Anlagen mögen durchaus Chortí gewesen sein, die nach der Katastrophe nach Copán gezogen sind und dort die neue Dynastie begründeten. Sicher sind einige Überlebende auch am Ort geblieben und begannen an anderer Stelle mit dem Neuaufbau eines bescheideneren Ortes, vielleicht in Casa Blanca oder Pampe. In der spätklassischen Zeit scheint man südlich der alten Siedlung neue Gebäude errichtet zu haben. Um 950 dürften wohl Fremdvölker aus dem Norden eingewandert sein, die Vorfahren der heutigen Pipil oder gar Otomán, die später weiter westlich siedelten und als Choluteca-Sprecher am Golf von Fonseca nachweisbar sind.

*Die Estela Tazumal*

Ein skulptierter Felsblock 2 km östlich von Chalchuapa, **Las Victorias** (500 v. Chr.) genannt, zeigt vier Personen, die mit Hilfe von hartem Holz oder Stein aus der natürlichen Oberfläche des Findlings geschliffen worden sind. Zwei Männer scheinen Keulen in der rechten Armbeuge zu tragen, und ein dritter klemmt sich eine Trommel unter den Arm. Der einzige Sitzende wird ein Fürst gewesen sein, der in der linken Armbeuge ein Symbol trägt, das der Tagesglyphe Kan der späteren Mayakultur entspricht und neben ›kostbar‹ und ›gelb‹ auch ›Sohn‹ *(kanil)* bedeuten kann. Der Mann trägt den typischen Olmekenhelm mit Nackenschutz, seine Mundwinkel sind heruntergezogen, um die Abstammung vom Jaguar oder von einem Adligen/Großen anzudeuten (Monument 12, heute in Tazumal hinter dem Eingang).

## Tazumal

Bis zur Entdeckung Ceréns war Tazumal im südlichen Teil des Ruinengeländes die archäologische Hauptattraktion des Landes. Pokomam lebten hier noch bei der Ankunft der Spanier. Das Kultzentrum des Ortes wird durch die 24 m hohe **Hauptpyramide** markiert, die

*Tazumal*

*Die Pyramide von Tazumal, deren letzte Bauphase in die Mitte des 10. Jh. fiel.*

der Ruinenstätte ihren Namen gegeben hat, denn in Quiché oder Pokomam bedeutet Tazumal ›Brandopferpyramide‹. Die Pyramide ist in 14 Phasen überbaut worden. Um 100 fand die erste Überbauung statt, die letzte Bauphase war um 950, als wohl auch die typisch toltekischen Elemente in Form von steinernen menschlichen Standartenträgern und dem Chac Mool, dem liegenden Boten, der in seiner Schale auf der Brust den Göttern ihre Opfer brachte, hinzugefügt wurden. Auf diese Einwanderer ist auch die große Halle vor der Pyramide zurückzuführen, deren acht Pfeiler mit figürlichen Reliefs verziert waren. Ein Ballspielplatz, der heute im Friedhof des modernen Ortes liegt, gehörte ebenfalls zu dieser Anlage.

Der Einfluss von Tolteken und Handelsbeziehungen mit allen Teilen Mittelamerikas zeigt sich auch in vielen Kleinfunden, die in den Museen präsentiert werden. So fand man hier tönerne Räuchergefäße mit drei zentralen Zapfen für die Ablage des Kopalharzes über der glühenden Holzkohle. Solche Braseros sind auch in Chiapa de Corzo (Mexiko) gefunden worden, wo sie auf ca. 50 n. Chr. datiert werden konnten. An der Westseite des Tempels stand eine Stele, die als Estela Tazumal berühmt wurde und heute im Nationalmuseum verwahrt wird (s. Abb links). Sie wird auch mit den Pipil in Verbindung gebracht und zeigt in etwas primitiver Form einen Mayafürsten mit Speer in der Rechten und Regengottmaske als Krone auf dem Haupt.

Die Pipil sprechen Náhuat und nicht Maya. Sie hatten die Herrschaft ihres Stammes, ähnlich wie die Quiché, unter vier Fürsten auf-

# El Salvador

geteilt, und sie war erblich. Im Lauf der 400 Jahre vor Ankunft der Spanier und besonders während der letzten 50 Jahre, als die Azteken Handelszüge bis in diese Region unternahmen, scheinen sich die Gebräuche der Stämme vermischt zu haben, so dass es heute sehr schwierig ist, die ursprünglichen Züge zu erkennen.

Ungewöhnlichster Fund war ein Kupferobjekt in klassischem Kontext, da Metall erst ab 800 im nördlichen Mittelamerika verarbeitet worden ist. Es könnte daher wohl aus Kolumbien stammen, wo Metallobjekte schon viel früher hergestellt wurden. Man hat in Casa Blanca auch das runde Relief eines Jaguarkopfes gefunden, das zeitlich 100–200 anzusetzen sein sollte. Ganz ungewöhnlich und sehr typisch für El Salvador sind Figurenflöten, deren Klangkörper aus drei kugeligen Hohlräumen bestehen und in ihren schönsten Ausführungen aus spätklassischer Zeit stammen dürften.

## Santa Leticia

Nur 15 Autominuten von Apaneca (Náhuat, ›Fluss des Windes‹) entfernt befinden sich auf der Finca von Herrn Valdivieso die Ruinen von Santa Leticia (Voranmeldung unter Tel. 50 32 24).

Die drei mächtigen, skulptierten Findlinge, die 7–8 t wiegen, standen auf Erdplattformen und gehörten zu einer um 500 v. Chr. bewohnten Siedlung mit Häusern aus vergänglichem Material. Der antike Ort liegt im Windschatten von Bergen, deren höchster Gipfel 1816 m aufragt (Chichicastepec). Die so genannten *pot-bellies* oder Fasskörperfiguren stellen wohl Fürsten dar und entsprechen im Stil den Statuen von La Democracia in Guatemala.

**Apaneca**, eine Gründung des spanischen Eroberers Alvarado, strahlt mit seinen einstöckigen Häusern und den engen, mit Feldsteinen gepflasterten Straßen koloniales Flair und ländliche Ruhe aus. Ganz in der Nähe befindet sich der **Parque Nacional El Imposible**, den man nur über Ahuachapán anfahren kann.

## Sonsonate

Nach den klassizistischen Bauten im Zentrum zu urteilen, erlebte Sonsonate seine große Blüte Anfang des 20. Jh., als der Export von Kaffee zu einer wahren Geldschwemme führte. Zum Dank dafür ließen reiche Bürger, deren etwas verwohnte Häuser von vergangenem Glanz zeugen, die Hauptkirche mit ihrer Fassade im Stil eines griechischen Tempels an der Plaza Central errichten.

Die Kolonialkirche im westlichen Vorort El Pilar und die Kirche Santa María de Dolores im benachbarten Izalco, 7 km nordöstlich, bezeugen, dass die Region sich auch während der Kolonialzeit eines gewissen Wohlstandes erfreute.

*Santa Leticia, Sonsonate, Cara Sucia*

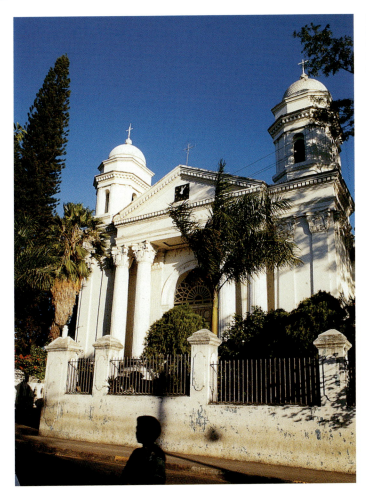

*Die Kirche in Sonsonate erinnert an den griechischen Neoklassizismus des 19. Jh.*

## Cara Sucia

Ca. 45 km südwestlich von Ahuachapán, einem Zentrum des Kaffeeanbaus, liegt in der Küstenebene am Pazifik der Fundort Cara Sucia beim gleichnamigen Flüsschen. Die Ruinen gehören zur Kooperative gleichen Namens südlich der Straße. Der Pförtner am Tor weist den Besucher zur antiken Anlage.

Cara Sucia (›Schmutziges Gesicht‹) scheint eine treffende Bezeichnung zu sein für einen Ort, in dessen Nähe monolithische Köpfe und Figuren gefunden worden sind, deren Züge nicht ganz leicht zu erklären sind. Seit 1982 wird in Cara Sucia gegraben – bisher hat man 24 Hügel ausgemacht, unter deren Oberfläche sich antike Bauten ver-

*El Salvador*

bergen. Die Ruinen selbst sind nur für Archäologen interessant, denn sie sind aus Erde und unbearbeitetem Steingeröll errichtet und nur sehr fragmentarisch ausgegraben.

Die Stadtanlage dürfte zwischen 500 v. Chr. und 200 n. Chr. erbaut und benutzt worden sein. Zwei längliche Doppelhügel werden als **Juego de Pelota** identifiziert. Der in den Ruinen gefundene so genannte Sonnenstein, eine runde Steinplatte mit dem Relief eines Jaguarkopfes, wird nach der Renovierung im Museo Nacional zu besichtigen sein. Da man schon früher auch andere Jaguarköpfe in der Nähe (Guayapa Arriba) entdeckt hatte, sind die Ruinen bereits im Jahr 1976 zum Monumento Nacional erklärt worden.

Steinplatten mit Reliefs von mehr oder weniger stark stilisierten Jaguarköpfen in Frontalansicht sind an vielen Stellen im Departamento Ahuachapán gefunden worden. Für Archäologen stellen sie eine bis heute nicht geknackte Nuss dar. Man glaubt, drei Stilphasen zwischen den Extremen der realistischen und stilisierten Darstellung unterscheiden zu können. Doch welcher Stil der früheste ist, bleibt offen, und auch die absolute Datierung ist mehr als unsicher. Beim naturalistischen Stil sind die Reißzähne, Augen und Ohren deutlich zu erkennen. Nur die heraushängende Zunge, die ›Ich habe gefressen‹ bedeutet, ist nicht realistisch abgebildet. Typisch für den stilisierten Typ sind große Voluten über den Augen und geometrische Ornamente auf dem Nasenrücken. Die Köpfe könnten wegen ihrer Zungen Symbole für ein vollzogenes Blutopfer an die Götter sein.

Im Departamento Ahuachapán hat man auch so genannte Findlingsköpfe entdeckt, runde, als Menschenköpfe geformte Monolithen, die in vorklassischer Zeit (vor 200) auch in Guatemala üblich waren. Steinerne Piedestalfiguren, Tiere auf langen eckigen Schäften, bilden eine weitere Fundgruppe, die in Nicaragua, Honduras, El Salvador und Guatemala belegt und bisher nicht sicher zu datieren ist. Wahrscheinlich wurden sie vor Tempeln oder fürstlichen Residenzen in die Erde gepflanzt, wobei das Tier das Zeichen für den Namen der Person oder des Gottes sein mag, auf den sie sich beziehen.

*Jaguarkopf aus Cara Sucia*

## Im Osten des Landes

Von der Panamericana zweigt auf der Strecke San Salvador–San Miguel bei San Vicente eine Nebenstraße nach Süden ab, an der bei Km 10 die große Ruinenanlage von **Tehuacán** liegt, die bisher noch nicht untersucht wurde. Erst künftige Arbeiten werden zeigen, welche Tempel, Paläste oder Ballspielplätze unter den zahlreichen künstlichen Hügeln liegen. In **San Vicente** selbst ist die hübsche Kolonialkirche El Pilar (1763–69) erwähnenswert (s. vordere Umschlagklappe E–G 1/2).

Weiter gen Osten zweigt 5 km vor San Miguel eine Straße nach

Norden und **Quelepa** ab. Bei Grabungen in den Jahren 1967–69 sind hier, am Südfuß einer Hügelkette am Ufer des Río Esteban, Reste einer Siedlung gefunden worden, die von etwa 400 v. Chr. bis 1000 bewohnt war. Im östlichen Teil der Ruinen hat man die zwei pyramidenähnlichen Plattformen 3 und 4 mit Rampen freigelegt, die wohl als Basen von Tempeln zwischen 300 und 500 angelegt wurden. Tempel 4 scheint um 500 nach einem Brand aufgegeben worden zu sein.

Im sehr viel dichter bebauten westlichen Teil des Geländes, wo ein großer Platz mit umgebenden Bauten zu erkennen ist, hat man zwei Plattformen mit Treppen (Gebäude 23 und 28) ausgegraben, die auf ca. 700 datiert werden. Die einzige mehrstufige Pyramide, **Gebäude 29**, scheint um 900 über einem älteren Vorgängerbau errichtet worden zu sein. Hier hat man in einem Gründungsdepot als Opfergaben mehrere steinerne Yugos und Hachas gefunden. Diese steinernen Nachbildungen der Gürtel und Knieschützer von Ballspielern sind in zwei Fällen als Affenkopf, bei den Maya ein Symbol für Herrschaft *(mek')*, und als Schlange *(kan)*, die auch das Symbol für ›hoch‹ sein kann, gestaltet. Auch eine Palma, die steinerne Nachbildung eines Armschützers, mit dem Bild eines Reihers ist unter dem Gebäude gefunden worden. Die am Ort ausgegrabene Keramik zeigt bis etwa 500 große Ähnlichkeit mit zeitgleichen Gefäßen aus Guatemala und Honduras, danach jedoch eine engere stilistische Verbindung nach Nicaragua.

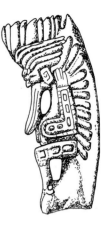

*Palma aus Quelepa, die steinerne Nachbildung eines Armschützers für das Ballspiel*

Ein besonderes Fundstück ist ein monolithischer Altar oder Behälter, der an der Seitenwand ein Linearrelief trägt. Der en face dargestellte Jaguarkopf in einer Sonnenscheibe wird rechts und links von Symbolen flankiert, die der Mayaglyphe *k'uil* (›Göttlichkeit‹) ähneln. Der Stein wird vom Ausgräber, wohl sechs Jahrhunderte zu früh, auf ca. 500 v. Chr., datiert.

Das nahe **San Miguel** eignet sich hervorragend als Ausgangspunkt für Touren an die verschiedenen Strände des Pazifik, zu den Fischerdörfern, in die Mangrovenwälder der Bahía de Jiquilisco oder zur Weiterfahrt nach Nicaragua und Honduras.

Fährt man von San Miguel in Richtung Tegucigalpa nach Nordosten, empfiehlt sich ein kurzer Abstecher zur barocken Kolonialkirche (1700) von **Jocoro**. Die Fassade der kleinen Hallenkirche ist noch nicht glattsaniert worden und trägt in der oberen Ordnung neben einer Statue Stuckreliefs von Vasen mit stilisierten Blütenzweigen.

Wenn man nördlich nach San Francisco Gotera und von dort Richtung Nordosten fährt, gelangt man bei **Corinto** zu den Höhlen Cueva del Toro, Cueva del Duende und Cueva del Espíritu Santo, in denen Reste von Lagern früher Jäger und Sammler gefunden wurden (um 5000 v. Chr.), die sich an den Wänden mit Malereien, wohl für den Jagdzauber, verewigt haben.

Weiter nördlich von San Francisco Gotera kann man in **Perquín** das Museo de la Revolución Salvadoreña besuchen, das sich mit dem 12-jährigen Bürgerkrieg befasst.

# Glossar der Fachbegriffe

**Adobe** luftgetrockneter Lehmziegel
**Adoratorio** kleine, niedrige Plattform für Opfer- und Tanzzeremonien
**Akropolis** Stadtburg; Elite- und religiöses Zentrum mittelamerikanischer Ruinenstädte
**Alfarda** schräge, meist verzierte Randfläche rechts und links von Treppen
**Al Fresko** Auftrag der Farbe auf feuchten Putz; die so gemalten Wandbilder sind sehr haltbar
**Almohadillo** horizontale, kissenähnliche Gliederung von Pfeilern und Säulen
**Apsis** Altarnische
**Atlanten** als Menschen gestaltete Säulen oder Pfeiler, die Türstürze oder Dachbalken tragen
**Ataurique** Rokoko-Stil in Mittelamerika
**Atrium** Vorplatz
**Basilika** mehrschiffiges Gebäude mit erhöhtem Mittelschiff
**Bänderzepter** mit Bändern verzierte Lanze oder Stab der Mayafürsten der klassischen Zeit
**Brasero** Räuchergefäß
**Caracol** Strombus giga, Meeresschnecke mit großem Gehäuse; in der Amerikanistik Begriff für ein Bauglied in Form des Muschelhauses, (Äußeres oder auch im Schnitt)
**Cella** Hauptraum im Tempel
**Chac Mool** liegende menschliche Figur, meist aus Stein, mit Opferschale auf der Brust; sie symbolisiert den Boten, der das Opfer zu den Göttern trägt
**Chultun** Mayabegriff für eine flaschenförmige künstliche Aushöhlung im Erdboden, die als Magazin oder Wasserreservoir genutzt wird
**Codex (Pl. Codices)** vorspanische Handschrift aus Mittelamerika
**Cofradía** religiöse Laienbruderschaft
**Conquista** Eroberung
**Conquistador** Eroberer
**Copador-Keramik** Tonware mit einer speziellen Verzierung, aus Copán
**Creole (Kreole)** von romanischen Einwanderern und Indígenas abstammender Mittelamerikaner
**Crestería** span. Kamm, Dachkamm auf einem Mayagebäude, der es wie eine Scheinfassade höher erscheinen lässt und häufig mit Skulpturen- und Stuck-Schmuck verziert war
**Dorisches Kapitell** oberer Abschluss von Säulen oder Pfeilern, der durch einen schlichten Ringwulst gebildet wird
**Encomienda** span. Komturei, im spanischen Kolonialreich das Recht, in einem bestimmten Gebiet von der Bevölkerung Tribut und auch Fronarbeiten einzufordern
**Encomendero** Besitzer einer Encomienda
**Espadaña** stufenförmige Giebelwand mit Durchbrüchen zur Aufhängung von Glocken
**Fasskörperfigur/Fasskörpermonolith** menschliche Figuren mit dicken Bäuchen, die in rundliche Felsen gearbeitet sind, ohne dass die natürliche Felsform sehr verändert wurde

## Glossar A–P

**Gachupines** spanische Verwaltungsbeamte oder Offizielle in Mexiko

**Glyphe** bildhaftes Schriftzeichen, hier für die Mayaschrift verwendet

**Hacha** span. Axt; Nachbildung eines Knieschutzes für den Ballspieler

**Hacienda** Plantage

**Haciendero** Plantagenbesitzer

**Hämatit** Eisenoxyd-Mineral

**Hallenkirche** ein- oder mehrschiffige Kirche mit überall gleichhohem Dachstuhl

**Infix** variables Detail in Glyphen, durch das der Lautwert des Grundzeichens (etwa Menschenkopf ›pol‹) verändert wird

**Ionisches Kapitell** oberer Abschluss von Säulen oder Pfeilern, mit Doppelvolute als Schmuck

**Jadeit** Mineral Sodium-Aluminium-Silikat, Farbe meist grün (schwarz auch möglich) mit weißen oder grauen Strcifen

**Juego de Pelota** spanische Bezeichnug für Ballspielplatz

**Kahal (Pl. Kahalob)** klassische Bezeichnung für Dorfvorsteher niedrigen Adels

**Kartusche** hier verwendet für quadratische oder rechteckige Blöcke, in die Mayaglyphen zusammengefasst wurden

**Karyatide** weibliche Trägerfigur (Atlante)

**Kielbogen** Bogen in Form eines Bootsprofils

**Korinthisches Kapitell** oberer Abschluss von Säulen oder Pfeilern in Form von Akanthus-Blättern (einer Distelart)

**Langzeitdatierung** Zeitangabe bei den Maya ab 3114 v. Chr. bis zum angegebenen Datum

**Lintel** Tür- oder Fenstersturz

**Manikin** (Zepter) Götterfigur mit einem Fuß als Schlange ausgeführt, entspricht wahrscheinlich dem Gott K oder Bolon Tzakab, der für die menschliche Nachkommenschaft zuständig war

**Mayabaum** Ceiba

**Mehrpassbogen** Bogen, der sich aus mehreren Kreisausschnitten zusammensetzt

**Mestizo** Mischling von Weißen und Indígenas

**Metate** Reibplatte zum Malen von Getreide

**Morro** breites Band aus Pflanzenfasern, das mit Stuck überzogen und bemalt ist und wohl zum Wickeln eines Kopfputzes diente

**Mudéjar** Bezeichnung für arabisch inspirierte Motive, Ornamente und Techniken in der spanischen Baukunst aus der Zeit nach der Reconquista 16. Jh.

**Nagelkopf/Nagelfigur** Kopf oder Figur mit Steinzapfen an einem Ende zum Einsetzen in eine Gebäudewand

**Oligarchie** Herrschaft einer kleinen Gruppe

**Olla** rundliches Gefäß

**Oratorio** Bethaus, Hauskapelle

**Palma** span. Hand; Nachbildung eines Arm- und Handschutzes für Ballspieler

**Pectoral** Brustschmuck

**Pfefferbüchse** Türmchen in zylindrischer Form für Scharfschützen auf Mauerkronen

**Pflanzstadt** Neugründung einer Siedlung durch Bewohner einer älteren Stadt

**Piedestalfiguren** vollplastische Steinfiguren, deren Basis als langer Zapfen ausgeführt ist

**Plateresker Stil** Ornamentik in Stuck, Stein oder Holz, welche Silbertreibarbeiten imitiert

## Glossar, Literatur

**Plaza** span. Platz; in Ruinenanlagen jeder größere Platz, der auf drei oder mehr Seiten von Gebäuden begrenzt wird
**Plumbate** Bleiglanz
**Pot-Belly** Fasskörperfigur
**Propyläen** Vorhalle
**Pyrit** Eisendisulfid, oft mit Kobalt- oder Nickelanteilen, hochpoliert reflektierend wie Spiegel
**Refektorium** Speisezimmer in Klöstern
**Rosario** Rosenkranz-Kapelle
**Retablo** Altar
**Retablo-Fassade** Kirchenfront, die wie ein mittelamerikanischer Barock-Altar gestaltet ist
**Sacbé (pl. Sacbeob)** Maya: künstlicher Weg, eine Straße zwischen Zeremoniezentren und Siedlungen
**Salomonische Säule** Säule mit gedrehtem Schaft
**Sekundärserie** Informationen zu Mond und Göttern, die zu einer Lanzeitangabe gehören
**Stele** freistehender monolithischer Stein, oft auf einer oder mehreren Seiten verziert
**Stelenaltarpaar** Stele mit dazugehörigem Altar (meist rund), der ein Thronkissen symbolisiert
**Tablero** funktionaler und dekorativer senkrechter, häufig gerahmter, oberer Teil von Plattform- oder Pyramidenwänden
**Talud** schräge Wandbasis, meist ist der Tablero darauf gesetzt
**Temenos** heiliger Bezirk
**Ulúa-Polychrom-Keramik** Tongefäße in lokalem Ulúa-Stil mit mehrfarbiger Bemalung
**Villa, befestigte** italienischer Landhaustyp der Renaissance mit verstärkten Ecken
**Volador** span.: Flieger s. S. 209
**Yugo** span. Joch, Bezeichnung für steinerne Nachbildungen von Schutzgürteln für das altmexikanische Ballspiel
**Zackenbogen** Bogen mit nach innen vorspringenden Spitzen

## Literatur

### Belletristik

ASTURIAS, Miguel Ángel: Legenden aus Guatemala, Suhrkamp, Frankfurt a. M. 1973; Der Herr Präsident, Diogenes, Zürich 1984; Weekend in Guatemala, Diogenes, Zürich 1988; Don Niño oder die Geographie der Träume, Lamuv, Göttingen 1995

SALARNÉ (Arrué, Salvador Salazar): Tales of mud (Cuentos de barro) Kurzgeschichten, englisch 1934 in den USA

LARS, Claudia: Poesía última (Latest poetry), 1970–73, 1976, und Canciones, 1960. Alle in den USA bei Curbstone Press und Latin American Literary Review Press erschienen.

### Natur, Geschichte und Kultur

ANZENEDER, Robert u. a.: Pflanzenführer Tropisches Lateinamerika, Goldstadt 1993

BAUDEZ, Claude-Françoise und P. Bequelin: Die Maya, München 1985

## Glossar P–Z, Literatur

BAUDEZ, Claude-Françoise und S. Picasso: Versunkene Städte der Maya, Ravensburg 1990

BERG, Walter Bruno: Lateinamerika, Literatur – Geschichte – Kultur, WBG Darmstadt 1995

BOTTINEAU, Yves: Architektur der Welt, Barock Westeuropa und Lateinamerika, Office du Livre, Fribourg 1969

BURGOS, Elisabeth: Rigoberta Menchú – Leben in Guatemala, Lamuv, Göttingen 1995

CORDAN, Wolfgang: Popol Vuh. Das Buch des Rates. Schöpfungsmythos und Wanderung der Quiché-Maya, Köln 1990

EGGEBRECHT, Eva und Arne und Grube, Nikolai, Hg.: Die Welt der Maya, Mainz 1992 (Ausstellungskatalog)

FREIDEL, David und Schele, Linda: Die unbekannte Welt der Maya, München 1991

GIRARD, Rafael: Die ewigen Maya, Emil Vollmer Verlag, Wiesbaden, o. J.

HELLMUTH, Nicholas M.: Monster und Menschen in der Mayakunst, Graz 1987

KRÄMER, Michael: El Salvador. Vom Krieg zum Frieden niedriger Intensität, Frankfurt 1995

LANCZKOWSKI, Günter: Die Religionen der Azteken, Maya und Inka, WBG 1989

LINDEN, H.: Das Ballspiel in Kult und Mythologie der mesoamerikanischen Völker, Hildesheim 1993

MALER, Teobert: Auf den Spuren der Maya, Graz 1992

MARTÍNEZ, Anna G.: Die geheimen Kerker El Salvadors, Bornheim 1982

RÄTSCH, Christian, Hg.: Chactun, die Götter der Maya, Köln 1986

ROMERO, Oscar: Blutzeuge für das Volk Gottes, Olten und Freiburg 1986

SABLOFF, Jeremy: Die Maya. Archäologie einer Hochkultur, Heidelberg 1991

SCHELE, Linda und Peter Mathews: The Code of Kings, New York 1998

STERR, Albert: Guatemala – lautloser Aufstand im Lande der Maya, Köln 1994

STEPHENS, John Lloyd: In den Städten der Maya – Reisen und Entdeckungen in Mittelamerika und Mexiko, 1839–42, Köln 1980

STIERLIN, Henri: Die Kunst der Maya, Taschen, Köln 1994

WESTPHAL, Wilfried: Die Maya, Volk im Schatten seiner Väter, Bindlach 1991

WILHELMY, Herbert: Welt und Umwelt der Maya, München 1990

*Prozession bei einem Kirchweihfest in einem Dorf der Chiché-Region*

## Praktische Reise-Informationen

### Hinweise für die Reiseplanung

Anreise . . . . . . . . . . . . . . . . . . . . . . . . . . 330
Auskunft . . . . . . . . . . . . . . . . . . . . . . . . . 331
Diplomatische Vertretungen . . . . . . . . . . . . . . . 334
Einreise . . . . . . . . . . . . . . . . . . . . . . . . . . 335
Gesundheitsvorsorge. . . . . . . . . . . . . . . . . . . 336
Reisekasse. . . . . . . . . . . . . . . . . . . . . . . . . 336
Reisezeit. . . . . . . . . . . . . . . . . . . . . . . . . . 336
Zollvorschriften . . . . . . . . . . . . . . . . . . . . . 337

### Informationen für unterwegs

Verkehrsmittel . . . . . . . . . . . . . . . . . . . . . . 338
Sehenswürdigkeiten . . . . . . . . . . . . . . . . . . . 341
Unterkunft und Restaurants . . . . . . . . . . . . . . . 345
– in Belize. . . . . . . . . . . . . . . . . . . . . . . . . 345
– in Guatemala. . . . . . . . . . . . . . . . . . . . . . 348
– in Honduras. . . . . . . . . . . . . . . . . . . . . . . 357
– in El Salvador. . . . . . . . . . . . . . . . . . . . . . 359

### Nützliche Informationen von A bis Z . . . . . . . . 363

Abbildungsverzeichnis . . . . . . . . . . . . . . . . . 376
Register . . . . . . . . . . . . . . . . . . . . . . . . . . 377
Impressum . . . . . . . . . . . . . . . . . . . . . . . . 392

---

**Bitte schreiben Sie uns, wenn sich etwas geändert hat!**

Alle in diesem Buch enthaltenen Angaben wurden vom Autor nach bestem Wissen erstellt und von ihm und dem Verlag mit größtmöglicher Sorgfalt überprüft. Gleichwohl sind inhaltliche Fehler nicht vollständig auszuschließen. Daher erfolgen die Angaben ohne jegliche Verpflichtung oder Garantie des Verlages oder des Autors. Wir bitten dafür um Verständnis und werden Korrekturhinweise gerne aufgreifen:
DUMONT Reiseverlag, Postfach 3151, 73751 Ostfildern
E-Mail: info@dumontreise.de

# Reiseplanung

## Hinweise für die Reiseplanung

### Anreise

#### ... nach Belize

Es gibt keine Direktflüge von Europa nach Belize, wohl aber von den USA aus (u. a. von Miami, Houston und New York). Der internationale Flughafen des Landes, Philipp S. W. Goldson Airport, liegt 15 km nordwestlich von Belize City. Die preisgünstigste Möglichkeit zur Anreise nach Belize sind Charterflüge nach Cancún (Mexiko) und Weiterreise per Bus (Reisedauer ein halber bis ein Tag) oder mit dem Flugzeug von Cancún nach Chetumal (Mexiko) und weiter mit dem Bus nach Belize. Von Flores (Guatemala) aus fliegen Maya Island Air und Tropic Air nach Belize.

Folgende Airlines fliegen Belize von den USA aus an: American Airlines, Continental, Delta, US Airways, TACA.

#### ... nach El Salvador

Der internationale Flughafen von El Salvador, Comalapa, liegt ca. 45 km südlich der Hauptstadt, mit der er durch eine Autobahn verbunden ist. San Salvador verfügt mit dem Aeropuerto Herradura über einen zweiten internationalen Flugplatz innerhalb der Stadtgrenzen, der vor allem für Flüge innerhalb Mittelamerikas genutzt wird. Es gibt keine Direktflüge von Europa nach El Salvador, aber gute Anreisemöglichkeiten über die USA. Mit United Airlines gelangt man ab Los Angeles nach El Salvador. Dieser Flug hat einen Anschluss zum Lufthansa-Flug nach Frankfurt und kostet etwa 980 €. Mit Delta Airlines kann man täglich ab Miami, Dallas und Los Angeles nach El Salvador fliegen. Mit TACA täglich ab Miami, Los Angeles, New York, Washington und San Francisco sowie mit Continental Airlines täglich ab Houston.

#### ... nach Guatemala

Zurzeit gibt es keine Direktflüge von Deutschland nach Guatemala. Die guatemaltekischen Fluggesellschaften verkehren nur innerhalb Amerikas.

Folgende Airlines fliegen mit Zwischenstopps bzw. Umsteigen von Deutschland nach Guatemala-Stadt: Iberia fliegt Di, Do und Sa ab Madrid direkt nach Guatemala-Stadt (an den anderen Tage nach San Jose/Costa Rica und von dort weiter mit Taca nach Guatemala). Delta Airlines fliegt ab Frankfurt über Atlanta, United Airlines ab Frankfurt über Los Angeles, American Airlines ab Frankfurt über Miami oder Dallas, Continental Airlines ab Frankfurt über Houston.

Eine weitere Möglichkeit sind Flüge mit Air France oder KLM bis Mexiko-Stadt und von dort weiter mit einer Partner-Fluglinie vor Ort.

Lauda Air fliegt einmal die Woche Do direkt ab Mailand nach Guatemala. Die Preise für ein Billigflugticket mit diesen

# Anreise

Airlines liegen je nach Saison bei 750–1000 € für einen Flug von Deutschland nach Guatemala. Neu sind die Flüge von Continental Airlines/Houston direkt nach Flores, im Norden Guatemalas. Wer Zeit hat und/oder noch weitere Länder in Mittel- bzw. Südamerika besucht, sollte über einen Gabelflug oder ein Rundflugticket nachdenken.

Eine Alternative ist die Anreise über Mexiko-Stadt oder Cancún und dann weiter über Land nach Guatemala. Nach Mexiko-Stadt fliegen alle oben genannten Airlines und auch die Lufthansa. Von Mexiko-Stadt nach Guatemala-Stadt gelangt man unter anderem mit Taca oder Mexicana. Nonstop-Flüge nach Cancún sind ab Deutschland mit LTU und Condor buchbar oder via Amsterdam mit Martinair. In der Nebensaison (Mai, Juni) sind Preise von 400–500 € möglich, im Europäischen Winter gleichen sich Charter- und Linienflugpreise an.

Flüge von Cancún nach Guatemala-Stadt bieten unter anderem Tikal Jet (2 x wöchentlich) und TACA (4 x wöchentlich) via Flores an (einfache Strecke ca. 180, Rückflug ca. 250 €). Eine weitere Variante ist die Anreise mit Cubana, Iberia oder Air France nach Havanna (Cuba) und von dort weiter mit TACA oder Tikal Jet.

## ... nach Honduras

Es gibt momentan keine Direktflüge von Europa nach Honduras. Honduras besitzt drei internationale Flughäfen, die von den USA und anderen mittelamerikanischen Ländern aus erreicht werden.

Nach Tegucigalpa gelangt man täglich nonstop ab Miami mit American Airlines oder mit Continental via Houston. TACA fliegt ebenfalls ab Miami nach Tegucigalpa. San Pedro Sula wird 1 x pro Woche nonstop ab New York mit Continental oder TACA angeflogen. American Airlines und TACA fliegen täglich ab Miami, Continental Airlines mehrmals wöchentlich ab Houston und TACA mehrmals wöchentlich ab New Orleans nach San Pedro Sula.

Zur honduranischen Karibikinsel Roatán fliegen jeweils einmal wöchentlich TACA ab Miami und Continental ab Houston. Mit TACA gelangt man auch via San Pedro Sula nach Roatán.

## ... per Schiff

Die Reise per Frachtschiff ab Hamburg nach Mittelamerika ist schwierig zu organisieren, außerdem lang und teurer. Die Preise liegen bei ca. 80 € pro Tag und Person in der Doppelkabine. Die Fahrtdauer beträgt je nach Route 15–20 Tage pro Richtung. Informationen unter: www.Zylmann.de oder www.frachtschiff-reisen.net

## Auskunft

### Belize

Das Belize Tourist Board informiert alle Interessenten aus der Schweiz, Österreich und aus Deutschland:
**Belize Tourist Board Germany**
Boperswaldstr. 40
70184 Stuttgart,

# Reiseplanung

Tel. 0711-23 39 47, Fax 23 39 54
btb-germany@t-online.de
www.belize.com/index.html

**Belize Tourism Board**
Central Bank Building, Level 2
Gabourel Lane
P.O. Box 325
Belize City, Belize
Tel. +501-223-19 13,
Fax 223 19 43
Gebührenfrei: 1-800-624-0686
info@travelbelize.org
www.travelbelize.org/

## El Salvador

Das Land unterhält keine staatlichen Informationsstellen in deutschsprachigen Ländern. Informationen erhält man jedoch von:

**Informationsstelle El Salvador e.V.**
Oscar-Romero-Haus
Heerstraße 205
53111 Bonn
Tel. 0228-69 45 62
Fax 63 12 26
salva@link-lev.de

**Ministerio de Turismo**
Av. El Espino # 68
Urbanización Madreselva,
Santa Elena
Antiguo Cuscatlan, La Libertad
El Salvador.
Tel. +503-22 43 78 35,
Fax 22 43 78 44
info@corsatur.gob.sv
www.elsalvadorturismo.gob.sv/

## Guatemala

Das guatemaltekische Tourismusinstitut INGUAT (Instituto Guatemalteco de Turismo) unterhält eine Zweigstelle in Deutschland, die in der Botschaft in Berlin untergebracht ist (s. d.). Dort kann man Prospektmaterial anfordern, das allerdings weder umfangreich noch besonders aussagekräftig ist. Die Zentrale des INGUAT befindet sich in Guatemala-Stadt. Ableger gibt es darüber hinaus in allen größeren Touristenzentren (Antigua, Panajachel, Flores, usw.).

**INGUAT–Zentrale Guatemala**
7. Avenida 1–17, Centro Cívico,
Zone 4
Tel. +502-24 21 28 00,
Fax 24 21 28 79
inguat@guate.net
www.visitguatemala.com

**Touristeninfo in Guatemala:**
Tel. 1500 und 24 21 28 10

**¡Fíjate!**
Rahel-Varnhagen-Str.15,
79100 Freiburg
fijate@web.de
14-tägig erscheinendes Nachrichtenheft zu Guatemala in deutscher Sprache, das vom Verein Solidarität mit Guatemala e.V. herausgegeben wird und per Abonnement zu beziehen ist.

**Infos zu Guatemala im Internet:**
www.inwent.org/v-ez/lis/gtm/index.htm
Sehr ausführliche, deutschsprachige Webseite mit vielen Infos und Links zu allem, was mit Guatemala zu tun hat.

**Tourismus:**
– www.mayaspirit.com.gt
Die offizielle Seite des guatemaltekischen Tourismusinstituts (INGUAT) auf englisch und spanisch.
– www.larutamayaonline.com
Reiseinfos auf englisch und spanisch.

– www.guatemalaenvivo.com
Reiseinfos auf englisch.

## Honduras
Da Honduras keine Auskunftsbüros in Europa unterhält, wende man sich an:
**Instituto Hondureño de Turismo**
Col. San Carlos, Edificio Europa
Tegucigalpa, Honduras
Apodo. Postal Nº 3261
Tel. +504-222 21 24-502, -503
Fax 222 21 24-501
tourisminfo@iht.hn
www.letsgohonduras.com

## Information zu Mittel- und Lateinamerika
**Informationsstelle Lateinamerika**
Heerstraße 205, 53111 Bonn
Tel. 0228-65 86 13,
Fax 0228-63 12 26
ila@ila-bonn.de
www.ila-bonn.de
Herausgeber der Zeitschrift *ila*, die zehnmal jährlich Berichte aus ganz Lateinamerika enthält.

**Institut für Iberoamerikakunde**
Alsterglacis 8, 20354 Hamburg
Tel. 040-41 47 82 01,
Fax 41 47 82 41
iik@iik.duei.de
www.duei.de/iik/show.php
Dem Verbund der Stiftung Deutsches Übersee-Institut angeschlossene Einrichtung, die Analysen, Daten und Dokumentationen zu Lateinamerika bereitstellt. Zweimonatlich erscheint das Infoblatt Brennpunkt Lateinamerika.

**InWEnt GmbH**
Informationzentrum Entwicklungspolitik
Tulpenfeld 5, 53113 Bonn
Tel. 0228-243 45, Fax 243 47 66
www.inwent.org
Informationstelle für deutsche und ausländische Literatur über Entwicklungsländer

**Nachrichtenpool Lateinamerika e.V. (poonal)**
Köpenicker Str. 187/188,
10997 Berlin
Tel. 030-78 99 13 61,
Fax 78 99 13 62
poonal@npla.de
www.npla.de/poonal
Ein wöchentlicher Pressedienst lateinamerikanischer Agenturen. Jeden Dienstag veröffentlichen sie aktuelle Nachrichten und Hintergrundberichte aus Lateinamerika in deutscher Sprache.

**Auswärtiges Amt**
Werderscher Markt 1,
10117 Berlin
Tel. 030-5000-0, Fax 5000-510 00
Tel. Bürgerservice 030-5000-2000
buergerservice@auswaertiges-amt.de
www.auswaertiges-amt.de
Gibt Sicherheitshinweise und Auskunft über Krisengebiete.

**Österreichisches Lateinamerika-Institut**
Schlickgasse 1, 1090 Wien
Tel. 01-310 74 65,
Fax 310 74 65 21
office@lai.at
www.lai.at
Veröffentlicht Publikationen zu Lateinamerika und besitzt die einzige Dokumentationsstelle Österreichs, die auf Lateinamerika spezialisiert ist.

# Reiseplanung

**Informationsgruppe Lateinamerika (IGLA)**
Währingerstr. 59, 1090 Wien
Tel./Fax 01-403 47 55
Die Gruppe will die soziale Wirklichkeit und politische Entwicklung Lateinamerikas der Öffentlichkeit verständlich machen.

**Internet**
– www.mesoweb.com
Umfangreiche Informationen zu mesoamerikanischen Kulturen auf englisch.

## Diplomatische Vertretungen

### ... von Belize

**... in Brüssel, Botschaft**
(zuständig für Deutschland)
Boulevard Brand Whitlock 136,
1200 Brüssel
Tel./Fax +322-732 62 04

**... in Deutschland**
– Frankfurt, Honorarkonsul
Kranichsteinerstr. 21,
60598 Frankfurt/Main
Tel. 069-60 62 78 57,
Fax 60 62 96 41
– Stuttgart,
Honorargeneralkonsul
Breitscheidstr. 10,
70174 Stuttgart
Tel. 0711-90 71 09 20,
Fax 90 71 09 18

**... in Österreich**
Franz Josefs Kai 13/5/16,
Postfach 982, 1011 Wien
Tel. +43-1-533 76 63,
Fax 533 81 14
belizeembassy@utanet.at

**... in der Schweiz**
rue du Mont-Blanc 7,
1201 Genève
Tel. 022-906 84 28,
Fax 906 84 29

### ... von El Salvador

**... in Deutschland**
– Berlin, Botschaft
Joachim-Karnatz-Allee 47,
10557 Berlin
Tel. 030-206 46 60,
Fax 22 48 82 44
congenalemania@t-online.de
info@botschaft-elsalvador.de
www.botschaft-elsalvador.de
– Düsseldorf,
Honorargeneralkonsulat
Elisenstr. 17, 41460 Neuss
Tel. 02131-27 89 71,
Fax 27 42 67
– Frankfurt a. M.,
Honorargeneralkonsul
Hochstädter Landstr. 21,
63454 Hanau
Tel. 061 81-820 91, Fax 868 50
– Hamburg, Honorarkonsul
Pinkertweg 13, 22113 Hamburg
Tel. 040-73 33 54 82,
Fax 73 33 51 21
– München, Honorarkonsul
Promenadeplatz 11,
80333 München
Tel. 089-54 50 88-03,
Fax 54 50 88 20

**... in Österreich**
Joachim-Karnatz-Allee 45/2,
10557 Berlin-Tiergarten
Tel. 030-206 46 60,
Fax 22 48 82 44
embasalva.rfa@t-online.de

**... in der Schweiz**
Rue de Lausanne 65,
1202 Genève
Tel. 022-732 70 36,

# Diplomatische Vertretungen, Einreise

Fax 738 47 44
embasalvaroma@iol.it

## ... von Guatemala

### ... in Deutschland (Botschaft)
Joachim-Karnatz-Allee 47,
10557 Berlin
Tel. 030-206 43 63, Fax 64 36 59
embaguate.alemania@t-online.de
Mo–Fr 9–16 Uhr

### ... in Österreich (Botschaft)
Landstrasse Hauptstrasse 21/
Top 9, 1030 Wien
Tel. 0043-1-714 35 70,
Fax 714 35 70-15
Mo–Fr 9–12.30 Uhr

### ... in der Schweiz (Generalkonsulat)
Rue du Vieux-Collège 10 Bis,
1211 Genève 3
Tel. 022-311 99 45,
Fax 022-311 74 59

## ... von Honduras

### ... in Deutschland
– Berlin, Botschaft
Cuxhavener Strasse 14,
10555 Berlin
Tel. 030-39 74 97 11,
Fax 39 74 97 12
informacion@embahonduras.de
– Essen, Honorarkonsul
Neckarstr. 16/18, 45219 Essen
Tel. 02054-87 16 72,
Fax 87 16 73
– Hamburg, Generalkonsulat
An der Alster 21,
20099 Hamburg
Tel. 040-280 22 05, Fax 24 64 70
– München, Honorarkonsul
Blütenstraße 15,
80799 München
Tel. 089-278 26 30,
Fax 27 82 63 33

### ... in Österreich
Cuxhavener Straße 14,
10555 Berlin
Tel. 0049-30-39 74 97 10,
Fax 39 74 97 12
informacion@embahonduras.de

### ... in der Schweiz
Rue Crevaux 8, 75116 Paris
Tel. 0033-1-47 55 86 45,
Fax 47 55 86 48
ambassade.honduras@noos.fr

## Einreise

### El Salvador, Guatemala und Honduras
Bürger aus Mitgliedstaaten der Europäischen Union sowie der Schweiz können sich ohne Visum mit einem mindestens sechs Monate gültigen Reisepass maximal 90 Tage im Land aufhalten. Die Frist ist in aller Regel verlängerbar.

### Belize
Bürger aus Mitgliedstaaten der Europäischen Union können sich ohne Visum mit einem mindestens sechs Monate gültigen Reisepass maximal 30 Tage im Land aufhalten. Danach kann der Aufenthalt gegen eine Gebühr verlängert werden.

Schweizer benötigen nur für die Einreise nach Belize ein Visum, das bei den Botschaften oder bei den Konsulaten ausgestellt wird, nicht aber an der Grenze. Weitere Informationen:
**Belize Immigration and Nationality Department**
Belmopan, Cayo District
Belize, Central America
Tel. 011-501-822-24 23,
Fax 011-501-822-26 62

# *Reiseplanung*

### Gebühren für Aus- und Einreise

Folgende Gebühren und Steuern sind bei der Ausreise per Flugzeug fällig:
- Belize: 35 US-$
- El Salvador: 28 US-$
- Guatemala: 33 US-$ (meist schon im Ticketpreis enthalten) plus 20 Q Sicherheitsgebühr
- Honduras: 27 US-$

Folgende Gebühren und Steuern sind bei der Ausreise über Land fällig:
- Belize: 18,75 US-$ (nach Guatemala)
- El Salvador, Guatemala, Honduras: keine Gebühren

Folgende Gebühren und Steuern sind bei der Ausreise per Boot fällig:
- Belize: 3,75 US-$ (Dangriga, San Pedro, Punta Gorda)
- Guatemala: 10 US-$ (Livingston, Puerto Barrios)

### Gesundheitsvorsorge

Grundsätzlich ist das Reisen in Mittelamerika für die Gesundheit nicht gefährlich. Malaria-Prophylaxe und Impfungen gegen Polio, Tetanus und Hepatitis A und B sind empfehlenswert. Der beste Schutz gegen Infektionen sind feste Schuhe und Vorsicht beim Baden in Schwimmbädern, stehenden und langsam fließenden Gewässern (vor allem trübes Wasser meiden). Bei beschwerlichen Touren im Tiefland sollte man viel trinken und Salztabletten einnehmen. Vor Mückenstichen und Verletzungen durch Dornen oder giftige Pflanzen schützen lange Ärmel und Hosen am besten.

Die Reiseapotheke sollte neben Desinfektionstabletten, Insektenschutz und Verbandszeug auch Mittel gegen Kopfschmerzen, Magen- und Darmbeschwerden, Insektenstiche und Sonnenbrand enthalten.

### Reisekasse

Es gibt keinerlei Devisenbeschränkungen in den hier behandelten mittelamerikanischen Ländern.

In allen vier Ländern kann man inzwischen Bargeld an Geldautomaten in allen größeren Städten mit einer Visa- oder Mastercard-Kreditkarte abheben. An einigen Orten funktioniert das auch mit der EC-, der Postbank- und Sparkassenkarte. Idealerweise sollte man daher eine Kredit- und eine Debitkarte mitnehmen. Um allen Eventualitäten zu begegnen, ist es in jedem Fall ratsam, US-Dollar in bar und als Reiseschecks (vorzugsweise American Express) mitzunehmen. Sie können überall leicht umgetauscht werden. In El Salvador ist der US-Dollar inzwischen sogar als offizielle Währung anerkannt. Euros lassen sich inzwischen in Touristenorten problemlos tauschen, allerdings ist der Kurs oftmals schlecht.

### Reisezeit

In den Hochlandregionen von Guatemala, El Salvador und Honduras herrschen das ganze Jahr über für Europäer erträgliche Temperaturen. Da sich die meisten großen Maya-Ruinen aber im Tiefland mit seinem feuchten tropischen Klima befinden, reist man besser zwischen September und Mai. Am angenehmsten ist es zwischen November und Mai, wenn es nur noch sporadisch regnet. Nach heftigen Niederschlägen sind unbefestigte Straßen meist für einige Tage nicht befahrbar und manche Ruinen auch nicht begehbar.

Im Hochland (vor allem in Guatemala) kann es abends, nachts und in den frühen Morgenstunden sehr kühl werden. Deshalb sollte man einen warmen Pullover oder eine Jacke im Gepäck haben. Ein gutes Regencape ist unverzichtbar.

In Belize mit seinem subtropischen Klima gibt es auch während der Trockenzeit hier und da kurze Regenfälle und die unregelmäßig auftretenden Phänomene der *northers* im Winter und der *maugers* im August. *Northers* sind kalte Luftmassen aus Nordamerika, die Regen und Sturm mitbringen, *maugers* Perioden mit sehr heißen Tagen ohne jede Windbewegung.

## Zollvorschriften

Bei der Einreise nach Belize, Guatemala, und Honduras gelten die international üblichen Auflagen (200 Zigaretten, 1 l Alkohol und Gegenstände des persönlichen Bedarfs). In El Salvador ist die doppelte Menge an Zigaretten und Alkoholika erlaubt. Grundsätzlich verboten ist die Einfuhr von Waffen, Drogen und großen Bargeldmengen.

Antiquitäten dürfen nicht ausgeführt werden; Selbst bei guten Kopien kann man Schwierigkeiten bekommen. Bei der Auswahl von Andenken sollte man an das in der EU geltende Artenschutzabkommen denken, das z. B. die Einfuhr von Gegenständen aus Schlangen- und Alligatorhaut nach Europa verbietet. Problematisch sind auch andere exotische Tiere und Pflanzen. Illegale Einfuhrgüter werden beschlagnahmt und hohe Geldstrafen fällig. In Guatemala ist zudem die Ausfuhr von Orchideen verboten. Die Ausfuhr landestypischer Webarbeiten ist hingegen bis zu einer Menge von 10 kg gestattet.

# Informationen für unterwegs

## Verkehrsmittel

### Überlandbusse

Mit dem Bus gelangt man in Mittelamerika auch in den hintersten Winkel des Landes. Er ist das motorisierte Fortbewegungsmittel Nummer eins, das Menschen, Tiere und Waren über ein weit verzweigtes Straßennetz befördert. Dabei verkehren die Busse erster Klasse (Pullman) meist nur auf den asphaltierten Hauptrouten zwischen den wichtigsten Städten, während die deutlich unbequemeren Busse zweiter Klasse (*camionetas*) zusätzlich die Nebenrouten bedienen.

Pullman-Busse fahren in der Regel von eigenen Terminals mit Wartehallen ab. Sie verkehren nach einem festen Fahrplan, sind schneller als die Camionetas, und ihre Sitzplätze können reserviert werden. Standard und Qualität der Fahrzeuge variieren dennoch stark. Luxusversionen mit Klimaanlage, Fernsehen und Service an Bord bedienen die längsten Strecken sowie die Routen zwischen den Ländern. Wer möchte, kann in diesen Bussen sogar über El Savador, Honduras, Guatemala bis nach Belize und Mexiko und im Süden bis nach Panama reisen.

Die Bequemlichkeit hat natürlich ihren Preis. Normale Pullman-Busse können bis zu 50 % teurer sein als die Camionetas. Der Preis der Luxusbusse kann sogar um mehr als das Dreifache über den Preisen der zweiten Klasse liegen. Man gelangt also für 8, aber auch für 25 US-$ von Guatemala-Stadt nach Flores im Petén. Im Allgemeinen sind die Buspreise aber sehr niedrig. Da die Busse erster Klasse oft ausgebucht sind, empfiehlt sich eine Reservierung bis spätestens am Vortag der Reise.

### Pickups

Auf vielen Strecken konkurrieren die Camionetas mit so genannten Pickups. Dieser in Mittelamerika sehr beliebte Pkw hat hinten eine offene Ladefläche, auf der erstaunlich viele Menschen Platz finden. In sehr entlegenen Gegenden und auf schwierigem Gelände sind Pickups oft das einzige motorisierte Fortbewegungsmittel. Die Fahrer halten bereitwillig, da sie oft auf diese Weise ihren Lebensunterhalt verdienen.

Auch wenn diese Art des Reisens wegen der frischen Luft und des ungehinderten Blicks auf die Landschaft sehr verführerisch klingen mag, ist sie nicht ungefährlich. Es hat schon viele Tote und Verletzte bei Unfällen mit Pickups gegeben, da man sich nirgendwo festhalten und schon bei einer kleinen, abrupten Bremsaktion vom Wagen fallen kann. Auf asphaltieren Straßen sollte man diese Fahrzeuge ohnehin meiden. Empfehlung: Pickups nur dann nehmen, wenn sich absolut keine Alternative bietet.

## Shuttle-Busse

In den letzten Jahren haben sich Shuttle-Busse als sinnvolles, wenn auch teures Transportmittel auf den touristischen Hauptrouten etabliert. In der Regel handelt es sich bei ihnen um einen Kleinbus, der Touristen ohne Zwischenstopps zum gewünschten Fahrtziel befördert. Das erhöht die Sicherheit und verkürzt die Reisezeiten. Bis auf Flughafenshuttles verkehren die Fahrzeuge täglich, wenn eine Mindestpersonenzahl erreicht wird. Änderungen bezüglich Abfahrtszeit und Route sind jederzeit möglich. Die Preise variieren wegen der harten Konkurrenz ständig und sind abhängig von der Auslastung der Routen. Mittlerweile vermitteln fast alle Reiseagenturen einen Shuttle-Service.

## Mietwagen

Mietautos sind angesichts der stark verbesserten Hauptrouten eine überlegenswerte Alternative, besonders wenn man mit mehreren Personen unterwegs ist oder unter Zeitdruck reist. Einige Sehenswürdigkeiten sind auf diese Weise überhaupt erst erreichbar.

Die großen Leihwagenagenturen wie Avis und Hertz sind in allen Ländern vertreten. Kleine lokale Firmen sind meist günstiger, doch entsprechen die Wagen in puncto Sicherheit nicht unbedingt europäischem Standard. An allen internationalen Flughäfen bekommt man Mietautos. Man benötigt meist einen internationalen Führerschein und muss eine Sicherheitzahlung oder eine Blankozahlungsanweisung der Kreditkarte hinterlegen. Das Mindestalter beträgt oftmals 25 Jahre.

Bei Grenzüberschreitung benötigt man einen Zusatzbeleg, der von der Verleihfirma ausgestellt wird. Der Abschluss einer Versicherung ist auf jeden Fall zu empfehlen. Kleine Mängel sowie Blechschäden am Wagen sollten bei Vertragsabschluss notiert werden.

Autofahren in Mittelamerika folgt eigenen Regeln und Gesetzen und könnte als anarchisch-chaotisch bezeichnet werden. Man muss auf Überraschungen jeglicher Art gefasst sein: Kühe auf der Straße, ein Laster mit Tempo 25 km/h auf der eigenen Spur, tiefste Schlaglöcher und betrunkene Fahrer gehören zum Verkehrsalltag. Gefahren wird dort, wo Platz ist; überholt wird nach Lust und Laune, und Hupen ist nie verkehrt. Ein Großteil der Fahrzeuge befindet sich in einem jämmerlichen Zustand, da es keine Pflichtinspektionen gibt. Licht- und Signalanlagen funktionieren bei diesen Fahrzeugen daher nur unzureichend oder gar nicht. Wer eine Panne hat, legt ein paar Zweige auf die Straße, Warndreiecke sind selten. Jeder fährt, so schnell er kann, Geschwindigkeitsbegrenzungen werden ignoriert, Radarkontrollen sowie Promillegrenzen gibt es nicht. Mit größter Vorsicht sind die rücksichtslos fahrenden Busse zu genießen. Man lässt ihnen besser die Vorfahrt.

Je weiter man sich von der Hauptstadt und den Hauptrouten durch das Land entfernt, desto entspannter ist die Verkehrslage, weil die Zahl der

# Informationen für unterwegs

Fahrzeuge abnimmt. Dieser Vorteil wird aber durch den schlechten Straßenzustand wieder ausgeglichen.

Alle vier Länder verfügen über gut ausgebaute Straßennetze, deren wichtige Strecken asphaltiert sind. Über den Zustand der Nebenstraßen sollte man sich vor ihrer Benutzung in den größeren Orten, wo sie abzweigen, an den Tankstellen *(gasolinera)* informieren.

Innerhalb von Belize sind Entfernungen in Meilen (1,6 km) angegeben, Benzin tankt man nach britischen Gallonen (4,54 l). In den anderen Ländern sind Distanzen in km angegeben und Benzin in US-amerikanischen Gallonen (3,78 l). Der Liter Normalbenzin ist in Mittelamerika für rund 0,70–0,80 US-$ pro Liter zu haben.

Nach Einbruch der Dunkelheit sollte man außerhalb der Städte nach Möglichkeit nicht mehr fahren, da sich das Risiko für Unfälle und auch Überfälle erhöht.

## Flugzeug

Aufgrund der Größe der beschriebenen mittelamerikanischen Länder, kommt dem Inlandsflugverkehr nur eine begrenzte Bedeutung zu. Dennoch sind die wichtigsten Städte untereinander verbunden. Die Flugzeiten sind kurz und man muss mit Zwischenlandungen und Umsteigen rechnen.

Um zum Beispiel von Guatemala-Stadt zur Insel Roatán in Honduras zu gelangen, fliegt man über El Salvador, wechselt dort das Flugzeug und legt einen weiteren Zwischenstopp in San Pedro Sula (Honduras) ein, bevor Roatán erreicht wird.

Des Weiteren kann man Kleinmaschinen und Hubschrauber in allen vier Ländern chartern.

**Die wichtigsten Flugrouten:**
Guatemala-Stadt – Santa Elena (Tikal)
Santa Elena (Tikal) – Belize City
Guatemala – Stadt-El Salvador
El Salvador – Tegucigalpa
El Salvador – San Pedro Sula
San Pedro Sula – Roatán

## Boote

Die Hauptverkehrswege der Maya waren die Flüsse, zumal der Weg zu Fuß durch die Berge oder durch die endlosen Regenwälder lang und beschwerlich war und man Trageere in diesem Teil Amerikas nicht kannte. Auch heute werden in den schwer zu erreichenden Gebieten des Petén in Guatemala Menschen und Waren über die Flüsse transportiert.

Für Touristen bietet Guatemala ebenfalls viele Möglichkeiten, sich auf dem Wasser fortzubewegen. In folgenden Gebieten gibt es zurzeit regelmäßigen Bootsverkehr: An der Karibikküste zwischen Puerto Barrios und Lívingston, Lívingston und Río Dulce, Lívingston und Punta Gorda in Belize (letztere Route nur noch mit Kleinbooten). Im Petén auf dem Río Usumacinta (ab Bethel von/bis Mexiko), Río de la Pasión (ab Sayaxché Richtung El Ceibal, Laguna Petexbatún oder Mexiko), Petén Itzá-See. An der Pazifikküste auf dem Chiquimulilla-Kanal, außerdem verkehren hier Fähren zu allen Badeorten sowie eine Autofähre nach Monterrico. Im Hochland auf dem Atitlán-See und dem Amatitlán-See (Charterboote). Von Belize City fahren Schnellboote regelmäßig Caye Caulker und San Pedro Caye an. In Honduras beschränkt sich der Bootsverkehr weitestgehend auf die Moskitia-Region im Osten des Landes. Wagemutige können auf verschiedenen Flüssen der vier Länder Rafting-Touren unternehmen (am besten während der Regenzeit und kurz danach).

## Eisenbahn

Die Eisenbahn in Guatemala befördert nur noch Frachtgut. In El Salvador und Honduras werden auch Passagiere auf Kurzstrecken mitgenommen, doch die Züge sind in der Regel sehr langsam, wenig komfortabel und unzuverlässig. In El Salvador fährt dreimal täglich ein Zug die Strecke Sonsonate – Armenia. In Honduras reist Fr und So ein Zug von Puerto Cortes nach Tela, Hinfahrt 8, Rückfahrt 13 Uhr. Fahrzeit ca. 4 Std.

## Sehenswürdigkeiten

Um die wichtigsten Sehenswürdigkeiten der einzelnen Länder zu besuchen, benötigt man in Belize 4–5, in Guatemala 10–12, in El Salvador 3–4 und in Honduras 6–8, also insgesamt ca. 23–29 Tage.

## Belize
**Karten S. 85/100**
**Mayastätten**
Die interessantesten Mayaruinen in Nordbelize sind **Altún Há** und **Lamanai**. Sie lassen sich wahlweise von Belize City oder Orange Walk aus in 1–2 Tagen besichtigen. Der Ausgangspunkt für die Ruinen von **Xunantunich** und **Caracol** in Zentralbelize ist der Ort San Ignacio. Zeitaufwand je 1 Tag.

Wer vom Norden kommt, um die tief im Süden des Landes liegenden Ruinenstätten **Nim Li Punit** und **Lubaantún** zu besichtigen, kann in Dangriga oder Placencia übernachten. Näher an den Ruinen liegt Punta Gorda. Bis auf **Xunantunich** sind die Orte mit öffentlichen Verkehrsmitteln nur sehr schwer zu erreichen. Am sinnvollsten ist ein Mietwagen oder die Teilnahme an einer organisierten Tour. Nim Li Punit und Lubaantún lassen sich zusammen an einem Tag besuchen.

**Tauchen, Schnorcheln**
Vor Belize liegt das zweitgrößte Korallenriff der Erde und eine Unmenge kleiner Inseln, engl. *cayes* oder span. *cayos* genannt. Viele von ihnen sind nur schwer zu erreichen. Schnell gelangt man von Belize City aus zum **Ambergris Caye** oder nach **Caye Caulker.** Von beiden Inseln aus werden Tauch- und Schorchelfahrten angeboten. Das größere und touristischere San Pedro auf Ambergris ist teurer als Caye Caulker, das über keinen Sandstrand verfügt! Zeitbedarf 2–3 Tage.

**Mennoniten und Mayadörfer**
Im Westen des Landes leben einige deutschstämmige Mennoniten, die man am ehesten über den Ort Spanish Lookout kontaktieren kann. Im Süden des Landes ist bei Punta Gorda der Besuch einiger Mayadörfer (inkl. Übernachtung) im Rahmen eines kom-

munal ausgearbeiteten Tourismusprogramms (Toledo Ecotourism Association) möglich. Zeitbedarf 1–2 Tage.

## El Salvador
**Karte S. 312**
**Joya de Cerén** und die Ruinen von **San Andrés**, die rund 36 bzw. 33 km westlich von San Salvador liegen, können in einem Halbtagesausflug von der Hauptstadt aus besichtigt werden und sind mit dem öffentlichen Bus vom Terminal de Occidente zu erreichen.

Santa Ana, die zweitgrößte Stadt des Landes, ist ein guter Ausgangspunkt für die Besichtigung der Ruinen von **Tazumal** bei Chalchuapa, die man ebenfalls an einem halben Tag besichtigen kann.

Einen weiteren Tag sollte man veranschlagen, wenn man den **Parque Nacional Cerro Verde** mit dem **Vulkan Izalco** einen Besuch abstatten möchte. Ein weiterer halber Tag kommt hinzu, wenn man das Museo de la Revolución Salvadoreña in **Perquín** besichtigen möchte.

## Guatemala
**Karten S. 114, 185, 198**
**Mayastätten im Petén**
Ein Muss ist **Tikal**, die eindrucksvollste aller Mayastätten, die nicht nur wegen der gigantischen Tempelpyramiden sondern auch wegen der Lage im dichten Regenwald fasziniert. Zeitbedarf mindestens 1 Tag.

**Uaxactún** ist über Tikal zu erreichen. Die wenig besuchte, aber nicht minder interessante Ruinenstätte ist allerdings nur umständlich zu erreichen. Am besten in Verbindung mit Tikal besuchen. Zeitbedarf 1 Tag.

**Yaxhá** und **Topoxté** werden von Flores aus in einem halben Tag besucht. Dazu sollte man an einer organisierten Tour teilnehmen. Lohnenswert ist der Blick von der höchsten Pyramide in Yaxhá über Lagunen und Regenwald des Petén.

**El Ceibal, Aguateca** und **Dos Pilas** liegen in der Region um **Sayaxché**, etwa 60 km südlich von Flores. Alle drei Mayastätten sind inzwischen per Boot und auch per Auto zu erreichen. Jede Anlage hat ihren speziellen Reiz und lohnt einen Abstecher. Der Zeitaufwand ist allerdings beträchtlich. Für jede der drei Anlagen muss man von Flores aus einen Tag einkalkulieren.

Die sehr interessante Mayastätte **El Mirador** mit einer der höchsten Tempelpyramiden der Maya, nordwestlich von Flores gelegen, ist interessant für Leute mit viel Zeit. El Mirador ist nur zu Fuß und per Maulesel zu erreichen. Zeitaufwand 5–6 Tage.

**Karibikküste/Provinz Izabal**
Von Flores aus gelangt man in 3–4 Std. in die tropisch-schwüle Karibik-Küstenregion. Am Oberlauf des Río Dulce liegt die sehenswerte ehemalige spanische Festung Castillo de San Felipe. Eine abwechslungsreiche Bootsfahrt auf dem Río Dulce bringt den Besucher nach Lívingston, an der Mündung des Flusses gelegen. In dem kleinen Ort, der nur per Boot zu erreichen ist, lebt ein buntes Völkergemisch aus Karibikschwarzen (Garífuna), Kekchí-Indianern und Mestizen. Mit dem Boot gelangt

# Sehenswürdigkeiten

man nach Puerto Barrios, einst der wichtigste Hafen Guatemalas. Ein Bus bringt einen nach kurzer Fahrtzeit nach Quiriguá. Inmitten einer Bananenplantage liegt die Ruinenstätte mit den höchsten Stelen der gesamten Mayawelt. Zeitbedarf insgesamt 2–3 Tage.

## Provinz Alta Verapaz

Die Provinz ist entweder über Sayaxché auf inzwischen komplett asphaltierter Straße oder über die Atlantikstraße zu erreichen. In der Provinzhauptstadt Cobán kommen Kaffee- und Orchideenfans voll auf ihre Kosten. Ein Abstecher zur Kalksteinbrücke Semuc Champey und den Lanquín-Höhlen sollte nicht fehlen. Auf der An- bzw. Abfahrt kann man mit etwas Glück den Nationalvogel im Quetzalbiotop beobachten. Zeitbedarf 2–3 Tage

## Guatemala-Stadt

Lohnenswert sind die Mayamuseen Popol Vuh und Ixchel in der Zone 10 sowie das Museo Nacional de Arqueología y Etnología in der Zone 13. Ein Abstecher ins historische Zentrum der Zone 1 und zur Reliefkarte in der Zone 2 sollten ebensowenig fehlen. Optional kann man eine mäßig anstrengende Tour auf den aktiven Vulkan Pacaya oder nach Mixco Viejo zu den Ruinen der Pokomam-Indianer unternehmen. Zeitaufwand 1–2 Tage.

## Antigua

Prächtige Kolonialgebäude, gewaltige Klosterruinen und imposante Kirchenfassaden prägen das Stadtbild von Antigua. Der Touristenmagnet bietet daneben aber auch gute Sprachschulen, gemütliche Cafés und einladende Geschäfte. Und dies alles vor der Kulisse mächtiger Vulkane. Zeitbedarf 1–2 Tage.

## Hochland

Antigua ist ein guter Ausgangspunkt für Touren ins guatemaltekische Hochland. Die stark indianisch geprägte Region wartet mit interessanten Märkten, Ruinenstätten und einmaliger Landschaft auf. Highlights sind die Märkte von Chichicastenango und San Francisco el Alto sowie der Atitlán-See. Besuchern mit etwas mehr Zeit sei ein Abstecher nach Quetzaltenango sowie in die Cuchumatanesberge empfohlen. Wer sich für die Kultur der Hochlandmaya interessiert, kommt nicht ohne einen Besuch an den Stätten Iximché (bei Tecpán) und Utatlán (bei Santa Cruz del Quiché) vorbei. Zeitbedarf 3–6 Tage.

## Pazifikküste

Kleinere Ruinenstätte wie Abaj Takalik oder die Umgebung von Santa Lucia Cotzumalguapa lohnen durchaus. Die größte Attraktion ist allerdings der Pazifik, dessen Ufer von schwarzen Sandstränden gesäumt werden. Der beliebteste Badeort Monterrico wartet mit einer guten Infrastruktur auf.

## Honduras
### Karte S. 268, Klappenkarte
### Tegucigalpa

Während die honduranische Hauptstadt nur mit wenigen kolonialen Sehenswürdigkeiten aufwarten kann, lohnt ein Abstecher in die Umgebung. Vom Parque Naciones Unidas hat man einen schönen Blick über die Stadt, der nur 11 km entfernte Nationalpark La Tigra beherbergt einen dichten Nebelwald und im Valle de Angeles, einer pittoresken aber touristischen Minenstadt 30 km von Tegucigalpa entfernt, wird allerlei Kunsthandwerk angeboten.

**Comayagua**
Kirchen, Museen und Atmosphäre der Kolonialstadt sprechen für einen zweitägigen Aufenthalt. Comayagua liegt nur 84 km nordwestlich von Tegucigalpa und ist problemlos per Bus in 2 Std. zu erreichen. Von dort aus kann man in das ebenfalls nur rund zwei Busstunden entfernte San Pedro Sula weiterreisen.

**San Pedro Sula**
Das Handelszentrum hat sich zu eine der am schnellsten wachsenden Städte von Honduras entwickelt. Sehenswürdigkeiten gibt es keine, allerdings muss man in San Pedro Sula unweigerlich den Bus wechseln, um in die übrigen Landesteile zu gelangen. Von hier aus hat man Anschlüsse an die Karibikküste und den Westen des Landes (Ruinen von Copán, Santa Rosa und Gracias). Vom internationalen Flughafen aus gelangt man in die USA, in die Nachbarländer und zur honduranischen Karibikinsel Roatán.

**Omoa**
Dank der verbesserten Infrastruktur und zunehmend guter Straßen kann man die Hauptsehenswürdigkeit einer der ältesten Städte Honduras, die spanische Hafenfestung Fortaleza de San Fernando de Omoa, an einem Tag aus von San Pedro Sula besuchen. Per Bus gelangt man nach La Ceiba mit Bootsanschluss nach Utila und Roatán.

**Roatán und Utila**
Die beiden bekanntesten Karibikinseln von Honduras liegen nur wenige Bootsstunden vor der Küste. Die beiden Tropenparadiese bieten exzellente Tauchmöglichkeiten. Während das etwas günstigere Utila eher von Rucksacktouristen frequentiert wird, ziehen die schöneren Sandstrände von Roatán ein breites Publikum an. Roatán verfügt über einen internationalen Flughafen, der es mit den USA und dem honduranischen Festland verbindet. Zeitaufwand 2–3 Tage.

**Copán**
Rund 160 km südwestlich von San Pedro Sula und nur 12 km von der guatemaltekischen Grenze entfernt liegt Copán, die wichtigste Mayastätte des Landes. Sie wird wegen ihrer filigranen Steinmetzarbeiten auch das Paris der Mayawelt genannt. In den letzten Jahren hat man Tunnelanlagen freigelegt, die interessante Einblicke in die Architektur der Maya ermöglichen. Ein sehenswertes Museum rundet den Besuch ab. Die touristische Infrastruktur um Copán hat sich stark ausgeweitet und bietet viele zusätzliche Ausflugsmöglichkeiten. Übernachten kann man in Copán Ruinas unweit der Ausgrabungsstätte. Zeitbedarf 1–2 Tage.

# Sehenswürdigkeiten, Unterkunft und Restaurants

## Unterkunft und Restaurants

### Preiskategorien
K 1     bis 15 US-$  
K 2     15–35 US-$  
K 3     35–50 US-$  
K 4     50–70 US-$  
K 5     70–100 US-$  
K 6     über 100 US-$

### Belize
Intern. Vorwahl +501, keine Vorwahlnummern im Land

Bessere Hotels schlagen auf ihre Preise 9 % Hotelsteuer und gelegentlich eine Servicesteuer von 5 % auf. In entlegenen Lodges kann man oftmals nur Pakete buchen und bisweilen ist eine einfache Einzelübernachtung unmöglich. Die Hauptkunden der belizianischen Tourismusindustrie sind US-Amerikaner. Die Hotels haben sich diesbezüglich voll und ganz auf diese zahlungskräftige Klientel eingestellt.

### Altún Há (Belize District)
Die Maya-Ruinen liegen rund 55 km nördlich von Belize City entlang dem Old Northern Highway. Sie sind am einfachsten im Rahmen einer organisierten Tour oder mit dem Mietwagen zu erreichen.

#### Unterkunft
Maruba Resort & Jungle Spa, Maskall Village, 15 km nördlich der Ruinen, am Old Northern Highway, Tel. 225 55 55, Fax 225 55 06, maruba@btl.net, www.maruba-spa.com. (K 6 ab ca. 200 US-$)

### Belize City
Ist mit rund 50 000 Einwohnern die größte Stadt des Landes (die Hauptstadt von Belize heißt Belmopán). Ausgangspunkt für Bootsfahrten zu den nördlichen Cayes. Hier befindet sich der einzige internationale Flughafen des Landes. Keine Sehenswürdigkeiten aber interessantes Völkergemisch und karibisches Ambiente. Nach Einbruch der Dunkelheit sollte man dunkle und unbelebte Gegenden meiden.

#### Unterkunft
– Radisson Fort George,
2 Marine Parade,
Tel. 223 33 33, Fax 227 38 20,
amin.dredge@radisson.com,
www.radissonbelize.com
Das erste Haus am Platz, mit 50-jähriger Tradition und Dachrestaurant Maxime's. Sehr gute internationale Küche und herrlicher Ausblick. (K 6)
– The Great House,
13 Cork Street,
Tel. 223 34 00, Fax 223 34 44,
greathouse@btl.net,
www.greathousebelize.com
Restauriertes, etwas kitschiges altes Haus mit gutem Restaurant im Erdgeschoss. (K 6)
– Colton House,
9 Cork Street,
Tel./Fax 203 46 66,
www.coltonhouse.com.
Schönes altes Kolonialhaus mit nur wenigen Zimmern. (K 5)
– Three Sisters Guest House,
55B Eve St., Tel. 203 57 29
Geräumige, saubere und günstige Zimmer. (K 2)

#### Restaurants
– Macy's Cafe, 18 Bishop Street
Ausgezeichnete kreolische Spezialitäten zu vernünftigen Preisen.
– Jambel's, 2B King St.

# Informationen für unterwegs

Belizianisch-jamaikanische Küche, Bier vom Fass.
– The little Mermaid, gegenüber vom Radisson Fort George
Gute Meeresfrüchte.
Gut und billig sind auch die zahlreichen chinesischen Restaurants der Stadt.

**Reiseagentur**
Maya Travel Services,
42 Cleghorn Street, Belize City,
Tel. 223 16 23, Fax 223 05 85,
www.mayatravelservices.com.
Kompletten Tourservice in ganz Belize.

**Cayes**
Auf den nördlichen Inseln gibt es zahlreiche Hotels und Resorts aller Preisklassen, die man schon auf dem Festland buchen kann und die auch die Überfahrt organisieren. Informationen erhält man in Reisebüros und den Hotels in Belize City.
– Caye Caulker
www.gocayecaulker.com
Anreise mit dem Schnellboot ab der Swing Bridge oder mit dem Kleinflugzeug.
– Ambergris Caye (San Pedro),
www.ambgergriscaye.com
Es gelten ähnliche Tarife. Es gibt regelmäßige Bootsverbindungen zwischen beiden Cayes. Unterkunft und Verpflegung auf sind teurer als auf Caye Caulker.
Zu den touristisch erschlossenen südlichen Cayes zählen Tobacco Caye, South Water Caye und Glover's Reef. Sie werden alle von Dangriga aus angefahren.

**Unterkunft**
– Sunbreeze, 7 Coconut Drive, San Pedro, Ambergris Caye,
Tel. 226 21 91, Fax 226 23 46
sunbreezehtl@sunbreeze.net,
www.sunbreezehotel.com
U-förmig angelegtes Strandhotel mit allem Komfort. (K 6)
– Lazy Iguana, Caye Caulker,
Tel. 226 03 50, Fax 226 03 20,
www.lazyiguana.net
Luxuriöses, dreistöckiges Bed & Breakfast mit geräumigen Zimmern. (K 5–6).
– Tropical Paradise, Caye Caulker, im Südteil der Insel,
Tel. 226 01 24, Fax 226 02 25,
www.tropicalparadise.bz/
Holzbungalows und gutes Restaurant. (K 3–5)
– Tree Tops Guesthouse, Caye Caulker,
Tel. 226 02 40, Fax 226 01 15,
treetopsbelize@direcway.com,
www.treetopsbelize.com
Mehrstöckiges Gebäude mit schönem Meerblick, luftige Zimmer. (K 3)
– Hotel San Pedrano, Barrier Ref. Dr./ Ecke Caribeña St., San Pedro, Ambergris Caye,
Tel. 226 20 54,
sanpedrano@btl.net
Einfache Billigunterkunft, Zimmer meist ohne Meeresblick. (K 2)
– Glover's Atoll Resort, Glover's Reef,
Tel. 520 50 16, Fax 223 54 24,
info@glovers.com.bz,
www.glovers.com.b/welcome.html.
Rund 70 km vom Festland entfernter Atollkomplex, der im Jahr 2000 zum Weltkulturerbe der Menschheit ernannt wurde. Die Die Hauptbeschäftigungen sind schnorcheln, tauchen, schwimmen und sonnenbaden. Sehr einfache Unterkünfte (kein Strom oder fließendes Wasser), Selbstverpflegung möglich, günstigere Wochentarife. Teure Anreise, s. Webseite. (K 2–3)

# Unterkunft und Restaurants

Billige Unterkünfte (K 2–3) findet man in den zahlreichen Guesthouses, die meist einen Frauennamen tragen, z. B. Edith's Guesthouse, Lucy's Guesthouse, etc.

**Restaurants**
Fans von Meeresfrüchten kommen voll auf ihre Kosten:
– Sandbox, Caye Caulker
Beliebtestes Restaurant auf Caye Caulker mit einem Sandfußboden, auch vegetarische Gerichte.
– Elvi's Kitchen, am Strand in San Pedro, Ambergris Caye
Eine gute Auswahl an Gerichten, die von Snacks bis zu kompletten Hummergerichten reicht.

## Corozal

Der kleine Ort mit seinen rund 8000 Einwohnern liegt direkt am Meer und ist ein beliebter Reisestopp auf dem Weg nach Mexiko.

**Unterkunft**
– Tony's Inn and Beach Resort, Tel. 422 20 55, Fax 422 28 29, tonys@btl.net, www.tonysinn.com.
Gutes Hotel mit schönem Garten, Meerblick und künstlich aufgeschüttetem Sandstrand. (K 4)
– Hotel Maya, 7th. Av.,
Tel. 422 20 82,
hotelmaya@btl.net
Beliebtes Budgethotel. (K 2)

## Orange Walk

Die größte Stadt von Nordbelize ist ein landwirtschaftliches Zentrum und nicht besonders auf Tourismus eingestellt. Die größte Attraktion sind zweifelsohne die Mayaruinen Lamanai, die auf einer wunderschönen Dschungel-Bootsfahrt auf dem New River erreicht werden können.

**Unterkunft**
– Lamanai Outpost Lodge,
in der Nähe der gleichnamigen Ruinen gelegen,
Tel. 223 35 78, Fax 220 90 61, outpost@lamanai.com,
www.lamanai.com
Hübsche, rustikale, aber komfortable Unterkunft mit Möglichkeiten der Einsicht in archäologische-, biologische- und zoologische Forschungsarbeit. Sehr teure all-inclusive-Pakete. (K 6)
– Chan Chich Lodge,
ganz im Westen des Landes bei Gallon Jug, Nähe guatemaltekische Grenze, Tel./Fax 223 44 19, info@chanchich.com,
www.chanchich.com
(K 6)
– Hotel Mi Amor, 19 Queen Victoria Av., Tel. 302 20 31
Akzeptable Zimmer, bieten auch Ausflüge zu den umliegenden Mayaruinen an. (K 2)

## Punta Gorda

Ausgangspunkt für die Besichtigung der umliegenden Mopán-Mayadörfer und der Mayastätten Lubaantún und Nim Li Punit. Auf dem Seeweg gelangt man von Punta Gorda nach Lívingston in Guatemala und zu den einsamen Sapodilla Cayes.

**Unterkunft**
– Sea Front Inn, Front St.,
Tel. 722 23 00, Fax 722 26 82, www.seafrontinn.com/
Gut ausgestattete Zimmer, schöner Meeresblick, frühes Aufstehen lohnt, um den Sonnenaufgang zu erleben. (K 5)
– Nature's Way Guest House,
65 Front Street,
Tel. 722 21 19
Schattiger Innenhof mit Hängematten. Gutes Frühstück. (K 2)

# *Informationen für unterwegs*

**Reiseagenturen**
– Toledo Institute for Development and Environment (TIDE), Tel. 722 21 29, info@tidetours.org, www.tidetours.org
Veranstaltet Ausflüge in die Umgebung.
– Toledo Ecotourism Association, Tel. 722 20 96
Arrangiert Touren und Übernachtungen zu den Mayadörfern in der Nähe von Punta Gorda.

## San Ignacio

Guter Ausgangspunkt für Touren zum Mountain Pine Ridge und für die Besichtigung der Mayastätten Caracol, Xunantunich und Cahal Pech. Außerdem sind es von San Ignacio aus nur noch wenige Kilometer bis zur guatemaltekischen Grenze. Von dort gelangt man dann problemlos nach Flores und Tikal.

**Unterkunft**
– Blancaneaux Logde, Mountain Pine Rigde, Tel. 824 38 78, info@blancaneaux.com, www.blancaneaux.com/site.php
Teure Lodge von Filmregisseur Francis Ford Coppola. (K 6)
– Five Sisters Lodge, Mountain Pine Ridge Tel. 820 40 05, Fax 820 40 24, www.fivesisterslodge.com/
Auf dem Weg nach Caracol gelegen, ideal für Naturliebhaber. (K 5)
– Chaa Creek Lodge, Mountain Pine Ridge, Tel. 824 20 37, Fax 824 25 01, www.chaacreek.com
Bungalows im Urwald des Naturschutzparks Mountain Ridge am Fluß Macal. (K 5–6)
– Pacz Inn, 402 Far West St.,
Tel. 824 45 38
Sauber und freundlich. (K 2)
**Restaurants**
– Serendib, an der Burns Av. Leckere und nicht zu teure asiatische Küche.
**Reiseagenturen**
Verschiedene Agenturen in der Burns Avenue wie z. B. Maya Walk oder Evas organisieren Ausflüge zu den Sehenswürdigkeiten der Umgebung und zur Mountain Pine Ridge etc.

## Guatemala

Intern. Vorwahl +502; im Land keine Vorwahlen; dann folgt eine achtstellige Telefonnummer

Die vom guatemaltekischen Tourismusinstitut INGUAT an den Rezeptionen der Hotels ausgewiesenen Richtpreise enthalten weder die 10 % Touristensteuer des INGUAT noch 12 % Mehrwertsteuer.

## Antigua

Die wahrscheinlich schönste Kolonialstadt des Kontinents, umrahmt von drei mächtigen Vulkanen. Die Osterfeierlichkeiten sind ein Spektakel der Sonderklasse!
**Unterkunft**
– Posada del Angel, 4. Av. Sur 24 A, Tel./Fax 78 32 02 60, www.posadadelangel.com
Die einfache Tür mit der abgeblätterten Farbe täuscht gewaltig: innen Luxus pur (täglich frische Blumen, Bademantel etc.) im geschmackvollen Kolonialstil. (K 6)
– Hotel Mesón Panza Verde, 5. Av. Sur 19, Tel./Fax 78 32 29 25

# Unterkunft und Restaurants

Etwas außerhalb des Zentrums im Süden der Stadt und daher sehr ruhig. Das Kolonialgebäude mit seinen geschmackvoll eingerichteten Zimmern beherbergt auch das beste Restaurant von Antigua. (K 5–6)

– Posada de Don Rodrigo, 5. Av. Norte 17, Tel. 832 02 91
Hotel im Kolonialstil mit wunderschönen Innenhöfen in der ehemaligen Casa de los Leones; Zimmer haben unterschiedliche Größe. Restaurant und Bar, Live-Marimba. (K 4)

– Hotel San Jorge, 4. Av. Sur 13, Tel./Fax 832 31 32
Sehr ruhiges, sauberes, familiengeführtes Haus, kleines Frühstück im Preis inbegriffen. (K 3)

– Hotel San Vincente, 6. Av. Sur #6, Tel. 78 32 33 11
Ordentliche, saubere und günstige Zimmer. (K 1–2)

**Restaurants**
– Fridas, 5. Av. Norte 29
Ambiente mit Bildern von Frida Kahlo, nicht ganz billige mexikanische Küche, Bar im zweiten Stock, beliebter Treffpunkt, an Wochenenden sehr voll, tgl. geöffnet.

– Jardín Bavaria, 7. Av. Norte 49
Wie der Name schon vermuten lässt, gibt es hier fast alles, was Deutsche im Ausland vermissen könnten. Einheimisches Bier vom Fass, diverse deutsche Biersorten aus der Flasche, Weißwürste, Schweinebraten und jeden Samstag Spanferkel vom Rost, tgl. geöffnet.

– La Fonda de la Calle Real, 5. Av. Norte 5, Tel. 832 26 96
Einheimische Küche auf hohem Niveau, ein schönes Ambiente und Livemusik an Wochenenden runden den Besuch ab.

– Perú Café, 4. Av. Norte 7
Sehr gute peruanische Küche, u. a. Fischgerichte und Meeresfrüchte, gepflegte Atmosphäre, Mo geschl.

– Quesos y Vino, 5. Av. Norte 32 A
Außer einer guten Käse- und Weinauswahl gibt es Pizzen, Pasta und Salate, Di geschl.

– La Casserole, Callejón de la Concepción 7
Ausgezeichnetes französisches Restaurant, höheres, aber leistungsgerechtes Preisniveau, sehr freundliche Atmosphäre, Mo geschl.

**Reiseagenturen**
ViaVenture, 6. C. Poniente 6, Tel. 78 32 04 78, www.viaventure.com
Exklusiver Spezialreiseanbieter mit maßgeschneiderten Angeboten für ganz Guatemala und Belize. Sehr qualifiziertes Personal. Die Qualität der Touren rechtfertigt den höheren Preis.

**Chichicastenango**
Der populärste Markt in Guatemala mit einem überwältigenden Angebot an Kunsthandwerk.

**Unterkunft**
– Mayan Inn, 8. C., hinter der Kalvarienkapelle, Tel. 77 56 11 76, Fax 77 56 12 12
Große Zimmer mit Kamin und antiken Möbeln, gepflegter Garten, Restaurant, Bar, Gruppenhotel. (K 5)

– Hotel Santo Tomás, 7. Av. 5–32, Tel. 77 56 10 61, Fax 77 56 13 06 hst@itelgua.com
Eines der großen Touristenhotels in Chichi. Alle Zimmer mit Kamin, gediegene koloniale Atmosphäre, große Sonnenterrasse,

*Informationen für unterwegs*

Swimmingpool, Jacuzzi, Sauna, bietet mehr fürs Geld als das Mayan Inn in derselben Kategorie, viele Gruppen. (K 5)
– Hotel Chugüilá, 5. Av. 5–24, Tel./Fax 77 56 11 34, hotelchuguila@yahoo.com
Große, schon etwas ältere Zimmer, z. T. mit Kamin (Holz kostet extra), gutes Preis-Leistungs-Verhältnis, Restaurant mit einheimischen Gerichten. (K 2)
– Posada El Arco, 4. C. 4-36, am Cucumatz-Bogen, Tel. 77 56 12 55
Große Zimmer, Warmwasser wird zur Hälfte durch Solarenergie erzeugt, familiäre Atmosphäre, sauber, angenehm. (K 2)

**Restaurants**
Gut isst man in den Hotels Mayan Inn und im Santo Tomás.
– Los Cofrades, 5. Av., Ecke 6. C., 2. Stock
Gemischte Küche, guter, prämierter Kaffee, auch zum Mitnehmen, Di geschl.
– Tziguan Tinamit, 5. Av. 5-67
Von allem etwas, nicht ganz billig.
– La Fonda del Tzijolaj, Centro Comercial Santo Tomás, 2.Stock, Nr. 34, an der Plaza.
Gut, um dem Marktgewimmel zu entfliehen und einen Blick von oben auf den Trubel zu werfen.

**Cobán**
Hauptstadt von Kardamom, Kaffee und Orchideen. Viele lohnenswerte Ausflugsziele in der Umgebung.

**Unterkunft**
– La Posada, 1. C. 4–12, Z. 2, Tel. 79 52 14 95, Fax 79 51 06 46, laposada@c.net.gt
Immer noch das Beste, was Cobán zu bieten hat. Die ehemalige Finca ist zu einem attraktiven Hotel im Kolonialstil umgewandelt worden, mit zwei großen Patios, Restaurant und Café. Gediegene, leicht snobistische Atmosphäre. (K 3)
– Posada de Don Antonio, 5. Av. 1–51, Z. 4, Tel. 79 51 42 87, Fax 79 51 47 51
Auf alt getrimmtes Hotel, das von der Atmosphäre her der La Posada nicht das Wasser reichen kann, Zimmer ok. (K 2)
– Hostal de Doña Victoria, 3. Av. 2–38, Z. 3, Tel. 952 22 13, Fax 952 22 14
Neben der Post liegt dieses geschmackvoll eingerichtete Hotel mit schönem Garten im Innenhof. Angeblich das älteste Gebäude aus der Gründerzeit der Stadt, das sowohl als Konvent als auch als Finca diente. Zimmer teilweise mit Doppelstockbetten und Holzfußboden, Restaurant, Tripps in die Umgebung, Internetanschluss. (K 2)

**Restaurants**
– Café Tirol, 1. C. 3–13
Über 50 Kaffee-Spezialitäten, von denen einige wirklich gut sind. Dazu Kuchen, Sandwiches und andere Snacks. Der Service ist auch für guatemaltekische Verhältnisse zu langsam, So geschl.
– Restaurant im Hostal Casa D'Acuña, s. o.
Sehr gutes, nicht ganz billiges Restaurant, Brot und Kuchen aus eigener Herstellung, Mo geschl.
– Restaurant und Café im Hotel La Posada, s. o.
Teuer, aber gut.
– XKape Kob'an, Diagonal 4, 5–13, Z.2
Gemütliches Café mit Internet und einer guten Auswahl an re-

gionalem Kunsthandwerk der Region.
– Pizzería Fratelo's, 3. C., Zona 3, zwischen Post und Hotel Doña Victoria, kleines Restaurant mit solider italienischer Küche.

**Reiseagentur**
Casa D'Acuña, 4. C. 3–11, Z. 2, Tel. 951 04 82, Fax 952 15 47, casadeacuna@yahoo.com
Bietet gut organisierte Touren in kleinen Gruppen an.

**Flores**
Symphatische Hauptstadt der Provinz Petén, auf einer kleinen Insel im Petén-Itza-See gelegen. Ausgangspunkt für Touren nach Tikal.

**Unterkunft**
– La Casona del lago,
am Seeufer, Santa Elena,
Tel. 79 52 87 00,
www.hotelesdelpeten.com
Neues Luxushotel mit schönem Blick auf den See. (K 5)
– Hotel del Patio, 8. Av. / 2. C., Santa Elena, Tel. 79 26 01 04, Reservierungen Tel. 23 37 44 02
Sehr schön um einen Innenhof gruppierte Zimmer, ruhige Lage, Pool, Bar und Restaurant, empfehlenswert. (K 4)
– Guest House & Hotel
Casa Azul, im Norden,
Tel. 79 26 11 38,
www.corpetur.com
Geräumige, gepflegte Zimmer. Zur Ausstattung gehören ein kleiner Kühlschrank, AC und TV, schöner Seeblick. (K 3)
– Hotel Santana, im Südwesten, Tel./Fax 79 26 06 62,
www.santanapeten.com
Großes Hotel an der Anlegestelle der Boote nach San Andrés und San Benito; schöne Zimmer, z. T. mit kleinem Balkon, AC, TV, Telefon und Zimmersafe; kleiner Pool und Restaurant. (K 3)
– La Casona de la Isla,
im Westen, Tel. 79 26 05 93,
www.hotelesdelpeten.com
Beliebtes Hotel mit Mini-Schwimmbad, Whirlpool und Bar, etwas kleine Zimmer mit AC, viele Gruppen. (K 3)
– Hotel Sabana, im Norden, Tel./Fax 79 26 12 48
Von außen nicht besonders schön; relativ geräumige Zimmer mit TV und AC, Pool, Restaurant. (K 2–3)
– Hotel Villa del Lago,
im Südosten,
Tel. 79 26 05 08, Fax 79 26 06 29
Saubere Zimmer mit TV und AC. Schöne Terrasse mit Seeblick Richtung Osten. Nur das Zimmer Nr. 201 im ersten Stock besitzt einen eigenen Balkon. (K 2)

**Restaurants**
– Capitán Tortuga
Großes Restaurant an der Westseite der Insel, gute Speisenauswahl.
– Naomi's Café, Flores
Gute Pastaauswahl und Sandwiches.
– La Mesa de los Mayas, Flores
Spezialitätenrestaurant.
– Las Puertas, Avenida Santa Ana, Ecke Callejón El Crucero, Flores
Beliebte Kneipe mit breitem Angebot an Speisen, gute Sandwiches und auch Frühstück, gelegentlich Livemusik. So geschl.

**Guatemala, Ciudad de**
Im Ballungsgebiet der Hauptstadt Guatemalas leben inzwischen rund 2,5 Mio. Menschen.

*Informationen für unterwegs*

Sehr interessante Museen und einige lohnenswerte Kolonialgebäude. Als Übernachtungsort bietet sich allerdings das nur 45 km entfernte Antigua an.

**Unterkunft**

**... im historischen Zentrum:**
– Hotel Ritz Continental,
12 C., 6–10, 6 Av. 10–13 Z.1.
Tel. 22 38 16 71, Fax 238 16 84, ritz@intelnet.net.gt
Eines der größten und teuersten Hotels der Zone 1. Für den gleichen Luxus zahlt man in der Zone 10 fast das Doppelte. Konferenz-Atmosphäre, Restaurant, Bar, kleines Schwimmbad, große Zimmer, Preis inklusive Frühstück. (K 6)
– Hotel Best Western
Royal Palace, 6. Av. 12–66,
Tel. 22 20 89 70, Fax 22 38 37 15, ventas@hotelroyalpalace.com, www.hotelroyalpalace.com
Für das Gebotene nicht zu teuer. Restaurant, Bar. (K 5)
– Hotel Chalet Suizo,
7. Av. 14–34, Tel. 22 51 37 86, Fax 22 32 04 29
Die ehemalige Billigunterkunft ist teurer geworden, aber die Zimmer sind sauber und sicher. (K 2)

**... in Zone 4**
– Hotel Plaza, Vía 7, 6–16,
Tel. 23 31 61 73, Fax 23 31 68 24, www.hotelplazaguatemala.com
Ordentliches Preis-Leistungs-Verhältnis, gute Lage zwischen der Zone 1 und der Zone 9, Pool, Bar, Restaurant, Internetservice gratis. (K 3)

**... in Zone 9**
– Hotel Marriott, 7. Av. 15–45,
Tel. 23 39 77 77, Fax 23 32 18 77, reservacionesguatemala@marriott.com.gt, www.mar riott.com
Absolute Luxusklasse. (K 6)

– Villa Española, 2. C. 7–51,
Tel./Fax 23 32 25 15, www.hotelvillaespanola.com
Zimmer im Kolonialstil um einen Innenhof, der als Parkplatz dient und somit laut sein kann, Teile des Hotels wurden renoviert. (K 4)

**... in Zone 13**
Eine Übernachtung in dieser Zone empfiehlt sich für diejenigen, die schnell oder zu ungünstigen Zeiten zum Flughafen müssen.
– Hotel El Aeropuerto Guest House, 15. C. A 7–32, Col. Aurora, Z.13,
Tel. 23 32 30 86, Fax 23 62 12 64, hotairpt@guate.net
Liegt dem internationalen Flughafenterminal am nächsten, kostenlose Abholung, E-Mail-Service, Wäscherei, gepflegte Zimmer. (K 2)

**... in Zone 10**
– Westin Camino Real, 14. C., 0–20, Av. Reforma,
Tel. 23 33 30 00, Fax 23 37 43 13, www.caminoreal.com.gt
Trotz wachsender Konkurrenz im Bereich der Oberklasse immer noch eines der beliebtesten Luxushotels. (K 6)
– Casa Santa Clara, 12. C. 4–51,
Tel. 23 39 18 11, Fax 23 32 07 75, www.hotelcasasantaclara.com
Günstiger und gemütlicher als die großen Luxushotels, Frühstück sowie Internetbenutzung für Gäste gratis. (K 5)

**Restaurants**

Viele gute Restaurants liegen in der Zona Viva, dem sicheren Viertel in der Zone 10 und im Unterhaltungs- und Kulturzentrum 4 Grados Norte, Zone 4, zwischen der 7. und 9. Avenida.
– Altuna, 5. Av. 12–31, Zona 1, auch in 10 C. 0–45, Z.10.

# Unterkunft und Restaurants

Nettes, aber nicht ganz billiges Restaurant mit spanischer Küche und Seafood-Gerichten, Spezialität Paella, Mo geschl.
– Arrin-Cuan, 5. Av. 3–27, Zona 1, ebenfalls in der Zone 10, 4–32
Guatemaltekische Spezialitäten, insgesamt sehr fleischlastige Karte, inklusive bedrohter Wildarten. Spezialität Kak'Ik, Truthahnsuppe aus der Provinz Alta Verapaz, tgl. geöffnet.
– Teppanyaki, 7. Av. 10–65, Zona 9
Hervorragendes japanisches Restaurant, Essen wird frisch vor dem Gast zubereitet, tgl. geöffnet.
– Café Los Alpes, 10. C. 1–09, Zona 10
Von Schweizern geführtes Café mit gutem Kuchen (Apfelstrudel!) und Pralinen, Mo geschl.
– Nais, 1. Av. 12–47, Zona 10
Städtische Restaurantkette, gute Frühstückauswahl und breit gefächertes Speiseangebot, gehobenes Ambiente und dafür nicht zu teuer.
– Siriacos, 1. Av., 12–16, Zona 10
Internationale Küche, gut aber teuer.
– Sophos, Büchercafé, Av. Reforma 13–89, Z. 10
Auch zum Draußensitzen.
– Teehaus Germania, 5. Av. 15–88A, Zona14, 5 Min. von der Dtsch. Botschaft
Kleiner, sehr nett eingerichteter Teeladen mit Außenterrasse und Buchverkauf.

## Huehuetenango

Kleines, aber sehr geschäftiges Städtchen am Fuße der gewaltigen Cuchumatanes-Berge. In der Nähe liegt Zaculeu, die Ruinenstätte der Mam-Indianer.

**Unterkunft**
– Hotel Cuchumatanes, Sector Brasilia, Z. 7, Tel./Fax 77 64 93 56
Das teuerste Hotel der Stadt liegt ca. 2 km außerhalb des Ortes, verfügt über Schwimmbad und Restaurant, viele Gruppen. (K 3)
– Hotel Casablanca, 7. Av. 3–41, Tel./Fax 77 69 07 77–79
Bestes Hotel im Zentrum, Kolonialstil, Restaurant auch zum Draußensitzen. (K 3)

**Restaurants**
– Restaurant im Hotel Casablanca, s. o.
Nicht ganz billig, aber gute Auswahl und nettes Ambiente. So Frühstücksbüffet.
– Las Brasas, 4. Av. 1–55
Chinesisch-guatemaltekische Küche, große Portionen.
– Mi Tierra Café, 4. C. 6–46
Das netteste Café Huehuetenangos, auch Treffpunkt vieler Einheimischer, serviert Snacks wie Salate, Grillkartoffeln, aber auch Pizzen in einem für Huehuetenango sehr avantgardistischen Ambiente.

## Livingston

Das karibische Gesicht von Guatemala. Der Ort ist nur per Boot zu erreichen.

**Unterkunft**
– Tucán Dugú, rechts vom Hauptdock, Tel. 79 47 00 72, Fax 79 47 00 78
Luxushotel mit traumhaft schönem Blick auf den Fluss und das Meer, Pool, eigene Anlegestelle, Zimmersafe, Restaurant, Paketpreise inkl. Halbpension. In der Nebensaison (April–Juni) etwas günstiger. (K 6)
– Posada El Delfín, wenige 100 m links vom Hauptdock

## Informationen für unterwegs

am Fluss,
Tel. 79 47 00 56, Fax 79 47 00 77,
www.turcios.com/eldelfin
Neueres Hotel mit guten Zimmern. (K 6)
**Restaurant**
– Bugamama, am Bootssteg
Abwechslungsreiche Karte, gute Meeresfrüchtegerichte. Mit den Erlösen des Restaurants wird ein Hilfsprojekt für Kekchí-Indianer unterstützt.
**Reiseagenturen**
– Exotic Travel,
im Restaurant Bahía Azul,
Tel. 79 47 01 51, Fax 79 47 01 36,
exotictravelagency@hotmail.com
Sehr zuverlässige Allround-Agentur, die u. a. auch Tripps zu den Cayes in Belize oder zur Punta Manabique anbietet.

**Mazatenango**
Wichtige Handelstadt auf der Pazifikseite.
**Unterkunft**
– Alba, 7a Calle 0–26, Zona 2,
Tel. 78 72 02 64
Hübsch und sauber, mit kleinem Restaurant. (K 2)

**Panajachel**
Der größte und touristischte Ort am Atitlán-See. Von hier aus fahren Boote zu den am See gelegenen Mayadörfern.
**Unterkunft**
– Hotel Atitlán,
Finca San Buenaventura,
Tel. 77 62 14 41, Fax 77 62 00 48,
www.hotelatitlan.com
Sicherlich das Highlight aller Hotels von Panajachel. Ein kleines Paradies mit 65 Zimmern im Kolonialstil, alle mit Seeblick, davon sieben Suiten mit Kamin. Das ganze Hotel gleicht einem Kolonialmuseum, gepflegter Garten des Ortes mit direktem Seezugang. Allein hier und in den anliegenden Kaffeeplantagen wurden ca. 60 Vogelarten gezählt. Pool, Sonnenterrasse, Restaurant, Bootstouren, Laden mit Kunsthandwerk, Sauna. Auch wer nicht plant, hier zu übernachten, sollte dieses einmalige Hotel auf einen Kaffee besuchen. Leider kostet der Besuch des Hotels rund 5 US-$. Eintritt, der aber mit dem Konsum verrechnet wird. (K 6)
– Hotel Posada de Don Rodrigo,
Ecke Calle Santander/
Calle de Buenas Nuevas,
Tel./Fax 762 23 26,
pana@posadadedonrodrigo.com
Kolonialstil, gehört den Besitzern des Originals in Antigua, gute Lage direkt am See, gemütliche Zimmer mit Kamin, ideal für Familien, Pool mit Wasserrutsche, Sonnendeck mit tollem Seeblick, großes Freizeitangebot: Squashcourt, Dampfbad, Tischtennis, Spielsalon, Konferenzräume, viele Gruppen. (K 5)
– Hotel Regis,
Calle Santander 3–47,
Tel. 762 11 49, Fax 762 11 52,
www.hotelregis.net
Zentrale Lage, Parkplatz, Garten, Wäscheservice; Safe, sechs Zimmer mit Kamin, Kabelfernsehen; einziges Hotel mit eigenen Thermalquellen. (K 3)
– Hotel Posada Monte Rosa,
Calle de Monterrey,
Tel. 77 62 00 55
Kleines Hotel, ruhig in einer Nebenstraße gelegen, ordentliche Zimmer mit Bad, Parkplatz. (K 2)
**Restaurants**
– Café Bombay, Calle Santander
Große Auswahl an vegetarischen

# Unterkunft und Restaurants

Gerichten, organisch angebaute Salate, nettes Ambiente.
– Circus Bar,
Calle de los Arboles
Mittlerweile eine Institution in Pana, große Auswahl an Gerichten aller Art, Schwerpunkt italienisch, ausgezeichnete Pizzen, Bar, tgl. Livemusik, gute Atmosphäre, gemischtes Publikum. An den umsatzschwächeren Tagen von So–Do kann man beim kostenlosen Würfeln seine Drinks verdoppeln! 365 Tage im Jahr geöffnet.
– Crossroads Café,
Calle del Campanario 0–27
Kleines Café mit dem besten Kaffee Panajachels. Der amerikanische Besitzer röstet seinen Kaffee selbst. So geschl.
– Sunset Cafe,
an der Verlängerung der Calle Santander am See
Mit vorwiegend mexikanischen Gerichten, Bar, Cocktails, Livemusik, toller Seeblick, In-Treffpunkt am späten Nachmittag.

## Puerto Barrios

Ehemalige Hafenstadt mit morbidem Charme. Von hier aus gelangt man mit Schnellbooten nach Lívingston oder Punta Gorda in Belize.

**Unterkunft**
– Hotel del Norte, 7. C./1. Av., Tel. 79 48 21 16, Fax 79 48 00 87
Wunderschöner, etwas in die Jahre gekommener Holzbau am Meer mit viel karibischem Flair, Zimmer im Nebengebäude *(anexo)* haben AC und sind dementsprechend teurer, Restaurant. (K 2)

**Restaurant**
– Safari, 5a Av. 1A, direkt an der Küste, Tel. 79 48 05 63
Großes Restaurant mit guter Auswahl an Fisch und Meeresfrüchten.

## Quetzaltenango

Die zweitgrößte Stadt des Landes ist sehr indianisch geprägt und authentischer als Antigua. Schöne Ausflugsmöglichkeiten.

**Unterkunft**
– Pensión Bonifaz,
4. C. 10–50, Z. 1,
Tel. 77 65 11 11, Fax 77 63 06 71
Immer noch das erste Haus am Platz, Restaurant, viele Reisegruppen, direkt am Parque Central gelegen. (K 5)
– Hotel Modelo,
14. Av. "A" 2–31, Z. 1,
Tel. 77 61 25 29, Fax 77 63 13 76
1892 gegründet, ruhige, angenehme Zimmer, Restaurant, Parkplatz. (K 4)
– Casa Mañen, 9. Av. 4–11, Z. 1, Tel. 77 65 07 86, Fax 765 06 78, www.comeseeit.com
Kleines Hotel mit liebevoll eingerichteten Zimmern, sehr gepflegt, Kamin, Dachterrasse, Frühstück inklusive. (K 4)
– Hotel Altense, 9. C. 8–48, Z. 1, Tel. 765 46 48
Sauber, einfach, gutes Preis-Leistungs-Verhältnis. (K 2)
– Anexo Hotel Modelo, 14. Av. "A" 3–22, Z. 1, Tel. 77 61 26 06
Angenehme Zimmer um einen schönen Innenhof, sehr sauber, absolut empfehlenswert. (K 2)

**Restaurants**
– Restaurante Cardinali,
14. Av. 3–25, Z. 1
Bekannter Italiener mit guter Weinauswahl, nicht ganz billig.
– Restaurante El Kopetín,
14. Av. 3–41, Z. 1
Wird hauptsächlich von Einheimischen frequentiert; hier gibt es

## Informationen für unterwegs

alles vom Hamburger über Filet Mignon bis zu Ceviche. Leckere Spinatmousse.
– Restaurant im Hotel Bonifaz, s. o.
Für die, die es etwas gediegener und teurer möchten. Internationale Küche.
– Shai Long, 18. Av. 4–44, Z. 3
Chinesische Küche.
– Café Baviera, 5. C. 13–14, Z. 1
Xelas beliebtestes und bestes Café, schön mit alten Fotos dekoriert. Frühstück ab 7 Uhr.
– Bazar del Café, Centro Comercial Mont Blanc, Calzada Revolución, Zona 3, Nivel 3
Rösterei und Café, frischer Kaffee zum Trinken und zum Mitnehmen.

**Reiseveranstalter**
– Adrenalina Tours, Pasaje Enriquez an der Plaza, neben der Tecún Bar, Tel. 77 61 45 09, info@adrenalinatours.com, www.adrenalinatours.com
Shuttle-Service, Touren im Minibus in die Umgebung, Wanderungen und Vulkanbesteigungen.

### Río Dulce

Der Abfluss des Izabal-Sees, der von einer großen Brücke überspannt wird. Weiterfahrt mit dem Bus nach Guatemala-Stadt bzw. Flores oder mit Boot nach Lívingston.

**Unterkunft**
– Hotel Viñas del Lago,
Tel. 79 30 50 53,
hotelvinasdlago@intelnet.net.gt
Große Anlage mit Pool und Restaurant an den Ufern des Izabal-Sees nahe dem Castillo, ruhig. Zi. mit AC. (K 2)

### Tikal

Die bekanntesten und größten Mayaruinen des Landes in einem wunderschönen Nationalpark gelegen. Ein absolutes Muss auf jeder Guatemala-Reise.

**Unterkunft**
– Camino Real, Tayasal,
El Remate,
Tel. 79 26 02 04, Fax 79 26 02 22, caminorealtikal.com
Abseits der Straßen, direkt am Petén Itza-See. (K 6/Paketpreise)
Im Park von Tikal befinden sich bei der alten Landepiste:
– Jungle Lodge,
Tel. 24 76 87 75, Fax 24 76 02 94, www.junglelodge.guate.com
– Tikal Inn,
Tel. 79 26 00 65, Fax 79 26 19 13, hoteltikalinn@itelgua.com
– Jaguar Inn, in Flores,
Tel. 79 26 00 02, Fax 79 26 24 13, www.jaguartikal.com
Die Preise aller Hotels liegen zwischen (K 3–5).

### Yaxhá

Kleine, aber feine Mayastätte, die gut von Flores aus zu erreichen ist.

**Unterkunft**
– Ecolodge El Sombrero,
Tel. 78 61 16 87,
www.ecosombrero.com
Die Lodge liegt traumhaft schön an der Ostseite der Lagune Yaxhá und offeriert einfache, saubere Zimmer mit Gemeinschaftsbad. Die privaten Bungalows sind deutlich teurer. Das Restaurant ist ebenfalls nicht billig. Die Besitzer der Lodge veranstalten Bootsausflüge zur Insel Topoxté und mehrtägige Ausritte über Nakum nach Tikal. (K 1–2)

## Unterkunft und Restaurants

## Honduras
Intern. Vorwahl +504; im Land keine Vorwahlen.
Bessere Hotels berechnen zusätzlich eine 16-prozentige Steuer auf den Hotelpreis.

### Comayagua
Die einstige Hauptstadt des Landes, die durchaus noch kolonialen Charme besitzt. Sehenswerte Bauwerke, Kirchen und Museen.

**Unterkunft**
– Hotel América Inc,
Calle de Comercio , drei Blocks von der Kathedrale,
Tel. 772 05 30, Fax 772 00 09
Großes Hotel mit ebenso großen, sauberen Zimmer mit TV. (K 2)
– Hotel Norimax, Calle Manuel Bonilla, Tel. 772 12 10
Dreistöckiges Gebäude mit guten Zimmern. (K 2)

**Restaurants**
Mehrere einfache Restaurants findet man an der 2a Av. NO.

### Copán Ruinas
Sympatisches Kolonialstädtchen mit guter touristischer Infrastruktur bei den Ruinen von Copán.

**Unterkunft**
– Hotel Marina Copán in der Nordwestecke der Plaza,
Tel. 651 40 70, Fax 651 44 77,
www.hotelmarinacopan.com
Das Beste was Copán Ruinas zu bieten hat, Pool, Sauna, Zimmer mit AC und TV, Restaurant und Bar. (K 3–4)
– Hotel Café Via Via, neben der Tunkul Bar, Tel. 651 46 52
Kleines, von Belgiern geführtes Hotel, dass oft voll ist. Sehr saubere Zimmer mit Bad. Gutes Restaurant und Bar. (K 1)
– Hotel Posada, gegenüber Marina Copán, Tel. 651 40 70, Fax 651 40 59, laposada@hotelmarinacopan.com
Große, angenehme Zimmer, zum Teil mit Bad. (K 1)
– Hotel Los Jaguares, in der Nordwestecke der Plaza,
Tel. 651 44 51, Fax 651 40 75, jaguares@copanhonduras.org
Schöne Zimmer, netter Patio. (K 1)

**Restaurants**
– Llama del Bosque
Alteingesessenes Spezialitätenrestaurant.
– Tunkul Bar and Restaurant, gegenüber von Llama del Bosque
Große Portionen, Fleisch-, Pasta- und vegetarische Gerichte.
– La Casa de Todo
Nette Gartenatmosphäre, Frühstück, Mittag- und Abendessen.

### Gracias de Lempira
Sympathisches Städtchen mit kolonialem Ambiente in einer bergigen Waldregion. Lohnenswert sind die heißen Quellen und ein Abstecher zum Nationalpark Celaque.

**Unterkunft**
– Fernandos, einen Block vom Busterminal entfernt,
Tel. 656-12 31
Gut und angenehm. (K 2)
– Posada de Don Juan,
Calle Principal,
Tel. 656 10 20, Fax 656 13 24
Modern, hübsch, mit kleinem Restaurant (K 1), mit AC (K 2).
– Erick, einen Block nördlich des Parque Central,
Tel. 656 10 66
Billigunterkunft, aber sauber. (K 1)

## *Informationen für unterwegs*

**Lago de Yojoa**
Großer See, der außer Wochenendbesuchern auch Vogelkundler und Angler anzieht.
**Unterkunft**
– Hotel Los Remos, im Süden des Sees direkt an der Hauptstraße, Tel. 552 06 18, los_remos@hotmail.com
Schöne Anlage mit Restaurant und Swimmingpool. (K 2)

**Puerto Cortés**
Die wichtigste Hafenstadt des Landes liegt an der Karibikseite und ist nur rund eine Busstunde von San Pedro Sula entfernt. In der Umgebung liegen die Garífunadörfer Travesia und Bajamar.
**Unterkunft**
– Hotel Playa, Playa de Cienaguita, ca 200 m von der Strasse nach Omoa,
Tel. 665 04 53, Fax 665 22 87, ralvarez@hotelplaya.hn, www.hotelplaya.hn
Sehr schöne, exklusive Strandanlage. (K 6)
– Costa Azul,
Playa del Faro, Bajamar,
Tel. 665 22 60, Fax 665 22 62, costaazul@abermar.hn, www.hotelcostaazul.com
Schön in einem Garten am Meer gelegen, mit Restaurant
– Formosa, 3a Av., Barrio El Centro, Tel 665 43 79
Preisgünstig und mit sehr freundlichem Personal. (K 2)
**Restaurant**
La Fonda del Sabor,
2. Av, 1 y 2 Calle
Günstig und gut.

**San Pedro Sula**
Internationales Drehkreuz und Wirtschaftszentrum des Landes. Guter Ausgangspunkt für den Besuch des westlichen Honduras. Großes Angebot von einheimischem Kunsthandwerk auf dem Guamilito Markt. Die 500 000-Einwohner-Stadt besitzt ein anthropologisches Museum.
**Unterkunft**
– Best Western Gran Hotel Sula, 1a Calle/3a–4a Av. NO,
direkt an der Plaza,
Tel. 550 99 00, Fax 552 70 00, www.hotelsula.hn
Luxuriöses Hotel. (K 5)
– Saint Anthony,
3a Av./Calle 13 SO,
Tel. 558 07 44, Fax 588 10 19, saintanthony@sulanet.net
Modernes Haus mit Restaurant, das seinen Preis wert ist. (K 4)
– Bolivar, 2a Calle/2a Av. NO,
Tel. 552 71 29, Fax 552 71 35, bolívar@emv.hn
Zentral gelegen, günstige Preise. (K 2)
**Restaurants**
– La Churrasquería, Blvd. Sur, Colonia Los Arcos, im 7. Stockwerk des Hotels Copantl, etwas außerhalb, Tel. 566 89 00
Gut und teuer, mit schöner Aussicht auf die Stadt.
Günstig und gut kann man im modernen Einkaufszentrum an der Plaza essen. Snacks erhält man im Gartenrestaurant des Museo de Antropología.

**Santa Rosa de Copán**
Nicht zu verwechseln mit Copán Ruinas, von dem es mehrere Stunden entfernt liegt. Bergstädtchen mit einer bekannten Tabakfabrik.
**Unterkunft**
– Elvir, Calle Real Centenario/2a Av. NO,
Tel. 622 01 03, Fax 622 13 74, hotelvir@globalnet.hn

Das beste Haus der Stadt, mit kolonialem Ambiente. (K 3)

## Tegucigalpa

Die honduranische Hauptstadt liegt auf 975 m über dem Meeresspiegel und verfügt über ein angenehmes Klima. Sehenswürdigkeiten umfassen einige interessante Museen und koloniale Gebäude. Vom Aussichtshügel El Picacho mit dem Parque de las Naciones Unidas hat man einen lohnenden Blick auf die Stadt.

### Unterkunft
– Honduras Maya, Av. República de Chile, Colonia Palmira, Tel. 220 50 00, Fax 220 60 00, sales@hondurasmaya.hn, www.hondurasmaya.hn
Eines der teuersten und besten Hotels der Stadt. (K 5)
– Mac Arthur,
Av. Lempira 454, Barrio Abajo, Tel. 237 98 39, Fax 238 02 94, homacart@datum.hn
Gut ausgestattetes Hotel. (K 3)
– Granada II, Subida a Casamata 1326,
Tel. 237 70 79, Fax 237 08 43
Sehr preisgünstig und sauber. (K 2)

### Restaurants
– La Terraza de Don Pepe, Av. Cristóbal Colón 2062
Gute Tagesgerichte und täglich Livemusik.
Günstig isst man im Restaurant Taiwán, gleich um die Ecke vom Hotel Granada II.
Weitere chinesische Restaurants und Schnellimbisse US-amerikanischen Typs findet man an der Plaza Central.

## El Salvador
Internationale Vorwahl +503.
Seit Mai 2005 sind die Telefonnummern in El Salvador achtstellig. Bei Festnetznummern (alle Nummern, die mit 2,3,4,5 oder 6 beginnen) wird eine 2, bei Mobiltelefonen (alle Nummern, die mit 7, 8 oder 9 beginnen) eine 7 vorangestellt.

### Ahuachapán
Der Ort liegt nur 16 km von der guatemaltekischen Grenze entfernt in einer geothermisch aktiven Zone, in der mehr als 15 % der Energie des Landes gewonnen werden.

### Unterkunft
– Las Cabañas de Apaneca, am Km 91 an der Straße nach Sonsonate, Ortsrand Apaneca,
Tel. 24 43 04 00, Fax 24 33 05 00, www.lascabanasdeapaneca.com
Schöne Lage, Steinhäuschen in einem tollen Garten, Vollpension möglich. (K 3–4)
– Casa Blanca,
Calle Barrios #1–5,
Tel. 24 43 15 05, Fax 24 43 15 03, casablancahoteles@hotmail.com
Familienpension im spanischen Stil, zentral, schöner, gemütlicher Innenhof, Zimmer wahlweise mit Klimaanlage oder Ventilator, Restaurant. (K 3–4).
– Hotel El Parador, an der Straße nach Las Chinamas,
Tel. 24 13 18 72, Fax 24 13 04 70
Moderne Anlage im Kolonialstil mit kleinem Swimmingpool und Restaurant. (K 2–3)

### Restaurants
– La Estancia,
1a Avenida Sur #1–3
Typische Küche, während deren Zubereitung man in die Töpfe schauen kann, günstig.

# Informationen für unterwegs

**Reiseagenturen**
– Tours&Aventuras, 2a. Av. Norte # 2–4, Ahuachapán, Tel. 2422-0016, tours_aventuras@navegante.com.sv, www.elsalvadorvacations.com.sv, Allround-Agentur.

## Chalchuapa
Ausgangspunkt für die Besichtigung der Ruinen von Tazumal.
**Unterkunft**
– Gloria, Av. 2 de Avril/ Calle General R. Flores, Tel. 24 44 01 31
Sehr schlichte Pension mit großen Zimmern. (K 1)
**Restaurant**
– Rincon Típico, Av. Club de Leones Sur #4
Sehr große Auswahl, für jeden Hunger und Geldbeutel.

## Cerro Verde
Nationalpark im Departamento Santa Ana, der ein Waldgebiet im Krater eines erloschenen Vulkans erfasst. Schöne Ausblicke vom Park auf die Vulkane Izalco und Santa Ana. An den Osthängen des Vulkans Santa Ana breitet sich der Lago de Coatepeque aus, ein 6 km breiter Vulkansee und beliebtes Wochendausflugsziel der Hauptstädter. Unter der Woche ist es wesentlich ruhiger.
**Unterkunft**
Die Unterkünfte im Park wurden beim Erdbeben 2001 zerstört und bis heute nicht wieder errichtet.
– Hotel und Restaurant Nantal, Km. 53 1/2, Carretera von El Congo nach Cerro Verde, Tel. 24 73 75 65, nantal.hostal@gmail.com
Ländliche Lage mit fantastischem Blick (Okt.–Jan.) vom Restaurant auf den See Coatepeque. Kann als Ausgangspunkt für Aktivitäten im Nationalpark Cerro Verde (zwei Vulkanbesteigungen), den Lago Coatepeque und die umliegenden Städte Santa Ana und Sonsonate genutzt werden.

## Coatepeque
Bei Einheimischen beliebtes Wochenenddomizil am See, mit der Buslinie 201 von Santa Ana (bis El Congo) zu erreichen, dort Buswechsel.
**Unterkunft**
– Torremolinos, am See Tel. 24 41 60 37, in Santa Ana Tel. 24 47 95 15, Fax 24 41 18 59
Sehr beliebt, mit Pool und Restaurant. (K 2 inklusive Frühstück).

## Joya de Cerén
Ein kleines Museum mit Restaurant gehört zur Ausgrabungsstätte. Es gibt keine Hotels.

## La Libertad
Von der Hauptstadt aus am schnellsten zu erreichender schwarzer Sandstrand, der bei Surfern beliebt ist.
**Unterkunft**
– Fisherman's, Playa Las Flores, Tel. 23 35 32 72, infofishermans @navegante.com.sv
Das beste Hotel an diesem Teil der Pazifikküste, privater Strandclub mit Restaurant. Zimmer direkt am Strand. Preis inklusive zwei Kinder unter 8 Jahre. (K 3)

## Metapán
Durchgangsstation auf dem Weg nach Guatemala. Von der Kleinstadt aus lässt sich der recht un-

zugängliche Nationalpark Montecristo–El Trifino im Dreiländereck Guatemala, Honduras und El Salvador erreichen.

**Unterkunft**
– Hotel San José, am Ostrand der Stadt, beim Busbahnhof, Tel. 24 42 05 56, Fax 24 42 03 20 Mit Restaurant. (K 3)
– Hotel Christina, 4a. Av Sur y Calle 15 de Septiembre, im Zentrum, Tel. 24 42 00 44, www.tumetapan.com
Nettes Hotel, günstig. (K 2)

### Perquín
Zurzeit werden die schriftlichen Aufzeichnungen und Erzählungen der Einwohner für das Museo de la Revolución Salvadoreña von Perquín ins Englische übersetzt.

**Unterkunft**
– Hotel Perquín Lenca, 1,5 km südlich der Stadt, Tel. 26 80 40 46, Fax 26 80 40 80, perkin@netcomsa.com
Holzbungalows mit Bad und Hängematte. Gutes Restaurant. Reservierung sinnvoll. (K 2 inklusive Frühstück).

### San Miguel
Die drittgrößte Stadt des Landes liegt im Osten des Landes am gelegentlich aktiven gleichnamigen Vulkan (2130 m). Die Lencaruinen von Quelepa liegen nur 8 km westlich von San Miguel.

**Unterkunft**
– El Mandarín,
Av. Roosevelt Norte 407, Tel. 26 69 69 69, Fax 26 69 72 12
Das schönste Hotel der Stadt; mit chinesischem Restaurant. (K 3)
– Hotel del Centro, 8a Calle/8a Av., beim Busbahnhof, Tel. 26 61 69 13, Fax 26 61 54 73
Sehr familiär. (K 2)

**Restaurants**
– La Pema, Carretera El Cuco, Tel. 26 67 60 55
Gilt als bestes Fischrestaurant des Landes, jeder Einwohner der Stadt kennt es. Besonders zu empfehlen ist der Fischeintopf *(mariscada)* für etwa 10 US-$. Inzwischen gibt es auch eine Filiale des Restaurants in der Hauptstadt.

### San Salvador
Das wirtschaftliche und politische Herz von El Salvador. Im direkten Einzugsbereich der modernen Metropole leben inzwischen über 2 Mio. Menschen. Die Sehenswürdigkeiten beschränken sich auf einige koloniale Kirchen und Gebäude sowie auf das Museo Nacional de Antropología David J. Guzmán an der Kreuzung Interamericana und La Revolución.

**Unterkunft**
– Princess,
Av. Las Magnolias, Zona Rosa. Tel. 22 68 45 45, Fax 22 68 45 00, www.sansalvador.hilton.com
Zur Hilton-Kette gehörendes Luxushotel mit neugotischen Stilelementen. (K 6)
– Terraza, 85 Av. Sur/Calle Padres Aguilares, Colonia Escalón, Tel. 22 63 00 44, Fax 22 63 32 23, www.terraza.com.sv
Ruhig, angenehm, gutes Preis-Leistungs-Verhältnis. (K 5)
– Hotel Berlin,
Avenida El Espino, Lote #62–64, Santa Elena / Madreselva II
Antiguo Cuscatlan,
Tel. 22 43 88 77, Fax 22 43 88 72, www.hotelberlin.com.sv

## Informationen für unterwegs

Etwas abseits gelegenes Hotel, gute Ausstattung, man spricht Deutsch und auch auf der Speisekarte findet sich Deutsches. (K 4)
– International Guest House, 35 Av. Norte No. 9, am Boulevard Universitaria, Tel. 22 26 73 43, i_guesthouse@hotmail.com
In ruhiger und schöner Wohngegend gelegen. (K 2)
– Ximena's Guesthouse, Calle San Salvador #202, Col. Centroamérica, Tel. 22 60 24 81, Fax 22 60 74 75, www.ximenasguesthouse.com
Alteingessene, beliebte und günstige Travellerunterkunft mit sehr hellhörigen Wänden. (K 2)

**Restaurants**
– La Diligencia, Calle y Colonia La Mascota 3 #25, Tel. 22 64 26 66
Gut, gediegen und nicht ganz billig.
– Pueblo Viejo, Blvd. de los Héroes, Condominio Metro Sur, Tel. 22 60 35 45
Einheimische und internationale Küche, sehr beliebt wegen Musik und Tanz im Garten.

### Santa Ana
Die mit rund 250 000 Einwohnern zweitgrößte Stadt des Landes eignet sich besser als San Salvador als Ausgangspunkt zur Erkundung des westlichen Landesteils.

**Unterkunft**
– Sáhara, 3a Calle Poniente/10a Av. Sur, Tel. 24 47 88 65, Fax 24 47 96 64, hotel_sahara@yahoo.com.
Größtes und bestes Haus der Stadt. (K 3)
– Lívingston, 10a Av Sur, zwischen Calle 7a & 9a Poniente, Nähe Busbahnhof, Tel. 24 41 18 01
Modern, schlicht und gut. (K 2)
– El Viajero, drei Blocks nördlich der Kathedrale, Tel. 24 41 10 90
Mittelgroßes Hotel, akzeptable Zimmer. (K 1–2)

**Restaurant**
– Los Horcones, gegenüber der Kirche, im 1. Stock offen mit Blick auf Kirche, einheimische Küche.

**Reiseagenturen**
– Agencia de viajes Maya, 2da. Av. Sur entre 3a y 5a Calle Pto., Edificio Tomas Regalado Local 10, Tel. 24 48 22 27, vsamayo@viajesmaya.com.sv

### Sonsonate
Die heiße Großstadt hat außer den Osterfeierlichkeiten nicht viel zu bieten. In der Umgebung liegen einige reizvolle Dörfer wie z. B. Izalco.

**Unterkunft**
– Plaza, 9a. C Ote., El Angel, Tel. 24 51 66 26, Fax 24 51 36 10
Moderne, große Zimmer, Swimmingpool. Klimatisiertes Restaurant La Terrazza ca. 100 m entfernt. (K 3)
– Orbe, 2a Av. / 4a Calle Oriente, zwei Blocks von der Plaza, Tel. 24 51 15 17
Saubere Zimmer. (K 2)

**Restaurant**
Einfach einen gutbesuchten *comedor* an der Kirche aufsuchen. Topfeinsicht, gut und billig.

### Tazumal
Wichtigste Mayaruinenstätte El Salvadors. Übernachtungen sind nur in Cahalchuapa oder Santa Ana möglich.

# Nützliche Informationen von A bis Z

## Apotheken

s. Gesundheit S. 371

## Bademöglichkeiten

Alle vier Länder sind mit Badestränden gesegnet, die allerdings an der Pazifikseite überwiegend aus schwarzem Sand vulkanischen Ursprungs bestehen. Die Wellen am Pazifik sind hoch und es herrschen gefährlichen Strömungen. Beim Baden ist daher die entsprechende Vorsicht geboten. An der Karibik kann vor allem Honduras mit langen weißen Sandstränden aufwarten. Guatemala besitzt dort nur einen schmalen Streifen mit wenigen Badestellen. In Belize lädt das zweitgrößte Korallenriff der Erde mit seinen zahlreichen Inseln *(cayes)* zum Schnorcheln und Tauchen ein. Allerdings verfügt nicht jede Insel über einen Sandstrand. Zur Plage können *sandflys* werden, eine Fliegenart, die man vor allem an den Stränden von Honduras antrifft. Die Einheimischen reiben sich zum Schutz mit vor Ort erhältlichem Kokosöl ein.

In allen Ländern finden sich im Regenwald und auch im Hochland kristallklare Lagunen und Flüsse, die zum Baden einladen. Besonders zu erwähnen ist hier der Atitlán-See im guatemaltekischen Hochland. Zuvor sollten allerdings immer die Einheimischen zur Wasserqualität und allgemeinen Badesicherheit konsultiert werden. Das Baden in der Nähe von Ortschaften sollte grundsätzlich vermieden werden, da die Abwässer vielerorts ungeklärt in die Gewässer eingeleitet werden.

## Behinderte

Mittelamerika ist als Reiseziel für Behinderte (vor allem Rollstuhlfahrer) derzeit nur bedingt zu empfehlen, obwohl das soziale Bewusstsein gegenüber behinderten Menschen wächst. Aufgrund von Geldmangel können aber viele praktische Hilfsmaßnahmen nicht realisiert werden. Obwohl die Einwohner sehr hilfsbereit sind, darf man sich nicht darauf verlassen, jederzeit Unterstützung zu finden. Unbedingt anzuraten ist die Begleitung durch einen Nichtbehinderten.

Die Nationale Koordinationsstelle **Tourismus für Alle** (NatKo), Kötherhofstr. 4, 55116 Mainz, www.natko.de, der acht deutsche Behindertenverbände angehören, berät Anbieter bei der Verwirklichung behindertengerechter Unterkünfte, Programme usw. und nennt Behinderten hilfreiche Adressen für die Reiseplanung, die sich auch in einer von der NatKo herausgegebenen Broschüre finden. Dem Verband gehören u. a. die folgenden beiden Vereine an:
**Bundesarbeitsgemeinschaft Hilfe für Behinderte e. V.**
Kirchfeldstr.149,

*Informationen von A bis Z*

40215 Düsseldorf
Tel. 0211-31 00 60,
Fax 310 06 48,
www.bagh.de

**Bundesverband Selbsthilfe Körperbehinderter e.V.**
Altkrautheimer Str. 20,
74236 Krautheim an der Jagst
Tel. 06294-428 10, Fax 42 81 79
www.bsk-ev.org

## Diplomatische Vertretungen

### ... in Belize
**Deutsches Honorarkonsulat**
(ohne Passbefugnis; zuständig ist die Botschaft in Kingston, Jamaika)
57 Southern Foreshore,
Belize City, Belize
Tel. +501-222 43 69,
Fax 222 43 71

**Österreichisches Honorarkonsulat** (ohne Passbefugnis; zuständig ist die Botschaft in Mexiko-Stadt)
No. 16 Regent Street,
Belize City, Belize
Tel. +501-227 70 70,
Fax 227 55 93

**Schweizer Konsulat** (ohne Passbefugnis; zuständig ist die Botschaft in Mexiko-Stadt)
41 Albert Street,
Belize City, Belize
Tel. +501-227 72 57,
Fax 227 52 13

### ... in El Salvador
**Deutsche Botschaft**
7a. Calle Poniente No. 3972,
Ecke. 77a Avenida Norte,
Colonia Escalón, San Salvador
Tel. +503-22 47 00 00,
Fax 22 47 00 99
embajada.alemana@web.de
www.sansalvador.diplo.de/

**Österreichisches Konsulat**
(ohne Passbefugnis; zuständig ist die Botschaft in Guatemala)
Alameda Deininger, Antiguo Cuscatlan, San Salvador
Tel. +503-22 43 11 06,
Fax 22 43 50 70

**Schweizer Generalkonsulat**
(ohne Passbefugnis; zuständig ist die Botschaft in Guatemala)
Paseo General Escalón 4363,
San Salvador
Tel. +503-22 63 76 29,
Fax 22 63 74 85,
lucerna@navegante.com.sv

### ... in Guatemala
**Deutsche Botschaft**
(Embajada Alemana)
20. Calle 6–20, Zone 10,
Edificio Plaza Maritima,
Guatemala-Stadt
Tel. +502-23 46 67 00,
Fax 23 33 69 06
Notfall Tel. 57 09 50 04
embalemana@intelnet.net.gt
www.guatemala.diplo.de
Mo–Fr, 9–12 Uhr

**Österreichische Botschaft**
(Embajada de Austria)
20. Calle 6–25, Zone 10,
Edificio Plaza Maritima, Nivel 4
Guatemala-Stadt
Tel. +502-23 68 11 34,
Fax 23 33 61 80
guatemala-ob@bmaa.gv.at
Mo–Fr, 9–12 Uhr

**Schweizer Botschaft**
(Embajada de Suiza)
16. Calle 0–55, Zone 10

Torre Internacional, Nivel 14
Guatemala-Stadt
Tel. +502-23 67 55 20,
Fax 23 67 58 11
vertretung@gua.rep.admin.ch
Mo–Fr, 9–11.30 Uhr

## ... in Honduras
**Deutsche Botschaft**
(Embajada de Alemania)
Contiguo al Edificio Los Jarros,
Boulevard Morazán, Tegucigalpa
Tel. +504-232 31 61,
Fax 239 90 18
embalema@multivisionhn.net
www.deutschebotschaft-tegucigalpa.org/

**Deutsches Honorarkonsulat,**
San Pedro Sula
1. Calle, entre 8 y 9, Avenida
S.O. antiguo edificio Banco
Sogerin,
Tel. +504-553 12 44,
Fax 553 18 68

**Österreichisches Honorarkonsulat** (ohne Passbefugnis; zuständig ist die Botschaft in Guatemala)
Colonia Residencial El Pedregal
Costado Este del Parque
El Pedregal No. 171
San Pedro Sula
Tel. +504-566 32 32,
Fax 566 32 37

**Österreichisches Honorarkonsulat** (ohne Passbefugnis; zuständig ist die Botschaft in Guatemala)
c/o Comercial LAEISZ Honduras, S.A. Desvio a la Pradera,
Boulevard al Aeropuerto
Toncontin, Tegucigalpa
Tel. +504-234 09 50,
Fax 234 09 50

**Schweizer Konsulat** (ohne Passbefugnis; zuständig ist die Botschaft in Guatemala)
Colonia Lara, 3a Avenida 702
Tegucigalpa
Tel. +504-221 53 09,
Fax 236 71 67

## Drogen

In allen Ländern werden Drogen geschmuggelt und zum Teil auch angebaut. Die großen Händler werden selten verurteilt, doch ist Drogenbesitz und -konsum in jedem Fall strafbar.

## Einkäufe und Andenken

Filigran bestickte Blusen, grob gewebte Wollteppiche und traditionelle Holzmasken – die vielen bunten Märkte laden geradezu zum Kaufen ein. Handeln ist hier Pflicht, aber bevor man sich in den Trubel stürzt, sind ein paar Dinge zu berücksichtigen. Wer sich bereits ein paar Wochen im Land aufhält, kennt sich besser mit der Preisstruktur aus und weiß, was wo für wieviel Geld zu haben ist. Dem Reisenden erspart das späte Kaufen Platz- und Gewichtsprobleme bzw. unnötige Ausgaben, denn Pakete zu verschicken, ist kostspielig.

Zwischenhändler verteuern das Produkt, das sie vorher in großen Mengen günstig erworben haben. Daher sollte man versuchen, direkt beim Erzeuger zu kaufen. Dies bedeutet allerdings, sich abseits der touristischen Trampelpfade umzuschauen und Werk- und Produk-

# Informationen von A bis Z

tionsstätten aufzusuchen. Dabei ergeben sich Vorteile für Produzent und Käufer. Zum einen erfährt man etwas über die Herstellung des Produkts und das Kunsthandwerk an sich. Zum anderen hat man, selbst wenn der Kaufpreis gleich hoch wie der beim Händler sein sollte, immerhin die Gewissheit, dass der Produzent einen deutlich höheren Gewinn erzielt.

Über den Preis wird auf Märkten bei allen Waren verhandelt – Lebensmittel machen da keine Ausnahme. Eine goldene Regel für das Handeln gibt es ohnehin nicht. Ratsam ist es aber, sich zunächst bei verschiedenen Händlern nach dem Preis für das gewünschte Objekt zu erkundigen. Den vom Anbieter genannten Preis gilt es dann um ca. 30–50 % zu unterbieten, um sich so dem für beide Parteien akzeptablen Endpreis anzunähern. Einfühlungsvermögen und eine Prise Humor können hierbei sicher nicht schaden. Hat man die Ware langwierig auf einen günstigen Preis heruntergehandelt, dann sollte man sie auch nehmen. Anderenfalls ist der Verkäufer nicht zu Unrecht verärgert.

Typische Mitbringsel sind z. B. Mahagonischnitzereien (Belize), Webarbeiten der *indígenas* (Guatemala), Jadeschmuck (Guatemala) sowie Lederarbeiten und Kaffee (in allen Ländern).

Auf den Dorfmärkten und in den Einkaufsstraßen für den mittleren und kleinen Geldbeutel kann man vielfache Volksstudien betreiben. Die Märkte beginnen immer am frühen Morgen und enden am Mittag; jede größere Siedlung der Indígenas hat einen wöchentlichen Markttag.

Das Warenangebot in den *malls* (Einkaufszentren) und *supermercados* (Supermärkten) der großen Städte ähnelt dem US-amerikanischer Läden.

## Elektrizität

In Belize beträgt die Stromspannung 220 Volt, in den anderen Ländern 110 Volt. In allen Ländern benötigt man für heimische Elektrogeräte einen Adapter, da die US-amerikanischen Flachstecker üblich sind.

## Erdbeben

Vor allem in Guatemala und El Salvador treten häufiger Erdbeben auf. Die meisten sind so schwach, dass man sie kaum spürt. Man sollte sich generell am Verhalten der Einheimischen orientieren: Keine Aufzüge benutzen und versuchen, über die Treppe ins Freie zu gelangen! In geschlossenen Räumen suche man möglichst in den Ecken oder unter einem schweren Tisch Schutz.

## Essen und Trinken

### Essen

In allen Ländern findet man gute und sehr gute Restaurants der verschiedensten nationalen und internationalen Küchen, auch mit vegetarischen Gerichten. Die Straßenimbisse sollten Personen mit empfindlichem Magen meiden.

## Elektrizität, Erdbeben, Essen und Trinken

Doch haben die Länder eigene Spezialitäten *(plato típico)*; zu allen gehören Mais in Form von Fladen *(tortilla)* sowie Bohnen *(frijol)*, seit alter Zeit die Grundnahrungsmittel, dazu kommt heute noch Reis *(arroz)*.

Meeresfrüchte sind an den Küsten aller vier Länder zu empfehlen, etwa in Belize vor allem Seefische, Muscheln *(kaank)*, Krabben und Hummer *(lobster)*. Spezialitäten sind *boil-up*, ein Meeresfrüchte-Eintopf, und Tintenfisch *(squid)* in eigener Tinte. Jedoch sollte man zwischen dem 1. Juli und dem 30. September auf keinen Fall Muscheln essen. Der Hummer ist zwischen dem 15. März und 14. Juli geschützt; der Schwanz darf nicht unter 110 g Gewicht haben.

In spanischsprachigen Ländern sind neben den Tortillas auch die *enchiladas* aus Mais zubereitet, die mit verschiedenen Zutaten gefüllt werden, wie z. B. Käse *(enchilada suiza)*. *Tamales* bestehen aus Maisbrei, in Bananenblättern gedünstet, und sind mit Rindfleisch, Huhn und Pfefferschoten gefüllt.

Zum Frühstück *(desayuno)* sind *huevos rancheros* (Spiegeleier auf Tortillas mit Bohnen, Paprika und Tomaten) zu empfehlen und *plátanos fritos*, gebratene Kochbananen. Aus dem Mehl dieser Bananen werden auch Kuchen und Brot *(pan de plátanos)* gebacken.

Einen guten Imbiss geben die *quesadillas* ab, die aus Tortilla-Teig mit Gemüse und Käse gebacken werden. Lecker ist *guacamole*, ein Avocadopüree, den man mit Maischips *(nachos)* ist. In Öl gebratene Schweineschwarte *(chicharrón)* kann man wie Kartoffelchips essen; da bei ihrer Zubereitung jedoch häufig altes Öl verwendet wird, können Magenbeschwerden auftreten.

Zum Mittagessen *(comida, almuerzo)* und zum Abendessen *(cena)* werden vor allem Huhn- und Rindfleischgerichte serviert. Eine scharfe Chilisoße steht meist schon auf dem Tisch. Im Petén sollte man vom Verzehr einheimischer Wildarten wie Truthahn *(guajalote, pavo)*, Reh *(venado)* oder Flussschildkröte *(tortuga del río)* absehen, da die Tiere inzwischen vom Aussterben bedroht sind. In den Provinzen Alta- und Baja Verapaz wird *kak'ik* (Suppe mit rotem Chili und Truthahn) serviert und am Lago de Atitlán *lobina negra*, eine aus Europa eingeführte Karpfenart, die aber sehr grätenreich ist.

Als Nachtisch *(postre)* werden meist Pudding *(flan)*, Eis *(helado)* oder Früchte angeboten. Besonders die kleinen Bananen *(mamey)* und Mangos *(zapote)* sind sehr schmackhaft.

In El Salvador werden kleine, dicke, mit Käse oder Fleisch gefüllte Tortillas *pupusas* genannt und in Essig eingelegtes Gemüse *curtido de repollo*. Als Nachspeise ist Milchreis mit Zimt, *horchata*, beliebt. In Honduras sind die sehr scharf gewürzten Fischgerichte an der Küste zu empfehlen.

## Trinken

Erhältlich ist Mineralwasser mit und ohne Kohlensäure sowie alle Sorten US-amerikanischer Cola-Getränke. Die einheimischen Limonaden sind den meis-

# Informationen von A bis Z

ten Reisenden zu süß. Die Produkte der lokalen Bierbrauereien sind ausreichend bis gut. Rum wird ebenfalls überall verkauft und hergestellt. Besonderheiten sind der klare Zuckerrohrschnaps *aguardiente,* und die selten erhältliche *chicha,* ein Maisbier.

## Feste und Feiertage

### Feste Feiertage für alle Länder:
**1. Januar:** Neujahr (Año Nuevo, New Year's Day)
**Karwoche:** Ostern (Semana Santa, Eastern)
**1. Mai:** Tag der Arbeit (Día del Trabajo, Labour Day)
**12. Oktober:** Kolumbus-Tag (Día de la Raza), nicht in Belize
**2. November:** Allerseelen (Día de los Difuntos), nicht in Belize
**24.–26 Dezember:** Weihnachten (Navidad, Christmas)

### Belize
**Februar:** Karneval, besonders auf Ambergris Caye
**März:** Am 9. März wird Baron Bliss Day im ganzen Land gefeiert und in Belize City mit einer Regatta verbunden. Bootsrennen von San Ignacio nach Belize City, Fest des Schutzheiligen Johannes in San José Succotz
**April:** Rad- und Pferderennen, Festival of Arts und eine Segelregatta bei Caye Caulker
**Mai:** Cashew Festival in Crooked Tree Village, Cayo Expo für Früchte und Handwerk in San Ignacio, Coconut Festival auf Caye Caulker, Commonwealth Day, Geburtstag der Queen, Festival of Arts im Toledo District

**Juni:** Día de San Pedro, dreitägiges Fest zu Ehren des Schutzheiligen von Ambergris Caye, Hummer-Festival *(lobster)* in Placencia Village
**Juli:** Fest des Ortsheiligen von Benque Viejo del Carmen; Fiestrama, Messe mit Rennen und Kirmes in Orange Walk
**August:** Costa Maya Festival mit Tänzen und besonderen Speisen in San Pedro, Deer Dance Festival mit historischen Tänzen und Kostümen in San Antonio (Toledo District)
**September:** Karneval in Belize City und Unabhängigkeitstag (Independence Day) im ganzen Land, St. George's Caye Day zur Erinnerung an die Seeschlacht von 1798 gegen die Spanier

### Guatemala
Detaillierte Informationen sind im Directorio de Fiestas beim INGUAT in Ciudad de Guatemala erhältlich.
**Nationale Feiertage**
**20. Juni:** Tag der Streitkräfte (Día del Ejército)
**15. August:** Mariä Himmelfahrt (Fiesta de la Asunción)
**15. September:** Tag der Unabhängigkeit (Aniversario de la Independencia), am Vorabend Fackelläufe im ganzen Land, Paraden
**20. Oktober:** Tag der Befreiung von Diktator Ubico Castañeda im Jahr 1944 (Aniversario de la Revolución)
**1. November:** Allerheiligen (Todos los Santos), besonders sehenswert in Todos Santos Cuchumatanes (Pferderennen) und in Santiago Sacatepéquez (Drachensteigen)

**Besondere Festlichkeiten:**
**6.–10. Januar:** Dreikönigstag
**7.–15. Januar:** Fiesta del Cristo Negro von Esquipulas
**1./2. Februar:** Mariä Lichtmess (Fiesta de la Candelaria) und Karneval
**Februar/März:** Karneval in Mazatenango
**März/April:** Osterprozessionen im ganzen Land, besonders sehenswert in Antigua, Guatemala-Stadt und Santiago Atitlán.
**März** (variabel): Totonicapán (Folklorefestival mit traditionellen Tänzen)
**3.–10. Mai:** Fiesta de Santa Elena de la Cruz in allen Orten namens Santa Cruz
**22.–29. Juni:** Fiesta de San Pedro y San Pablo
**25. Juli:** Fiesta de Santiago Apóstolo
**4. August:** Anfang des Monats findet in Cobán das traditionelle Folklorefestival statt.
**10.–12. Dezember:** Fiesta de la Virgen de Guadalupe
**16.–24. Dezember:** Posadas (Umzüge, Maria und Josef suchen eine Bleibe)

## Honduras

Genaue Auskünfte findet man im Listado General de las Ferias, los Festivales y otras Celebraciones Populares de Honduras, der im Instituto Hondureño de Turismo in Tegucigalpa erhältlich ist.
**Nationale Feiertage:**
**14. April:** Día Panamericano
**20. Juli:** Todestag des Indígena-Fürsten Lempira
**3. Oktober:** Geburtstag von Francisco Morazán
**21. Oktober:** Día del Ejército (Tag der Streitkräfte)

**Besondere Festlichkeiten:**
Neben den bereits bei Guatemala genannten religiösen Festen gibt es hier noch weitere religiöse Anlässe zum Feiern:
**2. Januar:** Fiesta de San Sebastián
**30. Mai:** Fiesta de San Fernando
**22.–29. Juni:** Fiesta de San Antonio de Padua und die Johannes dem Täufer gewidmete Fiesta de San Juan Bautista

## El Salvador

Genaue Auskünfte im Calendario de Danzas Populares, einer Broschüre des Ministeriums für Tourismus (auch in Englisch).
**Nationale Feiertage:**
**1. Juni-Woche:** Corpus Christi
**29.–30. Juni:** Banken-Feiertag
**1.–6. August:** Fest des El Salvador del Mundo (nur in San Salvador)
**1.–6. August:** Fiestas Agostinas, im ganzen Land Feiertage
**15. September:** Unabhängigkeitstag
**1./2. November:** Allerheiligen (Todos los Santos), Allerseelen
**5. November:** Erster Aufruf zur Unabhängigkeit 1811
**November:** Totensonntag, Feria del Canasto und Festival Hawaiano in Zacatecoluca sowie Karneval in San Miguel
**Besondere Festlichkeiten:**
**Januar:** Feria de la Caña de Azúcar (›Zuckerrohrfest‹) in Cojutepeque und Verbena de Sonsonate
**Februar:** Verbena de Ahuachapán
**April:** Festival Reina de las Ruinas in San Vicente
**Mai:** Fiesta de las Flores in Panchimalco
**Juli:** Fiestas Julias in Santa Ana

# Informationen von A bis Z

**Oktober:** Festival del Bálsamo in Santa Tecla und Festival del Maíz in San Antonio Los Ranchos

## Fotografieren

Ladinos lassen sich in allen Ländern meist gerne fotografieren. Indígenas und Mennoniten (Belize) sollten um Erlaubnis gebeten werden – aus religiösen Gründen lehnen sie jedoch häufig ab. Auch bei religiösen Zeremonien sollte man sich zurückhalten.

Militärische Einrichtungen und Soldaten dürfen auf keinen Fall fotografiert werden. In Museen und Ruinen werden für das Filmen mit Videokameras recht saftige Gebühren erhoben.

Filme sind in Mittelamerika teurer als in Europa, häufig ist das Verfallsdatum überschritten. Diafilme sind schwer zu bekommen. Grundsätzlich bewahrt man Filme besser in speziellen Schutzbeuteln auf. Wer mit Digitalkamera unterwegs ist, kann seine Fotos in allen größeren Touristenorten in Internetcafés und modernen Fotoläden auf CD brennen lassen.

## Frauen allein

Wegen des verbreiteten *machismo* (Männlichkeitswahn) empfiehlt es sich für Frauen, eine *cantina* (Kneipe) nicht allein zu besuchen und auch nicht einheimische Männer ohne Gesellschaft anzusprechen. Selbst wegen einer ›harmlosen‹ Auskunft wende man sich besser an Frauen. Abgelegene Ruinen, Strände oder Parks sollten auf keinen Fall allein besucht werden. Außer auf den Badeinseln von Belize und Honduras sollte man als Frau das Tragen von kurzen Hosen, durchsichtigen Blusen und T-Shirts ohne Bh darunter vermeiden.

## Geld

US-Dollars werden in allen Banken und Wechselstuben schnell und günstig umgetauscht, sie dienen oft sogar als Zweitwährung (In El Salvador ist der US-Dollar inzwischen offizielles Zahlungsmittel). Der schnellste und einfachste Weg, an Bargeld zu kommen, ist die Kredit- oder Debitkarte, mit der man Geld an Geldautomaten ziehen kann (s. S. 336 Reiseplanung).

Travellerschecks sollte man vorzugsweise von American Express kaufen, da sie in Mittelamerika verbreiteter sind als z. B. die von Thomas Cook. Die gängigen Kreditkarten werden in allen besseren Hotels, Restaurants und Geschäften akzeptiert. Allerdings schlagen gerade kleinere Geschäfte 5–10 % auf den Kaufwert auf. Daher vorher fragen! Bei Mietwagen werden Kreditkarten als Sicherheit bevorzugt.

## Währungen

(Stand Juni 2005)
**Belize:** 2 Belize-Dollar (B-$) entsprechen 1 US-$
**El Salvador:** der US-Dollar ist offizielles Zahlungsmittel
**Guatemala:** für 1 US-Dollar erhält man ca. 7,50 Quetzales

**Honduras:** für 1 US-Dollar erhält man ca. 20 Lempiras.

Alle erwähnten Werte sind in 100 kleinere Einheiten (Cents in Belize und Centavos in den anderen drei Ländern unterteilt).

## Gesundheit

In allen großen Städten findet man eine breite medizinische Versorgung (Krankenhäuser und Ärzte), die man leicht über die Hotelrezeptionen in Anspruch nehmen kann. Auf dem Land kann man dagegen nur bei den örtlichen Gesundheitsstationen *(puesto de salud)* und Apotheken Hilfe erhalten. Achten Sie darauf, dass Ihnen eine Rechnung ausgestellt wird, um diese später bei der Versicherung einreichen zu können.

Malaria-Prophylaxe und Impfungen gegen Polio, Tetanus und Hepatitis sind empfehlenswert. Vorsicht beim Baden in Schwimmbädern, stehenden und langsam fließenden Gewässern (vor allem trübes Wasser meiden). Bei beschwerlichen Touren im Tiefland sollte man viel trinken und Salztabletten einnehmen. Vor Mückenstichen und Verletzungen durch Dornen oder giftige Pflanzen schützen festes Schuhwerk, langeärmelige T-Shirts und Hosen am besten.

### Apotheken

In Guatemala, Honduras und El Salvador bieten die *farmacias*, in Belize die *pharmacies* die meisten in Europa und den USA verwendeten Medikamente rezeptfrei und sehr billig an. Die einheimischen Mückenschutzmittel (span. *repelente*) sind in der Regel effektiver als europäische Mittel.

Die Reiseapotheke sollte neben Desinfektionstabletten, Insektenschutz und Verbandszeug auch Mittel gegen Kopfschmerzen, Magen- und Darmbeschwerden, Insektenstiche und Sonnenbrand enthalten.

Vor der Reise (und ggf. auch danach) sollte man ein **Tropeninstitut** aufsuchen und sich zu eventuellen Gesundheitsrisiken beraten lassen:

### Tropenmedizinische Institute
**... in Deutschland**
– 14050 Berlin,
Spandauer Damm 130, Haus 10,
Tel. 030-30 11 66
– 53127 Bonn,
Sigmund-Freud-Str. 25,
Tel. 0228-287 56 73
– 40225 Düsseldorf,
Moorenstr. 5,
Tel. 0211-811 70 31
– 01067 Dresden,
Schäferstr. 49-51,
Tel. 0351-496 31 72
– 20359 Hamburg,
Bernhard-Nocht-Str. 74,
Tel. 040-428 18-0
– 69120 Heidelberg,
Im Neuenheimer Feld 324,
Tel. 06221-56 29 05
– 80802 München,
Leopoldstr. 5,
Tel. 089-21 80 35 17
– 72074 Tübingen,
Keplerstr. 15,
Tel. 07071-29 23 65
– 97074 Würzburg,
Salvatorstr. 7,
Tel. 0931-791 28 21

**... in Österreich**
– Hygiene-Institut der
Universität Graz
Universitätsplatz 4
8010 Graz
Tel. XXX
– Institut für Sonnen- und
Tropenmedizin
Lenaugasse 19
1080 Wien
Tel. 01-402 68 61

**... in der Schweiz**
Schweizerisches Tropeninstitut
Sociusstr. 57
4002 Basel
Tel. 061-284 81 11/82 22

## Internet

Alle vier Länder verfügen über gute, meist schnelle und günstige Internetverbindungen. Inzwischen findet man auch in kleineren Orten ein Internetcafé. Es gilt die Regel: Je entlegener der Ort, desto teurer und langsamer die Internetverbindung.

## Kinder

Eine Reise nach Mittelamerika mit Kindern kann zu einem sehr schönen Erlebnis werden, sofern man sich entsprechend vorbereitet und einige Einschränkungen in Kauf nimmt. Die Länder Zentralamerikas haben eine der höchsten Geburtenraten der Welt und Kinder sind immer und überall zu sehen. Die Einheimischen sind Kindern gegenüber sehr tolerant eingestellt; sie werden so gut wie nie als störend empfunden. Oftmals kommt man durch die eigenen Kinder mit einheimischen Eltern ins Gespräch, und auch die Kinder selbst finden leicht Kontakt.

Nach der Ankunft benötigen Kinder genügend Zeit, um sich an die neue Umgebung zu gewöhnen. Wenn sie nicht hitzeempfindlich sind, können sie alle Gegenden Mittelamerikas besuchen. Gut geeignete Orte für Familien mit Kindern sind Orte am Meer (vorzugsweise Karibik, da das Meer dort ungefährlicher ist) und an Seen. Wichtig ist, die Kinder nach dem Baden ausgiebig zu duschen, Wunden sorgfältig zu desinfizieren und sie vor Mückenstichen zu bewahren.

Wer mit Kindern reist, muss nicht unbedingt in teuren Nobelherbergen absteigen. Viele Mittelklassehotels sind sauber, gepflegt und haben ausreichend große Zimmer. Gegen einen geringen Aufpreis wird ein zusätzliches Bett im Zimmer aufgestellt. Ein Zimmer im Erdgeschoss mit Zugang zum Innenhof ist sicherlich angenehmer als eines im zweiten Stock.

Das Essen ist normalerweise nicht scharf und die Auswahl zumindest in den Touristenzentren ausreichend. Obst und Fruchtsäfte gibt es reichlich, und viele Restaurants bereiten den Kleinen auch gern etwas außerhalb der Speisekarte zu. Sorgen wegen der Tischmanieren sind unbegründet, denn selbst Tischnachbarn ohne Kinder zeigen sehr viel Nachsicht. Wer nicht ständig im Restaurant essen gehen möchte, kann die Kleinen mit einem Picknick begeistern. Natürlich sollten sie auch zum Einkaufen mitgenommen werden.

## Maße und Gewichte

**Länge:**
*una pulgada* = 2,54 cm
*un pie* = 30,48 cm (Fuß)
*una vara* = 83,8 cm (Elle)
*una yarda* = 91,4 cm
*una legua* = 5,57 km

**Gewicht:**
*un gramo* = 1 g
*una onza* = 28,35 g
*una libra* = 453,6 g
*un quintal* = 45,36 kg
*una arroba* = 11,5 kg

**Volumen:**
*un medio litro* = 0,5 l
*un litro* = 1 l
*un galón* = 3,785 l

**Fläche:**
*una vara* = ca. 0,7 m
*una caballería* = 45,12 ha
*una cuerda* = ca. 716 m$^2$
*una manzana* = 0,74 ha

## Notfall

### Belize
Polizeinotruf: Tel. 911 (im ganzen Land)
Krankentransporte und Feuerwehr: Tel. 90

### Guatemala
Polizeinotruf: Tel. 110 und 120
Ambulanz: Tel. 128 und 125 (Rotes Kreuz)

### El Salvador
Polizeinotruf
…in San Salvador (PNC): Tel. 911
…in den Departamentos
– La Libertad: Tel. 22 88 00 00
– Sonsonate: Tel. 24 84 18 00
– Ahuachapán: Tel. 24 84 45 00
– Santa Ana: Tel. 24 84 48 00

### Honduras
Polizeinotruf: Tel. 198, Ambulanz: Tel. 195 (beide landesweit)

## Mietwagen

Mietautos sind angesichts der stark verbesserten Hauptrouten eine überlegenswerte Alternative, besonders wenn man mit mehreren Personen unterwegs ist oder unter Zeitdruck steht. Einige Sehenswürdigkeiten sind auf diese Weise überhaupt erst erreichbar. Zu so gut wie allen bekannten touristischen Sehenswürdigkeiten in Mittelamerika führen inzwischen Asphaltstraßen.

Die größte Auswahl an Mietwagenfirmen findet man an den internationalen Flughäfen. Die bekannteren Firmen wie Hertz, Avis, oder Budget verlangen mehr als die nationalen Anbieter, stellen aber oft auch die besseren Fahrzeuge zur Verfügung. Alle Vermieter verlangen vor Vertragsabschluss eine Kreditkarte. Mieter müssen meist mindestens 25 Jahre alt und im Besitz eines gültigen nationalen oder internationalen Führerscheins sein. In der Regel beinhaltet der Mietpreis unbegrenzte Kilometer und eine Insassenversicherung. Die ebenfalls eingeschlossene Unfall- und Diebstahlversicherung umfasst oft nur einen geringen Schadensersatz bei einer hohen Selbstbeteiligung.

Vor Abfahrt ist eine gründliche Kontrolle (Ersatzrad, Wagenheber etc.) des Wagens einschließlich Probefahrt ratsam. Selbst kleine Lackschäden sollten auf der Mängelliste erfasst sein. Geländewagen sind um rund 50 % teurer als normale Pkw. Es gibt Spezialwochenendtarife und Vergünstigungen ab einer Woche Mietzeit. Ein kleiner Pkw kostet rund 40–45 US-$, ein Geländewagen ab ca. 70–80 US-$ pro Tag.

## Öffnungszeiten

Besonders in den kleineren Orten Mittelamerikas wird oftmals zwischen 12 und 15 Uhr Siesta gemacht. Große Supermärkte haben inzwischen täglich geöffnet, meist 8–20 Uhr.

### Belize
Geschäfte: Mo–Fr 8–17, Sa 8–12 Uhr
Banken und Behörden: Mo–Fr 8–13, Fr auch 15–18 Uhr

### Guatemala, El Salvador und Honduras
Geschäfte: Mo–Sa 9–18 Uhr
Behörden: Mo–Fr 8–16 Uhr (Guatemala), Mo–Fr, 8–12.30, 13.10–16 Uhr (El Salvador), 8.30–16.30 Uhr (Honduras);
Banken: Mo–Fr 8–17 Uhr, gelegentlich länger und oft samstags bis Mittag geöffnet.

## Post

Postämter haben dieselben Öffnungszeiten wie Behörden, sind aber auch Sa 8–12 Uhr geöffnet. Recht hohe Preise für das Versenden von Briefen und Postkarten in allen vier Ländern.

## Sicherheit

Wie vergleichbare Länder der so genannten ›Dritten Welt‹ haben auch Belize, El Salvador, Guatemala und Honduras eine wachsende Kriminalitätsrate zu verzeichnen. Die Ursachen hierfür sind u. a. in der Armut, der Gewaltbereitschaft als Altlast des Bürgerkriegs (nicht für Belize zutreffend) und dem korrupten, von verschiedenen Interessengruppen eingeschüchterten Justizapparat zu suchen. Wer jedoch einige grundlegende Sicherheitsregeln beachtet und wachsam durch das Land reist, wird kaum Probleme bekommen. 99 % aller Touristen reisen sicher und unbehelligt durch Mittelamerika.

Ein Großteil der Kriminalität konzentriert sich auf die Ballungsräume. Ratsam ist es, möglichst nicht nachts zu reisen, entlegene Gebiete nicht alleine aufzusuchen und sich vor Ort über die aktuellen Gegebenheiten zu informieren. Wer sich länger im Land aufhält, sollte sich bei seiner Botschaft registrieren lassen. Echten Schmuck und ähnlich wertvolle Dinge lässt man am besten zu Hause. Auf Geld, Reisepass und Flugticket ist ein besonderes Augenmerk zu richten. Sie lassen sich in einem Bauchgurt verstauen, der unter der Kleidung getragen wird (Kopien getrennt aufbewahren!).

In den Stadtbussen sollte man besonders während der Rushhour seinen Rucksack nach vorne nehmen. Dies gilt ebenso für Märkte und Menschenansammlungen. Ganz vermeiden sollte man den Besuch von Slums.

Wertsachen liegen am sichersten im Hotelsafe (Bargeld zählen und sich den Betrag quittieren lassen!). Wer mit einem Pkw unterwegs ist, sollte sich immer einen bewachten Parkplatz suchen und keine Wertgegenstände im Auto liegen lassen. Gepäck wird bei den Überlandbussen meist auf dem Dach transportiert, wo es sehr sicher ist. In einfachen Unterkünften machen sich kleine Vorhängeschlösser für Gepäck und Zimmertür bezahlt.

Bewaffnete Überfälle auf Touristen sind selten, können aber nicht ausgeschlossen werden. Auf keinen Fall versuchen, den Helden zu spielen, sondern den Forderungen der Täter nachkommen, um Schlimmeres zu vermeiden. Wer bestohlen oder überfallen wird, sollte dies auf jeden Fall der Polizei melden, da viele Versicherungen u. a. einen Polizeibericht fordern, bevor sie den Schaden ersetzen. Dies kann ein zeitraubender Prozess sein, besonders bei sprachlichen Verständigungsschwierigkeiten.

## Telefonieren

Telefonieren ist recht günstig von einigen Internetcafés möglich. Teurer sind Telefonkarten, die man allerdings von jedem beliebigen Apparat aus nutzen kann. Am teuersten telefoniert man vom Hotel aus. Wer von einem Festnetzapparat aus anruft, sollte sich vorher nach günstigen Einwahlnummern erkundigen. Telefonieren von Europa nach Mittelamerika ist deutlich günstiger als umgekehrt.

## Vorwahlnummern

**...von Deutschland/Österreich/Schweiz**

s. ab S. 345 unter der jeweiligen Ländern

**Von Mittelamerika**
...nach Deutschland: +49
...nach Österreich: +43
...in die Schweiz: +41

## Trinkgeld

Die Löhne in Serviceberufen und besonders im Tourismus sind sehr niedrig. Dementsprechend ist für die meisten Angestellten das Trinkgeld ein wichtiges Zubrot. Allerdings ist in einfachen Restaurants – da wo es am sinnvollsten wäre – Trinkgeld eher unüblich, da die meisten Einheimischen finanziell nicht dazu in der Lage sind. Dennoch freut sich das Personal auch dort über eine kleine Aufmerksamkeit. Üblicherweise lässt man 10 % des Rechnungsbetrags als Trinkgeld liegen. In guten Restaurants wird ein Bedienungsgeld und gelegentlich ein Gedeck berechnet.

## Zeitunterschied

El Salvador, Guatemala und Honduras liegen 7, Belize 6 Std. hinter unserer Zeit zurück (während der Sommerzeit minus 8 bzw. 7 Std.). Wenn die Uhr z. B. in Deutschland 15 Uhr zeigt, ist es in Mittelamerika 8 bzw. 7 Uhr morgens.

# Abbildungsnachweis

Alle Abbildungen von Andreas M. Gross, München (Motive Copán, Honduras, mit freundlicher Genehmigung des Instituto Hondureño de Antropología e Historia, Ricardo Adurcia) mit Ausnahme von:
Wolfgang Gockel, Stora Mistö:
 S. 90, 107, 120, 164, 167, 175, 225, 249, 255, 266, 288, 289, 292, 294, 297, 298, 300, 304, 306, 319, 321 sowie sämtliche Nach- und Umzeichnungen, der Aufriss S. 134 sowie der Grundriss S. 137
Maarit Gockel, Helsinki:
 S. 126, 173

Miquel Gonzalez/laif, Köln:
 S. 171
Mauritius images/AGE: Titel
dpa-Bildarchiv, Frankfurt/M.:
 S. 76
Ullstein Bilderdienst, Berlin:
 S. 79

**Karten und Pläne:**
Dumont Reisekartografie, Puchheim
© MAIRDUMONT, Ostfildern

Die perspektivischen Pläne der Ruinenstätten basieren auf Zeichnungen des Autors,
© DuMont Reiseverlag, Ostfildern

# Register

## Personen

### Fürsten von Copán
1. Fürst von Copán, Yax K'uk' Moo (›1. Papagei‹)   57, 270, 271
2. Fürst von Copán, Ich'ak (›Pranke‹)   34, 271, 281
3. Fürst von Copán (›Mattenkopf‹)   272
4. Fürst von Copán, Cu Ix oder Kawakal Ich'al Kal (›Donnerzeichen der Macht‹)   272
6. Fürst von Copán, Tsol Bak' (›Ordnungsbündel‹)   272
7. Fürst von Copán, Seerose-Jaguar oder Chak Bolay (›Ozelot‹)   272
8. Fürst von Copán, Ek' Bal (›Schwarzer Inhalt‹)   272
9. Fürst von Copán, Sakal Luk (›Weißer Ameisenbär‹)   272
10. Fürst von Copán, Mond-Jaguar oder Pay Bolay (›Listiger Margay‹)   272
11. Fürst von Copán, Himmelsfackel (Buts Chan) oder Chawak Chan (›Große Schlange‹)   69, 226, 272
12. Fürst von Copán, Rauch-Imix-Gott-K oder Oxlahun Chak K'uil (›13. Großer Göttlicher‹)   **68,** 281, 272
13. Fürst von Copán, 18-Kaninchen oder Waxaklahun K'ax Chun (›18. des Bündelursprungs‹)   68, 187, 273, 277, 279, 281, 283, 284
14. Fürst von Copán, Rauch-Affe oder Chamak Yal (›Fuchs-Sohn‹)   274, 279, 281
15. Fürst von Copán, Butz Yip oder Chakil Bak' (›Wichtiges Bündel‹)   271, 274, 281
16. Fürst von Copán, Yax Pak (›Erstes Morgenlicht‹ oder ›Erster Gärtner‹)   57, 271, 274, 277, 280ff
17. Fürst von Copán, U Kit Tok   275, 286

### Fürsten von Naranjo
5. Fürst von Naranjo, Bolon Kal (›9/Viel Macht‹)   231
9. Fürst von Naranjo, Yam Ts'ib (›Erster Schreiber‹)   231
11. Fürst von Naranjo, Homol (›Welle‹)   232
12. Fürst von Naranjo   232
13. Fürst von Naranjo, Chak   233
13. Fürstin von Naranjo, Wak Mek'ah Al Kaan (›Sechste gehobene Tochter des Himmels‹)   **71f,** 72, 233
14. Fürst von Naranjo, K'ak' Tiliw (›Rauchendes Eichhörnchen‹) oder Ch'a Ik T'ulil (›Des Nachfolgers Atem‹)   72, 106, 109, 226, 233, 236
16. Fürst von Naranjo, Chakil Kil Lah (›Bedeutender Stein-Schädel‹)   234
17. Fürst von Naranjo, Chak K'uil Bat (›Große göttliche Axt‹)   234, 236
18. Fürst von Naranjo, Cha Kabil (›Freies Volk‹ oder ›Braunes Volk‹)   235
19. Fürst von Naranjo   226

### Fürsten von Tikal
3. Fürst von Tikal, Voluten-Ahau-Jaguar oder Xilah Balam (›Es richtete sich auf der Jaguar‹)   199

*Register: Personen*

5. Fürst von Tikal, Mond-Null-Vogel oder K'alam Tsuk (›Arroganter Reiher‹) 199
7. Fürst von Tikal, Jaguarpranke II. oder Nohol Ich'ak (›Große Pranke‹) 199, 213, 215
8. Fürst von Tikal, Yam Sihil 199, 211
9. Fürst von Tikal, Locken-Nase oder Yax K'axul Uak (›Erster Erbe von Sechs‹) 199
10. Fürst von Tikal, Frosch-Himmel oder Sihil Kaan (›Geboren hoch‹) 200, 221
11. Fürst von Tikal, Sturm Himmel oder Wakal Pan (›Banner-Beginn‹) 200, 214, 220
12. Fürst von Tikal, Gelbes Schwein oder K'axul Ek' K'an Kit (›Erbe des schwarzen Stein-Vaters‹) 200
13. Fürst von Tikal, Vogelschädel oder Maah K'ina Chan 200
14. Fürst von Tikal, Jaguarpranke-Schädel I. oder Hacham Ich'ak Lah (›Wahrer Prankenmann‹) 200
19. Fürst von Tikal, Lockenkopf oder Lakam (›Riese‹) 201, 211
20. Fürst von Tikal 202
21. Fürst von Tikal, Doppelvogel 202, 211
22. Fürst von Tikal, Tierschädel oder Kotkab (›Landadler‹) 202
23. Fürst von Tikal, Ek' Balam 202, 249, 253,
24. Fürst von Tikal, Hacham Ich'ak II. 202
25. Fürst von Tikal, Schild-Schädel oder Pach Bak' (›Letztes Bündel‹) 203, 206, 249
26. Fürst von Tikal, Lah Ts'ibil Kan Ah Chak K'uil (›Ganz beschriebener hoher Mann großer Göttlichkeit‹) **69f,** 59, 71, 211, 226, 250
27. Fürst von Tikal, Yaxil Kaan Hak K'uil (›Kostbarer, hoher, geschätzter Göttlicher‹) 69, 203, 211, 214
28. Fürst von Tikal, Dunkle Sonne 203
29. Fürst von Tikal, Chitam 204, 206, 207, 212

**Personen allgemein**
Abaj, Pascual 164
Affen-Stern, Fürst von Caracol 98, 108
Ah Kalis Há, 6. Fürst von Río Azul 220
Ah Puch, Gott des Todes 63, 66
Ahau Porón 152
Ahpo Sots'il 150
Alicaine, José Emilio 310
Alinam, Cakchiquel-Fürst 146
Alonso XIII. 310
Alvarado, Pedro de 39, 40, 41, 73, 74, 117, 129, 135, 144, 148, 152, 153, 161, 165, 170, 288, 320
Alvarado, Gonzalo de 308
Álvarez de Toledo, Juan Bautista 140
Alxit, Prinzessin 73, 180
Amengol, Pedro 143
Andrade, Gaspar 298
Aranjo, Manuel Enrique 311
Arbenz, Guzmán Jacobo 48, 49, 77
Arce, Manuel José 45, 46
Arévalo, Juan 48, 76
Aris Sánchez, Oscar 184
Armas, Castillo 77
Asturias, Ángel Miguel 76
Atansio Tsul 166
Awilix 165

Balam Acab, Führer der Quiché 157

378

*Register: Personen*

Balam K'in, Sonnenpriester von Kichpanha 88
Balam Quitzé, Führer der Quiché 157
Balboa, Vasco de 40
Barrios Leal, Jacinto de 194
Batz, Gott der Künstler 244
Bauer, Angelica 30
Bautista Antonelli, Juan 296
Beleh Toh, Gott der Cakchiquel 150
Belehé Cat 148, 161
Benavente, Toribio de 140
Berlin H. 62
Betancourt, Pedro 139
Bolon Tsakab, Gott der Fruchtbarkeit 65f, 215, 242, 249
Bolon Yokte, Gott der Maya 66
Cabañas 46
Cabracán, Gott der Quiché 14
Cahi Ymox 148
Caibal Balam, Fürst von Zaculeu 168
Calahuh Tihax, Cakchiquel, Fürst 127
Calderón Sol, Armando 307
Carrera, Rafael 46, 310
Castellanos, Vittoriano 47
Castillo Armas, Carlos 49
Castillo Pedro, Pablo 45
Cataño, Quirio 185
Catherwood, Frederick 12, 47
Cauac Sky, 14. Fürst von Quiriguá 190, 191
Cauutepech, Fürst der Quiché 161
Cerda, José de la 119
Cevallo 309
Cha'ak Hasak, 13. Fürst von Quiriguá 190
Chaah Bitun Ka'an, Fürst von Quiriguá 187
Chaak, Regengott 63, 64, 65, 107, 229, 277, 292
Chak Bolay, Fürst von Seibal 238
Chak Halal, alte Mondgöttin 66

Chak K'uil, 4. Fürst von Dos Pilas 251, 254
Chak Sakbak, Fürst aus Aguateca 254
Chakal U Ka'an, 16. Fürst von Quiriguá 190
Chakan, Fürst von Pusilhá 189
Charles II. 294
Chavez, Juan de 288
Chiyoc Quey Ahugug, Fürst der Cakchiquel 146
Citán Quatá, Fürst der Cakchiquel 146
Clemens VII. 140
Cortés, Hernán 39
Cortés, Juan 161
Cruz, Nana 30
Cukumatz, Fürst der Quiché 152, 158, 164, 166, 239, 243

Dalton, Roque **77**
Delgado, José Maria 308, 311
Díaz del Castillo, Bernal 135
Díez Navarro, Luis 136
Dios Chávez, Juan de 117
Dios Estrada, Juan de 142
Dunham, P. S. 102

Ehecatl, Windgott 179, 237, 239, 243, 292
Ek Chuah, alter Totengott 186
Ek' Kaan, 17. Fürst von Quiriguá 193
Ek' Sots, Herrscherdynastie in Nim Li Punit 102
Eskenasy, Maria 30
Esquivel, Manuel 84
Estrada Cabreras, Manuel 48, 76

Farabundo Martí, Agustin 49
Figueroa, Zúñiga 304
Flores Facussé, Carlos Roberto 267
Förstemann, E. 65

379

## Register: Personen

Gálvez Suárez, Alfredo   118, 119
García, Silvestre   311
Gavizimah, Fürst der Quiché   159
Gonzáles Vávila, Gil   293
González Goyri, Roberto   120
Guzmán, D. J.   310
Guzmán, Santo Domingo de   137, 317

Hacawitz   144, 165, 242
Hidalgo, Miguel   45
Ho Ts'u Tah, Dynastie von Seibal   238
Hu K'inil Ts'ibak, 21. Fürst von Seibal   243
Hun Hunahpú, Gott der Quiché   35, 124, 195
Hun K'atun Lah Xokil, 11. Fürst von Piedras Negras   35, 262, 264
Hun Tihax, Gott der Cakchiquel   150
Hun Toh, Fürst der Cakchiquel   127, 160
Hun Tsak Tok', Fürst von Machaquilá   248
Hunac Ceel, Fürst von Mayapán   158
Hunyg, Fürst von Iximché   147, 149

Ich'ak, Fürst von Calakmul   71
Ich'ak, 6. Herrscher von Quiriguá   188
Infantas Mendoza y Vengas, Luis de las   136
Iqui Balam, Führer der Quiché   157
Iturbide, Agustín de, Kaiser   45
Itzamná, Hauptgott der Maya   66
Ix Cheel, Mondgöttin   66, 195
Ix Ik'al, junge Mondgöttin   66
Ixtamer Zaquentol, Fürst der Cakchiquel   146
Izatuyul, Fürst der Quiché   146
Iztayub, Fürst der Quiché   160

K'in K'uil II., Fürst von Machaquilá   246
K'inich Ahau, Sonnengott   92
K'inich Kak Moo, Sonnengott   92, 281
Kan II, Fürst von Caracol   109
Karl V.   40, 41, 183
Kawal, 3. Fürst von Piedras Negras   262
Kolumbus, Christoph (Cristobal Colón)   39, 295
Kos, 5. Fürst von Piedras Negras   261, 265

Landivar, Rafael   132
Las Casas, Bartolomé de   41, 42, **74**, 183
Lara, Antonio de   194
Leiva, Ponciano   48
Lempira, Fürst   40, 288, 289, 296
Linares, Alfredo   311
Llort, Fernando   310, 311
Lloyd Stephens, John   47
Lozano Díaz, Julio   305
Lucifer de los Reyes, Diego   43

Mahucutah, Führer der Quiché   157
Marroquín, Francisco   74
Mathews, D.   197
Maudslay, Alfred P.   79
Medina, José Maria   47
Menchú Túm, Rigoberta   78
Menno, Priester   24
Mérida, Carlos   121
Mirones, Francisco   43
Molah, 9. Fürst von Piedras Negras   262
Montt Ríos, Efraín   50
Morales, Villeda   49
Morazán Francisco   **75**, 294, 302, 310

# Register: Personen

Morgan, Henry  294
Morley, S. G.  197
Muan, Fürst von Yaxhá  228
Muan, Göttervogel  19, 64, 192, 262, 285
Mulato, el  43

Nacas, Manuel  296
Newport, Christopher  293
Nino, Andrés de  40
Nolasco, Pedro  142f, 289

Olhaffen, Gustav von  99
Olid, Cristobál de  39
Ordóñez, David  30
Ox/3-Kawak, Fürst von Caracol  98, 109, 110
Oxib Queh, Fürst der Quiché  161
Oxlahuh Tzí  147, 149

Pach Chak K'uil, 2. Fürst von Dos Pilas  250
Pacheco, Alonso  43
Pacheco, Melchor  43
Pakal II. von Palenque  68
Paul III., Papst  42, 295
Paz, Alonso de la  117
Pendergast, David  91
Pérez de León, Rafael  117
Pérez Maldonado, Raúl  152
Phillip II.  194, 298
Pizarro, Francisco  295
Ponce Valdez, Frederico  120
Porres, Diego de  140, 315
López Portillo, Antonio de Guadalupe  300, 304
Prats, Cristóbal de  304
Price, George  98
Proskouriakoff, Tatiana  258

Qotbalcan, Fürst der Cakchiquel  146
Quetzalcóatl  240, 244
Quikab II.  160
Quikab, Fürst der Quiché  73, 146, 159, 160, 170
Quiroz, G. N.  302

Recinos, Efrain  121
Reyes Villlamor, Manuel  85
Romero y Galdamas, Oscar Arnulfo  **78,** 310
Rufino Barrios, Justo  47, 120, 315

Sánchez Hernández, Fidel  49
Santiago, Hl.  41
Sapper, Karl  128
Schäfer Cruz, Thomas  30
Schele, L.  108, 197, 240ff, 249, 274
Schellhas, Paul  249
Serlio, Sebastian  315
Sky Xul, 15. Fürst von Quiriguá  191
Soberanis, Antonio  98
Solo, Marco  48
Sots Hak' Hun Tun, 8. Fürst von Piedras Negras  263
Squier, E. G.  297
Suarez Gálvez, A.  73, 119

Tecún Umán  72**,** 73, 161, 164, 166
Teotl, Gott der Pipil  21
Tepepul, Fürst der Quiché  73, 146, 160, 161
Tepeuh der Olomán, Fürst der Cakchiquel  145
Tláloc, aztekischer Regengott  287
Tohil, Gott der Quiché  127, 146, 165
Tonil Wal Ka, 3. Fürst von Dos Pilas  251, 254
Trinidad Reyes, José  303
Ttatah Akbal, Fürst der Cakchiquel  146
Tunil, Fürstin von Tikal  71
Tuyuc, Rosalina  50

Ubico Castañeda, Jorge  48, 76, 117
Urruela Vásquez, Julio  118
Utzil, Heerführer von Panimaché  152

# Register: Personen und Schlagwörter

Vahxaqui Caam, Fürst der Quiché 160
Vásquez, Präsident von Honduras 48
Vásquez, Julio Urruela 118
Vásquez, Raúl 30
Vela, Franciso 120
Vucub Batz, Cakchiquel-Fürst 127, 146, 149, 160
Vucub Caquix, Göttervogel 14, 67, 212, 219, 220, 285
Vucub Hunahpú, Gott der Quiché 35, 195
Vucub Noh, Fürst der Quiché 161

Wak Tsul Tun, Fürst von Nim Li Punit 101
Wal Chikul, 6. Fürst von Piedras Negras 264
Wal Yik'al, 20. Fürst von Seibal 240, 241
Walker, William 46, 47, 296

Xahil, Cakchiquel-Fürstenfamilie 153
Xbalanque, Gott der Quiché 14
Xiquetzal, Fürst der Cakchiquel 146
Xitayul Hax, Fürst der Cakchiquel 146

Yam Mek', 1.Fürst von Piedras Negras 260
Young, Colville 83

Zamora, Mario 302
Zibacna, Gott der Quiché 14
Zúñiga, Evaristo 183

## Schlagwörter

Almohadillado-Motiv 136, 142, 171, 172, 183, 302
ARENA 50, 78
Baile de Venado (Hirschtanz) 29
Ballspiel 32, 35, 66, 176, 179, 181, 195, 263, 323
Befreiungskriege 45f
Bevölkerung 19
British Honduras 49, 83
Brotnußbaum 15
Brujos 26
Bürgerkrieg 49f, 95, 155, 305, 306, 310, 315, 323

Caiman 17
Cakchiquel 18, 19, 21, 39, 41, 113, 126f, 135, **144f, 148,** 151f, 154, 157, 159f, 161, 174, 177, 240, 244
Ceiba 15, 204, 237, 278
Choluteca 21, 267, 307, 318
Chortí 19, 20, 21, 267, **269,** 315, 318
Christentum 22, 24, 65, 83, 113, 267, 307
Chugus 23
Codex Dresdensis 63, 65, 66, 124, 249
Codex-Stil 37, 52, 101, 106, 122, 124, 149, 215, 225, 226, 258, 292
Commonwealth 50, 83
Conquista 20, 28, 40f, 72, 120, 152
Copador-Keramik 287
Cotzamalhuapa-Kultur 50, 66, 181
Curanderos 27, 164

Dominikaner 41, 74, 119, 140, 144, 162,164, 183, 317
Ejido 42
Encomiendas 41, 74
Erdbebenarchitektur 130, 144
Erster Eucharistischer Kongress 311
Ethnien 19

*Register: Schlagwörter*

Fauna   16
Flamboyant   14
Flora   14
FMLN   49, 50, 77
Föderation Mittelamerikanischer Staaten   45f, 75, 170, 302, 304, 308, 310
Formativum   31f
Franziskaner   41, 74, 94, 118, 132, 139, 140, 144, 154, 172, 177, 295, 311
Frente Democratico Nueva Guatemala   50
Frente Farabundo Martí   49
Friedensnobelpreis   78, 184
Friedensvertrag von Esquipulas   50, 184
Fußballkrieg   49, 290

Garífuna   23, 193, 267, 293, 295, 305
Garinagú   23, 83, 113, 267, 295
Generalkapitanat   41
Geographie   12
Glaubensvorstellungen   63
Götter   63
Göttervogel   14, 19, 64, 67, 192, 212, 219, 220, 262, 285
Guerilla   30, 49f, 76, 79, 113, 163, 155, 184, 270, 308

Hacienderos   23
Heiler   26
Hexer   26
Himmelsschlange (-monster, -echse, -drache)   34, 54, 191, 242, 243
Honduras-Fledermaus   17

Inder   24
Indigo   13, 42, 288
Itzá, Maya-Stamm   39, 41, 43, 52, 229

Jabiru-Storch   18
Jadeit   33, 36, 86, 88, 92, 99, 101, 108, 114, 122, 123, 177, 181, 199, 209, 215, 219, 220, 287, 295, 300
Jägerkultur   31
Jaguar   16, 39, 69, 101, 107, 150, 169, 175, 303, 317, 318, 320, 322, 323
Jaguarundi   16, 175
Jesuiten   47, 132
Jicaque   20, 21, 267

Kalendersystem   55, 57, 59, 60, 270
Kariben   23
Katholische Kirche   49f, 97, 113, 183, 267, 269, 307
Kekchí   20, 183
Keramik   32, 37, 93, 122, 123, 153, 172, 177, 184, 215, 219, 286, 291, 313
Kirchenarchitektur   44, 45, 130, 133, 142, 183, 315
Klassikum   33f
Klima   12
Kolonialzeit   39f
Kopal   92, 163, 178, 319
Korallenschlange   17
Kreolen   23, 193

Ladinos   22, 115
Landreform   48, 49
Leyes Nuevas   41, 74
Liberale Partei   48

Mahlsteine   102, 167
Makro-Maya   21
Makro-Otomangue   267
Mam   19, 66, 158, 161, 167, 168, 170
Manatis   88, 194
Marimba   28, 29
Maximón   124, 125, 173
Maya-Sprachen   19f, 37, 57, 61f, 113, 146, 267, 269, 315
Mennoniten   24, 81, 87, 93, 95
Mestizen   22, 47, 113, 161, 166, 267, 307
Miskito   24, 43, 267
Missionierung   74

383

Mixteken 21, 57, 86, 149, 178, 316
Moderne Kunst 30
Monate 59
Musik 28f
Mythos 55

Nachklassikum 38
Naive Malerei 30
Nobelpreis für Literatur 77

Olmeken 86, 125, 174f, 180, 292, 317, 318
Organisation amerikanischer Staaten 49
Otomán 21, 318

Pariser Vertrag 43
Partido Liberal 48
Phytelephas-Palmen 91
Pipil 19, 21, 37, 39, 42, 69, 126, 127, 147, 174, 177, 267, 277, 307, 308, 311, 315, 318, 319
Plumbate-Keramik 123, 286
Pokomam 19, 126f, 318
Pokomchi 126
Popol Vuh, Mythenbuch der Quiché 14, 15, 35, 63, 76, 157, 178, 195, 231, 285
Prozessionen 113, 119, 132, 163, 300, 303
Puebla-Keramik 298

Quetzalvogel 18, 73, 94, 156, 169, 170, 183,
Quiché 19f, 28, 39, 53, 55, 57, 61, 65, 73, 78, 113, 126f, 129, 144f, 151, 152, 155, **157f,** 161, 163, 164, 166f, 170, 174, 244

Rastafaris 24, 95, 193
Religion 19, 22, 24, 65, 83, 113, 195, 267, 269, 307
Rosa imperial 14
Ruta Maya 16

Saisonarbeiter 115
Sakralarchitektur s. Kirchenarchitektur
Sakralkunst, kirchliche 116, 133, 142, 217, 317
Sammlerkultur 31
Schamanen 26, 154
Schlange 17, 27, 37, 56, 128, 192, 216, 230, 242f, 248, 269, 274, 280, 282, 283, 285, 322
Schlangentänzer 27, 29
Schrift der Maya 55
Seeschlacht von St. George's Cay 97
Semana Santa 132
Sklavenhandel 46
Sprachen 19
Stufenpyramiden 39, 124

Tabakpflanze 14
Tagesnamen 58
Tanz 28
Tapir 16, 66, 88
Tempel des grünen Grabes 90
Terra caliente 14
Terra templada 14
Theologie der Befreiung 75, 78
Tlaxcalteken 20, 39, 127, 166
Totonaken 21, 37, 162, 168, 181, 220
Tukuché 160
Tulpenbaum 14
Tzutuhil 19, 30, 39, 124, 145, 148, 151, 152, 154, 155, 177

Ulúa-Keramik 292, 300, 313
Unabhängigkeit, staatliche 45f, 50, 94, 295, 307, 308, 315
United Democratic Party 84
United Fruit Company 48, 76, 77, 136, 167, 193, 290
URNG 50
Usulután-Keramik 317

*Register: Orte*

Vereinigte Provinzen Zentralamerikas   45
Voladores   161
Vucub Amaq   127
Vulkane   13f, 41, 114, 125, 129, 133, 151f, 154, 156, 170f, 309, 312, 314, 318

Wandmalerei   73, 85, 86, 147, 149, 118, 194, 215, 216, 259, 305
Weltkulturerbe   131, 204, 313
Wirtschaft (Belize)   84
Wirtschaft (El Salvador)   307
Wirtschaft (Guatemala)   185
Wirtschaft (Honduras)   268

Xinca   19, 21, 37, 39, 52, 113, 174, 177, 290

Zahlzeichen   56
Zeitrechnung   55
Zeremonien   24, 28, 32, 67, 124, 163, 205, 208
Zotzil   18, 160

## Orte

**Abaj Takalik**   32, 123, **174**
Acasaguastlán   185
Acatac   148
Acatenango, Vulkan   129
Acul   248
Agua Dulce   258
Agua, Vulkan   13, 129
Aguas Termales   289
**Aguateca**   61, 233, 245, 238, 250, 252, **253f**
Aguilares   311
Ahuachapán, Parque Nacional   320
Almolonga   129, 144, 172, 316
Alta Verapaz   126, **183f**
Altar de los Sacrificios   38, **256ff**

**Altun Há**   **88f**, 89, 90
Amarillo, Río   288
Ambergris Caye   104
**Antigua Guatemala**   41, 74, 115, **129f**, 169, 173, 288, 296
– Ayuntamiento   132
– Casa de Santo Domingo, Hotel   140
– Casa del Cabildo   132
– Casa Popenoe   136
– Catedral Metropolitana   133
– Colegio San Buenaventura   140
– El Carmen   141
– Fuente de las Sirenas   132
– Kloster Las Capuchinas   140
– Kloster Santa Clara   136
– Kirche La Merced   142
– Kirche San Francisco   139
– Museo de Arte Colonial   136
– Museo de Santiago   132
– Museo del Libro Antiguo   132
– Palacio de los Capitanes Generales   133
– Parque Central   131
– Santa Teresa   141
– Universidad San Carlos de Borromeo   135
Arbra   287
Arroyo de Piedra   248, 250, 255
Atitlán, Vulkan   13, 154

**B**aja Verapaz   126
Baking Pot   108
Balnearios Las Islas   184
Basílica Suyapa (Tegucigalpa)   305
Bejucal   200
Belize   22, 23, 24, 31, 43, 47, 48, 49, 75, **83ff**, 186, 194, 197, 219, 292, 294
**Belize City**   43, 83, 84, **95**
Belize Zoo   16, 105
Belize, Río   12
Belize Barrier Reef   104

Cuchumatanes, Cordillera de los   12, 115, 167

385

Belmopan 84, 105
Benque Viejo 106
Bermuda 39
Bilbao 178, **180**
Boca Costa (Pazifikküste) 13, 113, 115, **174f**
Buenavista del Cayo 106, 108

Cahabón, Río 183
Cahal Pech 108
Calakmul 34, 250, 194, 278
Cancuén 251
Cara Sucia 321
Caracol 35, 36, 38, **108f**, 202, 232, 272
Carmelita 222
Castillo de San Felipe de Lara 183, **193f**, 195
Castillo San Cristobal (Gracias de Lempira) 289
Cerén (Joya de C.) 312
Cerro de Palenque 291
Cerro Miramundo 315
Cerro Quemado, Vulkan 170
Cerros **86,** 88, 93
Chahay 147
Chalchuapa 125, 287, **315**
Chamelecón, Río 68, 291, 292
Chan Chich 108
Chichén Itzá 39, 53, 97, 157, 158, 229, 239, 264, 305
Chichicastenango 27, 129, 157, **161**
Chijolom 127
Chiltiupán 311
Chimaltenango 148
Chinautlas Viejo 128
Chiquimula 185
Chivar 159
Chocón-Machacas, Biotopo 194
Choluteca, Río 301
Chuitinamit 155
Cihuatán 311
Cihuatehuacán 314
Ciudad de los Caballeros de Guatemala 41
**Ciudad Vieja** 40, **144**

**Cobán** 101, **183**
Colha 88
Comasagua 311
Comayagua 40, 295, **296**
Comayagua, Río 300
**Copán** 31, 33, 47, 62, 68, 102, 185, 190, 238, 269, **270f**
– Altar G.1-3 279
– Altar G2 274
– Altar L 275
– Altar M 282
– Altar Q 57, 271, 275, 284, 285
– Altar T 275, 277
– Altar U 275, 277
– Altar W 275
– Ballspielplatz 281
– Estructura Esmeralda 281
– Gebäude 20 283
– Gebäude 21a 283
– Gebäude 22 283
– Gebäude 22a 283
– Gebäude 9M-18 275
– Gebäude 9N-8 275
– Gran Plaza 277
– Inschriftentreppe 274, 281, 282
– Logengebäude 281
– Museum Copán 67, 275
– Museum Lítico 285
– Popol Na 272, 283
– Pyramide 4 277
– Pyramide 16 284
– Sepulturas, las 286
– Stele D 279
– Stele F 279
– Stele P 68, 284
– Tempel 11 275, 281, 284
– Tempel 18 274, 283
– Tempel Rosalila 67, 272, 284
– Templo Papagayo 272
Copán, Río 269, 283
Cordillera de los Cuchumatanes 12, 115, 167
Corinto 323
Corozal 85, 200
Cozumel 43
Cuello 87

*Register: Orte*

Cueva del Duende   323
Cueva del Espíritu Santo   323
Cueva del Toro   323
Cumarcaj   158, 160
Cuscatlán   39, 148, 308

Dos Lagunas   219, 222
**Dos Pilas**   34, 38, 39, 203, 235, **248ff**, 255, 278
Dulce, Río   193

El Asintal   174
El Baúl   38, 177f
El Cajón   300, 301
El Ceibal   237
El Chayal   125
El Duende   252, **253**
El Encanto   202
El Excavado   248, 253
El Florido   270
El Mirador   33, 208, **222ff**
El Pabellón   258
El Perú   34
El Pilar   108
El Progreso   291
El Puente   287
El Relleno   193
El Trapiche   317
El Salvador   12, 13, 14, 16, 21, 22, 31, 40, 42, 45f, 75, 78, 127, 129, 174, 181, 277, 292, **307ff**, 310
Escuintla   148, 177
Esquipulas   50, 134, **184**
Estanzuela   184

Flores   22, 43, 197, 222, 225
Fortaleza Santa Barbara (Trujillo)   295
Fortaleza de San Fernando (Omoa)   293, 294
Fuego, Vulkan   13, 129

Gracias de Lempira   288
Guatemala   13, 14, 16, 18, 19, 22, 28, 31, 40f, 45f, 50, 75, 79, **113ff**, 307

**Guatemala, Ciudad de**   115f, 316
– Catetral Metropolitana   116, 117
– Centro Cívico   120
– Centro Cultural Miguel Ángel Asturias   120
– Ermita del Carmen   118
– Fuerte de San José   120
– Museo Ixchel del Traje Indígena   121
– Museo Nacional de Arqueologia y Etnologia   121
– Museo Nacional de Arte Moderno   121
– Museo Popol Vuh   123
– Nuestra Senora de la Merced   118
– Palacio Nacional   117
– Parque Centenario   116
– Parque de la Aurora   121
– Santo Domingo   119
– Santuario Expiatorio del Sagrado Corazón de Jesús   120
– Torre del Reformador   120
– Yurrita, la   120
Gualtemaltekischer Tiefseegraben   13

Hochland von Guatemala   14, 31, 113
Honduras   14, 20, 22, 31, 39, 40f, 45f, 75, 129, **267ff**, 313, 322
Huehuetenango   115, 166, **167**

Ilopango, Lago de   311
Ilopango, Vulkan   318
Isla de Roatán   294
Islas de Bahía   295
Ixcacuyo   311
Ixcanrío   219
Ixcún   195
**Iximché**   127, 129, 146, 147, **148f**, 160, 168
Ixobel, Finca   194
Ixtuz   195
Izabal, Lago de   183, **194**

387

Izalco  320
Izalco, Vulkan  13
Izapa  122, 125, 174, 176, 178

Jocoro  323

Kaana-Pyramide  110
**Kaminaljuyú**  32f, 39, 115, 121, **124,** 178, 214, 276, 317
Kendall  99
Kichpanha  **87,** 91, 92

La Amelia  244, 252, **255**
La Caña  311
**La Democracia**  32, 164, **181**
La Entrada  287, 288
La Florida  190
La Honradez  222
La Ilusión, Finca  181
La Lagunita  127
La Libertad (Hafen)  311
La Palma  311
La Redonda  311
La Reforma  246
La Ruidosa  193
La Sierra  291
Lago de Amatitlán  13
**Lago de Atitlán**  13, 30, 115, **151,** 153, 158
Lago de Izabal  194
Lago Petén Itzá  39, 41, 222
Laguna Caldera, Vulkan  313
Laguna Petexbatún  248, 252
**Lamanai**  86, **93**
Las Bartolinas  311
Las Capuchinas  140
Las Flores  291
Las Milpas  108
Las Vegas  297
Lempa, Río  12
Lighthouse Reef  104
Little Rock Point  88
Lívingston  193
Los Chorros  312
Los Encuentros  151
Los Higos  269, 288
Los Naranjos  292
**Lubaantún**  101, **102**

**M**achaquilá  201, 235, **246f,** 249
Mayapán  39, 158
Melchor de Mencos  231
**Metapán**  315
**Mixco Viejo**  123, **126**
Mixcu  126
Motagua, Río  14, 44, 88, 193
Motul de San José  37, 243, 258

**N**aachtún  222
Naco  193, 291, **292**
Naj Tunich  102, **194**
Nakbé  32, 197, **224**
Nakum  227, **228**
**Naranjo**  38, 62, 72, 106, 109, 123, 202, 226, 231, 247, 250
New River Lagoon  93
Nil, Río  174
**Nim Li Punit**  **101ff,** 187, 234
Noh Mul  87
Nueva Guatemala de la Asunción  116, 131
Nueva San Salvador  311

**O**moa  75, 293
Orange Walk  84, 87

**P**acaya, Vulkan  13
Pacbitum  108
Palenque  274, 278
Pampe  317
**Panajachel**  **154,** 156
Panatacat  147
Panchimalco  311
Panchoy-Tal  129
Panimaché  152
Parque Nacional Bosque Nebuloso Montecristo (Metapán)  315
Parque Nacional Punta Sal (Puerto Cortés)  293
Pasión de la, Río  12, 31, 159, 255, **237f**
Pazifikküste von Guatemala  13, 113, 115, **174f**
Perquín  323

# Register: Orte

Petén 31, 38, 39, 40, 113, 125, 149
Petexbatún 248
**Piedras Negras** 34, 38, 71, 123, 223, **258ff**
Playa de los Muertos 291
Pomoná 99
Poptún 194
Puerto Barrios 193
Puerto Castillo 295
**Puerto Cortés 290,** 293
Pusilhá **101,** 102, 187, 189, 190, 226, 272

Quelepa 322
**Quezaltenango** 72, 73, 115, **170**
**Quiriguá** 34, 36, 38, 47, 55, 60, 68, 101, 102, **186f,** 238, 269, 272, 273, 275, 280

Reserva Biológica de Cayes Zapatillos 293
**Río Azul** 31, 33, 122, **219f**
Rockstone Pond 88

Sacatepéquez 133
Sacnab, See 225
Salcajá 168
Salitrón Viejo 300
San Andrés 314
San Andrés Xecul 166, **168**
San Antonio 108
San Antonio Palopó 115, 154
San Cristóbal Totonicapán 166
San Francisco 178
San Francisco El Alto 166
San Francisco Gotera 323
San Ignacio 43, 105
San Jacinto 270
San Manuel de Colohete 290
San Miguel 323
San Pedro Carchá 194
San Pedro La Laguna 156
**San Pedro Sula** 267, 288, **290**
San Pedro, Vulkan 13, 151, 154

San Salvador, Vulkan 307, 309
**San Salvador** 39, **307**
San Sebastian 174, 178
San Vincente 322
Santa Ana 13, 291, **314**
Santa Bárbara 287
Santa Catarina Palopó 154
**Santa Cruz del Quiché** 158, **164,** 166
Santa Leticia 180, **320**
Santa Lucia Cotzumalguapa 38, 177
Santa María, Vulkan 170, 171
Santa Rita 68, 86, 88
Santa Rosa de Copán 288
Santa Tecla 311
**Santiago Atitlán** 154
Santiago de Guatemala 40, 41, 116
Santiago de los Caballeros de Guatemala 129
Sartenej 219
Sayaxché 237, 245
**Seibal** (El Ceibal) 31, 38, 61, 145, 168, 233, **237f,** 243, 251, 252
Sibun River 43
Siquinalá 181
**Sololá** 20, 41, 148, 152, **153,** 157
Sonsonate 320
Stann Creek 84
Sulaco, Río 297, 300

Tamarindito 248, **254**
Tayasal 39, 41
Tazumal 317, **318**
Tecpán Guatemala 127, 148
**Tegucigalpa** 48, 75, 267, 297, **301f**
Tehuma 291
Tejutla 311
Teotihuacán 37, 125, 201, 208, 213, 226
**Tikal** 31, 33, 35, 36, 63, 79, 94, 123, 176, 194, **197ff, 204f,** 232, 250, 278
– Ahnentempel 5D-86 208

389

- Gebäude 5D-73  203
- Gebäude 5D-96  208
- Gran Plaza  209
- Komplex D  204
- Komplex N  206
- Komplex P  204
- Komplex Q  204, 205
- Komplex R  204, 206
- Mundo Perdido  208
- Museum Tikal  63, 65, 209, 214
- Nord-Akropolis  200, 201, 203, 203, 209
- Ost-Plaza  213
- Palacio de los Murciélagos  207
- Plaza de los Siete Templos  208
- Pyramide 5 C-49  208
- Pyramide 5C-54  208
- Süd-Akropolis  209
- Tempel 32  211
- Tempel 33  211
- Tempel 34  211
- Tempel 5D-33  200
- Tempel der Inschriften  203, 213
- Tempel I  197, 203, 209
- Tempel II  79, 203, 210
- Tempel III  207
- Tempel IV  203
- Tempel IV  206
- Tempel V  209
- Tempel VI  202
- Zentrale Akropolis  212

Tipu  43 108
Toledo  84
Toliman, Vulkan  13, 154
Tollan  158, 162
Tonacatepeque  311, 312
Toniná  38, 52, 273
Topoxté  39, 225, **229**
Totonicapán  74, **166**
Travesía  291, 293
Tres Islas  246
**Trujillo**  40, 47, **295**
Tsoloyá  153
Tula  123, 145, 157, 162, 244
Turneffe Islands  104

**Uaxactún**  33, 34, 93, 125, 176, 200, **215f**, 226
Ucanal  72, 109, 230, 241
Ucum, Río  43
Ulúa, Río  12, 287, 290, 291
Usumacinta, Río  12, 38, 71, 129, 145, 200, 256, 258
Utatlán  152, 155, 158, 161, **164**
Ux Ben Kah  101, 102, 104

**V**alladolid La Nueva  296
Valle de las Vacas  115
Verapaz  40, 41, 74, s. auch Alta V. und Baja V.

**W**ild Cane  101

**X**elajú  167, 170
Xultún  199, 200, 222
Xunantunich  83, **105**

**Y**altutu  230
Yarumela  297
Yaxchilán  33, 34, 200, 317
Yaxhá  33, 72, 203, **225,** 228, 229, 230, 231, 232, 233, 234, 272, 275
Yaxhá, Laguna  39, **225,** 229, 230, 231
Yo Creek  87
Yojoa  301
Yukatekisch  56, 58
Yximché  160

**Zaculeu  167,** 168, 170
Zalcoatilán- Tal  308
Zunil  169, **172**